명작 영화로
역사와 인물을 읽다 II

개정판

명작 영화로 역사와 인물을 읽다 II 개정판

발행일 2024년 1월 11일

지은이 고지찬
펴낸이 손형국
펴낸곳 (주)북랩
편집인 선일영 편집 김은수, 배진용, 김다빈, 김부경
디자인 이현수, 김민하, 임진형, 안유경 제작 박기성, 구성우, 이창영, 배상진
마케팅 김회란, 박진관
출판등록 2004. 12. 1(제2012-000051호)
주소 서울특별시 금천구 가산디지털 1로 168, 우림라이온스밸리 B동 B113~114호, C동 B101호
홈페이지 www.book.co.kr
전화번호 (02)2026-5777 팩스 (02)3159-9637

ISBN 979-11-93716-32-8 03900 (종이책) 979-11-93716-33-5 05900 (전자책)

Histories and Grand Figures in Famous Films

고지찬 지음

개정판

명작 영화로 역사와 인물을 읽다 II

북랩

일러두기

1. 인명과 지명을 비롯한 외래어는 외래어표기법을 따르되, 일부 외래어는 일상에서 통용되는 말로 나타냈다.
2. 영화 관련 정보는 웹사이트 https://www.imdb.com/를 참조했다.
3. Ⅰ권은 1~20장, Ⅱ권은 21~40장으로 구성되었다.

인문학을 사랑하는 모든 분들을 위하여

우리가 해외를 여행할 때 "아는 것만큼 보인다."라는 말을 종종 듣습니다. 그래서 여행을 가면 관련 책도 찾아 읽고 현지 가이드의 말에 귀를 쫑긋 세우고 한마디라도 놓칠 새라 열심히 들으면서 좇아다닙니다. 영화도 마찬가지입니다. 특히 역사나 인물을 소재로 한 영화의 경우 사전 지식을 알고 감상하면 그만큼 재미와 감동도 커지는 법입니다.

지난 2013년도에 명장 스티븐 스필버그가 감독했고 연기의 신이라는 다니엘 데이 루이스가 주연한 영화 〈링컨〉이 개봉된 적이 있습니다. 이 영화는 당시 미국에서 선풍적인 화제를 불러 모았습니다. 아무래도 미국인들은 어려서부터 에이브러햄 링컨의 얘기를 귀에 못이 박히도록 들으면서 자랐고, 지금도 가장 존경하는 대통령으로 칭송하고 있기 때문에 더욱더 그랬으리라 생각합니다. 특히 스필버그의 뛰어난 연출 솜씨와 링컨 역을 맡은 다니엘 루이스의 신들린 연기가 이 영화의 인기를 더욱 뒷받침했을 것입니다. 그러나 우리나라에서는 인기는커녕 잠깐 상영하다가 흐지부지 종영되었습니다.

영화 〈링컨〉은 미국 역사상 가장 많은 사랑과 존경을 받았던 제16대

대통령 링컨의 생애 중 가장 드라마틱한 마지막 4개월을 감동적으로 그려낸 작품입니다. 영화는 1861년부터 1865년까지 재임한 미국의 16대 대통령 링컨이 노예해방 선언을 한 지 2년 후, 미국 헌법에 노예제도 폐지 조항을 추가하기까지 4개월간의 치열한 과정을 담았습니다.

마침 저는 이 영화가 나오기 전에 이 영화의 원작인 도리스 굿윈의 『권력의 조건Team of Rivals』에 감명을 받아 두 번씩이나 거푸 읽었던 참이었습니다. 이 영화가 이 책을 원작으로 해서 만들어졌다는 이야기를 들었던 참이라 〈링컨〉이 개봉되자마자 지체 없이 영화관으로 달려갔습니다. 역시 영화는 저를 실망시키지 않았습니다. 최고의 감독과 배우가 만들어낸, 그야말로 명불허전이었습니다. 주책없이 눈물까지 줄줄 흘리면서 영화에 몰입했던 기억이 새롭습니다.

훌쩍거리면서 영화를 보고 극장 문을 나서면서 '이 벅찬 감동을 가까운 이들과 반드시 나누리라' 다짐했습니다. 그래서 가족뿐 아니라 친구들과 지인들에게 강력히 추천하고 다녔습니다. 그런데 며칠이 지나도 영화를 보았다는 사람은 눈을 씻고 봐도 찾을 수가 없었습니다.

간혹 가뭄에 콩 나듯 영화를 봤다는 이를 만나 반가운 마음에 영화가 어땠었냐고 득달같이 물어보면 "도대체 이해를 못하겠다."라거나 "지루해서 혼났다."라고 하든가, "뭐 이런 영화를 추천하는지 모르겠다."는 식으로 뜨악한 표정을 짓는 이가 대부분이었습니다. 어떤 이는 "함께 영화를 보던 집사람이 옆에서 잠만 자더라."라고 한술 더 떠 말하더군요. 아마 본인이 퍼져 자놓고도 대놓고 얘기하기가 뭐 하니까 슬쩍 자기 아내 핑계를 댄 것 같았습니다. 저는 당황했습니다. 순간적으로 제가 이 영화를 잘못 추천하지 않았나 하는 생각도 얼핏 들었습니다. 한편으로는 제가 미국인도 아니고 같은 한국인인데 영화를 받아들이는 이해도와 감상의 깊이가 왜 이렇게 차이가 나는 것일까 하고 곰곰이 생각해 보다가 무릎을 탁 쳤습니다. 역사적 맥락을 알고 영화를 보는 것과 그냥 보는 것에는 이렇게 천양지차가 있구나 하고 깨달은 것입니다. 저도 책을 안 읽고 무심코 이 영화를 보았다면 마찬가지였을지도 모릅니다.

이와 같이 역사와 인물들을 다루는 영화의 경우 그 배경이나 인물들에 대한 사전 지식이 없으면 수박 겉핥기식으로 건성건성 보아, 영화가 주는 재미나 메시지 혹은 감동이 반감되거나 모두 놓치기가 십상입니다. 〈링컨〉 이전에도 역사적 배경이나 인물들을 소재로 한 영화가 개봉되면 제 집사람을 비롯해 가까운 지인들에게 역사적인 맥락을 설명해 주곤 했습니다. 그러면 하나같이 눈꺼풀에서 비늘이 대번에 벗겨지는 것 같다면서 고마워하던 기억이 떠오릅니다. 그럴 때마다 가슴이 뿌듯해지면서 기회가 닿으면 많은 사람들에게 영화와 관련된 역사적 배경이나 인물을 설명해 줘야겠다고 생각해 왔습니다. 영화 〈링컨〉을 계기로 촉발된 이런 생각이 이 책을 내게 하는 직접적인 동기가 되었습니다.

이렇듯 이 책의 직접적인 저술 동기는 〈링컨〉이라는 영화였으나, 실제 이 책의 밑거름이 된 것은 20년 전 블라디보스토크 무역관에서 근무하며 고교 동창 모임 홈페이지에 게재한 '자녀들에게 들려주는 인문학 이야기'와 이후 귀국해 영화에 대하여 쓴 여러 편의 글이었습니다.

당시 저는 극동 러시아의 코트라 블라디보스토크 무역관에서 근무하던 중이었습니다. 근무가 끝나면 한국에서 바리바리 싸서 가지고 간 좋아하는 역사책들과 적지 않은 DVD들을 보면서 매서운 삭풍이 휘몰아치는 러시아의 긴긴 겨울밤을 보냈습니다. 그러던 중 가끔 저희 집에 청소하러 오는 러시아 아줌마가 있었는데, 그분이 일하면서 항상 뭔가 중얼거리는 것을 의아하게 생각하곤 했습니다. 그래서 하루는 그 아줌마에게 "무얼 그렇게 중얼거리냐?"라고 물어보니 "푸시킨의 시를 읊고 있다."라고 대답하더군요, 세상에! 가정부 아주머니가 시 구절을 입에 달고 다니다니…. 저는 처음에 제 귀를 의심했습니다. 그런데 얘기를 더 들어보니까 "내 지인들도 평소에 늘 시를 암송한다."라고 아무렇지도 않게 말하기에 더욱 놀랐습니다.

그 말을 듣고 보니 저와 친교를 나누며 지내는 러시아 지인들도 하나같이 책을 가까이한다는 것을 알 수 있었습니다. 그들에게 독서는 권장 사항이 아니라 그냥 체화된 생활의 일부였습니다. 그러다가 점점 더 책하고 멀어져 가는 듯한 우리의 현실이 문득 떠올랐습니다. 덧붙여 말씀드리면 제가 블라디보스토크에서 근무하며 체류한 3년 반 동안 가봤던 음악회가 그 이전에 한국에서 가보았던 음악회 횟수보다 훨씬 더 많았던 것 같습니다. 비록 물질적으로는 가난하지만 문학과 음악을 끔찍이 사랑하는 러시아 사람들이 어떤 면에서는 우리보다 정신적으로는 더욱 풍요로운 삶을 살고 있지 않을까 하는 생각이 근무 기간 내내 떠나지를 않았습니다. 동시에 인문학적 교양은 있어도 그만, 없어도 그만이라는 나라, 천민자본주의로 대변되는 물질만능, 황금만능주의 속에서 돈이 모든 것의 척도라는 사고로부터 아직도 벗어나지 못하는 한국의 세태를 되돌아보기도 했습니다. 그래서 먼저 저부터라도 한국에서 대학교에 다니는 저희 아이들에게 인문학 관련 얘기를 이메일로 정리해 보내줘야겠다고 마음먹게 되었습니다. 이후 러시아 근무를 마칠 때까지 '자녀들에게 들려주는 인문학 이야기'라는 제목으로 꾸준히 글을 써 보내주었습니다. 이 글은 제 고등학교 동창 모임 홈페이지에도 게재했습니다. 이 책에서 살짝살짝 인문학의 향기가 난다면 아마도 이런 연유에서일 것입니다.

귀국 후에는 어린 시절부터 영화광이라는 얘기를 들을 정도로 무척이나 좋아한 영화와 관련한 이야기를 고교 동창 모임 홈페이지에 연재하기 시작했습니다. 고전 명작과 추억의 영화음악, 명배우, 명감독에 관한 글이 수백 편에 이르렀습니다. 글 첫머리에서 영화 〈링컨〉이 이 책 집필의 직접적인 도화선이 되었다고 했지만, 그 밑거름이 된 것은 지난 20년 동안 썼던 '자녀들에게 들려주는 인문학 이야기'와 영화를 소재로 쓴 수백 편의 글이라고 할 수 있습니다.

두 권으로 된 이 책은 총 40편의 영화와 역사이야기를 소개할 것입니다. 각 장에서는 먼저 해당 영화에 대한 간략한 소개와 제작노트 그리고 그 영화의 배경이 되는 역사적 대사건들을 간추려 서술했습니다.

예를 들면 문화대혁명, 일본군의 난징대학살, 진주만 피습, 미드웨이 해전, 1929년 미국 대공황, 미국 남북 전쟁, 러시아혁명, 미국 독립 전쟁 등등이 그것입니다. 아울러 역사에 등장하는 에이브러햄 링컨, 조지 워싱턴, 프랭클린 루스벨트, 블라디미르 레닌, 윈스턴 처칠, 아돌프 히틀러, 이오시프 스탈린, 마오쩌둥, 덩샤오핑, 나폴레옹, 조지 패튼, 에르빈 롬멜, 드와이트 아이젠하워, 빈센트 반 고흐, 스티브 잡스, 앨런 튜링 등 우리가 한 번쯤은 들어봤을 세계사적인 인물들도 함께 소개했습니다.

아무쪼록 이 책이 독자들께 여러 영화를 감상하시는 데 폭넓은 이해와 풍성한 재미로 다가가기를 기대합니다. 또한 이미 감상하신 영화라도 다시 한 번 새롭게 반추하는 계기가 되리라고도 생각합니다. 덧붙여 아무리 우리가 극한 경쟁 시대에 내몰리며 불안하고 각박한 삶을 살고 있더라도 러시아나 서구 선진국의 사람들처럼 틈틈이 책 한 권, 영화 한 편, 고전음악 한 곡을 가까이하는 마음의 여유를 지님으로써 사람답게 사는 사회가 되었으면 하는 꿈을 꾸어봅니다.

이 책에서 소개하는 사건이나 인물들에 대해서는 되도록 객관적인 사실에 입각해 서술하려고 노력했습니다. 이런 노력에도 실제 사실과 조금은 다른 점이 있을 수 있습니다. 이는 향후 기회가 되면 추가로 수정 · 보완해 나갈 생각입니다.

아울러 그동안 이 책의 출판을 위하여 아낌 없는 격려를 해 주신 코트라 박행웅 선배님과 편집과 디자인 등 여러 면에서 맛깔스러운 책을 펴내는 데 많은 수고를 해 주신 북랩 출판사 관계자 여러분들께 감사의 말씀을 드립니다.

2023년 12월, 광교산 우거寓居에서

고지찬

차례

PROD.NO.
ENE
TAKE
SOUN
ECTOR
ERAMAN
EXT.
INT.

〈북경의 55일〉

의화단의 난, 교활한 서태후의 속셈

I. 영화 〈북경의 55일〉

원제: 55 Days at Peking
감독: 니콜라스 레이
제작: 사무엘 브론스턴
원작: 노엘 거슨
각본: 필립 요단, 버나드 고든, 로버트 해머, 벤 바즈먼
편집: 로버트 로렌스
음악: 드미트리 티옴킨
출연: 찰턴 헤스톤, 데비드 니븐, 에바 가드너, 존 아일랜드
제작 연도: 1963년
상영시간: 154분

1963년도에 만들어진 영화 〈북경의 55일〉은 당시로써는 어마어마한 1,500만 달러(참고로 〈벤허〉의 제작비는 2,700만 달러)의 제작비가 투입되었다. 당시는 동서 냉전이 극단적으로 치닫던 시절이어서 영화는 북경이 아닌 스페인 마드리드 근교에 세트를 짓고 촬영했다. 〈북경의 55일〉은 당시 중국의 궁궐, 성곽, 중국의 가옥 등 사실적으로 재현한 볼거리가 많아 화

제를 모으기도 했다. CG가 없던 그 시절에 실제 북경과 닮은 대규모의 세트를 만든다는 것은 대단한 작업이 아닐 수 없었다. 당시 많은 중국인 엑스트라들을 동원하기 위해 유럽 각지의 식당과 세탁소를 온통 뒤졌다고 하는데 촬영하던 해인 1962년에는 유럽의 업소들에서 종업원들이 거의 동이 날 정도였다고 한다.

루이스 소령과 나타샤

1900년 여름은 아시아의 일본을 포함해서 서구 열강들은 서로 질세라 청나라를 조금이라도 더 뜯어 먹으려고 너도나도 혈안이 되어 있을 때였다. 영화 〈북경의 55일〉은 이때 주인공인 미국 해병대의 루이스 소령(찰턴 헤스턴Charlton Heston 분)이 군대를 이끌고 북경에 도착하는 장면부터 시작된다. 시끌벅적한 북경의 여름 대낮에 의화단들이 그리스도교 선교사를 살해하는 장면을 목격하며 의화단들과 루이스 소령과의 한판 신경전이 벌어진다. 이 장면은 곧이어 심화될 소령과 의화단 사이의 대립관계를 예고해 주고 있다.

한편 이 영화는 기독교를 단압하고 북경에 거주하는 서구 열강들을 쫓아내려는 청나라 정부와 이들의 사주를 받은 의화단에 맞서는 열강 8개국들의 시가전을 묘사하고 있다. 다른 한편으로는 주인공 루이스 소령과 러시아 여인 나타샤(에바 가드너Ava Gardner 분)라는 매력적인 여성과의 55일간의 로맨스도 함께 담아내고 있다. 영화에 나오는 의화단

베이징에 입성하고 있는 연합군

운동은 농민들이 기독교를 앞세운 외세에 대한 정의로운 투쟁이 아닌 그저 하나의 이유 없는 폭동에 불과한 것으로 묘사하고 있다. 그래서 영화에 등장하는 의화단은 야만적이고 무식하며 위협적인 무리일 뿐이다.

영화의 어느 장면에서도 루이스 소령을 포함한 서구 열강들의 모습에서는, 무력으로 중국을 약탈하려고 온 침략자라는 이미지는 전혀 보이지 않는다. 그들은 모두 신사적이고 단지 의화단의 폭동 앞에서 위협을 느껴 용감하게 맞서 싸우는 영웅으로 그려져 있다. '의화단의 난'의 결과는 청나라 입장에서는 치욕적인 사건일 수 있지만 서양인들 입장에서는 자랑스러운 무공武功일 수밖에 없었다. 그래서 영화는 외국인 거류지 내에서 의화단에 맞서는 영웅적인 용기와 희생에 초점을 맞추고 있다.

나름대로 일부 장면에서는 전쟁을 반대하고 평화를 위하는 분위기를 살짝 풍기지만 모든 잘못을 서태후와 청 왕조에 돌리고 있는 점, 의화단을 광신도 집단으로 묘사하고 있는 점, 의화단의 난 진압 이후 제국주의 열강들의 약탈과 학살을 완전히 외면하고 있는 점 등을 비추어 볼 때 역사적으로 상당히 편협한 시각을 보여주는 영화다. 한마디로 서양인들의 서양인들에 의한 서양인들을 위한 영화라고 볼 수 있다.

II. 의화단의 난

중국에 기독교가 들어온 것은 꽤 오래되었지만, 유교적 전통이 뿌리 깊은 중국에서는 포교에 한계가 있었고 청나라 조정에서도 억압책을 실시하는 등 기독교의 보급은 시원치 않았다. 그러나 청나라 말기, 아편 전쟁을 비롯한 서구열강과의 잇따른 전쟁에서의 패배로 여러 가지 불평등 조약이 체결되자 선교활동이 일부 지역에서 제한적이나마 인정되기 시작했다. 특히 애로호 사건Arrow War[1] 이후 체결된 텐진 조약으로 내륙에까지 포교를 인정하게 되자 외국인 선교사들이 본격적으로 내륙으로 진출하기 시작했다.

외국인 선교사 중에는 중국인들의 문화나 전통에 깜깜해 무신경한 포교를 하는 이가 적지 않았다. 원래부터 중국인들은 기독교를 전파하는 코쟁이들은 황제와 조상도 몰라보는 근본이 없는 놈들이라고 생각하고 있었다. 이런 데다가 중국인 중에는 범죄를 저지르고 관헌에 쫓겨도 교회로 도망가면 숨겨준다는 이유로 가짜 신자가 된 악당들도 다수 있었다. 선교사들은 기독교적 신념과 승전국이라는 오만한 자세로 중국사회에 군림하면서 중국의 전통관습을 무시하는 경향이 많았다. 그래서 지역 관리 및 향신鄕紳(생원 이상의 과거를 통과한 양반층)과 충돌하는 경우가 왕왕 있었다. 교회 내의 치외법권을 주장하고 그것을 미끼로 많은 신자를 끌어들이기도 했다. 교회가 그렇게 고자세로 일관한 것은 배후에 자국 군대의 무력이 도사리고 있기 때문이있다. 이런 와중에 벌어진 여러 가지 일들은 점차 중국인들의 반외세 감정을 부추기기 시작했다.

의화단은 산둥성山東省에서 발생했다. 19세기 말 산둥성에서 독일인 신부 두 사람이 살해되는 사건이 벌어졌다. 이를 기화로 독일이 출병하면서 독일은 이곳 교주만을 차지하고 철도부설권을 획득한 바 있었다. 독일은 교주만 지역의 청도에 군항을 만들고, 철도를 부설하자 묘지가 파괴되는 일이 생기면서 중국인들의 성질을 건드리기 시작했다. 또한 산둥성에는 중국인들이 성지로 떠받들고 있는 유교의 시조인 공자의 탄생지인 취푸曲阜가 있었는데 독일인들은 이를 무시하는 무례한 짓을 서슴없이 저지르기도 했다. 이 지역에서의 열렬한 선교활동은 오히려 민중들의 배타적인 감정만을 불러와 외국인과 기독교에 대한 적개심은 날로 커져만 갔다. 산둥은 원래 의협의 기풍이 강한 지역이었다. 산둥 사람들은 다른 지방에 비해 골격이 크고 대가 센 편이었다. 체제에 반항하는 호걸들의 이야기가 펼쳐지는 『수호지』도 바로 산둥이 무대다. 특히 이곳은 청나라 때 세상을 뒤집어서 개조하려고 했던 백련교白蓮敎[2] 운동이 왕성하게 벌어졌던 반골들의 고장이기도 했다. 백련교가 진압된 뒤에는 그 잔당들은 나름대로 여러 비밀결사체를 만들어 꾸려나갔다.

이와 같이 산둥 각지에서는 무장 결사체들과 기독교가 부딪치는 사건이 종종 발생하기 시작했다. 이런 와중에 교회건설을 둘러싼 토지문제 재판에서 불리한 판결을 받은 백성이 매화권梅花拳이라는 권법의 유파에게 도움을 요구하는 사건이 벌어졌다. 매화권은 각 유파 3천 명을 끌어모아 1897년에 교회 하나를 습격했다. 이후 이 습격단은 이름을 의화권義和拳으로 개칭했다. 처음부터 매화권이 반기독교적인 기치를 내세우자 매화권 이외의 사람들도 많이 참가했기에 반기독교 운동이 불붙게 되었다. 서양인을 배척하는 반기독교 운동이 확산되자 각지의 결사체들이 너도나도 합류하면서 의화권이 된 것이었다. 의화권의 무술조직은 매우 강한 종교적 색채를 지니고 있었다. 이들이 숭배한 신은 제천대성齊天大聖(손오공), 제갈량, 조자룡 등 민간에 인기가 있던 것이었다. 의화권은 이들 신이 함께 하기에 칼이나 총탄도 비껴가고 총을 맞아도 죽지 않는다고 믿었다. 의화권의 세력은 삽시간에 퍼져나갔다. 이런 무지몽매한 의화권 사람들에게 일부 수구파 지방 관리들은 더욱 부채질을 했다. 이들은 극단적인 배외주의자들이기도 했다. 의화권이 교회를 때려 부수고 신도들을 죽이는 행위를 잘하는 짓이라고 부추겼으며 의화권을 의화단義和團으로 바꾸라고 조언까지 하

의화단

기에 이르렀다.

마침 당시 산둥의 순무巡抚[3]였던 위셴毓賢도 의화권에 동정적이었기 때문에 정식 단련으로 공인해주었다. 의화권이 '의화단'이라 이름 붙게 된 것은 이러한 배경에서였다. 1899년 말에 위셴은 결국 구미열강들의 요구로 경질되고 말았다. 그런데 위셴의 뒤를 이어 위안스카이袁世凱[4]가 순무로 부임하면서 이번에는 의화단을 탄압하기 시작했다. 이는 산둥성 바깥으로 의화단을 밀어내는 결과가 되고 말았다. 산둥성에서 밖으로 내몰린 의화단은 허베이와 베이징으로 이동하였다. 베이징과 텐진 사이 지역은 의화단으로 우글거리는 사태에 이르렀다. 이곳은 산둥성 이상으로 실업자와 천재지변을 겪고 떠돌아다니던 난민들이 많아서 의화단은 이들을 몽땅 흡수하면서 급속히 팽창했다. 이들은 외국인과 중국인 기독교 신자는 물론, 외제품을 취급하는 상점, 철도 및 전신에 이르기까지 외外자만 붙은 거라면 닥치는 대로 습격했다. 위화단의 세력은 들불처럼 번져나갔다.

이런 사태에 처한 서구열강들이 왕왕거리자 청국 조정이 마지못해 진압에 나서기는 했다. 그러나 의화단이 내건 부청멸양扶清滅洋이라는 청나라에 우호적인 구호와 위셴처럼, 의화단에 은근히 찬성하는 관리들이 많아서 진압을 하는 둥 마는 둥 하면서 뭉기적거렸다. 서구열강 양코배기들을 싫어했던 것은 당시 청조의 대신들과 실권자인 서태후도 더하면 더했지 못하지 않았다. 특히 서태후는 양코배기들이 자금성을 드나들면서, 본인에게 변법자강變法自強이라는 비수를 들이댔던 광서제의 안부를 묻곤 하는 게 영 불쾌했다(광서제는 자금성 내 중난하이中南海의 영대靈臺에 가택 연금되어 있었다). 이것들이 여차하면 자기를 끌어내리고 광서제를 다시 복귀시키지 않는다고 누가 보장하겠는가? 서태후는 이제는 의화단 세력을 은근히 지원해 서양세력에 대한 공격을 부추기는 지경에 이르렀다. 1900년 6월 10일에는 20만 명의 의화단이 기세등등하게 베이징에 입성했다. 이러한 와중에 불의의 사태가 일어나 청나라 조성을 긴장하게 만들었다. 일본 공사관의 서기관 스기야마 아키라生杉山彬와 독일 공사 클레멘스 폰 케틀러Klemens von Ketteler가 의화단에게 살해당하는 사건이 발생한 것이다.

이제는 돌이킬 수 없었다. 청나라도 노골적으로 나왔다. 의화단이 독일 공사를 살해한 다음 날 청나라는 각국에 선전포고를 하기에 이르렀다. 각 성에 격문을 전달해서 일치단결하여 외국과 싸우고 각 성의 의화단을 모아서 외국 군대에 대항하라는 것이었다. 당시 최고 권력자였던 서태후는 "중국이 약한 것은 이미 잘 알고 있다. 믿을 것은 오직 민심뿐이다."라고 말했다. 민심이란 바로 의화단을 의미하는 것이었다. 한편 베이징 주재 영국 공사 클로드 맥도날드Claud McDonald와 각국 공사들의 요청을 받은 열강의 연합군은 5월 말부터 청나라에 대한 군사개입을 모의했다. 6월 초순, 영국 에드워드 시모어Edward Seymour 장군이 이끌던 해병대 2천 명이 톈진에서 베이징으로 향했지만 청군에게 막히자 다시 돌아가야 했다. 결국 청나라의 선전포고에 대응하고 의화단 토벌을 위해 열강들 전체가 연합군을 조직하여 군대를 파견하기에 이르렀다.

군대를 파견한 나라는 영국, 미국, 러시아, 프랑스, 독일, 오스트리아 헝가리 제국, 이탈리아의 서양 국가들과 일본 등 8개국이었다. 8개국 연합군의 지휘는 청나라에 가장 큰 이권을 가진 영국이 맡았어야 했는데, 실제로는 독일의 발데르제Waldersee 장군이 총사령관을 맡았다. 독일이 자국 공사가 살해되면서 대청 전쟁에 가장 적극적이었기 때문이다. 총 병력은 4만 8천여 명이었다. 가장 많이 파병한 나라는 일본과 러시아였다. 이는 지리적으로 가까워서 대규모 파병이 가장 쉬웠기 때문이기도 했다. 연합군은 텐진 옆의 다구大沽포대[5]를 가볍게 잠재우고 이어서 텐진도 점령했다. 텐진성 남문 위에는 약 4천 명의 의화단 및 청군 병사들의 시체가 널려 있었다. 이후 몇 번의 소규모 전투가 있긴 했지만 연합군은 씩씩하게 베이징으로 진격해 나아갔다.

연합군에 대항하는 청군과 의화단은 연합군에 비해 압도적인 병력을 보유하긴 했지만 무장은 매우 빈약했다. 더구나 근대적인 무기를 다루는 병사는 거의 없다시피했다. 다구포대를 점령한 연합군은 청군 병사들이 대포의 화약을 다룰 줄 몰라 자폭한 것을 보고는 이렇게 훈련이 안 된 병사들은 처음이라고 혀를 차기도 했다. 의화단도 마찬가지여서 근대적인 무기는 전무했고 대부분의 무장은 칼과 창뿐이었다. 총기를 든 자는 극

연합군

히 소수였다. 한편 청나라의 선전포고로 인해 베이징에 있던 외국 공사 및 중국인 기독교도들은 자금성 동남쪽에 위치했던 둥자오민샹東交民巷[6]이라는 조그만 공사관 구역 내로 몰려들었다. 당시 각국 공사관은 둥자오민샹에 모여 있었다.

6월 19일, 24시간 내에 외국인 거주자들에 대한 국외퇴거명령이 전해지고 다음 날부터 공격이 시작되었다. 이후 55일 동안 8개국 연합군이 베이징으로 진격하여 점령하는 8월 14일까지 농성전을 이어나가게 된다. 농성자들 중에는 중국 연구가로 유명한 펠리오Pelliot와 세무사로 중국에 오랫동안 체류했던 로버트 하트Robert Hart, 《타임즈》지의 통신원인 G.E.모리슨Morrison도 있었다. 농성전 당시 전사자는 외국인은 925명 중 20명에 불과했다. 함께 농성한 중국인 기독교 신자들은 총 18명이 사망했다. 소수병력으로 55일 동안 매우 선전한 편이었다. 둥자오민샹은 좀처럼 함락되지 않았다. 의화단은 20만 명이나 되었지만, 너도나도 우두머리로 나서는 바람에 명령이 중구난방이었고 오합지졸도 그런 오합지졸이 없었다.

이 조그만 구역이 55일 동안 청군과 위화단의 인해전술 같은 공격을 견딘 것은 청나라 베이징 수비대 사령관인 룽루榮祿가 휘하 군대로 하여금 공포空砲를 쏘게 했다는 설도 있다. 룽루는 부랑배 집단 같은 의화단이 베이징에 들어오는 것을 애초부터 싫어했다. 원래 그는 위화단을 탄압한 장본인이기도 했다. 한편 룽루는 서태후의 심복이기도 했다. 이렇게 청나라 지도부 내에서도 제각각이었다. 8월 14일에 연합군은 베이징 공략에 나서서 바로 다음 날 함락했다. 베이징에는 청군 약 4만 남짓 한 병력이 있었고 위화단도 구름같이 몰려 있었지만 톈진에서 진군해 온 연합군의 적수가 못 되고 지리멸렬하면서 대패했다. 청군은 뒷짐을 지고 있었고 위화단은 그냥 우왕좌왕했을 뿐이었다. 의화단 대부분은 꽁지에 불난 새처럼 뿔뿔이 흩어져 사라져 버렸다. 베이징은 이후 1년간 연합국의 지배하에 놓이게 된다.

북경은 이제 완전히 무주공산이 되었다. 지난날 영국, 프랑스 연합군이 원명원圓明園[7]을 탈탈 털면서 병사들이 모두 한몫 단단히 챙겼다는 이야기는 전설이 되어 있었다. 이 전설을 잊어버리지 않고 있던 연합군 병사들은 자신들도 전설이 되고자 너도나도 본격적으로 약탈 전선에 뛰어들었다. 자금성의 보물을 대량으로 국외로 빼돌렸고 왕후귀족의 저택과 이화원颐和园 등에 있던 각종 문화유산이 약탈, 방화, 파괴의 대상이 되었다. 완전히 도적떼로 변했다. 강탈한 보물들을 돈으로 바꾸기 위해 도둑시장이 따로 열릴 정도였다. 이에 질세라 일본군은 자금성의 방화수용 항아리의 도금된 금박까지 싹싹 벗겨갔다. 열강들 가운데 일본군이 가장 극성스럽고 악착같았다. 자국 공사가 살해된 독일도 만만치가 않았다. 본국의 황제가 중국을 야만국으로 취급해도 괜찮다는 훈령을 내렸다는 후문이 뒤따랐다.

한편 서태후는 베이징 함락 직전에 한인漢人처럼 머리를 매만지고 한인들이 입는 허름한 옷을 입고 눈물을 질질 짜면서 북경을 간신히 탈출했다. 도중에 산시성山西省, 다퉁大同 등을 전전하면서 10월에 이르러

시안西安에 도착했다. 서태후는 애로호 사건으로 인해 일어난 전쟁 시에도 열하熱河로 도망간 적이 있었기에 일생 두 번에 걸쳐 도성을 버리고 달아난 셈이 되었다. 서태후는 도망갈 때 조카인 황제 광서제光緖帝를 개 목에 줄을 매단 것처럼 이리저리 끌고 다녔다. 광서제는 청나라를 개혁한다고 일부 학자들과 무술정변을 도모했으나 서태후에게 들키면서 자금성 내 영대靈臺에서 죄인처럼 가두어져 있었다. 서태후가 광서제를 끌고 다닌 것은 혹시 베이징에 남아있을 경우 열강을 등에 업고 자기를 내쫓을 가능성이 있기 때문이었다. 서태후는 베이징을 떠나기 직전 광서제의 애비愛妃였던 진비珍妃를 환관에 명하여 자금성 영수궁宁寿宫 뒤편의 우물에 빠트려 죽여 버렸다. 진비를 살해한 것은 그녀가 광서제의 총애를 독점한 데다가 야심적인 그녀가 제2의 서태후가 되는 것을 염려해서였다. 진비는 광서제가 유폐될 때 황제를 변명하다가 서태후의 눈 밖에 나면서 감금되어 있었다. 특히 황제가 베이징을 떠날 때 어떻게 해서든 베이징에 남아 연합군과 강화를 맺어야 한다는 얘기를 했는데, 누가 이를 서태후에게 고자질하는 바람에 이참에 죽여 버릴 결심을 한 것이다.

연합군의 베이징 점령은 약 1년간 이어졌는데 이를 싫어한 서태후는 돌아가지 않았다. 그녀는 1년 정도 시안에 머무르면서 슬슬 열강들 눈치를 살피다가 1902년 1월에 도둑고양이처럼 베이징으로 슬그머니 돌아왔다. 전투가 끝난 후 의화단은 사방으로 뿔뿔이 흩어졌고, 일부는 베이징 근교에서 저항했으나 곧 진압되고 말았다. 이제 남은 것은 사후

서태후

처리 문제였다. 승전국 8개국은 서로 많이 챙겨 먹으려고 회의를 질질 끌다가 이듬해 9월 7일이 되어서야 중국 측과 화약을 맺기에 이른다. 이를 '신축화약辛丑和約'이라고 한다. 이 조약에는 반기독교 운동은 사형으로 엄히 다스리며, 요소요소에 병력 주둔권, 다구 포대의 철거 등의 조항이 있었다. 배상금은 4억 5천만 량으로 이는 청조가 멸망한 후에도 중화민국이 인수해 1940년에야 모두 갚을 수 있었다.

교활한 서태후의 속셈

사실 '의화단의 난'은 서태후의 음흉한 속셈이 깔려 있었다. 처음에 의화단 운동이 부청멸양의 기치를 내걸자 청조는 이참에 이들이 외세를 쫓아냈으면 하는 실낱같은 희망도 품어 보았으나 한편으로는 이 난이 제2의 태평천국太平天國의 난亂[8]으로 비화될까 불안해하기도 했다. 결국 교활한 서태후는 의화단이 서양 세력을 몰아내도 좋고, 반대로 의화단이 진압되어도 좋다는 생각을 했다. 청군은 의화단을 앞세워 서양 공사관을 공격하게 하고 청군은 그들을 엄호하는 척했지만 정작 대포 한방 제대로 쏴 주지도 않고 멀건이 지켜보기만 했다. 심지어는 앞에서 서양국 군대가 총화를 퍼부어대는 가운데에서도 뒤에서 청군이 의화단을 향해 슬쩍 슬쩍 총질하는 경우도 있었다.

이러한 서태후의 서양열강의 개입을 통한 의화단 진압 계략은, 서양 연합군이 의화단뿐만 아니라 그렇지 않은 무고한 백성들까지 학살하고 약탈과 방화를 저지르는 결과를 낳았다. 이렇게 되니 만주족 정권을 향한 증오가 더욱 하늘을 찌르게 되고, 이는 결국 청조의 멸망과 신해혁명辛亥革命을 더욱 부채질했다고 볼 수 있다. 신해혁명은 1911년에 일어난 중국의 민주주의 혁명이다. 이로써 쑨원을 대총통으로 하는 중화민국이 탄생하게 되었다.

TIP!

1. 애로호 사건

1856년 중국 청 정부의 관헌들이 광저우廣州 항에 머물고 있던 영국 국적의 애로호를 검문하여 중국인 선원들을 체포하는 일이 발생했다. 그동안 중국과의 통상이 막혀 있어 불만을 품어오던 영국이 청 정부의 관헌들에 의해 애로호에 나부끼던 자국의 국기國旗가 모독되었다는 핑계로 전쟁을 벌였다. 때마침 광시에서 자국 선교사가 피살된 데 대해 앙갚음을 노리고 있던 프랑스와 함께 광둥廣東을 점령하였다. 양국은 기세를 몰아 북쪽으로 진격하여 톈진을 압박하고, 이를 기회로 1858년 청 정부와 일방적인 불평등 조약인 톈진조약天津條約을 체결하였다.

2. 백련교

송, 원, 명, 청나라에 걸쳐 성행했던 유사종교다. 미륵불이 인간 세상으로 내려와 도탄에 빠진 이 세상을 개벽하고 새로운 이상 세계를 건설한다는 민간신앙이었다. 이 미륵불신앙은 당시 도탄에 빠져 있던 서민층에 쉽게 받아들여졌다. 그들은 종교적 비밀결사를 만들어 탄압하는 정부에 반항했다. 백련교도의 반란 중 가장 대규모 반란은 청나라 가경조嘉慶朝 때에 일어난 것이다.

3. 순무

명나라, 청나라 시기에 걸쳐 있던 관직을 말한다. 순무는 "천하를 순행하며 군민을 위로하고 다스린다巡行天下, 撫治軍民."는 의미다. 순무는 1개 성省에 해당하는 지역을 다스렸다.

4. 위안스카이

총리교섭통상 대신으로 조선에 부임하여 국정을 일일이 간섭하고 일본과 러시아를 견제했다. 청일 전쟁 이후 일본군에 쫓겨나서 귀국했다. 이후 청나라 군대를 서양식으로 훈련시켜 북양군벌의 기초를 마련하고 개혁파를 배반하고 변법운동을 좌절시켰다. 이어서 신해혁명으로 청나라가 망한 후 임시총통이 되었고, 이어 스스로 황제라 칭하였다. 그러나 격렬한 반대에 부딪쳐 황제자리에서 마지못해 물러났다. 이후 식식거리다가 화병으로 죽었다.

5. 다구포대

다구포대는 베이징과 톈진의 관문에 해당하는 따구(현재의 톈진 시 빈하이 신구)에 외국으로부터의 공격에 대비할 목적으로 구축된 포대다.

6. 둥자오민샹

둥자오민샹은 원래 미곡이 내륙 수운을 통해 베이징으로 들어오던 곳이었다. 명나라 때부터 외국의 사신들이 머물 수 있는 시설이 건립되었고, 청나라 때는 영빈관을 세워 외국의 사신들이 거처하도록 했다. 이후 영국, 러시아, 독일, 프랑스 등의 외국 대사관들과 우체국, 은행, 상점, 학교 등 외국인들을 위한 시설이 들어서게 되었다.

7. 원명원

베이징 서쪽 교외에 자리 잡고 있는 원명원은 18세기 초부터 19세기 중반까지 황제가 가끔 기거했다. 이후 1860년, 영국과 프랑스 연합군의 베이징 침공 후, 이곳에 있던 문화재 대부분이 강탈당하고 방화로 인하여 소실되었다. 최근에 진행된 복원공사를 통하여, 본래의 규모를 많이 회복하게 되었다. 1709년 강희제가 네 번째 아들 윤진胤禛에게 하사한 별장이었으나 윤진이 옹정제雍正帝로 즉위하자 1725년 황궁의 정원으로 조성하였다. 그 뒤 건륭제乾隆帝가 서양의 바로크 건축양식으로 원명원을 크게 넓혔다.

8. 태평천국의 난

서기 1850년에서 1864년까지 중국 대륙에서 벌어진 어마어마한 규모의 내전이었다. 내전은 만주족 황실의 청나라와 기독교 구세주 사상을 기반으로 한 종교국가 태평천국 사이에 벌어졌다. 태평천국의 난의 주요 무대는 강소성, 절강성, 안휘성, 호북성이었다. 그러나 14년간의 전쟁 기간 동안 북서쪽 끝의 감숙성을 제외한 모든 중국의 성을 최소 한번 이상 태평천국군이 지나갔다. 인류 역사를 통틀어 가장 참혹했던 내전 중 하나로 손꼽힌다. 19세기 태평천국의 난으로 인해 죽은 사람은 무려 적게는 2천만, 많게는 천만 명 정도로 추산하고 있다.

〈패트리어트-늪 속의 여우〉

미국 독립전쟁, 미국의 초대 대통령 조지 워싱턴

I. 영화 〈패트리어트-늪 속의 여우〉

원제: The Patriot
감독: 롤랜드 에머리히
제작: 딘 데블린, 마크 고든
각본: 로버트 로닷
음악: 존 윌리엄스
출연: 멜 깁슨, 히드 레저, 졸리 리차드슨, 제이슨 아이작스, 크리스 쿠퍼, 체키 카리
제작 연도: 2000년
상영시간: 168분
제작비: 1억 1,000만 달러
수익: 2억 1,500만 달러

영화 〈패트리어트-늪 속의 여우The Patriot〉는 〈인디펜던스 데이Independence Day〉, 〈고질라Godzilla〉, 〈2012〉, 〈투모로우The Day After Tomorrow〉 등 여러 화제작을 만들어온 롤랜드 에머리히Roland Emmerich 감독이 18세기 미국 독립 전쟁 당시의 남부를 배경으로 만든 영화다. 사우스캐롤라이나주의 한 평범한 농장주가 영국군에게 아들을 잃고 미국 독립 전

쟁에 뛰어들어 활약하는 과정을 그린 시대극이다.

치밀한 조사와 고증을 거친 대작이며, 멜 깁슨Mel Gibson이 2,500만 달러의 거액 출연료를 받았고, 총 1억 1,000만 달러의 제작비가 투입되어 '문제는 크기Size does matter'라는 에머리히의 지론을 떠올리게 하는 영화이기도 하다. 각본은 〈라이언 일병 구하기〉로 오스카상을 수상한 로버트 로닷Robert Rodat이, 제작(마크 고든Mark Gordon과 공동제작)은 에머리히 감독의 명콤비 딘 데블린Dean Devlin이 맡았고 영화음악의 대가 존 윌리엄스John Williams가 장중한 음악을 만들었다.

멜 깁슨이 연기하는 주인공 벤자민 마틴Benjamin Martin은 실존했던 전쟁 영웅 프란시스 마리온Francis Marion을 모델로 한 인물이다. 실제로 마리온은 사랑하는 조카 가브리엘Gabriel(영화에서는 아들)을 전쟁 중에 잃은 후 무시무시한 전쟁광이 되었다고 한다. 영화에서 벤자민의 아들로 나오는 가브리엘 역은 떠오르는 청춘스타이면서 미래가 촉망되던 연기파 배우 히스 레저Heath Ledger[1]가 맡았다. 불행히도 그는 2008년 영화 〈다크 나이트〉를 끝내고 약물복용으로 사망했다.

벤자민 마틴(오른편)과 아들 가브리엘

멜 깁슨이 연기를 하는 주인공 벤자민에게는 독립전쟁보다는 한 가족의 아버지로서의 책임이 더 중요하다. 그래서 자신의 가족을 지키겠다는 생각이 결국 그를 전쟁의 소용돌이 속으로 밀어 넣는다. 전쟁이라는 광풍 앞에서 어쩌면 개인을 움직이는 것은 대의명분 같은 거창한 것이 아닐 수도 있다. 이를테면 '가족에 대한 보호'와 같은 한 개인이 꼭 지키고 싶은 소박한 일념이 당사자를 전쟁 속으로 몰아넣을 수도 있을 것이다.

한편 대서양 건너 영국의 영화평론가와 역사학자들은 이 영화가 역사를 심히 왜곡했다고 들고 일어났다. 그들은 영화 속에서 영국인들은 모두 악마와 같은 존재들인 반면 식민지 개척자들은 매우 순결하고 용감한 사람들로 그리고 있을 뿐 아니라, 독립 전쟁 묘사도 극히 편향적이라고 비난했다.

실제 영국군 장교였던 태빙턴Tabington(실제 인물은 배네스터 태를턴Banastre Tarleton)은 영화처럼 천인공노할 만한 인물도 아니고 전쟁 중에 죽지도 않았고 전쟁이 끝난 후에는 고향으로 돌아가서 하원의원을 지내면서 편하게 노후를 보냈다고 한다. 거꾸로 실제 인물 프랜시스 마리온(주인공 벤자민)은 인종 차별주의자였으며 인디언을 마구잡이로 죽인 인물이었다. 그러나 영화에서는 독립 전쟁의 영웅으로 지나치게 미화하였다는 구설수에 오르기도 했다. 공교롭게도 멜 깁슨이 제작 · 감독 · 주연을 맡았던 영화 〈브레이브하트〉도 역사 왜곡이 심하다고 영국인들에게 혹독한 비난을 받았는데 이래저래 깁슨은 영국인들(특히

마지막 싸움인 요크타운 전투에서 분전하고 있는 벤자민

잉글랜드인들)에게 미운털이 박히지 않았는지 모르겠다.

Ⅱ. 미국 독립 전쟁

처음 아메리카 식민지로 이주한 영국인들은 1607년, 제임스 1세[2]에게 허가받은 100여 명의 사람들이었다. 이들은 처음 도착한 지역에 제임스타운Jamestown을 세웠다. 1620년에는 102명의 청교도들이 제임스 1세의 청교도 박해를 피해 새로운 식민지를 건설했다. 그리고 이들은 지금의 미국 매사추세츠주에 플리머스 식민지Plymouth Colony를 만들었다. 이후 영국은 북아메리카의 대서양 연안에 모두 13개의 식민지를 건설했다.

18세기가 되자 영국 국왕 조지 3세[3]는 이른바 '7년 전쟁'이라는 '오스트리아 왕위 계승 전쟁'을 수행하고 재정이 거덜나자 만만한 북아메리카 13개 식민지로부터 과도한 세금을 부과했다. 설탕 조례와 인지 조례를 만들어 설탕과 각종 문서에 세금을 매겼다. 식민지인들은 분기탱천하여 이에 거세게 항의했다. 당황한 영국 정부는 이 두 가지 세금을 철회하는 대신에 이번에는 종이, 유리, 차 등에 관세를 부과했다. 또다시 화가 치민 식민지 사람들은 1773년 12월, 인디언으로 변장하고 보스턴항에 정박 중이던 영국 배에 올라 홍차 수백 상자를 모두 바다에 처넣어 버렸다. 이것이 그 유명한 '보스턴 차 사건Boston Tea Party'이다.

영국 정부는 '보스턴 차 사건'을 일으킨 식민지인들을 괘씸하게 생각했다. 그래서 식민지인들이 차 값을 모두 배상할 때까지 보스턴 항구를 봉쇄해 버렸다. 식민지인들의 분노는 더욱 불타올랐다. 그들은 13개 주 대표로 구성된 대륙 회의에서 '대륙 헌장'을 제정하고, 벤자민 프랭클린Benjamin Franklin을 영국에 보내어 식민지인들이 세금을 낼 수 없는 이유를 설명하게 했다. 그러나 결과는 "식민지인들도 영국인이므로 세금을 내야 한다."라는 것이었다. 식민지인들은 "대표 없이는 과세도 없다."라고 주장하며 격렬히 항의했다. 하는 수 없이 영국 정부는 차에 대한 관세만 남기고 다른 세금을 모두 철폐했다. 그러나 이것은 '버스 떠난 뒤 손 흔들기 격'이었다. 식민지인들은 "자유가 아니면 죽음을 달라!"라고 외치며 결사적으로 나섰다. 그리고 1776년 7월 4일, 필라델피아에서 아메리카의 식민지인들은 독립 선언서를 발표했다. 독립 선언서에는 "생명, 자유, 행복은 태어나면서부터 주어진다."라는 천부인권사상과 근대 민주주의의 기본 원리가 담겨 있어, 이후 많은 국가들에게 큰 영향을 주었다.

독립선언문을 발표하는 미국 건국의 아버지들

1775년 4월, 보스턴 서쪽 렉싱턴Lexington과 콩코드Concord 지역에서 영국군과 식민지인들 사이에 총격전이 시작된 것을 계기로 '미국 독립 전쟁'이 시작되었다. 식민지인들은 초반에는 무기와 병사, 군자금 등이 딸려서 힘겨운 싸움을 해야 했다. 이 험난한 독립 전쟁을 승리로 이끈 사람은 조지 워싱턴George Washington이었다. 그는 전쟁터에서 뛰어난 지도력을 발휘하여 6년 후 1781년, 요크타운에서 대승리를 거두었다. 이어 유럽의 프랑스, 스페인, 네덜란드도 아메리카 식민지를 지원하면서, 미국 독립 전쟁은 식민지인들의 승리로 끝났다. 영국은 마침내 1783년 '파리 회의'에서 미국 식민지 13개 주의 독립을 인정했다. 이후 미국인들은 초대 대통령으로 조지 워싱턴을 선출하고, 새로운 국가 '미합중국'을 세우게 되었다. 독립 전쟁 당시 주요 전투 및 사건, 그리고 미국의 국부 조지 워싱턴에 관하여 자세히 살펴보자.

웃기는 최초의 충돌, 렉싱턴 – 콩코드 전투

'보스턴 차 사건' 이후 아메리카 식민지인들과 영국 본토 정부의 갈등은 극에 달했다. 영국군은 본토에서 파병된 정규군 병력이 속속 도착하기 시작했고, 식민지 민병대도 이에 맞서 무기와 탄약을 비축하기 시작했다. 아메리카 총독 토머스 게이지Thomas Gage는 이들 매사추세츠 민병대의 싹을 일찌감치 도려내기 위해, 먼저 민병대가 콩코드 지역에 비축해 놓은 탄약과 군수품을 압수하라는 명령을 내렸다. 1775년 4월 18일 밤중에 스미스 대령이 8백 명의 특공대를 선발하여 건방진 식민지 촌놈들에게 본때를 보여주기 위해 콩코드로 보무당당하게 출동했다. 그런데 영국군의 계획은 시작부터 꼬이기 시작했다. 영국군 부사관 하나가 출동 전에 생각 없이 마구 떠벌리는 바람에 개나 소나 영국군의 계획을 다 알아버린 것이다. 이때 폴 리비어Paul Revere라는 식민지인이 밤새도록 말을 몰아 콩코드로 가는 길에 있는 렉싱턴Lexington에 들렀다. 그리고 그곳에서 영국군에게 쫓겨 숨어있던 식민지인들의 지도자 존 핸콕John Hancock[4]과 새뮤얼 애덤스Samuel Adams[5]를 도주시킨 다음 "레드코트Redcoat(영국군)가 몰려온다!"라고 야단법석을 떨고 다니며 마을 주민들을 잠에서 깨웠다.

존 파커John Parker 대위가 지휘하는 130여 명의 동네 사람들로 구성된 민병대들이 부랴부랴 동네 공터에 옹기종기 모였다. 당시 이 민병대원을 '미닛맨minuteman'라고 불렀는데 이는 1분 안에 즉각 출동한다는 뜻이었다. 과거 우리나라 군대에서 있었던 '5분 대기조'와 같은 의미다. 그런데 이들은 부랴부랴 모이긴 했어도 도대체 뭘 해야 할지 몰랐다. 민병들은 한 시간이 넘도록 한밤중의 추위에 오들오들 떨었다. 할 수 없이 민병대장 파커 대위는 북소리가 울리면 지체 없이 모이라는 지시와 함께 이들을 일단 해산시켰다. 일부는 따뜻한 자기 집 이불 속으로 퇴각했고, 나머지는 얼어붙은 몸도 녹일 겸 근처 술집으로 우르르 몰려갔다. 새벽 4시 30분 경, 다급한 북소리가 울려 퍼졌다. 북소리를 못 들은 사람, 이불 속에서 꿈나라로 간 사람, 술에 취해 뻗은 사람, 그리고 아무리 생각해봐도 감히 영국군하고 한판 붙겠다니 웃기는 일이라고 하면서 집에서 안 나온 사람 등등이 빠지고 반 토막 난 70여 명이 헐레벌떡 다시 모였다.

잠시 후 빨간 제복을 입은 8백여 명의 영국군이 동트는 아침, 햇빛을 등에 업고 총검을 번뜩이며 보무당당하게 나타났다. 영국군이 천천히 코앞까지 다가오자 겁이 덜컥 난 한 민병대원이 "대장님, 우리 해산합시다."라고 다급하게 요청했다. 파커 대위는 비장한 목소리로 엄포를 놓았다. "누구든 맨 먼저 도망가는 놈은 영국군이 아닌 내 총에 먼저 맞아 죽으리라." 그때 30미터 앞까지 온 영국군 존 핏케언John Pitcairn 소령이 "야! 이 빌어먹을 반란군 개자식들아, 당장 꺼지지 않으면 너희 대갈통들을 박살내 버리겠다!"라고 외치자 싸울 의지를 살짝 내비쳤던 파커의 마음도 싹 가셔 버렸다. 파커의 해산명령과 함께 민병들은 잽싸게 달아나기 시작했다.

이렇게 미국 독립 전쟁의 서막이 될 뻔했던 우스꽝스러운 해프닝이 끝나려는 순간, 성깔이 있어 보이는 핏케언의 한 부관이 도망가고 있는 민병들의 등을 향해 냅다 소리를 지르면서 사격을 명령했다. "이 빌어먹을 새끼들, 모두 죽여 버릴 테다!" 그 순간 독립 전쟁의 첫 총성이 울려 퍼졌다. 이것이 바로 시인이자 사상가인 랄프 왈도 에머슨Ralph Waldo Emerson이 말한 "전 세계에 울려 퍼진 총성the shot heard round the world"이었다. 그 자리에서 8명의 민병이 즉사하고 10명이 다쳤다. 이어서 영국군은 허공에다가 축포를 쏜 뒤 다시 또 위풍당당하게 콩코드로 행진을 시작했다. 이 소식을 듣고 콩코드 민병들은 부랴부랴 군수품을 이미 다른 곳으로 옮겨 놓았다. 콩코드에 도착한 영국군들은 그래도 3문의 대포와 220킬로그램 상당의 탄약을 압수했다. 그리고 여기저기 불을 질렀다. 집결하긴 했지만 기가 팍 죽어 싸울 엄두도 내지 못하던 400여 명의 콩코드 민병대들은 마을이 불타는 광경을 보자 열불이 나면서 총을 마구 쏘기 시작했다. 그리고는 바로 내빼버렸다. 이 총격으로 영국군은 12명의 사상자가 났다. 영국군은 퇴각하는 민병대를 추격하기 시작했다. 이것이 바로 뼈아픈 실책이었다. 산길 곳곳에는 훨씬 많은 민병대가 울창한 숲 속에서 숨어 있었던 것이다. 민병대는 그 당시 통용되던 줄을 서서 마주 보며 총을 쏘는 이른바 '라인 배틀line battle' 방식을 버리고 여기저기 흩어져서 총질을 해댔다. 민병대가 마구잡이로 총을 쏴댔기에 그나마 영국군은 전멸은 면할 수 있었다. 그러나 외양간, 주택, 돌담, 나무, 바위, 울타리 뒤 등 사방팔방에 숨어서 쏘아대는 민병대의 총격에 영국군은 얼이 빠져버렸다. 민병대를 쫓던 영국군이 거꾸로 도망가는 신세가 되었다.

오후 2시 30분, 사지를 간신히 빠져나온 영국군 선발대는 추가로 도착한 1천 명의 지원군과 합류했지만 상황이 나아지기는커녕 더욱 꼬여가기만 했다. 전투 소식을 듣고 사방에서 꾸역꾸역 몰려온 민병대의 숫자가 이제 4천여 명 가까이 왕창 늘어난 것이다. 도망가는 영국군에게 보스턴까지 가는 길은 고난의 행군이었다. 이들은 도주하는 도중에 끊임없는 민병대의 기습을 받아야 했다. 죽을 맛이었다. 총이 없어 급한대로 챙겨온 벌목용 손도끼와 쇠스랑을 들고 숲속에서 갑자기 튀어나와 마구 휘두르는 일부 민병대의 기세가 가세하면서 영국군은 혼비백산해져 버렸다. 해 지기 직전 지옥에서 간신히 빠져나온 영국군이 보스턴에 도착하면서 미국 독립 전쟁의 첫 전투는 이렇게 끝났다. 영국군 사상자 270여 명, 민병대는 사상자 90여 명뿐이었다. 뭘 해야 하는지 아리송했지만 일단 모인 70명의 동네 아저씨들이 벌인 렉싱턴의 1분 동안의 전투가 미국사의 흐름을 결정적으로 바꿔놓았던 것이다.

독립 전쟁의 불쏘시개, 토마스 페인Thomas Paine의 책자 '상식Common Sense'

식민지인들 사이에 점차 타오르던 독립 여론에 불을 지른 것은 1776년 1월, 필라델피아에서 출판된 『상식』이라는 조그마한 책자였다. 그 저자는 놀랍게도 토머스 페인이라는 영국에서 갓 건너온 가난한 이민자였다. 그는 영국에서 먹고 살 길이 막막할 때 마침 런던에 체류하던 벤자민 플랭클린이 소개장을 써줘서 1974년 미국 필라델피아에 도착했다. 그곳에서 그는 여기저기서 주워들은 독립사상을 나름대로 정리하여 47쪽으로 된 『상식』이라는 책자를 만들었다.

대륙회의는 학자나 법률가 등 주로 먹물들로 구성되어 있어 고급스러운 문장으로 독립사상을 설파했기 때문에 일반대중들은 도통 알아먹을 수가 없었다. 그러나 일반 시민들 사이에서 생활하던 토머스 페인은 고색창연한 화려한 문장으로 이루어진 지식인들의 저술방식을 택하지 않았다. 그는 47쪽 정도의 짧은 분량에 왕권에 억압받는 식민지주들의 현재 상황을 일반 시민들도 읽을 수 있게 쉽게 요약하였다. 페인에 의하면 정치란 다만 상식의 문제라는 것이었다. 페인은 먼저 "거대한 아메리카 대륙이 조그만 섬나라의 통치를 받는다는 것은 애초부터 말이 되지 않는다."라고 시작하면서 『상식』을 써내려갔다.

여러 가지 재미있는 비유를 들면서 쉬운 말로 쓰인 『상식』은 대중들 사이에서 선풍적인 인기를 얻었고 이들에게 독립사상을 고취시키는 데 지대한 공을 세웠다. 페인은 책자에서 "일부 식민지인들은 영국이 우리의 모국이라고 주장하는데, 그렇다면 영국은 더욱 수치심을 느껴야 한다. 짐승들도 자기 자식을 잡아먹지 않는 법이다."라고 말했다. 이어서 "이 신세계는 유럽 전역에서 박해받고 쫓겨 온 사람들의 피난처가 되어왔다. 그들은 잔인한 괴물들의 손아귀로부터 이곳으로 피난 온 것이다."라고 갈파했다. 심지어 "조지 3세는 단순히 잔인한 짐승에 불과하다."라는 극언까지 하면서 왕권의 정당성을 부정하였다. 당시에는 아메리카 13주 전체를 대표하는 조직이라고 할 수 있는 것은 '대륙회의Continental Congress'밖에 없었다. 대륙의회가 독립을 선언하려면 보다 폭 넓은 여론의 지지가 필요했다. 그런데 이 『상식』이 우호적인 여론에 불을 확 지른 것이다. 『상식』은 순식간에 50만 부가 팔려 나갔다. 당시 식민지 인구가 300만이었던 것을 감안하면 한 가족 당 한 부씩 팔려 나간 셈이다.

암울했던 시기, 대륙군의 숨통을 튼 '트렌턴 전투Battle of Trenton'의 승리

대륙군은 독립전쟁 초기에 잠깐 반짝했지만 점차 영국군에게 밀리게 된다. 이때 대륙군 사령관인 워싱턴은 뉴저지 주의 트렌턴에 영국군에 고용된 독일 헤센Hessen 용병들이 주둔하고 있다는 정보를 입수했다.

역사적으로 용병들이란 존재는 그 평판이 좋지 않았다. 돈 액수에 따라 이쪽저쪽을 왔다 갔다 하는 일도 많았고 대개는 대충 싸우는 척만 했다. 그리고 돈을 안 주면 갑자기 강도떼로 바뀌기도 하는 존재들이었다. 이런 점에서 독일에서 온 헤센 용병들도 더하면 더했지 못하지 않았다.

델라웨어 강을 건너는 워싱턴

워싱턴은 밤중에 강을 건너 급습하기로 하고 휘하 부대를 나다니엘 그린Nathaniel Greene과 존 설리반John Sullivan 부대로 나누었다. 그때 마침 트렌턴으로 보낸 스파이 존 허니맨John Honeyman이 적정 염탐을 끝내고 강을 건너왔다. 그는 날씨가 몹시 추워 용병 대장인 요한 랠Johann Rall은 잠을 자러 집으로 들어갔다고 했다. 순찰대도 난롯가에 옹기종기 둘러앉아 꼼짝하지 않고 있다는 보고를 했다. 대륙군에게는 참으로 다행스러운 일이 아닐 수 없었다.

대륙군은 얼음이 둥둥 떠다니는 델라웨어 강을 천신만고 끝에 건넜다. 설리반 부대는 남쪽으로, 그린 부대는 북쪽으로 가서 트랜턴을 협공하기로 했다. 그런데 그린 부대는 중간에 발각되는 바람에 용병들이 그쪽으로 달려 나갔다. 대부분의 용병들이 북쪽으로 몰려가는 바람에 트렌턴은 거의 비었고 남쪽에서 달려온 설리번 부대는 아침 무렵에 트렌턴에 빈 집에 소 들어 가듯이 쑥 들어갔다. 갑작스런 기습에 기겁을 하고 놀란 트랜턴에 남아있던 일부 용병들은 외곽으로 꽁지 빠지게 달아났다. 대륙군은 대포를 방열하고 장애물을 설치하는 등 만반의 준비를 갖추었다. 재정비를 한 용병들의 반격이 시작되었다.

아닌 밤중에 홍두깨라고 잠에 떨어져 있다가 헐레벌떡 깬 용병 대장 랠은 허겁지겁 대포를 끌고 나왔으나 이미 포를 배치하고 기다리고 있던 대륙군에게 두들겨 맞았다. 랠은 돌아서 대륙군의 후방을 치려고 하였으나 사방에서 쏘아대는 대륙군의 사격에 정신을 차릴 수가 없었다. 이처럼 대륙군이 이기고 있자 신바람이 난 일부 주민들도 총을 들고 나와서 싸움에 가세하였다. 총체적인 반격에 맞닥뜨린 용병들은 도저히 견디지 못하고 후퇴하다가 결국 손을 들 수밖에 없었다. 1,500여 명의 헤센 용병대는 1천여 명이 포로로 잡혔다. 랠 대장은 전사했다. 대륙군의 일방적인 승리였다.

이 전투의 규모는 작았으나 그동안 영국군에 밀려 와해되기 직전의 대륙군의 사기를 크게 진작시키면서 병사들을 똘똘 뭉치게 했다. 대륙군의 총사령관 워싱턴도 어느 정도 위신을 회복할 수 있었다. 지리멸렬하던 대륙군도 더 이상의 오합지졸 수중에서 벗어나는 계기가 되었다. 다음 해에는 이 승리에 고무된 많은 식민지인들이 여기저기서 달려와 추가로 대륙군에 입대하면서 규모가 커져갔다.

오합지졸을 강병으로 만든 프로이센 교관 폰 슈토이벤von Steuben

독립전쟁의 승리는 프랑스의 인적 · 물적 도움도 대단히 중요했지만,

오합지졸 대륙군을 조직적인 정규군 수준으로 만든 폰 슈토이벤이라는 프로이센 출신의 장교도 무시 못했다. 독일 마그데부르크Magdeburg 출신의 슈토이벤은 프로이센군 장교로 제대하면서 실업자가 되었다. 이후 생활이 어려워 빌빌거리던 그는 당시 파리에서 전문적인 군인을 찾고 있던 미합중국 사절 대표 벤자민 프랭클린의 소개로 미국으로 건너가게 되었다.

1777년 9월, 그가 미국에 도착했을 때는 아직 대륙군이 사라토가Saratoga에서 대승을 거두기 전이었고 전황은 대륙군에게 상당히 불리했다. 뉴저지의 영국군이 본격적으로 밀고 들어오면서 대륙의회도 필라델피아에서 서쪽인 요크로 도망간 상황이었다. 대륙의회 의원들을 만난 폰 슈토이벤은당분간 무급으로 대륙군에 봉사하겠다고 했다. 그리고 1778년 2월, 필라델피아 북쪽의 밸리 포지Valley Forge에서 혹독한 동계 시즌을 보내고 있던 워싱턴을 찾아가자마자 곧바로 병사들의 훈련에 착수했다. 폰 슈토이벤은 군영의 배치와 위생 등 군대의 기본적인 사항을 가르치기 시작했다. 그 다음에 착수한 것이 120명의 이른바 '부사관급 부대'를 만들어 각종 훈련 항목을 가르치고 이들로 하여금 병사들을 훈련시키게 했다. 이와 아울러 슈토이벤의 가장 중요한 기여 중의 하나는 대륙군에 병사들의 가장 기본 항목인 총검술을 체계적으로 가르친 것이다. 민병들은 평소 사냥 등을 통해 사격은 달인들이었지만 총검술과 같은 것에는 무지했다. 훈련을 시작한지 석 달이 지나자 대륙군은 몰라보게 탈바꿈했다. 이후 대륙군은 근접전에서 정규군인 영국군에게 겁을 먹지 않고 당당하게 대응할 수 있게 된다. 이와 같은 슈토이벤의 훈련은 궁극적으로 독립전쟁을 승리로 이끄는 데 작지 않은 공헌을 하게 된다.

독립 전쟁의 분수령 사라토가 전투

미국 독립 진쟁의 운명을 바꾼 것은 1777년 9월과 10월 뉴욕 북쪽의 시골 마을 사라토가 근처에서 벌어진 전투였다. 영국군 지도부는 전쟁을 빨리 끝내는 최선의 방책은 독립군의 아성인 뉴잉글랜드를 왕당파가 우세한 남부와 갈라놓는 것이라 보고 캐나다에 주둔하고 있던 존 버고인John Burgoyne[6] 장군의 영국군을 뉴욕으로 이동시켜 허드슨강을 장악한다는 전략을 구사하려 했다. 그러나 이들은 사라토가에서 수적으로 우세한 대륙군에 포위당했다. 이들은 한 달 동안의 포위 속에 전투를 벌였지만 결국 6,200명에 달하는 영국군 전원이 항복하고 말았다. 이 전투는 식민지인들이 독립 전쟁 이후 거둔 가장 큰 승리이기도 했다. '사라토가 전투의 승리'는 독립군이 영국군에 맞서 싸울 수 있는 능력이 있다는 것을 유럽국가들에게 보여주었다는 데 큰 의미가 있었다. 이는 곧 가장 큰 지원이 예상되는 프랑스가 자신감을 갖고 미국편에 서는 계기가 되었다. 그 후에도 전쟁은 4년 더 계속되지만 독립 전쟁의 승기를 이때 잡았다고 볼 수 있다.

영국은 유럽 대륙에서 항상 라이벌인 프랑스가 스코틀랜드와 협력하여 뒤통수를 치지 않을까 신경을 쓸 수밖에 없었고 대륙군과 싸우는 데 전력을 투구할 수가 없었다. 반면 대륙군은 프랑스로부터 무기와 자금을 왕창 지원받으면서 사기와 전투 능력이 급속히 올라갔다. 한편으로는 당시 프랑스 국왕 루이 16세는 참전을 결정함으로써 영국과의 '7년 전쟁' 패배라는 치욕을 앙갚음하고 미국 독립에 크게 일조했지만 결과적으로 스스로에게 사형을 언도한 셈이 됐다. 미국을 돕느라 쓴 빚을 감당하지 못해 재정은 파탄 나고 그것이 결국 프랑스 혁명의 도화선이 됐던 것이다. 남의 혁명 돕느라 자기 집에서 불이 나고 있는 걸 몰랐던 셈이다. 이때 미국이 사라토가 전투를 승리로 이끄는 데 결정적 역할을 한 독립군의 베네딕트 아놀드Benedict Arnold라는 인물은 미국 측과 영국 측을 왔다갔다하다가 신세를 조진 케이스였다. 당시 독립군의 영웅이던 아놀드는 자신에 대한 푸대접에 불만을 품고 영국군과 내통하는 사실이 들통 나자 영국군 진영으로 도망해서 아군이었던 대륙군에 총부리를 돌렸다. 그의 이름은 지금도 미국에서는 '배신자'의 동의어로 쓰이고 있다.

영화의 배경이 되는 남부의 격전, 늪 속의 여우

북쪽에서 허드슨 강을 장악하려는 계획이 사라토가 패전으로 실패로 돌아가면서 영국군은 전장을 미국 남부로 옮겼다. 자기편인 왕당파들이 많은 남부 공략에 나선 것이다. 영국군은 미국 남부로 대대적인 공략에 나섰고 1778년 12월에 조지아 주의 사바나Savannah를 함락하고, 이어서 오거스타Augusta를 향해 진격하는 등 거침없는 행보가 이어졌다. 영국군의 오거스타 점령 이후 전황은 미국에게 불리하게 전개되었다. 사령관 헨리 클린턴Henry Clinton은 그 여세를 몰아 찰스턴Charleston까지 점령했다. 남부에서 어느 정도 성과를 거둔 클린턴은 뉴욕으로 떠나고 콘월리스가 미국 남부 주둔 영국군의 후임 사령관이 되었다. 콘월리스 휘하의 배니스터 태를턴(영화에서 악당으로 나오는 영국군 윌리엄 태빙턴 대령)은 맹렬한 추격전을 벌이기 시작했다. 이때 태를턴이 내륙군 포로들을 학살하였다는 소문이 돌았고 이 때문에 대륙군은 그의 이름인 Banastre에 빗대어 그에게 '피투성이 반Bloody Ban'이란 별명이 붙었다.

영국군에 계속 쫓기던 대륙군은 게릴라전을 벌이기 시작했다. 남부 대륙군의 지휘관인 그린Green은 계속해서 영국군과 소규모전투를 벌였다. 양군은 서로가 크게 이긴 전투는 없었으나 치고 빠지는 대륙군을 쫓아다니는 영국군은 점점 지쳐버렸다. 특히 프랜시스 마리온 부대가 벌이는 게릴라전은 영국군을 더욱 지치게 만들었다. '늪 속의 여우'라 불린 마리온(영화에서 주인공 벤자민 마틴)은 사우스 캐롤라이나로 이민 온 프랑스인의 후손이었다. 그는 훤히 꿰뚫고 있는 현지 지형지물을 이용해 소규모 부대와 보급품 운송대를 기습하는 등 영국군을 끊임없이 괴롭혔다. 화가 머리끝까지 난 영국군이 그를 잡으려 하면 그는 늪지대 사이 좁은 길로 요리조리 빠져 달아나면서 영국군을 따돌렸다. 그의 별명이 된 '늪 속의 여우Swamp Fox'는 그를 소탕하라는 임무를 맡아 그를 잡으려다가 번번이 놓친 태를턴이 "저 놈의 늪 여우는 어떤 귀신도 못 잡을 거다."라고 투덜거린 데서 나왔다.

한편 그린의 계산은 정확히 들어맞았다. 그린은 지속적으로 병력을 보충 받으면서 4천 명까지 늘었지만 콘월리스는 이곳저곳을 지키려고 병력을 흩뿌려 놓는 바람에 그의 본대는 2천 명으로 줄어있었다. 그의 본대도 철저히 게릴라전술로 일관하는 그린의 부대를 허겁지겁 쫓아다니느라 지칠 대로 지쳐있었다. 이제 콘월리스에게 남은 선택은 결국 버지니아로 북상하여 미국의 배신자 아놀드와 합류하는 방법밖에 없었다. 콘월리스가 북상하면서 대륙군은 다시 남부를 장악하게 된다. 이제 곧 독립전쟁을 사실상 종결짓는 요크타운 전투만이 남아 있었다.

독립 전쟁의 종결, 요크타운 전투Battle of Yorktown

영국군 사령관 콘월리스는 남부지역 전투에서 잇따라 패하고 전력을 소진한 뒤 버지니아의 피터스버그Petersburg로 이동했다. 콘월리스는 프랑스의 후작 마르키스 드 라파예트Marquis de Lafayette 장군 휘하의 대규모 대륙군에 쫓겨 처음에는 리치먼드로, 다음에는 윌리엄즈버그Williamsburg로 퇴각했다가, 7월 말경에는 요크타운에 도착해서 요새를 구축하기 시작했다. 8,000명 병력의 라파예트군은 육로 쪽의 가능한 탈출로를 모두 차단했다. 총 7,000명의 콘월리스군은 구조함대를 눈이 빠지게 기다렸으나 감감무소식이었다. 오히려 콩데 드 그라스Conde de Grasse 백작이 지휘하는 24척의 프랑스 함대가 체서피크 만Chesapeake Bay 해역을 완전 장악했다. 이러한 해군의 엄호 아래 조지 워싱턴은 8

월 말에서 9월에 걸쳐 7,000명의 프랑스-미국 연합군 추가 병력을 이끌고 요크타운 반도에 웅크리고 있는 콘월리스를 공격하기 위해 뉴욕에서 버지니아로 내려왔다.

한편 토머스 그레이브스Thomas Graves 제독이 이끄는 소규모 영국 함대는 체서피크만에서 봉쇄선을 돌파하려 했으나 그라스의 프랑스 함대로부터 얻어터지고 뉴욕으로 되돌아갔다. 콘월리스에게 남겨진 유일한 기대는 북쪽의 클린턴 군대뿐이었다. 그러나 클린턴은 우물쭈물하고 있었다. 그는 10월 19일이 되어서야 간신히 무거운 엉덩이를 일으켜 출발했는데 그날은 바로 요크타운의 항복의 날이었다. 고립무원의 콘월리스는 바다와 육지로부터 쏟아지는 포탄을 이겨내지 못하고 두 손을 들고 말았다. 미국의 승리가 사실상 확정되었다. 이후 1783년 파리 회의에서 미국의 독립이 인정되고 전쟁은 완전히 마무리되었다.

일부 역사가는 마지막에 콘월리스가 탈출을 시도하지 않은 것을 비난하고 있으나 그는 나름대로 이렇게 말했다. "나는 얼마 되지 않는 부대를 가지고 탈출한다는 것은 무익하기도 하거니와 부하들에게도 못할 짓이라고 생각했다." 항복한 영국군은 프랑스군과 아메리카군이 존경하는 뜻으로 정숙하게 서 있는 대열 사이로 통과했다. 콘월리스는 마음이 괴롭기도 했겠지만 아프다는 핑계로

항복 조인식

이 패전의식에 참석하지 않았다. 콘월리스의 대리 장군이 대검을 정중하게 워싱턴에게 바쳤다. 바로 옆에서는 군악대가 '세상이 뒤집혀졌다'를 쾅쾅거리며 연주하고 있었다.

Ⅲ. 대륙군의 사령관이자 초대 대통령, 조지 워싱턴

미국 대륙군의 사령관이자 나중에 초대 대통령이 되는 워싱턴은 188센티미터의 장신에 큼지막한 체격 덕을 많이 보았다. 거기에다가 과묵함과 능란한 표정 관리로 위엄이 철철 흘러 넘쳤다. 그는 사교와 처세술에 관한 책을 들고 다니며 달달 외우고 있었다. 워싱턴의 가장 큰 장점은 조정능력이었다. 오늘날로 치면 이사회를 능수능란하게 이끌어가는 의장을 상상하면 될 것 같다. 비슷한 인물로는 2차 세계대전 당시 연합군 총사령관이었던 아이젠하워를 꼽을 수 있을 것이다. 그는 원래 사람들과 어울리는 것을 좋아해서 항상 집으로 많은 사람들을 초대했다. 이 기회에 자기의 이미지 관리도 마음에 두었을 것이다.

조지 워싱턴의 부친은 버지니아의 넓은 토지를 가진 부농이었다. 조지 워싱턴은 11세 때 부친을 잃고 담배 재배법과 농원의 관리, 가축 사육법 등을 배우면서 소년 시절을 보냈고 이후 토지측량기사 등을 경험하면서 들판에서 야영하는 법을 터득하기도 했다. 청년 시절에 '프렌치 인디안 전쟁(영-불 아메리카 쟁탈 전쟁)'에 영국군 장교로 참가했다. 이후 27세에 돈

많은 과부와 결혼하여 마운트 버넌Mount Vernon의 널찍한 농원에서 15년간 유유자적하며 살았다. 미국 독립 전쟁이 없었다면 돈 많은 버지니아 농장주로 살다가 죽었을 터였다. 그러나 43세가 되던 해에 독립 전쟁이 터지면서 대륙회의로부터 대륙군 총사령관으로 임명된다. 이는 대륙회의의 탁월한 선택이었다. 그만큼 영국군에 대해서 잘 아는 사람은 없었다. 또한 그는 위엄과 탁월한 자제력의 소유자였으나 영국에 대하여는 참을 수 없는 분노감을 지니고 있었다. 워싱턴은 1777년에서 1778년에 걸친 지독한 혹한 속에서 필라델피아 북서쪽 약 20마일에 위치한 밸리 포지에서 오합지졸 병사들을 이끌고 야영하고 있었다. 폭설에 쌓인 3월까지 병사들의 1/3이 병마로 쓰러졌다. 생존자들은 신발과 내복이 없었고 탈주자도 생기기 시작했던 혹독한 시절이었다. 그러나 워싱턴은 불굴의 의지를 가지고 꿋꿋하게 이 위기를 극복해 나가면서 끝내는 요크타운 승리를 거머쥐었다.

조지 워싱턴

1783년 12월 4일, 독립 전쟁이 승리로 끝난 후 워싱턴은 뉴욕에서 사령관직을 사퇴했다. 휘하 장교들은 워싱턴이 떠나는 것을 뉴욕 부둣가에서 지켜보며 눈물을 흘렸다. 워싱턴은 대륙회의에 참석해서 공식적으로 칼을 반납함으로써 총사령관의 직책을 내려놓았다. 며칠 후에 고향인 마운트 버넌에 도착한 그는 그곳에서 여생을 보내려고 했다. 그러나 6년 후 워싱턴은 미국 초대 대통령으로 당선된다. 대통령 워싱턴은 임기동안 총사령관 때와 같이 견실한 성격을 보였다. 8년의 임기를 끝낸 후 조지 워싱턴 대통령의 퇴임은 참으로 멋스러웠다. 재선은 수락했으나 워싱턴은 3선은 파멸로 가는 길이 될 수 있음을 직감하고 있었다. 자제력의 화신인 그는 어느 선에서 욕심을 제어해야 한다는 것을 잘 알고 있었다.

전쟁에서 승리한 후에 왕이 되어달라는 국민의 성원이 있었을 때에도 그는 이를 물리쳤다. 임기가 6개월 남은 1796년 9월 17일, 워싱턴은 더 이상 대통령에 출마하지 않겠다는 '고별연설'을 발표했다. 1797년 3월 4일 워싱턴은 제2대 대통령 존 애덤스에게 자리를 물려주고 대통령직에서 내려왔다. 초대 대통령의 자발적인 선택에 따른 평화로운 정권교체였다. 그것은 후대의 모범이 되었을 뿐만 아니라 다른 나라에도 좋은 본보기가 되었다. 퇴임 후에는 자택이 있는 마운트 버넌으로 다시 돌아갔다. 1799년 2월 자필로 쓴 유언장에는 "죽은 후 사흘이 되기 전에 묻어주오."라고 적혀 있었다. 미국의 초대 대통령으로서의 아름다운 뒷마무리가 더욱 돋보인 인물이었다. 그는 겸손함과 고결한 품성을 지니고 있었다. 역경에서도 결코 굴하지 않았고 잘 나갈 때에도 우쭐하지 않았다. "한 마디로 그는 자기 자신을 통제할 수 있었기 때문에 남들도 통제할 수 있었던 것이다(앙드레 모루아, 『미국사』, p196)."

TIP!

1. 히스 레저

호주의 TV 드라마에 출연하면서 배우생활을 시작했다. 이후 할리우드의 러브콜을 받아 윌리엄 셰익스피어의 〈말괄량이 길들이기The Taming of the Shrew〉를 각색한 〈내가 널 사랑할 수 없는 10가지 이유10 Things I Hate About You〉의 무뚝뚝한 고등학생인 패트릭 역을 맡아서 할리우드에 진출했다. 이후 〈패트리어트: 늪 속의 여우〉에서 열혈이상주의자 청년을, 〈기사 윌리엄A Knight's Tale〉에서 중세 마상 창 시합에 참가하는 신분위조 기사를, 〈그림 형제Brüder Grimm〉에서 맷 데이먼Matt Damon과 사기꾼 퇴마사 형제를 연기하며 인지도를 높여 갔다.

이후 그의 재능을 알아본 크리스토퍼 놀란Christopher Nolan 감독에 의해 영화 〈다크 나이트〉의 '조커'를, 테리 길리엄 감독의 〈파르나서스 박사의 상상극장The Imaginarium Of Doctor Parnassus〉에서 토니 역을 맡게 된다. 그러나 〈다크 나이트〉의 촬영을 끝내고 〈파르나서스 박사의 상상극장〉을 촬영 중이던 2008년 1월 22일, 뉴욕에 있는 자신의 아파트에서 숨진 채 발견됐다. 공식 발표에 따르면 의사의 잘못된 처방으로 인한 약물 오용이 사인이라고 한다. 졸피뎀zolpidem과 알레르기 약 등 여러 약을 한꺼번에 복용했고, 복용한 약이 체내에서 화학 반응을 일으키는 바람에 죽음에 이르렀다.

2. 제임스 1세

제임스 1세는 영국과 스코틀랜드의 첫 통합 군주로 즉위하면서 스튜어트 왕가의 문을 열었다. 재임 기간 동안 미숙한 국정운영, 의회 및 종교 세력과의 갈등 등의 산적한 문제를 아들 찰스 1세에게 넘겨주었다. 그는 유순했다. 모친 메리 여왕의 감정적인 성격과 친부 단리 경의 우물쭈물한 면을 모두 물려받았다. 어릴 적부터 신앙심이 깊었고 수준 높은 교육 덕분에 예술적 감성과 학식을 겸비하기도 했다. 그러나 외톨이로 자라다 보니 늘 애정에 목말라했고 가까운 몇몇 측근에 크게 의존했다. 유약한 성격의 제임스는 오랜 세월 회오리치는 정치판에 살면서 결단력보다는 자기 보호를 위한 눈치보는 능력만 키웠다.

3. 조지 3세

조지 3세는 1760년에 즉위하여 앞의 두 사람의 왕(조지 1세, 조지 2세)과는 달리 왕권의 회복을 꾀하였다. 그는 이 세상은 대단히 사악하므로 그것을 도덕적으로 바로 잡는 것이야말로 자신의 임무라고 굳게 결심하고 있었다. 이런 극단적인 아집 속에서 순탄하게 해결할 수 있던 아메리카 문제를 계속 꼬이게 하면서 급기야는 미국의 독립이라는 뼈아픈 실책을 낳았다. 그는 어린 시절 아버지가 할아버지 조지 2세에게 들들 볶이다가 죽는 것을 지켜보는 등 불행한 어린 시절을 보냈다. 훗날 이는 군주로서의 정상적인 역할에 영향을 미쳤고 광기를 불러일으키는 원인이 되기도 했다. 1801년 막내딸이 죽자 다시 정신병이 도졌다. 이후 가끔씩 제정신이 돌아오곤 했으나 말년에는 눈까지 멀고 오락가락하다가 죽었다. 일국의 왕이었지만 불행이 항상 함께했던 것 같다.

4. 존 핸콕

매사추세츠주에서 출생했다. 1754년 하버드대학교를 졸업하고 삼촌의 재산과 사업을 상속받았다. 그는 '인지조례'를 비롯한 영국의 강압적인 식민지정책에 반대하면서 급진파 지도자로 두각을 나타내기 시작하였다. 1775~1780년 대륙회의 대표, 1775~1777년 대륙회의 의장, 1780~1785년, 1787~1793년 매사추세츠 주지사를 역임하였다. 새뮤얼 애덤스와 함께 매사추세츠 애국보수파 지도자로서 '미국독립선언서'에 최초로 서명하였다. 독립선언서의 서명들 중에서 존 핸콕의 서명이 가장 컸기 때문에 미국에서는 존 핸콕이라는 말이 '서명'의 대명사로 이용되기도 한다. 예컨대, "The president has to put his John Hancock(그 대통령은 서명해야 한다)."이 그것이다.

5. 새뮤얼 애덤스

매사추세츠 주보스턴에서 출생했다. 하버드대학교를 졸업한 후, 매사추세츠 식민지의회 의원으로 활약하면서 영국정부의 식민지과세에 대한 반대운동을 지도하였다. 1765년 인지조례印紙條例를 반대하는 항의문을 기초起草하는 한편, 인간의 자연권自然權과 반영反英운동에 관한 많은 선언문을 제작하였다. 대륙회의 의장 존 핸콕 등의 후원으로 '혁명의 자식'이라는 혁명기관을 조직하고 혁명운동을 전개하여 나갔다. 그 후 보스턴 차茶사건의 주동자로 활약하기도 했다. 대륙회의 대표를 지냈으며, 독립 후에는 매사추세츠 주지사를 지냈다.

6. 존 버고인

존 버고인은 대영제국의 장군이자 정치가였다. 또한 극작가로서의 특이한 경력의 소유자였다. 군인으로서 7년 전쟁에 종군하여 여러 전투에 참전했고 이후 미국 독립 전쟁에서의 장군으로 가장 잘 알려져 있다. 새러토가 전투에서 5,000명의 군대와 함께 미 대륙군에 항복했다. 버고인은 본국의 분노를 사서 다시는 야전 지휘관의 직책을 가질 수는 없었다. 이후 버고인은 극작가로 성공하여 〈오크스의 하녀The Maid of the Oaks〉나 〈여상속인The Heiress〉이라는 작품으로 알려졌지만, 군대의 명성만큼은 아니었다. 미드 허스트Midhurst와 프레스턴Preston에서 선출된 영국 하원 의원으로 오랫동안 역임했다.

〈다키스트 아워〉

프랑스의 패망을 가져온 독일의 전격전과 낫질작전

I. 영화 〈다키스트 아워〉

원제: Darkest Hour
감독: 조 라이트
각본: 앤소니 맥카튼
음악: 다리오 마리아넬리
출연: 게리 올드만, 릴리 제임스, 크리스틴 스콧 토마스, 벤 멘델센, 스티븐 딜런
제작 연도: 2017년
상영시간: 114분
제작비: 3,000만 달러
수익: 2억 700만 달러

영화 〈다키스트 아워〉는 2차 세계대전 초기 당시 영국 수상이었던 윈스턴 처칠Winston Churchill에 관한 영화다. 제목 '어둠의 시간Darkest Hour'은 처칠 경이 1940년 6월 18일 연설에서 프랑스 패망 직후의 암울한 상황을 가리켜 한 말이다. 이 영화는 살아남는 것이 바로 승리였던 사상 최대의 '덩케르크Dunkirk 철수 작전' 당시, 절대 포기하지 않는

윈스턴 처칠(영화에서)

불굴의 용기로 연합군 병사 33만 8천 명을 구한 윈스턴 처칠의 가장 어두웠지만 뜨거웠던 4주일을 조명한다.

영화에서 처칠로 분한 게리 올드만Gary Oldman[1]은 그동안 여러 번 윈스턴 처칠 역을 제안받았지만 계속 고사했었다. 처칠이라는 세기적인 거인을 연기하는 심적 부담 때문이었을 것이다. 그러나 일단 출연을 승낙하고 나서는 처칠의 재현을 위해 혼신의 힘을 쏟아부었다. 먼저 처칠에 관한 다큐멘터리부터 전기 등 수많은 자료를 샅샅이 뒤져 읽고 또 읽었다. 또한 처칠의 목소리와 억양, 걸음걸이까지 완벽히 모방하면서 이제까지의 게리 올드만을 상상할 수 없게 할 정도로 파격적인 변신을 선보였다. 이를 입증하듯 제75회 골든 글로브 남우주연상을 수상한 게리 올드만은 "숨을 멎게 하는 완벽한 연기", "게리 올드만의 연기 인생을 압축하는 작품", "이 놀라운 명연기에 어떻게 감동하지 않을 수 있겠는가?" 등등의 호평이 뒤따랐고 드디어 2018년도 아카데미 남우주연상을 거머쥐었다.

수상에 취임한 후 부인 클레멘타인과 건배하는 처칠(영화에서)

윈스턴 처칠 하면 떠오르는 이미지는 불도그 같은 얼굴에 나타나는 불굴의 의지, 승리의 V자 손짓, 입에 물고 있는 시가 등일 것이다.

그러나 영화 〈다키스트 아워〉의 처칠은 결코 이런 이미지만 보여주지는 않는다. 낙천적인 몽상가, 히틀러와 맞먹는 대중 연설가, 마누라 앞에선 바짝 꼬리를 내리는 귀여운 불도그, 평생 위스키를 달고 살며 연합군이 참패한 갈리폴리 전투의 제안자라는 따가운 멍에가 따라다니는, 실패한 정치인의 모습을 적나라하게 보여준다. 이와 같이 조 라이트Joe Wright 감독은 백절불굴의 강인한 정치가 처칠이 아니라 약점이 있는 인간 윈스턴을 살짝 살짝 보여준다. 그러나 영화는 그의 아내 클레멘타인Clementine(크리스틴 스콧 토마스Kristin Scott Thomas분)의 입을 빌려 "인간은 불완전하기 때문에 강하고 확신이 없기 때문에 현명하다."라고 얘기한다. 이와 같은 빛과 그림자의 명암이 극명한 인간 처칠의 두 얼굴의 모습을 신들린 듯한 게리 올드만의 연기로 잘 묘사하고 있다.

이 영화엔 다섯 명의 얼굴이 번갈아 화면에 등장한다. 적이었다가 우군이 된 현 엘리자베스 여왕의 부친이기도 한 국왕 조지 6세[2], 정적政敵인 에드워드 할리팩스Edward Halifax와 네빌 체임벌린Neville Chamberlain[3], 그리고 그의 지지자이면서 조력자인 아내 클레멘타인과 전속 타이피스트 엘리자베스 레이튼Elizabeth Layton이 바로 그들이다. 레이튼은 처칠이 연설문을 작성할 때나 그 연설을 발표하는 순간에도 늘 곁을 지키며 처칠을 보필한다. 그녀는 처칠에게 그의 트레이드 마크인 V자가 손등을 보일 경우에는 서민층에겐 "엿 먹어라."라는 의미의 욕이라는 것을 가르쳐 주기도 한다. 세계의 운명을 어깨에 짊어진 한 남자의 아내로 살아가는 여자의 섬세한 심리를 선 굵은 연기로 명징하게 표현한 크리스틴 스콧 토마스의 열연은 자칫 올드만의 원맨쇼로 흐를 수 있었던 영화의 균형을 절묘하게 잡아 준다.

또한 올드만의 완벽한 윈스턴 처칠의 분장도 화제가 되었다. 처칠로 재탄생시킨 완벽한 분장은 영화의 몰입도를 도와준다. 제작진들은 처칠이 환생한 것으로 믿을 정도였다. 게리 올드만은 점차 윈스턴 처칠의 모습을 닮아가는 자신의 모습에 흐뭇해하며 "촬영에 들어갈 때마다 투구를 쓰고 갑옷을 입고 경기장에 나가는 검투사 같았다."라고 말했다. 가장 멋진 장면 중의 하나는 처칠의 첫 등장 신이다. 성냥불이 켜지는 순간, 어둠 속에서 처칠의 얼굴이 비쳐진다. 그리고 살며시 흔들리는 성냥불빛 속에서 어두운 장막을 헤쳐 나가는 그의 이야기가 시작된다.

Ⅱ. 프랑스의 패망을 가져온 독일의 전격전과 낫질작전

1940년 5월 10일, 서부전선에서 개시된 독일군의 진격은 불과 6주만에 연합군을 붕괴시키면서 세계적인 군사강국이라고 일컬어지던 프랑스가 맥없이 항복했다. 세계는 경악했고 프랑스는 망연자실했고 독일 스스로도 도저히 이 사실이 믿어지지 않았다. 히틀러와 독일 기갑부대의 아버지라 불리는 하인츠 구데리안Heinz Guderian[4]도 이는 완전히 기적이라며 놀라움을 감추지 못했다. 사실 독일군 지휘부에서는 최악의 경우 제1차 대전의 기간과 같진 않더라도 전쟁이 최소 몇 년이 걸릴

지 모른다고 우려했었다.

이런 믿을 수 없는 독일 승리의 결정적인 요인은 전문가들에 의하면 이른바 전격전(Blitzkrieg, 블리츠크리크)과 낫질작전(Sichelschnitt, 지헬슈니트)으로 요약된다.

첫 번째, 전격전은 독일군이 프랑스와의 전투에서 보여준 바 있는 전차와 기계화 보병, 급강하 폭격기를 활용하여 전광석화와 같은 기동성을 발휘하는 작전을 말한다. 독일어로 '번쩍이다'라는 뜻의 '블리츠크리크'라는 명칭이 붙었다. 이것이 일본에서 '전격전電擊戰'으로 번역되어 한국에 소개된 것이다. 두 번째, 낫질작전은 독일의 대전략가 에리히 폰 만슈타인Erich von Manstein 장군[5]의 두뇌 속에서 나왔다. 이는 기동력이 뛰어난 기갑사단을 주공으로 삼아 프랑스의 마지노선Maginot Line과 벨기에 방어선 사이인 아르덴느Ardennes 삼림지대를 뚫고 대서양 해안으로 진격하여 영불 연합군을 포위한다는 작전을 말한다. 이 낫질작전이라는 말은 윈스턴 처칠이 서부전선에서 독일군의 진출 궤적인 낫의 모양과 비슷하다고 표현한 데서 유래하였다. 지헬슈니트(낫질) 작전은 한마디로 전쟁 역사상 전례가 없는 가장 위험하고 과감한 모험이었다. 기갑부대라는 한 장의 카드에 모든 것을 걸었던 위험천만한 도전이기도 했다. 아래에서는 이 지헬슈니트 작전이 어떻게 진행됐으

폰 만슈타인

며 군사대국인 프랑스가 어찌해서 그런 허망한 패배를 당했는가를 살펴본다.

만슈타인의 낫질작전

1940년 봄, 그 전 해에 독일이 폴란드를 침공하자 선전포고를 한 프랑스와 영국의 연합군이 서부전선에서 독일과 대치한 지 9개월이나 지나고 있었다. 이 전쟁이 터지면 독일은 당연히 난공불락의 요새인 마지노선을 피할 것이고, 군사전략상 양측이 선택할 방법은 이미 결정되어 있는 것과 마찬가지였다. 마지노선은 독불 국경을 따라 연결되었지만 프랑스와 벨기에 국경에서부터는 끊겨 있었다. 따라서 슐리펜 계획Schlieffen-Plan[6]에 의해 독일이 프랑스를 침공한 1차 대전 당시처럼 벨기에 평원이 다시 독일의 침공로가 될 수밖에 없는 운명이었다.

낫질작전(만슈타인 계획)

따라서 프랑스는 1차 대전 때와 같은 지구전으로 다시 한 번 독일을 주저앉힐 작정이었다. 연합군은 침공로를 충분히 예측할 수 있었기에 대응이 오히려 수월해 보였다. '딜-브레다 계획Plan Dyle-Breda'으로 알려진 프랑스의 작전은 연합국 주력을 프랑스와 벨기에 국경 인근에 배치하고 있다가 독일이 침공을 개시하면, 벨기에의 딜강과 브레다강까지 이동하여 여기에서 독일군을 저지하는 것이었다. 반면 벨기에와 네덜란드를 통하여 프랑스를 침공하기로 계획된 독일의 '황색 작전'은 알프레드 슐리펜Alfred Schlieffen[7]의 계획을 명칭만 바꿔 단 것과 다름없었다. 1차 대전 당시와 군이 차이가 있다면 돌파를 담당할 주역으로 기계화 부대를 동원할 수 있고 공군이 하늘에서 지상군을 엄호할 수 있다는 점이었다. 이처럼 독일의 예상 침공로가 피아 모두에게 뻔히 노출되어 있다 보니 양측은 서로의 전략을 충분히 예상하고 있었다. 1940년 독일군과 영불연합군의 대결은 당시까지 물량으로만 본다면 사상 최대 규모였다. 양측 합쳐 동원된 병력만도 약 600만에 이르렀고 2만 문의 야포와 6,000내의 전차 그리고 8,000여 대의 항공기가 준비되었다. 이렇게 준비를 완료한 팽팽한 상황에서라면 기습의 이점이 없을뿐더러 싸움이 벌어진다면 양측이 엄청난 피해가 발생할 것은 불을 보듯 뻔한 일이었다.

전운이 감도는 가운데 이와 같은 방어계획을 철저히 신봉한 연합군과 달리, 독일군 내에서는 치열한 격론이 벌어지고 있었다. 그중에서 대표적인 인물이 A집단군 참모장이었던 만슈타인이었다. 그는 상대방도 충분히 예상하고 있는 지점으로 아군을 몰아넣는 '황색 작전'을 강력히 비판하고 이를 대신할 새로운 작전을 제시했다. 만슈타인은 적이 전혀 예상하지 못한 곳으로 주공을 진격시켜 연합군 주력의 배후를 절단한 후 일거에 섬멸하자는 이른바 '낫질 작전Sichelschnitt'을 제시했다. 그는 독일군 주력이 통과할 회심의 돌파구로 아르덴느 숲을 지목했고 사전에 다져놓기만 하면 기갑부대가 충분히 돌파할 수 있다고 주장했다. 그러나 아르덴느 삼림지역은 넓은 도로가 없이 수목이 울창했고 수많은 지류들이 흐르고 있었다. 숲속에 있는 좁디좁은 도로를 통하여 전차를 포함한 대규모 병력을 이동시키는 것은 거의 불가능에 가까운 엄청난 위험이 따르는 도박이었다. 프랑스는 독일군이 감히 이곳으로 쇄도해 들어올 것이라고는 꿈에도 생각하지 못했다.

독일군 지휘부도 황색 작전에 따라 프랑스를 침공한다면 많은 희생이 불가피하다는 것을 충분히 알고 있었다. 하지만 독일 육군 최고사령부는 대규모 기갑부대가 어떻게 좁디좁은 산림지대를 통과할 수 있느냐면서 만슈타인의 제안을 기각했다. 그리고 5월 10일, 드디어 운명의 시간이 다가왔다. 그런데 정작 독일이 선택한 침공방법은 만슈타인의 낫질 작전이었다. 실현 불가능하다고 거부되었던 이 계획이 채택된 과정은 상당히 극적이었다. 만슈타인이 황색 작전을 비판하고 하도 시끄럽게 떠들자 참모총장 프란츠 할더Franz Halder(할더는 전투가 시작되면서 만슈타인보다도 더 낫질 작전의 신봉자가 된다)는 그를 후방의 제38군단장으로 쫓아버렸다. 그런데 마침 만슈타인이 군단장으로 부임한지 얼마 되지 않아 히틀러가 이 부대를 방문했다.

이때 만슈타인은 총통에게 낫질 작전을 소상히 설명할 기회를 얻었고 이를 히틀러가 전격적으로 받아들이면서 작전이 극적으로 채택된 것이다. 제1차 세계대전 때 서부전선에서 부상당한 경험이 있던 히틀러는 참호전의 끔찍함을 잘 알고 있었다. 때문에 황색 작전을 펼치다가는 자칫 1차대전 때처럼 정체될 가능성이 크다고 내심 끙끙거리고 있던 차에 만슈타인의 아이디어는 히틀러의 귀를 번쩍 뜨이게 했던 것이다. 낫질작전에 따라 독일은 침공군을 A, B, C의 3개 집단군으로 나누었다. 최초 계획에서 북부의 B집단군이 네덜란드, 벨기에를 통과하여 프랑스로 쇄도하는 주공을 담당하고 중앙의 A집단군은 아르덴느 삼림지대를, 그리고 남부의 C집단군이 마지노선의 프랑스군을 견제하기로 예정되어 있었다. 하지만 낫질 작전으로 인해 주공이 아르덴느를 통과하기로 변경되면서 기갑부대를 비롯한 모든 예비대가 이곳을 담당한 A집단군으로 집중되었다. 게르트 폰 룬트슈테트Gerd von Rundstedt 원수[8]가 지휘하는 A집단군은 침공군의 절반 가까이 되는 총 45개 사단으로 증강되었다.

패전의 주역, 모리스 가믈랭Maurice Gamelin 장군

아르덴느 삼림지대를 헤쳐 나갈 예정이던 A집단군은 주역이 아니었다. 전쟁이 발발하면서 서전을 통렬하게 장식한 것은 원래 황색 작전에서 주공으로 예정되었다가 지금은 조공으로 임무가 바뀐 북부의 B집단군이었다. 이 집단군은 연합군 주력인 프랑스 제1집단군이 자신들을 독일군 주력으로 착각하도록 유도한 후, 최대한 북부지역으로 유인해서 배후를 길게 노출시키도록 미끼 역할을 맡았다. 서서히 여명이 밝아오면서 저지대(네덜란드와 벨기에)로 향하는 대규모의 독일군이 목격되었다는 보고가 연합군 최고 수뇌부에 긴급하게 전해졌다. 영국 원정군을 포함하여 연합군 전체를 책임진 인물은 프랑스의 가믈랭 장군이었다. "그는 보안이라는 이유로 전화기를 사용하지 않고 직접 차를 타고 북동부전선 사령관 조르주Georges 장군을 만나러 갔다. 한시가 급박한 상황에서 그 먼 곳을, 그것도 후퇴하는 병사들과 피난민들 때문에 난리 통인 도로를 꾸역꾸역 비집고 직접 찾아가는 참으로 한심한 행보를 보였다(칼 하인츠 프리저, 『전격전의 전설』, p514)."

결과적으로 가믈랭은 당시 세계에서 가장 강력하게 무장된 300만 대군을 가지고도 허무하게 패전한 역사상 최악의 장군으로 기록된다. 그는 독일 B집단군이 네덜란드와 벨기에를 유린하자 자신의 계획대로 전쟁이 벌어지고 있는 것으로 완전히 착각했다. 그리고 연합군의 주력인 프랑스 제1집단군에게 '딜-브레다 계획'에 따라 국경을 넘어 벨기에로 진격하도록 명령을 내렸다. 가믈랭의 작전지시는 마치 철학문구 같았다. 문서건 구두건 간에 그에게서 나오는 명령은 하도 애매모호해서 병사들의 열정을 불러일으키기는커녕 도대체 알아먹지를 못했다. 이보다 전력이 뒤지는 2선급 부대로 구성된 제2, 3집단군은 마지노선 벙커 안에 엉덩이를 깔고 조용히 틀어박혀 있었으므로 프랑스는 제1집단군에게 전쟁의 모든 것을 건 상황이었다. 프랑스는 독일군의 기만작전에 완전히 속아 넘어가 서서히 독일의 아가리로 빨려 들어가고 있었다. 150만의 프랑스 제1집단군과 영국군은 딜-브레다 계획에서 설정한 예정 방어선을 향하여 나갔다.

이때 전선 중앙에 위치한 아르덴느 숲에서는 경천동지驚天動地할 일이 벌어지고 있었다. 대규모 기갑부대를 앞세우고 독일의 주공인 A집단군 부대들이 사전에 은밀히 개척된 험로를 뚫고 나아가기 시작한 것이다. 5월 11일, 아르덴느 정면을 담당하던 프랑스 제2군 사령관 샤를르 욍치제르Charles Huntziger는 숲속에서 독일군의 이동이 목격된다는 보고를 접했다. 하지만 그는 이를 별거 아니라고 깔아뭉갰다. 기갑부대를 앞세운 대규모 부대가 그런 험한 삼림지대를 통과하고 있다는 것을 꿈에도 생각하지 못한 프랑스는 여전히 북동부 지역을 쓸면서 밀려들어오는 독일 B집단군에만 온통 정신을 빼기고 있었다. 연합군의 주력부대가 벨기에 북쪽으로 이동하기 시작했다는 소식이 베를린으로 전해졌을 때, 그 소식에 접한 히틀러는 너무나 감격해서 펄펄 뛰고 있었다. 연합군이 독일군이 쳐 놓은 올가미에 그대로 걸려들었다고 확신한 것이다. 연합군의 주력이 북동쪽으로 이동하고 있는 그 시각, A집단군의 진격이 그보다 훨씬 더 남쪽인 아르덴느 숲에서 시작되고 있었다. 이날 새벽, 아르덴느 숲 일대에 배치되어 있던 프랑스 제2군은 갑자기 숲속에서 불쑥 튀어나온 독일전차 부대의 격렬한 포사격을 받고 그대로 무너져 버렸다.

아르덴느 숲을 돌파하는 독일 전차

단 이틀 만에 아르덴느를 전격적으로 돌파한 구데리안이 이끄는 독일군의 7개 기갑사단은 5월 12일에는 뫼즈강변에 이르렀다. 프랑스와 벨기에의 국경을 이루고 있는 이 강의 프랑스쪽 강변에는 수백문의 포대가 설치되어 있어 도하가 만만치 않았다. 하지만 이때 나타난 것이 하늘을 나는 포대라는 별명의 슈투카Stuka 급강하 폭격기들이 차례로 프랑스군 진지를 침묵시켰다. 이윽고 병사들이 고무보트와 상륙정으로 뫼즈강을 건너고 있는 동안 공병대가 가설한 부교를 통해 전차들이 굉음을 울리며 프랑스 국경선 안으로 쏟아져 들어갔다. 프랑스 전차부대들이 있긴 했지만 이것도 추풍낙엽처럼 제압당했다. 프랑스 전차들은 무전기가 없었다. 이와 같이 무전기가 없는 상태로는 도저히 독일군과 같은 조직적이고 효율적인 지휘가 불가능했다. 다급해진 연합군은 공군을 출동시켜 독일전차를 막아보려 했지만 이들 역시 독일 공군의 밥이 되었다. 지상에서 마구 쏘아 대는 88밀리미터 고사포와 독일 최고의 매서슈미트Messerschmitt 전투기의 요격을 받은 연합군 전투기들은 추풍낙엽처럼 떨어졌다. 5월 14일까지 프랑스에 파견된 영국 공군기 474대 중 70% 이상이 눈 깜짝할 사이에 증발했다.

예상했던 것보다도 너무나도 쉽게 연승을 거두자 오히려 당황한 것은 독일군 수뇌부였다. 기가 팍 죽은 모습으로 남쪽을 향해 무작정 터덜터덜 걸어가는 프랑스군의 긴 철수행렬을 헤치고 독일전차들이 질풍처럼 내달렸다. 뫼즈Meuse강을 도하한 구데리안의 선봉 전차부대는 스당을 돌파하고 그 여세를 몰아 아미앵Amiens과 아브빌Abbeville까지 질풍노도처럼 달려갔다. 이들의 발빠른 진격으로 벨기에와 프랑스 북부에 고립된 연합군의 병력은 거의 100만에 달했다. 5월 15일, 프랑스의 폴 레노 Paul Reynaud 수상으로부터 다급한 비보를 전해들은 처칠 영국수상이 급히 파리로 날아왔다. 파리는 온통 우왕좌왕 난리였다. 가믈랭 장군이 지휘하는 연합군 총사령부에서 전황을 설명받은 처칠은 어처구니가 없었다. 가믈랭은 최후의 반격에 사용할 예비 병력마저 여기저기 흩뿌려 놓는 바람에 독일군을 저지할 연합군 부대는 하나도 없었던 것이다. 연합군 총사령관 가믈랭의 지휘 스타일을 "잠망경 없는 잠수함"이라고 비꼬는 말이 진실이었다는 것이 여지없이 드러나고 있었다. 그는 깊은 벙커 안에 들어앉아 9일 동안 사태 파악은커녕 반격 계획이란 걸 만드느라고 끙끙거리고 있었다. 68세의 이 노인은 휘하부대들의 상황은 전혀 파악하시 못하고 책상머리에 앉아서 반격계획만 세우고 있었다. 그리고 그 반격계획이란 것도 전혀 현실성이 없는 황당무계한 내용으로 되어 있었다.

끝내 화가 머리끝까지 치민 레노 수상은 가믈랭 원수를 갈아치우고 더 늙은 막심 베이강Maxime Weygand 원수를 후임 총사령관으로 임명했다. 하지만 이 73세의 노인도 절망적인 상황을 타개할 방법이 없는 건 마찬가지였다. 독일 A집단군이 질풍같이 영불해협을 향하여 달려가자 지금까지 앞만 보고 북동쪽으로 몰려가 있던 프랑스 제1집단군은 순식간에 오도 가도 못한 채 갇혀 버렸다. 5월 20일이 되자 연합군 주력은 완전히 포위되었다. 일부에서 간혹 저항이 있었으나 제1차 세계대전 당시 만든 마른의 기적[9] 같은 극적인 반격을 재현해 내지는 못했다. 독일군의

구데리안

쾌속 전진 중에 아라스Arras에서 한차례 대규모 전차전이 벌어졌는데 이것이 바로 히틀러를 비롯한 독일군 수뇌부를 한때 식겁하게 만들었던 '아라스 전투'[10]였다. 이 전투에서 비록 독일이 승리하였지만 히틀러를 비롯한 독일군 지휘부는 혹시 옆구리가 뚫리는가 싶어 간담이 서늘해졌다. 이 때문에 나중에 연합군의 덩케르크 철수 작전에서 히틀러가 연합군을 유린하기 직전에 독일군의 진격을 일시적으로 정지시키는 효과를 가져왔던 기이한 전투였다.

이 아라스 전투를 고비로 프랑스 북부의 전쟁은 끝나가고 있었다. 이제 프랑스 땅 안에는 질주하는 독일 전차와 하늘을 제멋대로 휘젓고 다니는 독일 공군기밖에는 없었다. 독일군 구데리안의 기갑부대가 영불해협을 향해 빠른 속도로 진격하고 있었다. 거대한 포위망이 구축되고 있었다. 이 포위망 안에는, 계속되는 연전연패로 사기가 땅에 떨어진 영국, 프랑스, 벨기에의 군인 수십만 명이 갇혀 있었다. 그 시점에서 연합군의 선택은 단 하나였다. 영국으로의 탈출이었다. 철수 항구로 선정된 덩케르크에서 배를 타고 반나절이면 영불해협을 건너 영국의 남단 도버Dover 항구에 도착할 터였다. 모든 전선에서 영국군과 기타 연합군은 한시 바삐 덩케르크에 집결해야 했다. 한편 독일군은 노도와 같이 덩케르크를 행해 달려오고 있었다.

독일군 최선봉인 구데리안의 전차부대가 덩케르크와 코앞에 있는 '아Aa' 운하에 도착한 5월 24일, 연합군 병사들이 허겁지겁 덩케르크 해안을 향해 몰려들기 시작했다. 30여만 명의 연합군은 독안의 쥐가 되었다. 이제 이들을 때려잡기 위해 독일군의 전차부대가 돌진만 하는 일이 남았다. 25일 아침 첫 전차가 해안가로 굴러가려는 그때, "현 위치에서 일단 정지하라."라는 청천벽력 같은 한통의 전문이 상부에서 날아들었다. 구데리안은 기가 막혔다. 지금 도주하기에 정신없는 적의 철수병력이 몰려 있는 덩케르크가 바로 눈앞에 있었다. 너무 어이가 없었다. 그러나 이 어처구니없는 명령은 히틀러 총통의 결정이었다. 그 전날 오후에 룬트슈테트 원수의 A집단군 사령부를 깜짝 방문한 히틀러의 결심에서 나온 것이다. 이 결정은 2차 세계대전의 선 기간을 통틀어 독일군이 저지른 가장 큰 실수 중의 하나로 꼽힌다. 이 정지 명령에 대하여 전쟁이 끝난 후에도 수많은 역사가와 전술가들이 그 이유를 규명하기 위해 머리를 싸매고 끙끙거려야 했다.

히틀러의 정지명령 배경

구데리안의 전차부대 선봉이 돌팔매질을 하면 덩케르크에 닿을 만한 거리까지 파죽지세로 육박하고 있을 때 히틀러가 돌연 정지명령을 내린 배경에 대해서는 나중에 숱한 논란거리를 제공했다. 독일 기갑부대의 예상치 못한 쾌속 진격으로 길게 늘어진 공격선의 측방이 연합군에 얻어맞을지도 모른다는 불안감, 향후 남아있는 프랑스를 완전히 석

권하기 위해 기갑부대를 온전히 보호해야 한다는 강박감, 덩케르크의 연합군은 자기 휘하의 공군에 맡겨도 충분하다는 공군원수 괴링의 호언장담, 앞으로 영국과의 강화를 위해 영국을 코너로 몰아넣지 말아야 한다는 히틀러의 계산 등이 히틀러의 정지명령의 배경이라는 것이다. 이들 요인 외에도 일부 분석가들은 히틀러의 심리차원에서 설득력 있는 설명을 하고 있다. 아르덴느 숲을 뚫고 전광석화처럼 질주하던 독일 전차부대가 아라스에서의 예상치 못한 연합군의 반격으로 히틀러를 포함한 독일군 지휘부가 잠깐 식겁한 적이 있었다. 사전 계획을 훨씬 뛰어넘는 전투가 진행되자 득의만면했던 독일 국방군 최고사령부 OKW[11]와 히틀러는 '아라스 전투' 이후 마음 한구석으로는 연합군이 반격해오지 않을까 하는 걱정을 하고 있었다. 하지만 정작 육군 총사령부OKH[12]에서는 히틀러가 쓸데없이 걱정을 한다고 여기고, 선봉을 이끌고 있는 구데리안 전차부대의 진격에 힘을 실어주고 있었다.

그러나 공세의 주역인 A집단군 사령관 룬트슈테트 장군은 기갑부대와 보병부대 간의 간격이 크게 벌어져 있다는 점을 우려하여 끊임없이 선봉대장 구데리안에게 진격 속도를 늦추라고 다그치고 있었다. 한마디로 말해서 육군 총사령부와 일선 최고사령관인 룬트슈테트가 티격태격하고 있었다. 룬트슈테트는 개전 이래로 발생한 전차의 손실과 연료, 탄약, 부품의 부족, 그리고 전차병들의 피로가 매우 심했기 때문에 24시간 정도의 휴식이 필요한 상황이었다고 판단하고 있었다. 반면에 OKH는 이 문제는 현장에서 충분히 해결하고 있다고 확신하고 있었다.

이와 같은 이유로 기갑 집단의 진격에 계속 제동을 거는 룬트슈테트에게 질려버린 OKH가 룬트슈테트의 지휘권을 잠시 정지시켰다. 마침 그때 평소 OKH가 자기 말에 고분고분하지 않는 것에 꽁해 있던 히틀러는 그나마 자기와 말이 통하는 룬트슈테트를 만나러 왔다가 OKH가 자기 지시도 없이 룬트슈테트의 지휘권을 정지시킨 것에 대해 열불이 났다. 이래서 OKH를 "니들 한 번 엿 좀 먹어봐라." 하는 식의 심통으로 기갑 집단의 진격을 정지시켰다는 것이다. 사실 상병 출신인 히틀러는 평소에 OKH 내의 프러시아 출신 장군들에 내심 질시의 감정이 깔려 있었다. 또한 이와 같은 정지명령을 통해 자기의 권위를 과시하고 아울러 이번 대승리를 OKH 장군들의 공으로 돌아가는 것을 차단하기 위한 심정도 깔려 있었을 것으로 보고 있다.

사실 2차 세계대전 초기에는 정작 독일 수뇌부에서는 덩케르크 철수의 중대성을 깨닫지 못하고 있었다. 당장에 승승장구하는 자국군의 승전보에 취해 있었던 데다가 아직 끝내지 못한 프랑스 전투에 신경을 곤두세우고 있었기 때문이다. 그리고 대 프랑스전 이후 영국과의 전투는 아예 생각도 않고 있었다. 그러나 이후 동부전선에서 소련과의 전투가 점차 진흙탕 싸움에 빠지고 북아프리카 전선에서 엘 알라메인 전투에서의 패배와 튀니스에서 연합군에 항복하면서 덩케르크의 실수에 대해서 느끼기 시작한 것이다. 덩케르크에서 철수했던 연합군 병력 30만 명이 이후 연합군의 중추 역할을 하기 시작하면서 이때의 뼈아픈 실수를 되새긴 것이다. 더도 말고 딱 반나절만 더 전차부대를 돌진시켰더라면 덩케르크 백사장은 영국군의 집단묘지가 되었을 것이다.

덩케르크 철수가 보름이 지난 1940년 6월 17일 결국 프랑스는 항복했다. 파죽지세로 밀려오는 독일군을 막기에는 너무나 절망적이었고 역부족이었다. 결국 1차 대전 당시 베르됭 전투의 영웅이었던 앙리 페탱Henri Petain 원수[13]가 정부 수반이 되어 독일과 강화조약을 맺었다. 그는 프랑스 중부 비시Vichy에서 독일의 괴뢰정권을 수립하고 프랑스 남부지방을 다스렸으나 그나마 전쟁 막바지에는 독일군에게 넘어갔다. 군사강국 프랑스는 허둥대다 그렇게 허망하게 패했고 이어서 꼭두각시 정부 수립이라는 수모를 당하다가 2차 세계대전의 종말을 맞았다.

TIP!

1. 게리 올드만

1958년 영국 태생의 게리 올드만은 배우이자 감독 겸 제작자로 활동하고 있다. 처음에 연극무대에서 활동하다가 TV와 영화계에 발을 들였다. 1992년, 〈JFK〉에서 리 하비 오스월드Lee Harvey Oswald를 연기하며 할리우드의 주목을 받았다. 이후 코폴라 감독의 〈드라큘라Dracula〉에시 드라큘라 백작을, 〈레옹Leon〉에서 부패한 형사 노먼 스탠스필드를, 〈일급살인Murder In The First〉에서 알카트라즈 형무소 밀턴 글렌 부소장을, 〈에어 포스 원Air Force One〉에서 러시아 테러범 이반 코슈노프를, 〈제5원소The Fifth Element〉에서 우주 해적들의 무기상인 조그 역을 맡으면서 강렬한 인상을 남겼다.

국내에선 악역 전문 배우로 인식되고 있지만, 사실 〈주홍글씨The Scarlet Letter〉에서 아서 딤스데일 목사, 〈불멸의 연인Immortal Beloved〉에서는 베토벤 역을 맡는 등 할리우드에서는 오히려 실존 인물 전문 배우로 더욱 알려졌다. 그리고 〈다키스트 아워〉에서 처칠이라는 실존인물을 연기하며 아카데미 남우주연상을 수상했다. 헬렌 미렌Helen Mirren, 마이클 케인Michael Caine처럼 출신의 한계를 극복한 노동자계급 출신의 배우다. 한때 알코올 중독자였던 시절도 있었다.

2. 조지 6세

이름은 앨버트 프레데릭 아서 조지Albert Frederick Arthur George이며, 영국 윈저Windsor 왕가의 세 번째 왕이다. 조지 5세의 아들로 어머니는 메리Mary 왕비다. 스코틀랜드의 엘리자베스 보우스라이언Elizabeth Bowes-Lyon과 결혼해 현 엘리자베스 2세와 마거릿 로즈Margaret Rose 두 딸을 낳았다. 그는 형인 에드워드 8세가 1년 만에 왕위를 버리고 사랑을 택하자

1936년 형의 뒤를 이어 왕위를 계승했다. 아버지의 엄격한 교육과 다방면에서 뛰어났던 형 밑에서 자랐던 탓인지 유년기부터 소심했다. 거기다가 말을 심하게 더듬는 언어 장애가 있어서 연설에 대한 심한 콤플렉스가 있었으며 즉위 후에도 어려움을 겪었다. 그러나 엘리자베스 왕비의 현명한 내조와 언어치료사 라이오넬로그Lionel Logue의 치밀하고도 적극적인 치료가 성공했다. 이후 2차 세계대전 초기 영국 국민을 단결시키는 훌륭한 연설을 해냈다. 이후 2차 세계대전 당시 폭탄이 떨어지는 버킹엄 궁에 기거하면서 위기에 빠진 영국을 지키며 끝까지 국민과 함께 했다. 1952년 서거했고 현 엘리자베스 2세가 그 뒤를 이었다.

3. 네빌 체임벌린

조지프 체임벌린Joseph Chamberlain의 차남으로 1869년 버밍엄에서 태어났다. 부친 조지프 체임벌린은 버밍엄 출신의 정치인이었다. 신흥 정치가문의 당주, 성공한 기업인, 유능한 재무관료 등으로 표현되기도 한다. 그러나 역사에서는 히틀러의 야망에 휘둘리면서 대독 유화정책이라는 오판을 저지른 지도자로 기억되고 있다. 2차 세계대전이 발발하면서 처칠에게 수상직을 넘겨주었다.

4. 하인츠 구데리안

하인츠 구데리안Heinz Guderian은 독일 전차부대의 아버지라고 불린다. 그는 기갑병과 발전에 매진했고 후에 전격전이라고 불리게 되는 군사 작전을 히틀러가 권력을 잡기 전부터 이미 주장한 바 있었다. 1940년, 구데리안은 전차부대를 이끌고 스당에서 프랑스군 방어선을 돌파하여 프랑스의 항복을 받아내는 데 크게 기여했다. 모스크바 공방전에서 후퇴했다고 히틀러에게 전역당했다. 스탈린그라드 전투의 패배 이후 히틀러는 기갑군을 재건하는 책임을 구데리안에게 맡겼다. 전쟁이 끝난 뒤 구데리안은 1945년에서 1948년까지 미군에 붙잡혀 있다가 무혐의로 풀려났다. 이후 서독 연방군을 재무장하는 과정에서 고문을 지냈다.

5. 에리히 폰 만슈타인

에리히 폰 만슈타인Erich von Manstein은 2차 세계대전을 치르면서 독일군의 야전원수를 지냈다. 대대로 군인을 배출한 프로이센 귀족 집안에서 태어난 만슈타인은 육군에 입대하여 제1차 세계대전에 참전했다. 히틀러는 1940년 5월 프랑스를 침공하면서 만슈타인의 '낫질 작전'이라고 불리는 획기적인 전술을 채택했다. 2차 세계대전 말기 히틀러와 자주 투닥거렸고 1944년 3월 해임됐다. 만슈타인은 1946년 8월 뉘른베르크 전범재판에서 징역 18년형이 언도되었으나 겨우 4년만 옥살이를 한 뒤 1953년 석방되었다. 1950년대 중반에는 구데리안과 마찬가지로 서독 정부의 군사고문으로 일하면서 독일 연방군 재건에 기여했다. 1973년 뮌헨에서 사망했다.

6. 슐리펜 계획

슐리펜 계획은 제1차 세계 대전 벽두인 1914년 8월 프랑스와 벨기에를 침공한 배경이 된 독일의 전쟁 계획이다. 1891년에서 1906년 사이에 독일 제국의 참모총장인 알프레트 폰 슐리펜Alfred von Schlieffen 야전원수가 1905년에서 1906년 사이에 수립한 계획으로, 러시아군과 붙기 전에 신속히 프랑스군을 부수고 이어서 병력을 동쪽으로 이동하여 러시아군을 무찌르는 것을 그 골격으로 하고 있다.

7. 알프레드 폰 슐리펜

베를린에서 출생한 그는 프로이센의 장교로서 1866년 프로이센-오스트리아 전쟁 및 1870년의 프로이센-프랑스 전쟁에 종군했다. 그 후 참모총장직에 있으면서 '슐리펜 계획'을 고안해냈다. 그에 의하면 이것이야말로 러시아 및 프랑스와의 양면兩面전쟁에서 독일군이 승리하는 방법이었다.

8. 게르트 폰 룬트슈테트

프러시아 아셰르슬레벤Aschersleben에서 출생했다. 육군사관학교와 육군대학을 졸업하고 제1차 세계대전 때에는 제15군 참모장으로 활약했다. 전후에는 독일군 재건을 위해 노력하였다. 1939년 폴란드 진격작전을 지휘했고, 1940년 프랑스 전선으로 옮겼으며 육군원수가 되었다. 1941년 독-소전이 터지면서 남부방면군 사령관에 임명됐다. 러시아와의 국경 전투에서 승리하여 우크라이나로 진입했고, 1942년 프랑스 방위사령관, 이어서 서부전선 총사령관이 되었다. 1944년 6월에 연합군의 노르망디 상륙을 저지 못했다는 이유로 1944년 7월 해임되었으나, 9월에 다시 총사령관으로 복귀하여 이른바 발지 전투라고 불리는 아르덴의 반격 작전을 지휘했다. 1945년 미군에게 체포되었다가 1949년에 석방되었다.

9. 마른의 기적

1차 대전 초기 독일군의 주력을 파리 인근의 마른Marne 강 지역에서 격퇴한 전투(Battle of the Marne 1914. 9)를 말한다. 이 전투 이후 전쟁 양상이 기동전에서 장장 4년간에 걸친 처절하고도 참혹한 참호전으로 변했다.

10. 아라스 전투

독일의 진격로에 있던 아라스의 영국군의 전력은 온존한 상태에 있었다. 대륙원정군 사령관인 고트Gort 장군은 본국에서 막 도착한 마틸다Matilda 전차들을 앞세워 정신없이 돌진하고 있는 롬멜이 이끄는 기갑부대의 측면을 쑤시기로 결심했다. 프랑스군 전차대도 합세하기로 약속했으므로 이제 개전 이래 최대 규모의 전차전이 벌어질 터였다. 5월 20일 하루 종일 고트장군은 눈이 빠지도록 협공을 개시하기로 한 프랑스군 전차부대의 움직임을 기다리고 있었지만 영 꿩 구워 먹은 소식이었다. 기다리다 지친 영국군은 단독으로 공격을 개시하기로 마음먹었다. 5월 21일 오후. 아라스 교외에서 영국군 제1전차여단의 선봉 마틸다 전차 58대가 독일군 기갑부대의 측면을 덮치는 것을 시작으로 반격이 시작되었다. 갑자기 옆구리를 정통으로 찔린 롬멜은 화들짝 놀랐다. 더구나 독일군의 전차포와 대전차포의 공격에도 장갑이 두꺼운 마틸다 전차는 끔쩍도 안했다. 결국 88밀리미터 대공포를 부랴부랴 동원해 간신히 이 전차들을 제압하면서 독일군은 위기에서 벗어났다. 그러나 영국군의 이러한 갑작스러운 역습은 쾌속으로 진격하던 롬멜의 가슴을 철렁하게 만들었다. 이때의 위기감이 지휘부로 파급되면서 그렇지 않아도 지나친 성공에 긴장하고 있던 히틀러에게 심각한 두려움을 안겨주었다. 이는 얼마 안 가서 히틀러로 하여금 덩케르크에서 머뭇거리게 하는 원인 중의 하나를 낳기도 했다.

11. 국방군 최고사령부

국방군 최고사령부는 독일의 국방군 최고 지휘관인 대통령이 직접 지휘하기 위한 사령부다. 1922년 기능은 정지되었으나, 총통 히틀러가 스스로 국방군을 직접 지휘하기 위해 1938년 다시 창설되었다. 2차 세계대전 초기에는 육군 총사령부가 실권을 쥐고 전투를 지휘했지만 1941년 모스크바 전투 이후에는 자신이 스스로 OKW 우두머리가 되면서 전투를 지휘하게 되었다.

12. 육군 총사령부

육군 총사령부는 2차 세계대전 기간 동안 독일 육군 최고사령본부 기관이었다. 1935년 아돌프 히틀러의 독일 제3제국 재무장 계획의 일환으로 설치되었다. OKH는 1938년부터 OKL(공군최고사령부), OKM(해군최고사령부)와 함께 형식적으로는 OKW(국방군 최고사령부)에 속하게 되었다. 2차 세계대전이 벌어지자 OKH는 육군의 야전군 및 집단군들의 전략 계획 수립을 담당했다. 1941년 12월 독일이 모스크바에서 패배할 때까지 OKH는 독일에서 가장 중요한 군사조직이었으며 사실상 독일 군대의 으뜸이었다. 모스크바 패전 이후에는 그 권력이 히틀러가 장악한 OKW로 완전히 넘어가게 된다.

13. 앙리 페탱

생시르Saint-Cyr 육군 사관학교를 졸업하고 육군대학 교관을 거쳐 제1차 세계대전에 대령으로 참전했다. 후에 군단장으로 승진한 후 1916년 베르됭Verdun에서 독일군의 공격을 저지하는 공훈을 세웠다. 이후 육군원수가 되고 전후 프랑스군의 요직을 역임하였다. 1934년 국방장관, 1939년 스페인 주재대사를 역임했다. 2차 세계대전 초기 프랑스가 독일에 점령당한 후 총리가 되어 히틀러와 강화조약을 맺었다. 이후 비시정권을 수립하고 독일의 감시하에 반쪽짜리 나라를 다스렸다. 전쟁이 끝난 후 전범재판에서 사형을 선고받았으나 감형되어 감옥에서 복역 중 사망했다.

〈덩케르크〉

덩케르크 철수작전(다이나모 작전)

I. 영화 〈덩케르크〉

원제: Dunkirk
감독: 크리스토퍼 놀란　　**제작:** 엠마 토마스
각본: 크리스토퍼 놀란
음악: 한스 짐머
출연: 피온 화이트헤드, 톰 하디, 캐네스 브래너, 제임스 다치, 마크 라이언스, 킬리안 머피
제작 연도: 2017년
상영시간: 107분
제작비: 1억 달러
수익: 7억 1,600만 달러
같은 소재의 영화: 덩케르크(1958)

영화 〈덩케르크〉는 명장 크리스토퍼 놀란Christopher Nolan[1]이 감독과 각본을 맡은 작품으로, 2차 세계대전 초기 덩케르크에서의 대규모 철수 작전인 다이나모 작전Operation Dynamo을 그렸다. '다이나모 작전'이란 2차 세계대전 당시 프랑스 덩케르크 해안에 영국군을 포함한 연합군이 독일군에 포위되었을 때 9일 동안의 목숨을 건 탈출 작전을 말한

다. 민간인들의 작은 선박들까지 박박 긁어모아 연합군 34만 8천 명을 구해낸 기적 같은 실화였다.

영화 〈덩케르크〉는 당시의 절박한 상황을 긴장감 넘치고, 여러 관점을 섞은 독특한 연출과 편집, 탁월한 영상미, 실제 상황 같은 생생한 음향효과가 뛰어났다는 평이 따랐다. 이 영화는 총 3개의 공간과 시간적 배경을 가지고 진행된다. 놀란 감독은 자유자재로 시간을 재구성했던 전작 〈인셉션Inception〉과 〈인터스텔라Interstellar〉처럼 실화의 시간을 재구성하면서 자신만의 작품이라는 도장을 찍었다. 즉 육해공을 배경으로 해변에서의 일주일, 바다에서의 하루, 하늘에서의 한 시간이라는 각기 다른 시간에서 진행된 사건들을 일직선상에 놓고 마치 동시에 일어난 것처럼 보이게 했다.

영화의 시간은 해안에서 탈출을 기다리는 병사들의 일주일, 구조를 위해 동원된 민간 선박의 하루 그리고 덩케르크로 향하는 전투기 조종사의 한 시간으로 구성되어 있다. 이들 각각의 시공간은 영화 후반부에서 하나의 시간과 공간으로 모아진다. 언뜻 복잡하게 보이는 구조를 띠고 있지만 영화가 제시하는 바는 분명하다. 눈앞에 고국 땅을 두고 무사히 살아서 돌아가고자 하는 생존에 대한 병사들의 절절한 욕망을 담아내고 있다. 그래서 영화는 영웅적 주인공이 보여 주는 극

덩케르크 해안의 병사 토미

적인 활약보다는 병사 개개인의 절박한 생존의 몸부림이 더욱 가슴에 다가 온다.

영화는 2차 세계대전 중의 극적인 사건을 다루고 있지만 피비린내 나는 전투 장면도 없고 독일군은 도통 찾아 볼 수가 없다. 오로지 여기 저기 날아드는 폭탄과 총탄만 있을 뿐이다. 살아남기 위해 몸부림치는 다수의 군인들이 있음에도 불구하고 어느 특정한 캐릭터에 초점을 맞추지도 않는다. 여러 등장인물들의 이야기와 각 인물들의 결단이 결국에는 기적으로 결말을 맺는다는 스토리가 일반적인 전쟁영화와는 결을 달리하고 있다.

병사들을 구출하는 도슨 선장의 요트

놀란 감독은 1992년 당시 여자 친구(지금은 부인)였던 엠마 토마스Emma Thomas와 함께 요트로 영국에서 덩케르크로 항해하다 이 영화를 만들어야겠다는 결심을 했다고 한다. 놀란 감독은 애초부터 가급적 CG를 피하고 실사촬영을 고집해서 영화를 만들었다. 리얼리즘을 극대화하기 위해서 1,300여 명의 엑스트라들과 실제 덩케르크 작전에 참여한 민간 선박 20여 척과 당시 전투기였던 스피트파이어Spitfire[2]를 새롭게 손보고 영화에 등장시켰다. 이 영화 촬영을 위해서 덩케르크시에서는 따로 영화 담당부서를 만드는 등 극진한 지원을 아끼지 않았다. 한편 관객들로 하여금 지속적인 긴장감을 불러일으키는 한스 짐머Hans

Zimmer의 음악이 이런 분위기를 조성하는 데 큰 역할을 했다. 상황에 따라 크게 들리다가 다시 또 조그맣게 들리기도 하는 째깍째깍하는 시계 초침 소리 같은 영화음악의 거장 짐머의 배경음악은 참으로 인상적이다. 〈덩케르크〉는 2018년도 제90회 아카데미 편집상, 음향효과상, 음향편집상을 수상했다.

Ⅱ. 덩케르크 철수 작전(다이나모 작전Operation Dynamo)

'다이나모 작전'은 2차 세계대전 초기, 절망적인 상황에서 연합군을 구출한 사상 최대 규모의 탈출 작전을 말한다. 이 철수 작전의 성공은 서부전선이 완전 붕괴되어 전면패배의 위기에 봉착해 있던 연합국에게 항전의지를 되살리고 사기를 크게 올렸으며, 향후 대반격의 단초를 제공했다. 세계 전사戰史에서 기록될 만한 최대 규모의 해상 탈출 작전이었다. 이와 비견되는 규모의 작전으로 한국 전쟁 당시의 흥남 철수 작전이 있다. 흥남 철수의 경우 규모는 덩케르크에 비해 작지만 병사 10만, 민간인 9만 명을 철수시켰다. 대신 다이나모 작전과 달리 장비와 물자들도 적에게 넘기지 않고 대부분 성공적으로 철수시켰다.

1940년 5월 10일, 독일군은 선전포고와 함께 거꾸로 세운 병에서 콸콸 쏟아지는 물처럼 파죽지세로 서부전선을 유린하기 시작했다. 베네룩스 3국은 물론, 영국, 프랑스 연합군도 각지에서 참패와 후퇴만을 거듭

했다. 독일군이 아르덴느Ardennes 산림지대를 돌파하고 뫼즈강을 건너 연합국이 예측치 못한 대규모 우회포위기동으로 연합군 주력부대는 포위 섬멸될 위기에 빠졌다. 연합국은 아라스Arras에서 유일하게 반격다운 반격을 시도했으나 실패했고, 결국 독일군에 완전히 포위되고 말았다. 독일군 구데리안의 기갑부대는 퇴로가 없는 연합군을 짓밟기 위해 영불해협을 향해 빠른 속도로 진격하고 있었다.

이 거대한 포위망에는 영국, 프랑스, 벨기에 병사 수십만 명이 갇혀 있었다. 프랑스군 지휘부는 포위망 내부와 외부에서의 동시반격으로 이들을 구원한다는 계획을 실행하려 했으나 사실상 불가능한 계획이었다. 오로지 철수만이 살 길이었다.

철수 시작 – 다이나모 작전

1940년 5월 14일 BBC는 "해군성에서 9~30미터 길이의 모든 모터 선박들을 징발할 예정이다."라는 방송을 내보냈다. 이 방송이 나간 이후 영국 남부 켄트주의 해안에서부터 템즈강에 이르기까지 영국 남부 해안은 며칠 전부터 온통 난리를 떨었다. 영국 전역의 선박이란 선박은 모두 해군성의 징발명령이 내려졌고, 이 선박들은 마주보는 도버 해안으로 몰려들고 있었다. '다이나모 작전'이라고 명명된 이 철수 작전에 가장 적합한 선박은 구축함이었다. 이 배는 대공화기對空火器를 갖추고 있었고 덩케르크까지 하루에 두 번 이상 왕복 할 수 있을 뿐 아니라 많은 병력을 실을 수 있었다. 하지만 당시 영국해군의 구축함과 호위함정

護衛艦艇 200척 중 가용할 수 있는 구축함은 41척에 불과했다. 나머지는 침몰했거나 수리 중이거나 영국 해협의 방위에 동원되어 있었고, 전 세계에 뿔뿔이 흩어져 있었다.

연합군을 구출하는 각종 선박들

그래서 내려진 궁여지책이 민간 선박들을 모조리 동원한다는 것이었다. 여기에는 템즈강의 유람선으로부터 구닥다리 트롤trawl 어선, 요트, 구식 외륜선外輪船, 소방정, 단단한 마스트에 큰 돛을 단 옛날 템즈강의 거룻배에 이르기까지 온갖 배가 총망라되어 있었다. 배의 소유주인 민간인들의 불평 따위는 아예 없었다. 오히려 징발 대상에서 제외된 침몰직전의 낡은 어선과 소형 모터보트의 주인들까지 자기 배를 이끌고 득달같이 달려왔다. 그리고 자기 배를 그냥 해군에 넘겨 줄 것 아니라 자신들이 직접 몰아 덩케르크까지 가겠다고 막무가내로 우기면서 해군 당국자들을 난처하게 만들었다. 1940년 5월 26일, 이와 같은 각종 소형 선박들과 연안 화물선, 도버해협을 왕복하던 페리선으로 구성된 총천연색 선단이 덩케르크를 향해 출항했다. 그러자 해군당국에 의해 참가를 거절당하거나 아예 그런 절차조차 생략해버린, 애국심에 불타는 시민들이 모는 온갖 배들이 그 뒤를 일제히 따르기 시작했다. 불과 13~14세의 어린 소년들로 구성된 해양 소년단의 연습용 요트들도 있었다. 민간 선박들을 선도하는 구축함의 마이크에서 아무리 되돌아가라고 외쳐도 들은 척도 하지 않았다.

해협을 건너는 일은 만만치 않았다. 보안 때문에 등대의 불을 모두 꺼버린 데다가 선박에도 엄격한 등화관제가 실시되었기 때문에 이 배들은 선도 구축함을 따라 칠흑 같은 밤바다를 헤쳐가야 했다. 덩케르크에 점점 가까워질수록 위험은 점점 더 커져갔다. 독일군은 이미 덩케르크 해안 옆의 칼레에 대구경포大口輕砲를 배치해 놓고 있었다. 무엇보다도 독일 급강하 폭격기는 가장 무서운 존재였다. 슈투카Stuka[3]급강하 폭격기들이 내리 꽂히면서 내지르는 사이렌 소리는 소름을 오싹 끼치게 했다. 덩케르크항 바로 바깥의 얕은 여울목을 느릿느릿 지나가는 배는 뒤뚱거리는 오리처럼 이 폭격기들의 폭격연습 표적으로 더없이 딱 맞았다. 또한 워낙 가깝게 몰려서 항해하기 때문에 폭격이 시작된다 해도 지그재그로 빠져 나갈 수 있는 행동조차 어려웠다. 폭격이나 포격을 피하기 위해 급히 속도를 낸 배들은 해안가의 얕은 여울에 좌초됐다. 이 좌초한 배들은 뒤따라오는 배들에게 최악의 장애물이 되었다.

어쨌든 수많은 배들이 속속 도착하기 시작했다. 배 위의 사람들에게는 덩케르크 시내가 완전히 불타고 있는 것처럼 보였다. 폭격을 받고 온종일 뭉게구름처럼 피어오르는 해안의 석유 탱크의 화재 때문에 덩케르크의 하늘은 온통 검은 연기 속에 있었다. 이 연기가 독일 폭격기들의 시야를 가려주고 있다는 것은 그나마 다행이었다. 이 때문에 일부 독일 폭격기들은 돌아가기도 했다. 점점 해안가 가까이로 가는 선박

구출을 기다리는 해안가의 병사들

위의 사람들은 믿을 수 없을 만큼 장엄한 광경에 놀라움을 금치 못했다. 해안선 뒤의 덩케르크는 불타고 있었으며 모래사장에 내리꽂히는 독일 급강하 폭격기들의 폭탄들이 연신 불기둥을 이루면서 작렬하고 있었다. 그리고 방파제 위에 늘어서서 구조 선박을 기다리고 있는 병사들의 모습은 배에 탄 누구에게나 깊은 인상을 안겨주었다. 병사들의 열은 방파제 맨 끄트머리에서 쭉 이어지다가 다시금 해안을 따라 끝없이 뱀처럼 구불구불 길게 뻗어 있었다. 독일군에 쫓겨 허겁지겁 덩케르크로 달려온 병사들의 텁수룩한 수염과 퀭한 눈망울, 수척한 얼굴은 피로로 찌들대로 찌들어 있었다.

그런 장병들의 머리 위로 독일기들이 마음대로 설쳐대고 있었다. 콩나물시루처럼 빼곡히 부두를 메운 병사들은 독일기가 기총소사를 퍼부으며 달려 내려와도 그저 납작 엎드릴 뿐이었다. 그리고 쏟아지는 총탄이 제발 자신을 피해 가기를 간절히 빌 뿐이었다. 공중에서 폭발하는 대공포탄의 귀를 찢는 소리, 격추되어 바다로 떨어지는 전투기의 단말마 같은 엔진 소리, 타타타타, 하면서 내뿜어져 나오는 기관총 소리 등이 마구 뒤섞이는 가운데 구조작업이 시작되었다. 철수선박들이 서둘러 병사들을 싣기 시작하자 독일기들의 공격은 그 배들로 옮겨졌다. 600여 명이 탑승을 마친 외륜 증기선 파넬라Panela호에 한 발의 폭탄이 명중하자 병사들의 찢긴 사지들이 여기저기 해면 위로 날아갔다. 소형 보트들이 거친 파도에 휩싸여 방파제 위로 내동댕이쳐지면서 부서져 나갔다. 폭탄을 얻어맞거나 가라앉은 배의 잔해가 항구를 장애물 경기의 코스로 바꾸고 말았다. 그러나 선단은 아직도 꾸역꾸역 도착하고 있었고, 병사들도 여전히 발을 질질 끌면서 방파제로 모이고 있있다.

이런 난리에도 많은 민간인 선장들이 침착함과 용기를 보여주었다. 그중에는 찰스 라이톨러Charles Lightoller 해군 중령이 있었다. 그는 1912년 북대서양 해상에서 빙산에 충돌하여 침몰한 그 유명한 비극의 타이타닉Titanic호의 승무원으로, 당시 얼마 안 되는 생존자 중의 하나였다. 그는 어린 아들과 해양소년단원인 아들 친구 1명으로 된 2명의 승무원

병사들의 대열

을 데리고 자신의 요트 선다우너Sundowner호를 몰고 이 구조작전에 참가하고 있었다(영화에서 도슨 선장이 모는 요트는 바로 이 선다나우호를 모델로 하고 있다). 덩케르크에 점차 가까워지자 선다우너호의 세 사람은 병사들이 해안가에서 줄지어 서서 배들을 기다리고 있는 것을 보았다. 그들은 침착하게 자신의 배를 방파제에 붙이고 병사들을 태우기 시작했다. 맨 아래쪽 칸을 가득 메운 병사들만 해도 이미 70명이 넘었고, 여기에다 갑판에 50명을 더 태우자 요트의 흘수선(물에 잠기는 선)은 거의 갑판까지 올라왔다. 10인승 요트 선다우너호는 무려 120여 명을 태우고 독일 전투기들이 어지럽게 날고 있는 덩케르크를 뒤로 하고 기우뚱거리면서 힘차게 달리기 시작했다. 돌아오는 도중 독일 전투기도 위협이 되었으나 영국 구축함들이 더욱 위험했다. 이들 구축함들이 지나갈 때마다 밀어닥치는 큰 물결이 작은 요트를 전복시킬 수 있기 때문이었다. 여하튼 찰스 라이톨러는 노련하게 배를 몰아 무사히 영국 항구로 돌아왔다.

킬라니killarney호에 탄 병사들의 귀국길은 참으로 가시밭길이었다. 배는 갑판 위에 병사들을 가득 태우고서 독일군 해안포대에서 퍼붓는 포화의 한가운데로 돌입했다. 1시간 가까이나 포격이 계속되는 중에도 휴즈Hughes 선장은 얕은 여울 사이로 지그재그 배를 몰았다. 그때 직격탄

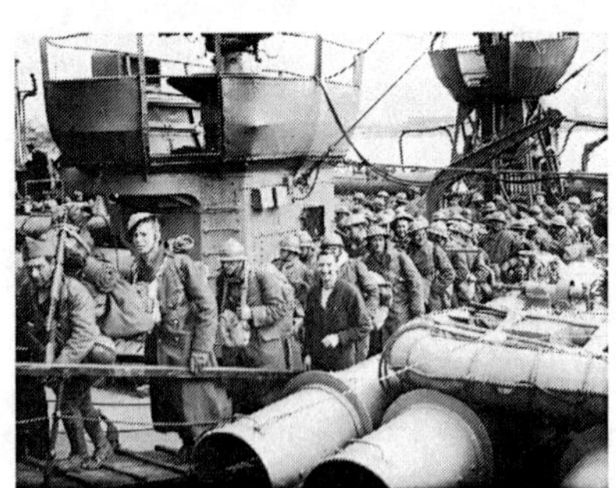
구출 선박에 승선한 병사들

한 발이 칼리니호의 선미를 때려 8명이 숨지고 30명이 부상당했다. 배가 겨우 포대의 사정거리를 벗어나자 이번에는 급강하 폭격기가 날아왔다. 그러나 다행히 영국 공군의 스피트파이어Spitfire가 나타나 독일기를 요격했다. 이제 겨우 고국을 향해 안심하고 달릴 수 있겠다고 생각한 찰나에 칼리니호는 또다시 방향을 바꿔야 했다. 이번에는 문짝과 나무토막 따위로 만든 뗏목을 타고 표류하고 있던 벨기에군과 프랑스군 병사 몇 명을 구조해야 했다. 그들은 비스켓 깡통과 포도주 몇 병을 싣고 있었다.

한 명의 병사라도 더 태우기 위해 대형 선박들은 싣고 있던 구명보트를 모두 바다에 내려놓았다. 보트에 오른 병사들은 연신 철모로 물을 퍼내며 소총의 개머리판으로 노를 저었다. 이와 같이 구명보트로 해협을 건넌 사례가 많았다는 것도 참으로 이채로웠다. 하늘에서는 독일 공군의 슈투카 폭격기와 매서슈미트Messerschmitt 전투기[4]들이 '덩케르크의 물오리 사냥'을 한다고 연신 날아다녔다. 5월 27일부터 시작된 철수 작전은 6월 2일까지 1주일간 계속되었다. 이 기간 동안 영불해협을 오가면서 철수병력을 실어 나른 선박은 무려 900척에 달했다. 이 배들이 구출해 낸 영국군은 20만을 넘었고, 프랑스군, 벨기에군, 네덜란드 병사들도 10만 명이 넘었다. 1940년 6월 4일, 마지막 병사들을 태운 선박들이 돌아왔다. 그날 하원에서는 윈스턴 처칠 수상이 연설을 시작했다. 그는 병사들과 구출에 나선 민간인들의 용기와 인내심, 헌신, 희생정신, 그리고 나무랄 데 없는 군민 협조를 극찬했다. 이어서 "미국이

유럽의 자유를 위해 달려오는 날이 올 것"이라고 예언하면서 끝으로 "이 구조 작전이 결코 승리는 아니라는 것"을 명심할 것을 강조했다.

멍청하기 짝이 없는 정지 명령에 분통을 터뜨리며 발이 묶여 있던 구데리안의 전차들이 덩케르크 해안으로 몰려 들어온 것은 6월 4일 오후였다. 그곳에는 구조선을 기다리는 프랑스 패잔병들만 남아 있었다. 극적으로 철수한 영국군을 비롯한 연합군 병사들은 알토란같은 병사들로 거듭나면서 다시 한 번 대독 전쟁에 나서게 된다.

영국 공군과 프랑스군의 분전

그동안 서부전선에서 독일군에게 두들겨 맞으면서 갖은 굴욕을 당한 영국 공군은 자국군의 철수를 지원하기 위하여 회심의 칼날을 뽑아들었다. 가용 가능한 전투기를 총동원했다. 비장의 신예기 스피트파이어까지 동원하면서 덩케르크와 영불해협 상공에서 독일공군과 필사적으로 맞섰다. 프랑스는 지상에서의 반격을 통한 포위망 돌파를 뒤늦게 포기하고, 영국측에 자국군도 데려가 달라고 요청하면서 한편으로는 프랑스군 2개 사단이 후위를 맡아 지연 작전을 펼치기로 했다. 한편 독일은 지상에서의 공세를 강화하는 가운데, 대대적인 항공 작전을 준비했다.

영국 공군은 첫 이틀 동안 45,000명을 탈출시키는 것을 목표로 삼았으나, 정작 그동안 탈출시킨 인원이 3만 명도 채 안 되면서 지휘부는 망했다고 생각했다. 하지만 그 직후부터 폭풍이 몰아치던 영불해협이 갑자기 고요해지는 기적이 일어나면서 철수 작전에 속도가 붙기 시작했다. 당연히 독일군도 이를 방치하지 않았다. 슈투카 등 주력 폭격기들을 대거 투입하여 덩케르크 해안을 무차별 폭격하고 철수 선단을 공격, 다수의 선박을 격침시켰다. 그러나 작전 기간 중 영불해협에 구름이 짙게 드리우면서 철수하는 선단에 대한 정확한 공격이 어려웠고, 무엇보다 본토의 기지에서 날아와 어느 때보다도 거세게 도전해오는 영국 공군에 맞서 힘겨운 사투를 벌여야 했다.

영국 조종사들은 독일 폭격기들을 저지하기 위해 밥 먹는 시간까지 아껴가며 출격했고, 연료가 간당간당해질 때까지 싸우면서 덩케르크의 대학살을 막아냈다. 영국 공군은 작전 기간 동안 총 4,822회 출격을 기록하며 무려 177대의 전투기의 손실을 입어야 했다. 프랑스 항복까지 영국이 서부 전선에서 입은 전투기 총 손실은 432대였다. 전체 손실의 40%를 덩케르크 철수 작전에서 잃은 것이다. 곧 있을 영국 본토 항공전을 생각하면 엄청난 전력 손실이었으나 덩케르크에서 영국군이 보여준 투혼은 놀라움 그 자체였다. 그러나 해안가에서 독일 폭격기 슈투카에게 줄창 두들겨 맞던 지상군 병사들은 오히려 "공군 놈들은 독일 놈들이 폭격하고 있는데 어디에 자빠져 있는 거냐."라면서 공군을 비난하기도 했다. 이런 반응이 나왔던 것은 공중전 자체가 철수 작전이 진행 중인 해안가가 아닌 내륙에서 전개되었기 때문에, 정작 상공에서는 영국 공군 전투기를 거의 볼 수 없기 때문이었다. 그 결과 격추당한 조종사들이 철수 병력 대열에 합류하면 그야말로 싸늘한 시선의 눈총을 받으며 푸대접을 받았다. 또한 영국 대륙원정군 병사들이 영국에 도착한 이후 공군 장병들을 만나기만 하면 항상 이것을 씹어대면서 시비를 거는 바람에 양군 병사들은 술집과 거리에서 숱한 주먹싸움과 난투극을 벌였다.

후위를 맡은 프랑스군 2개 사단, 약 34,000명은 결국 탈출에 실패하고 독일군에 포로가 됐다. 이들의 필사적인 엄호가 아니었으면 30만 명 이상의 병사들의 철수가 불가능했으리라는 것은 분명한 사실이지만 덩케르크 철수 작전에서 이들의 활약상은 상대적으로 저평가되고 있다.

덩케르크 작전 성공의 의미

덩케르크에서 간신히 탈출한 영국 공군은 영국의 알토란같은 정예부대였다. 본토와 식민지에 일부 병력이 남아 있었지만 대륙원정군은 그야말로 영국의 알짜배기 군대였다. 여기에는 나중에 북아프리카 전투나 노르망디 상륙작전을 진두지휘한 버나드 몽고메리Bernard Montgomery나 해럴드 알렉산더Harold Alexander 같은 유능한 장군들도 있었다. 이들 중에는 향후 본토에서 새로운 병력을 양성해야 할 유능한 교관과 조교 역할을 담당할 장교들과 준사관들도 다수 포함되어 있었다. 이렇게 탈출한 병력은 향후 독일과의 전쟁을 감당하게 될 최고의 병사들이 될 터였다.

만약 이들이 독일군에게 사로잡혔다면 영국의 항전의지는 단번에 꺾

여버렸을 것이다. 제아무리 싸워보겠다고 처칠이 부르짖어 보아도 병력이 없는데 어떻게 해볼 방법이 없었을 것이다. 미국도 이런 상황에서 영국을 계속 지원하기란 어려웠을 것이고 전쟁을 불사한다는 각오로 수립된 처칠 내각도 순식간에 붕괴되면서 영국은 틀림없이 전쟁을 포기했을 가능성이 크다. 이후 영국과 강화조약을 맺은 히틀러는 영국 본토 항공선도 벌이지 않게 되었을 것이고 온전히 보존한 항공부대를 가지고 대소련전을 시작했다면 2차 세계대전의 향방은 어떻게 되었을는지 아무도 모른다. 아무튼 덩케르크 철수 작전의 성공은 세계 역사를 바꾼 엄청난 사건임에는 틀림없다.

TIP!

1. 크리스토퍼 놀란

크리스토퍼 놀란 감독은 1970년 런던에서 태어났다. 그는 이미 7살 때부터 영사기를 갖고 놀았다. 대학 영화 소사이어티에서 16밀리미터 영화를 만들면서 한편으로는 런던 유니버시티 칼리지에서 영문학을 전공했다. 1998년 장편영화인 〈미행Following〉으로 데뷔했는데, 이 영화는 토론토 영화제, 로테르담 영화제에서 큰 호평을 받았다. 그를 스타덤에 올린 것은 〈메멘토Memento〉였다. 기억과 심리에 관한 놀라운 통찰력을 보여준 이 영화는 그를 뛰어난 명장의 반열에 오르게 했다.

〈메멘토〉는 2000년 아카데미와 골든글로브 시나리오 부문에 노미네이트되었으며, 선댄스Sundance 영화제 각본상, 시카고 비평가협회상, LA 비평가협회상을 수상하고 그해 방송, 영화 비평가협회가 선정한 최고의 영화로 선정되었다. 크리스토퍼 놀란은 〈메멘토〉, 〈인썸니아Insomnia〉를 거쳐 할리우드 블록버스터 〈배트맨 비긴즈Batman Begins〉, 〈다크 나이트〉를 감독했다. 이후 〈인터스텔라〉, 〈덩케르크〉 등의 대작을 만들며 다양한 장르를 섭렵하면서 뛰어난 재능을 선보이고 있다. 부인인 엠마 토마스Emma Thomas는 독립영화 제작자이기도 하다.

2. 스피트파이어 전투기

스피트파이어는 레지널드 미첼Reginald Mitchell 항공기 설계자가 디자인한 기체로서 롤스-로이스 멀린 엔진을 장착했다. 영국 본토 항공전에서 스피트파이어는 대활약을 하면서 '영국을 구한 전투기', '날아다니는 기사의 검' 등의 화려한 별명이 붙었다. 당시 독일이 자랑하는 매서슈미트와 호각을 이루었다. 이 전투기는 2차 세계대전 당시 P-51 무스탕 그리고 매서슈미트 Bf-109와 함께 가장 우수한 전투기로 불렸다.

3. 슈투카 폭격기

원래 이름은 '융커스Junkers Ju87 급강하폭격기'다. 슈투카라는 이름으로 더 유명하다. 별칭으로는 '악마의 사이렌'이라고도 불렸는데 내리꽂힐 때 금속성의 날카로운 소리가 났기 때문이다. 대전 초기 프랑스를 유린할 때와 소련 침공 시에는 나름대로 큰 전공을 세웠지만 영국 본토 항공전부터 슈투카의 내리막길이 시작되었다. 최고 시속이 400킬로미터를 간신히 넘기는 슈투카는 영국의 스피트파이어와 허리케인Hurricane 전투기에게는 완전히 밥에 불과했다.

4. 매서슈미트 전투기(Bf-109, 혹은 Me-109)

매서슈미트는 2차 세계대전 당시 나치 독일 공군의 주력 전투기였다. 1934년 바이에른 항공기 제조사에서 개발한 이후 1935년에 생산이 개시되었는데 설계담당자는 빌리 매서슈미트Willy Messerschmitt였다. 훗날 바이에른Bayerischen 항공사는 매서슈미트사로 개명되었다. 메서슈미트는 스페인 내전에 투입되어 데뷔한 이후 개량을 거쳐 2차 세계대전 종료 시까지 독일의 주력 전투기 자리를 차지했다. 초보자에겐 매우 다루기 어려운 기종이었음에도 불구하고 우수한 기체 성능 탓에 비행사들이 신뢰했던 전투기였다.

〈글래디에이터〉

로마의 검투사, 콜로세움 경기장

I. 영화 〈글래디에이터〉

원제: Gladiator
감독: 리들리 스콧
제작: 데이비드 프란조니, 더글라스 윅, 테리 니트험
음악: 한스 짐머, 클라우스 바델트
각본: 데이비드 프란조니, 존 로건, 윌리암 니콜슨
출연배우: 러셀 크로우, 호아킨 피닉스, 코니 닐슨, 올리버 리드, 리차드 해리스
제작 연도: 2000년 **상영시간:** 171분
제작비: 1억 1,000만 달러
수익: 4억 6,000만 달러
유사한 영화: 〈검투사 데미트리어스〉(1954), 〈스팔타커스〉(1960)

영화 〈글래디에이터〉는 무려 1억 1,000만 달러를 투입한 블록버스터 영화다. 로마시대를 완벽히 재현하기 위하여 2년간에 걸쳐 이탈리아, 몰타, 모로코, 영국 등 4개국에서 촬영했다. 막대한 제작비와 컴퓨터 그래픽 기술을 바탕으로 〈벤허〉에 버금가는 웅장한 볼거리들을 만들어냈다. 감독 리들리 스콧Ridley Scott[1]은 영화의 흐름을 해치지 않는 선

에서 최대한 정확한 고증을 위해 역사학자들을 고문으로 두는 열정을 보였다. 또한 주어진 배경을 누구보다 밀도 있게 담아내는 리들리 스콧 특유의 영상 스타일과 블록버스터답게 스케일 크고 박진감 넘치는 액션 장면을 관객들에게 선사했다.

마르크스 황제와 막시무스

컴퓨터 그래픽으로 원형 경기장 콜로세움을 그대로 복원했으며, 도입부에 나오는 북방 게르만족과의 10분 동안의 전투장면에서는 실제로 영국 서리의 숲Surrey Bourne Woods 하나를 모두 불태워 촬영했다. 실세 현지 삼림 당국에서는 개발을 위해 이 숲을 정리하려는 참이었는데 리들리 감독이 이를 알고 적극적으로 요청해서 이루어졌다는 후문이다. 영화 초반부 게르만족들의 측면을 향해 막시무스가 이끄는 로마 기병들의 돌진 장면이 나오는데 이들 중 20명은 영국 왕실근위대에서 꾸어온 베테랑 기병들이었다. 또한 검투사 조련사인 프록시모역의 올리버 리드Oliver Reed가 촬영이 끝나기 3주 전에 숨지자, 2분여 남은 그의 연기 장면을 위하여 320만 달러를 들여 컴퓨터 그래픽으로 그의 모습을 완벽히 복원해서 무사히 촬영을 마쳤다. 이러한 노력 등으로 2000년, 전 세계에서 개봉하여 흥행은 물론 많은 비평가들로부터도 호평을 받았다. 국내에서도 그해 6월 3일 개봉하여 서울에서만 132만 명의 관객을 동원했다. 처음에 배우 멜 깁슨에게 막시무스 역을 의뢰했으나 그는 나이가 많다고(43세) 고사했다.

호주 태생의 작곡가이자 가수인 리사 제라드Lisa Gerrard가 부른 주제곡 'Now we are free'는 뛰어난 명곡으로 지금도 많은 이들의 귀에 각인되어 있다. 가수의 독특한 음색과 뛰어난 성량 그리고 겹쳐지는 코러스는 경건하고도 거룩한 분위기를 조성하고 있다. 제73회 아카데미 시상식에서는 작품상과 남우주연상, 의상상을 비롯해 총 5개 부문에서 수상했다. 특히 주인공 막시무스 역을 맡은 러셀 크로우Russell Crowe의 강렬한 연기는 많은 평론가들의 찬사를 받았다. 이 밖에 2001년 골든 글로브상의 드라마 부문 최우수작품상, MTV영화상의 최우수영화상, 영국 아카데미상의 작품상 등 5개 부문을 수상했다.

Ⅱ. 로마의 검투사

검투사의 기원

동료 검투사 주바와 혈투를 벌이는 막시무스

검투사 경기는 에트루리아Etruria[2]의 장례식 풍습에서 유래했다고 한다. 즉 죽은 조상들을 기리기 위해 장례식장에서 검투사 경기를 벌이면서 이 풍습이 생겨난 것이다. 이후 에투루리아를 정복한 로마인들에 의해서 로마에 검투사의 풍습이 이식되었다. 로마 최초의 검투사 경기는 제1차 포에니 전쟁Punic War(로마와 카르타고와의 전쟁)이 시작된 해인 기원전 264년으로 기록되고 있다. 기원전 2세기로 넘어 오면서 점차 검투사 경기의 규모가 커지기 시작했다. 이때 로마는 카르타고와 마케도니아와의 전쟁에서 승리하면서 막대한 부를 챙기게 됐다. 이 막대한 부는 상류층의 부로 연결되었고 상류층은 이런 부를 과시하기 위하여 점차 거창한 검투사 경기를 열기 시작했다. 이렇게 개인적으로 개최하던 검투사 경기가 공적인 차원으로 변모하기 시작했다. 검투사 경기를 사회 유력층 인사들이 정치적 목적으로 활용하게 된 것이다. 검투사들의 피 터지는 싸움 광경은 시민들의 신나는 볼거리로 변했다. 오늘날 축구장에서 환호하는 관중들의 마음과 별다를 바 없었다. 시민들은 이렇게 재미있는 경기를 보여준 주최자 측에 고마움을 표시했다. 시민들이 주최자들에게 보내는 감사하는 마음은 곧 이들에게 정치적 자산이 되었다. 이들이 정치계에 나서게 되면 이렇게 쌓아두었던 시민들의 후원이 큰 힘이 되었고, 이제 검투사 경기는 정치가들에게 권력을 유지하는 중요한 수단 중의 하나로 떠올랐다.

로마가 후기공화정으로 접어들면서 검투사 경기는 로마 정치 깊숙이 자리를 잡아갔다. 정치가가 자신의 입지를 구축하려면 검투사 경기를 개최해야만 했다. 시민들의 인기를 먹고 사는 그들에게 검투사 경기야말로 딱이었던 것이다. 물론 경기 개최에 많은 비용이 드는 것도 사실이었다. 한편 검투사들이 경기뿐만 아니라 정치적 폭도로 활용되는 것도 이 시기였다.

내전에도 이 검투사들이 동원되었다. 제정기에 접어들어서 황제들은 검투사 경기의 정치적 의미를 너무나 잘 알고 있었다. 시민들이 열광하는 검투사 경기를 통해 정적들이 인기를 독점하는 것을 그냥 두 눈 뜨고 볼 수 없었다. 황제들은 재력도 있었다. 이렇게 해서 로마 시내에서의 검투사 경기 개최는 황제의 전유물이 되었다.

검투사의 자격

검투사가 되는 자격 조건은 따로 없었다. 초창기에는 주로 전쟁포로나 노예를 검투사로 훈련시켜 경기에 나서게 했다. 또한 범죄자들의 경우, 가벼운 죄를 졌을 때에는 검투사 양성소로 보내기도 했다. 이들은 재판에 의해서 졸지에 검투사가 되었다. 이 밖에 빚에 쪼들리거나 먹고 살기가 막막하거나 혹은 이름을 날리는 쟁쟁한 검투사들이 부럽거나 해서 자유민들도 자원해서 검투사가 되었다. 아주 드물기는 했지만 남자다운 용기와 시민들의 환호에서 오는 짜릿한 쾌감을 얻으려고 검투사로 나서는 로마 시민들도 있었다. 제국 후기에 접어들어 로마가 쇠락하면서 경제사정이 악화되자 일반 시민들은 너도나도 검투사를 자원하는 일이 벌어졌다. 목숨을 걸 만큼 생계가 절박해진 것이다. 일부 인기 있는 검투사들이 재산을 모으는 일이 생

검투사 경기 상상화

기자 이런 풍조를 더욱 부채질했다. 실력 좋은 검투사는 요즘의 연예인 내지 스포츠 스타들과 비슷한 대우를 받았다. 그러나 검투사에 대한 전반적인 사회적 인식은 형편없었다. 검투사들은 천한 노예 신분에 불과했다. 당연한 얘기지만 당시에는 '인권'이라는 인식이 아예 없었다. 2천 년이 지난 후 미국 독립혁명과 프랑스혁명이 낳은 이 사상이 있을 리 없었다. 노예란 단지 '말하는 도구'일 뿐이라고 간주하던 시절이었다. 그때 로마인들은 '노예는 자신의 운명을 스스로 결정할 권리가 없는 자'라고 확실하게 정의내리고 있었다. 그러니 주로 전쟁 포로나 노예 출신들로 이루어진 검투사는 로마인들에게 인간 취급을 받을 수 없었다. 그가 아무리 경기장에서 인기를 모으는 일류 검투사라 할지라도 말이다. 검투사가 된 포로나 노예가 인기를 모으면 자유인이 될 수 있었다. 검투사들은 검투장 안에서 자유를 뜻하는 '목검'을 받았는데 황제가 직접 건네주기도 했다. 노예가 자유를 얻는 가장 빠른 방법은 검투사가 되는 것이기도 했다.

검투사들의 평균 연령은 대략 10대 후반에서 20대 전반까지였다. 이들은 대개 경기장에서 싸우다가 죽었다. 그러나 실력이 출중하거나 운이 좋아서 살아남는 경우도 왕왕 있었다. 금전적인 여유가 생기면 자유를 사서 당당하게 로마 시민으로 살아가기도 했다. 전직 검투사들이 최고로 치는 직업은 황제나 고위 정치인들의 경호원이었다. 이 밖에 군대에 들어가기도 했고 이른바 '해결사'라는 직업을 가지기도 했다. 이들은 채권자들에게 고용되어 채무자들에게 사람 죽이는 기술을 써먹었다. 모아둔 것이 없는 전직 검투사들은 노숙자나 행려병자 신세를 면치 못했다. 여자 검투사가 있었다는 기록도 있다. 서기 202년 셉티미우스 세베루스Septimius Severus 황제가 여자 검투사 경기를 불법으로 규정했다는 기록이 그것이다. 이 여자 검투사들이 어떻게 싸웠는지 규모는 어땠는지 등에 관한 자세한 기록이 남아있지는 않지만 약 100년 동안 이어져 온 것으로 추측되고 있다. 오늘날 여자 이종격투기의 전신이라고 볼 수 있다.

검투사들의 경기

검투사들이 경기장에서 죽는 비율은 대략 20퍼센트였다. 하루 평균 100명이 경기장에 나갔는데 이 중 20명가량이 죽어나갔다. 초짜 검투사는 보통 1년 내에 죽기 마련이었다. 운이 좋아 1년을 넘기더라도 3년 안으로 대부분 황천길로 갔다. 로마인들은 실력이 좋은 베테랑 검투사가 초짜들을 상대로 일방적인 경기를 펼치는 것을 싫어했다. 언제나 스릴 있고 손에 땀을 쥐게 하는 종이 한 장 차이의 승부를 좋아했다. 그래서 대개 비슷한 실력의 검투사들끼리 싸우게 했다. 그러나 실력 있는 검투사들끼리의 경기는 이들의 몸값이 비싸기도 하고 양성하는 기간이 길기도 해서 덮어놓고 죽이기에는 아까

그물 검투사(왼편)

웠다. 그래서 일단 승패가 결정난다 하더라도 상대방을 쉽게 죽이게 하지 않았다. 다음 경기에 다시 또 나서게 하기 위해서였다. 끝나면 죽었어야 할 패배자가 부상을 당해 '스폴리아리움(시체실)'으로 실려 가면 관리인들이 마지막 숨통을 끊었다.

대부분의 검투사는 투구를 쓰고 경기에 임했다. 그런데 투구를 쓰지 않고 맨 머리로 그물을 늘고 경기에 임하는 검투사가 있었다. 이들을 '그물 검투사'라고 불렀다. 영화 〈스팔타커스〉에서 주인공 커크 다글라스와 대결하는 맨머리 흑인 검투사가 바로 그물 검투사다. 이들이 투구를 안 쓴 것은 앞을 잘 보기 위해서였다. 잘 보여야 그물을 제대로 던질 수 있었기 때문이었다. 이렇게 얼굴을 내보이고 싸우는 검투사들은 대개 미남들이었다. 여성 관객들이 이들의 얼굴을 보고 싶다고 난리법석을 떨었기 때문이다. 그래서 검투사 양성소에서는 얼굴이 잘 생긴 검투사들을 주로 그물 검투사로 써먹었다. 이들은 왼팔에 천을 감싸고 가죽끈으로 묶어 팔 보호대를 착용했다. 영화에서 잘 나타나 있다. 이들은 기다란 삼지창을 들고 싸웠다. 그물 검투사들과 대적하는 검투사는 대개 로마 군단의 중장보병을 모델로 한 '철갑 검투사'였다. 이들은 투구 전면이 송송 뚫려 있는 구멍으로 시야

검투사들을 묘사한 벽화

를 확보해야 했는데 무척 갑갑했을 것이다. 그리고 기동성이 둔해 그물 검투사의 밥이 되곤 했다. 묵직한 철갑 무장 때문에 싸움이 진행될수록 점점 더 불리해졌다. 그래도 그물만 피하면 그런대로 승률이 높았다. 인기 있는 검투사들은 주로 갈리아 출신이나 게르만족 출신이었는데 이들은 북쪽에서 잡아온 포로였다. 거의 다 장신에 금발이어서 이런 사람들이 검투사로 나오면 로마 시민들은 열광했다. 갈리아 출신 검투사들은 물고기 검투사라고 불렸다. 이들의 투구 꼭대기가 물고기의 등지느러미와 같다고 해서 붙여졌다. 영화 〈글래디에이터〉에서처럼 전차를 타고 경기에 나서는 검투사들도 있었다. 그러나 보기엔 근사했지만 유지비가 엄청 많이 들어 검투사 양성소 측에서나 주최 측에서 양성하길 꺼려했다.

검투사는 로마에서 최고로 검술 실력이 뛰어난 존재들이었다. 로마 공화정 시기 검투사들이 주동이 되어 일으킨 '스파르타쿠스의 난' 때 로마가 휘청거릴 정도로 혼쭐이 났었다. 이는 로마의 위정자들이 이 난의 핵심 주력이 검투사 출신이라는 점을 간과했기 때문이었다. 검투사들은 목검으로 나무를 타격하는 기초 훈련에서부터 턱걸이, 달리기, 통나무 들어올리기, 푸쉬업 등의 기초체력 훈련을 하루도 빠짐없이 소화했다. 목숨이 걸린 일이라 열심히 했을 것이다. 신참들은 교관들에게 머리나 얼굴, 허벅지, 옆구리, 종아리 등을 찌르는 법을 배웠다. 주로 목검과 방패를 가지고 연습했다. 이후에는 진짜 장비를 갖추고 하는 훈련이 이어졌다.

검투사의 식사

검투사들의 주식은 콩을 섞은 보리죽이었다. 가축의 사료인 보리를 먹인 것은 딱히 검투사들을 가축 수준으로 취급해서가 아니라 보리가 근육을 강화하는 데 밀보다 더 좋다고 여겼기 때문이다. 사실 보리보다는 함께 섞어 먹는 콩이 단백질이어서 근육을 만들어주거나 체력을 보완하는 데는 너 요긴했지만 말이다. 주기적으로 고기도 먹였다. 특히 맹수들의 경기가 있는 다음날 죽은 동물들의 고기가 제공되곤 했다. 경기 전날 저녁식사 시간에는 검투사들에게 푸짐한 식사가 준비되었다. 그러나 죽음이 눈앞에 어른거리는 검투사들에게 식욕이 생길 리 없었다. 실력이 뛰어나 죽을 확률이 매우 낮은 경험 많은 베테랑들 소수만이 음식을 즐길 뿐이었다. 당장 내일 죽을지 모르는 신참 검투사들은 긴장감 때문에 음식에 손이 가지 않았다.

검투사 경기의 날

경기 당일 날, 오전에는 처음 순서로 관중들 앞에서 검투사들의 행진을 선보인다. 이어서 맛보기로 동물과 검투사들 간의 싸움을 벌인다. 이 동물과 싸우는 검투사들을 '베스티아리Bestiarii'라고 불렀다. 사실 엄밀히 말해 베스티아리는 글래디에이터로 취급되지 않았다. 이들은 제국 각지에서 잡아오는 카스피호랑이, 코끼리, 사자, 표범 등과 싸웠고 심지어는 하마, 악어, 북유럽의 스라소니, 북극곰, 인도코뿔소 같은 희귀한 맹수들과도 싸웠다. 이런 동물들은 황제의 명령에 의해 동물 사냥꾼들과 군인들이 주로 조달했다. 위험한 맹수들과 싸워야 했기 때문에 이들은 활과 창, 횃불, 갑주 등으로 단단히 무장하고 사냥개들을 대동한 채 맹수들과 대결했다. 대개 베스티아리가 유리하지만 동물이 이길 경우도 종종 있었다. 이 때문인지 관중들은 짐승을 죽이는 장면 못지않게 베스티아리가 죽는 장면을 간절히 보고 싶어했다. 정면으로 맹수와 싸우는 장면에서는 관중석이 더욱 들썩거렸다. 동물들이 빌빌거리며 싸울 기미를 안 보이면 사육사들이 채찍, 횃불, 쇠막대기 등을 동원해서 뒤에서 무자비하게 몰아댔다. 어떤 베스티아리는 곰이나 사자와 맨손으로 싸우기도 했는데 이때 관중들의 흥분은 숨이 넘어갈 정도로 치달았다.

정오에는 죄수들의 처형식이 거행되었다. 죄수들의 처형엔 십자가형 외에 화형이 있었고, 또 맹수에게 잡혀 먹히게 하는 것도 있었다. 십자가형이나 화형은 당하는 이에겐 지극한 고통이었으나 시간을 많이 잡아먹어 관중들에겐 지루하기 짝이 없었다. 그래서 주최측은 시간이 짧게 걸리는, 관중들이 좋아하는 맹수를 풀어 죄수를 물어뜯게 하는 방법을 많이 사용했다. 네로 황제는 로마 대화재의 책임을 기독교도들에게 뒤집어씌우고 이들이게 십자가형, 화형, 야생동물형을 집행했다. 어떤 기독교인에게는 야생동물의 가죽을 뒤집어씌우고 동물로 오인한 개들로 하여금 물어뜯게 했다. 이런 형 집행은 딱히 검투사 경기 날에만 벌어지는 것은 아니었다. 관중석에서는 오늘날 축구장이나 야구장에서처럼 잡상인들이 차가운 음료수, 빵, 소시지 따위를 팔며 다녔다.

이렇게 정오의 처형이 진행되는 동안, 관중들은 틈틈이 화장실도 다녀오고 집에서 싸온 빵, 계란, 삶은 콩을 와인과 물을 곁들여 먹었다. 이들은 오후의 하이라이트인 검투사 경기를 목이 빠지게 기다렸다. 이윽고 오후 시간이 되면, 우선 급수가 낮은 신참 검투사들이 진짜 싸움이 아닌 흉내 내기 싸움을 보여줬는데, 일종의 오픈 게임이었다. 아울러 코믹한 연기 등으로 관중들로 하여금 본 경기를 더욱 애타게 기다리게 했다.

이렇게 여러 가지 볼거리가 끝나면 드디어 메인 게임이 펼쳐졌다. 바로 앞에서 소개한 여러 종류의 검투사들이 목숨을 건 피 터지는 혈투를 벌이게 되는 것이다. 경기는 대개 15분 내에 결판이 났다. 승산이 없는 검투사는 손을 들어 상대의 처분에 목숨을 맡겼다. 그러면 이긴 검투사는 관중들에게 칼을 치켜세우고 죽일 것인가 말 것인가에 대한 결정을 맡기게 된다. 검투 경기의 패자를 처분하는 것은 보통 관중이 결정권을 쥐고 있었다. 관중이 보기에 경기 내용이 지루했다면 패자는 거의 무조건 죽었다. 반대로 지더라도 멋지게 싸웠다면 관중들은 검투사를 살리라고 아우성을 쳤다. 이런 경우 해당 검투사는 졌더라도 살아서 경기장을 나갈 수 있었다. 하지만 무조건 관중이 패자의 목숨을 결정하는 것은 아니었다. 최종 결정권은 황제가 쥐고 있었기 때문이다. 검투사들에게 있어 어떤 황제를 만나느냐는 굉장히 중요했다. 베테랑 검투사라 해도 황제의 심기를 건드리면 목이 날아가는 일이 다반사였기 때문이다. 악질 황제 콤모두스[3]는 같은 양성소의 검투사들이 서로 봐

주면서 살살 싸우는 것처럼 보이자 화딱지가 났다. 그래서 대기하고 있던 검투사들을 경기장에 몽땅 내보내도록 하여 모두가 죽어 나갈 때까지 싸우도록 하는 엽기적인 명령도 내렸다. 하지만 모든 황제가 검투사들에게 잔인했던 것은 아니었다. 이례적인 케이스도 있었다. 착한 황제라고 소문이 났던 티투스[4]의 경우, 프리스쿠스Priscus와 베루스Verus라는 두 명의 검투사가 파이팅 있게 싸우고 서로가 동시에 항복했으나 이들에게 목검을 하사하면서 자유의 몸으로 풀어주었다. 둘 모두에게 승자 판정을 내린 것이다.

로마 제국이 서서히 몰락해 가던 4세기 즈음에는 검투사로 공급할 노예 수가 달랑달랑해지는 바람에 사망자는 거의 나오지 않았다. 검투사들을 아끼기 위해서 경기에서 이기는 조건이 상대방의 몸에 상처를 내는 것으로 완화되었다.

검투사 시대의 종말

서기 325년, 기독교를 최초로 공인한 콘스탄티누스Constantinus 황제 시대에 검투 경기를 금지하는 법이 만들어졌다. 기독교가 로마의 국교로 지정되면서 검투 경기는 지나치게 잔인하고 기독교 교리에 위배된다는 이유로 점차 줄어들었다. 하지만 열성 관중의 맥은 쉽게 끊나지 않는 법이었다. 서기 4세기와 5세기의 황제들은 거듭해서 금지령을 내렸다. 결국 6세기에야 제국 전체에서 완전히 끝났다. 검투사 경기에 돈이 지나치게 많이 들었기에 재정이 말라버린 로마 제국 말기에는 더 이상 검투 경기를 할 수 없던 이유도 있었다. 이후 맥이 끊겼던 검투사들의 경기는 중세에 들어와 기사들의 토너먼트 경기로 대체되었고 스페인에서는 투우가 그 대용으로 등장했다. 현대에 들어와서는 권투와 이종격투기가 그 맥을 이어간다고도 볼 수 있을 것이다.

검투사 최대의 경기장 - 로마의 콜로세움

영화 마지막 부분에 나오는 로마의 콜로세움은 서기 70년경 베스파시아누스 황제[5]에 의해 건설이 시작되어 80년에 완공되었다. 이후 100일 축제 기간이 이어졌고 그의 아들인 티투스 황제가 개막식을 거행했다. 대리석으로 건축된 이 대규모 원형 경기장은 처음에는 플라비아누스 원형 경기장이라는 이름으로 불렸다. 약 5만 명의 관객을 수용할 수 있었고 경기장의 바닥은 나무와 모래로 덮여 있었다. 미로와 같이 복잡한 구조의 지하실은 검투사들의 방과 맹수들의 우리, 그리고 이들을 지상으로 실어 나르는 엘리베이터가 있었다. 해상 전투를 재현하기 위하여 1.5미터까지 물을 채울 수 있었다. 하지만 완전히 새어나가지 못하게 할 수는 없었다. 콜로세움에서는 최소 두 번의 모의해전이 벌어졌다. 4단으로 된 관람석은 총 4만 5천 개의 좌석과 입석 5천 석을 갖추었다. 뜨거운 햇빛을 막기 위해 베라리움Velarium이라는 천막으로 된 지붕이 설치되었다. 가운데에는 환기용 구멍이 뻥 뚫려 있었다.

콜로세움이 종교적 성소로 여겨지게 된 것은 1749년 교황 베네딕토Benedictus 14세가 콜로세움을 초기 기독교의 순교자가 탄생한 성소라고 선포하면서였다. 하지만 이 주장을 입증하는 역사적 근거는 없다. 흔히 기독교인들을 짐승들의 먹이로 던져주고 십자가에 매달아 처형했다는 네로Nero 황제 때에는 정작 콜로세움 경기장은 없었다. 그 자리에는 원래 네로 얼굴의 거상이 있었다. 베스파시아누스 황제 때 그 거상을 밀어버리고 그 자리에 경기장을 지어서 콜로세움이라고 이름 지은 것이다. 중세 시대에는 콜로세움을 민가로 활용하기도 했고, 이탈리아의 프란지파니Frangipani 가문은 콜로세움을 통째로 사서 성채로 삼기도 했다. 귀족들은 벽돌들을 빼다가 자기 집 건축자재로 쓰기도 했다. 그러나 콜로세움이 결정적으로 망가진 것은 19세기 초 로마에 진주한 나폴레옹 군인들에 의해서였다. 그들은 콜로세움의 석재를 연결하는 납을 빼서 총알을 만들려고 외벽을 마구 무너트렸다. 현대에 들어와서는 자동차 매연으로 인한 공해에 시달리게 되었다. 오늘날의 콜로세움은 잔인한 여흥을 즐겼던 인간들의 취향을 보여주는 역사적인 기념물로 남아 있다.

콜로세움 경기장

TIP!

1. 리들리 스콧

리들리 스콧 감독은 〈에이리언〉, 〈델마와 루이스〉, 〈블레이드 러너〉, 〈블랙 레인〉, 〈글래디에이터〉, 〈블랙 호크 다운〉, 〈킹덤 오브 헤븐〉, 〈어느 멋진 순간〉, 〈아메리칸 갱스터〉, 〈로빈 후드〉, 〈액소더스〉, 〈마션〉 등의 명작으로 주가를 올리고 있다. 2001년 〈글래디에이터〉로 아카데미 작품상을 비롯하여 5개 부문을 수상하는 영광을 누렸고 〈블랙 호크 다운〉을 통해 영화 역사상 가장 생생한 전투 장면을 만들면서 전 세계를 열광시켰다.

그는 1937년 영국 태생으로 런던에 있는 웨스트 하트풀 예술학교와 왕립미술학교에서 공부했다. BBC의 세트 디자이너와 연출자로 일한 후 1967년부터 광고를 제작하기 시작하여 10여 년 동안 무려 2,000편 이상 되는 광고를 찍었다. 그는 수천 편의 광고를 제작한 경험을 비탕으로 독특한 분위기를 자아내는 조명효과를 포함한 자신만의 독특한 비주얼 감각을 확립할 수 있었고 이제는 할리우드 최고의 비주얼리스트로 자리 잡고 있다.

2. 에트루리아

에트루리아는 로마가 건국하기 진인 기원전 2세기경부터 기원전 8세기까지 6세기 동안 현재의 토스카나, 라치오, 움브리아 등 중부 이탈리아를 지배했던 왕국을 말한다.

3. 콤모두스 황제

호부견자虎父犬子는 '호랑이 아버지에 개 아들'이라는 뜻이다. 조선 성종의 아들 연산군이 그 전형적인 예가 될 수 있을 것이다. 영화 〈글래디에이터〉에 나온 폭군 황제 콤모두스도 마찬가지다. 콤모두스는 『명상록』을 쓴 철인 황제 마르쿠스 아우렐리우스의 아들로 태어났다.

어릴 때는 멀쩡했다. 최고의 교육을 받았지만 해외 원정으로 바쁜 아버지의 사랑은 거의 받지 못했다. 아버지의 병사 후 황제가 됐는데 182년 누이 루칼라에게 암살 위협을 당한 뒤로부터 정신이 이상해졌다. 원로원 의원들을 처형하고 로마 시민들도 수틀리면 죽였다. 자신을 헤라클레스의 아들로 지칭하며 검투사 시합에 참가하면서 살인을 즐겼다. 서기 192년, 목욕탕에서 반대파에 의해 고용된 레슬링 선수에게 목이 졸려 살해됐다. 생긴 것은 아버지를 꼭 빼닮았는데 하는 짓은 정반대인 완전히 개망나니였다. 역사가들은 "아버지의 금욕적인 생활신조에 무조건 대들었던 불쌍한 황제"라고 평한다.

4. 티투스 황제

부황 베시파시아누스의 뒤를 이어 79년 6월 24일, 황제로 취임했다. 이때 로마인들은 티투스가 여자들의 등쌀에 놀아난 네로처럼 될까봐 걱정했다. 이유는 그가 유대 전쟁 중 만난 이스라엘 공주 베레니케에게 홀딱 반해 그녀와 정식으로 결혼하려고 했기 때문이었다. 그러나 티투스는 베레니케와의 결혼을 포기했다. 베레니케와의 사랑을 포기했다는 소식을 들은 로마 시민들은 환호성을 질렀다. 그리고 로마인들은 티투스가 성격이 소탈한 데다가 국가를 위해 사랑까지 포기하는 모습을 보여주자 그를 열렬히 사랑했다. 티투스는 선정으로 국민들과 원로원들로부터 환영을 받았다. 그의 치세 중 큰 대사건으로는 79년 베수비오 화산의 대폭발로 인한 폼페이 시市의 매몰을 들 수 있다. 오늘날 우리에게 콜로세움으로 더 잘 알려진 플라비우스 원형경기장 건설 사업이 그의 치세하에서 마무리되었다.

5. 베시파시아누스 황제

베스파시아누스는 세리 집안에서 태어나 치밀함과 부지런함으로 황제 자리까지 올라간 입지전적인 인물이었다. 네로황제 시대에는 뛰어난 장군으로 많은 무공을 세웠다. 그러나 황제가 베푸는 연회에 네로가 시를 읊고 있는 자리에서 무엄하게도 꾸벅꾸벅 졸았다는 이유로 유배당했다. 2년 후 유대 지역에서 반란이 일어나자 지휘관으로서 새로이 임명을 받고 파견되어 이들을 단숨에 진압했다. 그동안 로마에서는 폭정 끝에 네로의 자살로 큰 혼란이 야기되는 등 내전이 발발했다. 이때 베시파시아누스가 이를 평정하고 황제의 지위에 오른다. 그는 최초의 평민 출신 로마 황제였으며 그 아들 티투스가 뒤를 이어 황제가 되는 플라비우스 황조를 이루게 된다. 찐빵처럼 생겨서 찐빵황제라고 불렸다.

〈레닌그라드: 900일간의 전투〉

인류 역사상 최대의 아사자(餓死者)를 낳은 레닌그라드 포위전

I. 영화 〈레닌그라드: 900일간의 전투〉

원제: Leningrad
감독: 알렉산드르 브라브스키
각본: 알렉산드르 브라브스키, 크리스 솔리민
음악: 유리 포텐코
출연: 미라 소르비노, 가브리엘 번, 알민 뮬러 스탈, 올가 스툴로바, 미하일 에프레모트
제작 연도: 2011년
상영시간: 110분

이 영화는 인류 역사상 가장 참혹한 포위전 중의 하나였던 레닌그라드 공방전이 그 배경이다. 레닌그라드 전투는 2차 세계대전 때 히틀러의 독일군이 소련을 전격 침공하면서 당시 러시아의 최북단에서 벌어진 전투였다. 레닌그라드(현재 상트 페테르부르크Sankt-Peterburg)는 독일군에 의해 고립된 채 900여 일간의 고통스러운 포위(1941~1944)를 견디

며 100만 명 이상의 아사자와 사상자를 내면서도 끝내 독일군에게 내어주지 않았던 곳이다. 영화는 이 900일간의 지옥 같은 봉쇄를 견뎌낸 1941년의 얼어붙은 겨울의 참혹했던 레닌그라드의 상황을 영국 여기자 케이트의 눈으로 들여다본다. 케이트는 엄동설한을 뚫고 탈출에 나서는 혼란의 와중에 사랑하는 연인과 떨어져 레닌그라드에 홀로 남겨진 여인이다. 이 영화는 그녀가 헌신적인 러시아 어느 여성 경찰의 도움 속에 두 어린애들과 함께 기아와 추위에 시달리며 펼치는 희생과 용기의 궤적을 따라간다.

여기자 케이트(오른편)

실상 줄거리는 그녀의 영웅적인 모습에만 치중하지는 않는다. 포위된 이들의 가혹한 삶을 따라가며 드라마틱한 작은 사건들을 소소한 스릴러 소재와 결합하여 전쟁의 참상을 고발하고 있다. 죽음의 공포와 굶주림, 포격이 짓누르는 가혹한 시련과 투쟁하면서 생존을 위해 몸부림치는 시민들의 모습이 진한 감동을 안겨주고 있다. 독일군의 포위 속 레닌그라드에서 벌어지는 드라마틱한 사건들을 스릴러 풍으로 풀어간다. 이 영화는 독소 전쟁물 대부분이 애국적인 선전영화 분위기를 풍기는 기존 러시아 영화들과 달리 사실에 충실하다. 2차 세계대전 당시 오스카 쉰들러Oskar Schindler와 같은 인도주의자를 떠올리게 하는 여기자 케이트 역은 〈마이티 아프로디테Mighty Aphrodite〉로 아카데미 여우조연상을 수상한 미라 소르비노Mira Sorvino가 열연했다. 그리고 〈인 트리트먼트in Treatment〉로 골든 글로브 남우주연상을 수상한 아일랜드 출신 가브리엘 번Gabriel Byrne 등 할리우드 배우들이 러시아 영화에 출연한 것도 신선하다.

케이트를 도와주는 경찰 니나

이 영화의 대본을 직접 쓰고 감독한 알렉산드르 부라프스키Aleksandr Buravskiy는 상트 페테르부르크 출신으로 모스크바 대학과 러시아 영화아카데미를 졸업한 뒤 작가 및 연극연출가로 활동하고 있다. 전쟁 영화는 어느 영화를 막론하고 그 영화를 만든 나라의 입장에서 서술되기 마련이지만, 이 영화에서 그는 이념이나 민족 간의 갈등을 떠나서 죽음을 앞둔 인간 군상들의 여러 모습과 함께 그래도 죽음에 굴하지 않는 인간애에 담담하게 포커스를 맞추고 있다. 군인들 간의 정정당당한 전투가 아닌, 봉쇄를 통해 무고한 시민들을 굶어죽게 만드는 독일 군부 세력에 반발해서 레닌그라드 공습 중에 자폭하는 독일군 조종사, 그리고 자신의 죽음을 무릅쓰고 외국의 스파이 혐의를 받고 있는 케이트를 보호하는 여자 경찰 니나, 홀로 남겨진 어린아이를 위해 스스로 죽음의 도시로 되돌아가는 케이트 등을 통하여 뭉클한 휴머니즘을 느끼게 하고 있다. 부라프스키 감독은 모스크바 대학과 러시아 국립영화학교를 졸업하고 10여 편의 영화와 3편의 미니시리즈 시나리오를 쓴 작가 출신이다. 그는 러시아의 아카데미상이라 할 수 있는 골든 이글상과 러시아의 에미상이라 할 수 있는 TEFI상 등을 수상했다.

II. 인류 역사상 최대의 아사자餓死者를 낳은 레닌그라드 포위전

레닌그라드는 서쪽으로 발트해Baltic Sea를 끼고 있고 동쪽으로는 큰 라도가Ladoga 호수로 인해 병목처럼 좁아지는 카렐리아 지협Karelian Isthmus의 가장자리에 위치하고 있다. 레닌그라드는 북쪽으로는 이미 독일편에 가담한 핀란드군이 남하하고 서쪽에서 몰려온 독일군이 병목을 막아버린다면 고립될 수밖에 없는 지형적인 불리함을 안고 있었다. 독소전이 개시된 지 한 달 여 만에 레닌그라드는 완전히 포위되었다. 외부와 연결되는 유일한 통로라고는 항공기와 라도가 호수 위를 오가는 선박들만 남게 되었다. 결국 탈출길은 막혔고 오로지 싸우는 일만 남았다. 스탈린은 가장 신뢰하는 게오르기 주코프Georgy Zhukov 장군[1]을 레닌그라드 방어망을 구축하기 위해 급파했다. 성인남자는 모두 전선에 배치되었고, 여성과 노인 그리고 어린아이들은 방어진지를 구축하는 작업에 동원되었다.

거리마다 돌과 콘크리트로 된 바리케이드가 출현했고, 총안구가 송송 뚫려 있었다. 총 2만 개가 넘는 기관총좌와 소총좌가 곳곳에 설치되었다. 안드레이 즈다노프Andrei Zhdanov[2] 레닌그라드 시장이자 당 서기

굶주림과 전쟁에 맞서는 시민들

장은 이렇게 선언했다. "이제 레닌그라드는 두 가지 길밖에 없다. 우리 모두의 무덤이 되든가, 독일 나치놈들의 무덤이 되든가." 즈다노프 시장 말처럼 레닌그라드 시민들은 최후의 한명까지 싸울 각오를 다지고 있었지만 독일군은 이 도시로 밀고 들어와 죽기살기로 덤벼드는 레닌그라드 시민들과의 격돌은 계획에 없었다.

히틀러는 대소전이 개막되기 직전인 1941년 6월초, 빌헬름 폰 레프von Leeb 원수[3]의 북부 집단군을 방문하여 레닌그라드를 최우선적으로 함락할 것을 명령했고, 폰 레프 원수는 그 계획을 7월말부터 실천에 옮기고 있었다. 레닌그라드에 대한 압박은 1941년 9월 하순에 절정을 이루었다. 독일군은 레닌그라드 외곽 방어선을 휩쓸면서 교외의 소도시들을 차례차례 장악했다. 네바Neva강과 도시로 들어가는 길을 따라 만들어진 최후의 방어선을 놓고 피 터지는 전투가 벌어졌다. 단호하게 한번만 더 밀어붙였다면 거의 틀림없이 독일군은 레닌그라드 입구에 도달해서, 스탈린그라드 전투[4]처럼 거리 하나, 건물 하나를 차지하려는 그런 개싸움을 벌였을지도 모를 일이다.

그러나 이때 레닌그라드는 잠시나마 히틀러에게서 구원을 받았다. 갑자기 독일군 탱크와 야포, 장갑차들이 열차에 실려 레닌그라드에서 떠나고 있었다. 모스크바 공략을 위해 기갑부대 주력을 남쪽으로 이동했던 것이다. 9월 25일에 전선이 고착되고 레닌그라드 전투는 포위전 양상으로 바뀌었다. 도시로 진입할 동력을 잃어버린 폰 레프는 포위망을 단단히 죄면서 이참에 레닌그라드 시민들을 아예 굶겨 죽이기로 작심했다. 9월 8일부터, 독일군은 도시를 꽁꽁 포위하며 레닌그라드 및 도시 교외의 보급로를 모두 차단했다. 포위된 15개 사단의 소련군에 대하여 29개 사단이라는 압도적인 병력으로 카렐리아 지협을 봉쇄한 후 북쪽에서 내려오는 핀란드군과 연계하여 이 도시의 숨통을 끊어버리겠다는 것이 폰 레프의 구상이었다. 이제 레닌그라드 시민들의 역사에 남을 총 872일 동안의 극도의 굶주림과 추위와의 싸움이 시작되었다.

한편의 지옥도, 레닌그라드

1941~1942년 겨울 동안 레닌그라드 하루하루의 삶은 상상을 초월하는 끔찍한 이야기로 점철됐다. 도시는 눈과 얼음에 덮인 채 어두움과 정적만이 흘렀다. 하루에 여섯 번씩 정확하게 비 오듯 포탄이 쏟아졌다. 독일 공군은 식량 창고, 발전소, 급수시설을 폭격해서 도시의 죽음을 앞당기라는 지시를 받고 있었다. 9월에 레닌그라드 최대의 바다예프스키Vadaevski 식량 창고가 완전히 잿더미가 되었다. 포위된 뒤 몇 달만에 포격과 폭격으로 2만 명의 목숨이 희생되었다. 1941년 가을, 이 봉쇄가 얼마나 오래 지속될지 아무도 예측할 수가 없었다. 10월 초가 되자 3백만 명이 조금 넘는 인구가 먹을 식량이 단 20일분밖에 남지

않았다. 11월 초에는 일주일 분 식량으로 줄었다. 더 이상의 지원이 없다면 굶어 죽는 것은 시간 문제였다. 10월까지는 그래도 소형 수송선들이 독일기에 얻어맞으면서도 꾸역꾸역 라도가 호수 위를 오가며 약간의 식량을 도시 안으로 공급했다. 그러나 11월부터 기아의 고통이 서서히 레닌그라드 시민들을 덮치면서 피골이 상접한 사람들이 눈에 띄게 늘어났다. 가짜 식량배급표가 나돌고 민심이 흉흉해지기 시작했다.

삶의 수준이 가장 원시적인 상황으로 전락했다. 레닌그라드 시민들 모두가 먹을 것을 찾으려고 혈안이 되었다. 허약하게 보이는 사람의 손에서 빵을 뺏어 그 자리에서 허겁지겁 먹어대는 풍경도 나타났다. 어머니는 자식을 위해 자신을 희생했다. 어머니가 죽자 자식들은 그 곁에서 추위에 떨고 먹지 못하다가 픽픽 죽어 나갔다. 이를 보던 이웃이 그들의 배급표를 훔쳤다. 위조 배급표를 찍다가 걸린 인쇄소 주인이 즉결처분되고, 어느 노파의 막 배급받은 빵 덩어리를 빼앗아 자기 입속에 급히 털어 넣던 청년이 군중들에게 얻어맞아 죽었다. 11월 20일, 식량 배급량이 최저치로 줄어들었다. 육체노동자에게는 하루 빵 8온스를, 사무원들과 아이들에게는 그 절반이 지급되기 시작했다. 이것으로는 도저히 생명을 부지할 수 없었다.

상상할 수 없는 온갖 재료들이 대용식량으로 등장했다. 소맥분이 다 떨어지자 셀룰로오스와 톱밥, 목화씨까지 식용으로 사용하였고 집에서 기르던 개와 고양이, 까마귀와 참새, 쥐고기 스프가 등장했다. 장화, 가방, 혁대도 대용 먹거리로 등장했다. 가죽으로 된 이것들을 오랫동안 삶으면 아교와 비슷한 젤리가 만들어지는데, 이것이 그나마 고기와 비슷한 냄새를 풍겼기 때문이다. 굶어죽는 사람들의 숫자가 기하급수적으로 늘어났다. 슬슬 살인사건이 늘어나기 시작했다. 거리에서 어린애들 보기가 어려워졌다. 아이들을 잡아먹는다는 소문이 떠돌고 소리 없이 아이들이 사라지는 사건이 자꾸만 늘어가자 부모들이 아이들을 밖에 못나가게 하고 집안에 꼭꼭 숨겨 놓은 것이다.

이웃들은 서로가 경계하기 시작했다. 간혹 피둥피둥 살이 올라 보이는 사람이 거리에 나타나면 모두가 기겁을 하고 달아났다. 사람 고기를 먹어서 저렇게 되었다고 생각한 것이다. 겨울이 가까이 오자, 더욱 많은 사람들이 굶어 죽기 시작했다. 립스틱과 로션까지 먹는 진풍경이 벌어지고 있었다. 식물연구소의 연구원 중 한 명은 식용에 쓰일 수 있었던 20만 종의 식물 종자 수집품을 지키다가 아사했다. 소련 농업의 미래를 위해 어떠한 일이 있어도 종자와 표본을 지켜야겠다는 일념에서 차마 손대지 못하고 굶어죽은 것이다. 레닌그라드 외곽에는 굶주림과 추위로 죽은 희생자의 시체가 넘쳐났다. 사망률이 하루에 5천 명으로 늘어나자 사망자를 등록하고 시체를 매장하는 공공 체계가 무너져버렸다. 시체들은 꽁꽁 얼어붙어 산더미를 이루었고, 매장 인부들도 픽픽 쓰러져 갔다. 극심한 굶주림에 내몰린 일부 사람들은 매장되지

폐허 속의 시민들

않은 송장의 팔다리나 머리를 먹으려고 잘라 냈다. 굶주릴 대로 굶주려 환각 증세에 도달한 그들은 이미 짐승이 되어 있었다.

먹을 것이 아예 끊어지자 사체에서 채집한 인육을 먹는 처참한 상황이 일상화되었다. 인육을 파는 상점까지 나타났다. 이에 레닌그라드 경찰청 내에 이를 단속하는 '식인단속 기동타격대'가 따로 만들어지기에 이르렀다. 이 타격대의 대장이 바로 소련이 북한에 진주할 때 북한 주둔 소련군 총사령관을 지내고, 김일성 북한정권의 태동에 결정적 영향을 끼친 테렌티 슈티코프Terenti Stykov이다. 시내의 모든 개, 고양이, 새, 쥐 등을 먹어치운 이후에는 사람들이 식인을 하기 시작했다는 보고가 올라왔다. 굶주림에 눈이 뒤집힌 사람들이 서로 공격하고 먹기 시작했다. 레닌그라드 경찰은 식인종들을 단속하는 특별 병력을 배치했다. 이 병력들의 단속으로 260명의 사람들이 식인 행위로 즉결 처분당했다.

시민들이 끊임없이 죽어 나갔다. 맨 먼저 노약자들과 아기, 그 다음에 여자와 아이들이 차례차례 죽어 나갔다. 그들이 죽어 나가는 과정은 모두 비슷했다. 먼저 사지에서 모든 감각이 사라지고 혈액순환이 정지 상태에 이르렀다. 그리고 마지막 단계에 이르면 심장의 움직임이 멈춰 섰다. 사람들은 쇼파에 앉아 있다가 죽어 갔고, 얼어붙은 주방에서 죽고, 길을 걷다가 죽고, 침대에서 죽어 나갔다. 아직 죽지 않은 사람들은 산송장으로 변했다. 눈은 퀭하고 피골이 완전히 상접해져 해골바가지들이 걸어 다니는 것 같았다. 가족들은 시체를 작은 나무 썰매에 싣고 묘지까지

끌고 가려고 했으나 이것도 힘이 부쳐서 포기했다. 연말이 되면서 한파가 몰아쳤다. 석유와 석탄 등은 떨어진지 오래되었다. 수도도 얼어붙었다. 주인 없는 목조건물들은 속절없이 헐려나가 땔감으로 사용되었다. 그러나 북극권의 모진 추위를 이겨내기에는 턱도 없이 부족했다. 뼈만 앙상하게 남은 여인네들이 물통을 들고 흐느적거리면서 네바강에서 식수를 퍼서 간신히 날랐다.

혹한 속에서 물을 깃고 있는 시민들

"시체 안치소가 꽉 차 있다. 묘지로 갈 화물차가 없을 뿐만 아니라 화물차에 넣을 휘발유가 부족하다는 것이다. 그리고 가장 중요한 것은 살아있는 사람에게 죽은 사람을 묻을 힘이 없다는 것이다."

- 베라 인베르Vera Inber, 1941년 12월 26일자 레닌그라드 일기

11살 소녀 타냐 사비체바Tatyana Savicheva[5]의 일기장에는 기아로 인해 할머니, 그리고 삼촌, 엄마, 동생이 죽었다고 쓰여 있으며 마지막 장에는 "혼자 남았다."라고 기록되어 있다. 그녀는 그해 겨울을 간신히 살아남았지만 영양장애로 인해 포위전 기간 중 죽었다. 이 일기는 후에 뉘른베르크Nürnberg 재판[6]에 증거물로 제출되었다.

포위전이 시작되자 작곡가 드미트리 쇼스타코비치Dmitrii Shostakovich[7]

가 훗날 '레닌그라드'로 알려지게 되는 7번 교향곡의 초고를 쓰기 시작했다. 10월에 쇼스타코비치는 쿠이브이세프Kuybyshev로 옮겨졌다. 안전한 후방에서 곡을 작곡하게 하기 위한 조치였다. 그 작품은 이듬해 3월 쿠이브이세프시에서, 전선에서 싸우고 있는 단원들을 박박 긁어모아 부족한 대로 초연되었다. 많은 단원들이 죽거나 부상당했기 때문이었다. 정작 레닌그라드에서는 이듬해 8월에야 연주되었다. 쇼스타코비치는 이 곡을 레닌그라드시에 바쳤으며 훗날 이 작품은 레닌그라드 포위전의 상징이 되었다. 레닌그라드의 유명한 에르미타즈Hermitage 박물관에서는 큐레이터들이 러시아의 소중한 예술수집품들을 보호하기 위해 폭격과 굶주림과 추위를 헤쳐 나가면서 갖은 애를 썼다. 독일군의 포위망이 갖추기 직전까지 박물관 소장품 250만 점 중 절반가량이 열차에 실려 우랄 산맥의 스베르들로프스키Sverdlovski로 소개되었다. 비 오듯 퍼붓는 독일군의 포격을 피해 미처 소개 못한 남은 소장품들은 급히 지하실로 옮겨졌다. 전기가 끊어진 겨울 내내 예술가, 작가, 학술원 회원들은 촛불을 밝히고 작품 하나하나의 보관 작업을 수행했다.

생명의 길이자 죽음의 길, 라도가 호수

아마도 그나마 포위망 속의 틈새 하나인 라도가 호수를 활용하려는 필사적인 노력이 없었다면 거의 틀림없이 레닌그라드 시민들은 대부분 굶어 죽었을 것이다. 11월에 접어들자 레닌그라드 당국은 '얼음의 길'로 알려지게 되는 '생명의 길'을 만들기로 결정했다. 뼈와 가죽만 앙상히 남은 레닌그라드 시민들이 학수고대 기다리고 있는 것이 단 한 가지 있었다. 그것은 빨리 기온이 떨어져서 라도가 호수가 얼어붙는 것이었다. 영하 15도 이하가 열흘 이상 계속되면 얼음 두께는 30센티 정도가 된다. 그러면 트럭이 호수 위를 오갈 수 있으므로 레닌그라드는 사실상 육로로 외부와 연결되는 것이다. 희망을 걸어볼 수 있는 추위가 다가오고 있었다.

드디어 11월 22일, 호수가 얼기 시작했고, 첫 수송차들이 얼음 위를 천천히 굴러갔다. 라도가 호수의 수송로를 통한 이 거대하고 처절했던 작전에서 운전사들은 짧게는 35킬로미터, 길게는 무려 135킬로미터에 이르는 거리를 수송해야 했다. 군데군데 얼음이 아직 얇아서 화물차가 얼음이 깨지면서 차디찬 얼음물 속으로 수장되어 갔다. 그러나 이런 난관을 헤치고 꽤 많은 화물차들이 목적지에 도착해 호수 저편에서 짐을 싣고 하루 뒤에 33톤의 보급품을 가지고 돌아왔다. 미미한 양이었지만 희망의 싹을 보여주기 시작했다. 이 길은 '생명의 길'이라고 불렸다. 그러나 수송 차량들이 독일군의 포격과 폭격으로 인해 깨진 얼음 사이로 풍덩풍덩 빠져 들어가는 사태가 연발했다. 이런 얼음물에 빠지면 얼어 죽는데 90초면 충분했다. 이와 같은 위험 때문에 이 길은 '죽음의 길'이라고도 불렸다. 그러나 이 생명의 길은 그나마 식량 및 보급품을 오고갈 수 있게 했고, 도시가 저

생명의 길이자 죽음의 길

항을 계속할 수 있도록 부상병 및 민간인을 후방으로 내보낼 수 있게 하는 역할을 하였다.

이후 이 보급 행렬을 눈치 챈 독일 공군의 폭격은 한층 심해졌다. 보급차들에 대한 기총 소사가 퍼부어지고 폭탄이 떨어지면 수많은 트럭들이 쩍쩍 갈라진 얼음 속으로 빨려 들어갔다. 그러나 바다처럼 넓은 라도가 호수 전체의 얼음을 깨어버릴 방법은 없었다. 그리고 기온이 점점 더 내려가면서 얼음은 하룻밤이면 다시 얼어붙었던 것이다. 레닌그라드 당국은 수송을 담당한 운전사들을 무조건 사지로 몰아넣지는 않았다. 수리 경제학자인 레오니드 칸토로비치Leonid Kantorovich가 생명의 길 안전 문제를 총책임 지고 관리했다. 그는 기온과 얼음의 두께를 측정한 뒤 수송하는 트럭들 사이의 최적 거리를 계산했다. 너무 짧은 거리면 얼음이 깨져버릴 것이고 너무 긴 거리면 물자를 충분히 수송하기 힘들기 때문이었다. 칸토로비치는 얼음길을 직접 왔다 갔다 하면서 얼음이 깨지지 않을 것이라고 불안에 떠는 운전사들의 마음을 안심시켜 주었다. 그는 이 공적으로 나중에 훈장을 받았다. 그럭저럭 이듬해 봄이 되자 레닌그라드는 다른 도시가 되어가고 있었다. 식량과 함께 연료, 탄약, 성냥, 그리고 공업 생산을 재개하기 위한 설비와 물자들이 들어왔다. 공영 식당이 문을 열어 시민들에게 따뜻한 음식을 제공했다. 4월에 얼음이 녹자 주로 배들이 운송을 담당했다. 10월까지 한 달에 15만 톤이 넘는 보급품이 제공되고 있었다. 그러나 보급품을 폭격하려는 독일군의 시도는 밤낮으로 계속되었다.

생명의 길을 통하여 12월 한 달 동안에도 평균 360톤의 식량이 매일 수송되었지만 이는 레닌그라드 시민들에게 필요한 양의 1/7에 불과했다. 새발의 피였다. 그러나 새해 들어서면서부터 점차 수송량은 증가하고 있었다. 목숨을 건 필사적인 식량수송은 레닌그라드의 시민들에게 절박한 과제였다. 꾸물거렸지만 레닌그라드는 이제 서서히 살아나고 있었다. 그러나 그동안 너무 굶주려서 쇠약해진 수많은 레닌그라드 시민들에게는 때가 너무 늦었던 것도 사실이었다. 봄과 여름이 시작되는 5월과 6월에도 사망률은 여전히 높았다. 1941~1942년 겨울에 약 1백만 명의 레닌그라드 시민들이 천천히 고통 속에서 비참하게 죽어 사라졌다. 인류 역사상 최대의 아사자를 낳은 대참극이었다.

TIP!

1. 게오르기 주코프

모스크바 근방의 칼루가Kaluga에서 구두 수선공의 아들로 태어났다. 처음에는 제정 러시아군에 입대하였으나 1918년 적군에 가입하였고, 1919년 러시아 공산당에 입당했다. 이후 군대에서 승승장구하면서 1939년 극동지역 '할힌 골Khalkhin Gol'에서 벌어진 일본군과의 전투에서 큰 공을 세웠다. 스탈린의 신임을 얻은 그는 1941년 참모총장, 1943년 원수가 되었고 2차 세계대전을 승리로 이끈 선봉장이 되었다. 2차 세계대전 후에는 독일 점령 소련군 총사령관을 거쳐 소련 지상군 총사령관이 되었으나 스탈린이 미워하면서 좌천되었다. 스탈린이 죽은 뒤 중앙에 복귀되어 1955년 국방장관, 1957년 당 중앙위원회 간부회원을 역임했다. 그는 강인하고, 결단성 있고, 자신감 넘치는 군인이었으며 부하들을 닦달했지만 한편으로는 무척 아끼는 리더이기도 했다.

2. 안드레이 즈다노프

1896년 우크라이나의 마리우폴Mariupol에서 태어났다. 일찍이 공산당 활동을 시작한 그는 스탈린에 의해 1934년, 레닌그라드 공산당 제1서기에 임명되었다. 2차 세계대전 중에 1941년부터 1944년까지 레닌그라드가 독일군에 의해 포위되었을 때는 레닌그라드 방어를 책임졌다. 1947년에는 국제적인 공산당 정보 기구인 코민포름을 창설했다. 사상성이 투철하지 못하다고 쇼스타코비치나 프로코피예프Prokofiev와 같은 음악가들과 예술가들을 탄압했던 그는 1948년 8월 31일 모스크바에서 심장마비로 사망했다.

3. 빌헬름 폰 레프

바이에른 왕국의 란츠베르크Landsberg에서 태어난 레프는 1895년 사관후보생으로 군 생활을 시작했다. 군에서 승승장구한 그는 1940년 5월에 시작된 서부유럽의 전격전에서 레프의 C군 집단을 개전 후 마지노선Maginot Line을 돌파했다. 프랑스가 항복한 후 7월 19일에 레프는 많은 장군들과 함께 원수 반열에 올랐다. 1941년 6월 22일에 바르바로사 작전이 개시되자 레프의 북방군 집단은 레닌그라드로 진격했다. 레프는 당시 나치의 야만적인 학살과 포악한 히틀러의 전횡에 질려버려 히틀러에게 자신을 북방군 집단사령관에서 해임시켜달라고 건의했다. 1942년 1월 16일에 레프는 사령관에서 해임되었다. 이후 1956년에 퓌센Füssen에서 사망했다.

4. 스탈린그라드 전투

2차 세계대전 당시 1942년 7월 17일부터 1943년 2월 2일까지 소련의 스탈린그라드(현재의 볼고그라드)에서 독일군과 소련군이 격전을 벌여, 약 200만 명의 사상자가 발생했던 6개월 동안의 처절했던 시가전을 말한다.

5. 타냐 사비체바의 일기

타냐 사비체바는 레닌그라드에서 제빵사 니콜라이Nikolai(1936년 사망)와 재봉사 마리아Maria의 다섯 아이들 중 막내딸이자 가수가 꿈이었던 열한 살 소녀였다. 하지만 독일군의 포위가 시작되자 이 소녀는 평생 꿈을 이룰 수 없게 되어 버렸다. 독일군의 공습 이후 작은 언니 니나가 돌아오지 않자 그녀의 어머니는 타냐에게 니나의 수첩을 주었고 타냐는 거기에 일기를 쓰기 시작했다. 타냐는 1942년 8월에 139명의 아이들과 함께 소련군의 레닌그라드 시민 소개 작전을 통해 니즈니 노브고로드Nizhni Novgorod의 크라스니 보르라Krasny Bor라는 마을로 옮겨졌지만, 포위 기간 동안의 영양실조로 면역력이 악화된 상태에서 장결핵으로 투병하다가 전쟁 후반기인 1944년에 세상을 떠났다. 공습으로 사망한 줄 알았던 큰언니 니나는 무사히 살아남았고, 역시 레닌그라드 밖으로 탈출해 목숨을 건진 작은 오빠 미하일과 함께 레닌그라드가 해방된 뒤 집으로 돌아와 가족들의 유품을 정리하던 중 타냐의 일기를 발견했다. 그녀는 이 일기를 세상에 알렸다. 레닌그라드판 '안네의 일기'라고 할 수 있다.

6. 뉘른베르크 재판

2차 세계대전 직후인 1945~1948년 독일의 뉘른베르크에서 독일 전범들의 전쟁범죄를 처벌하기 위해 거행된 재판이다. 1945년 11월에 시작되어 403회에 걸쳐 진행된 뉘른베르크 재판에서 헤르만 괴링Hermann Göring 제국원수, 외무장관이었던 요아힘 폰 리벤트로프Joachim von Ribbentrop 등 12명에게 사형이 언도되었고, 부총통 루돌프 헤스Rudolf Hess 등 3명에게 종신금고형이, 그 외의 알베르트 슈페어Albert Speer, 칼 되니츠Karl Dönitz 등 기타 전범자들에게는 20년 금고, 15년 금고, 10년 금고형이 각각 언도되었다.

7. 드미트리 쇼스타코비치

1906년 9월 25일 페테르부르크에서 태어나 페트로그라드 음악학교에 입학했다. 19세 때 '제1교향곡'을 작곡했는데, 1926년 5월 12일에 레닌그라드 필하모닉 교향악단에 의해서 초연되자 순식간에 세계의 주목을 받았고, 오늘날의 명성을 약속받았다. 교향곡 15개와 가극, 발레곡, 영화음악, 부수음악 등 많은 작품을 남기고, 1975년 8월 9일 모스크바에서 타계했다.

〈머나먼 다리〉

파국으로 끝난 사상최대의 공수 작전, 마켓 가든 작전

I. 영화 〈머나먼 다리〉

원제: A Bridge Too Far
감독: 리처드 아텐보로
원작: 코넬리우스 라이언
각본: 윌리엄 골드먼
음악: 존 애디슨
출연: 다크 보가드, 숀 코네리, 라이언 오닐, 진 해크먼, 마이클 케인, 앤소니 홉킨스, 제임스 칸, 맥시밀리언 셀, 엘리옷 굴드, 로버트 레드포드
제작 연도: 1977년 **상영시간:** 175분
제작비: 2천 700만 달러
수익: 1억 달러

영화 〈머나먼 다리〉는 2차 세계대전 당시 실패로 끝난 '마켓 가든 작전Operation Market Garden'을 소재로 한 전쟁 액션물이다. 전쟁의 광기와 진실을 적나라하게 보여주고 있는 장대한 서사극으로 평가받고 있다. 작전이 성공했다면 전쟁이 일찍 끝났겠지만, 결국 예상치 못한 독일군의 출현으로 작전은 실패했고 엄청난 손실을 입었다. 기존의 여

느 서방 2차 세계대전 배경 영화와는 달리, 연합군도 갖은 오만과 실수 끝에 패배할 수 있음을 적나라하게 보여줌으로써 큰 반향을 얻어 내었다.

바알강 도하를 이끄는 쿠크 소령

이 영화는 코넬리우스 라이언Cornelius Ryan의 동명 논픽션을 원작으로 제작되었다. 전후 30년 만에 연합군의 치부를 제대로 드러냈다는 점에서 큰 화제가 된 작품이었다. 그만큼 마켓 가든 작전은 노르망디 교두보 돌파 이후 승리에 도취되었던 연합군과 영국의 버나드 몽고메리Bernard Montgomery[1] 원수가 스타일을 완전히 구긴 전투였다. 국내에서는 1977년에 개봉됐는데 당시 개봉명은 〈멀고 먼 다리〉였다. 엄청난 호화 캐스팅을 자랑하는 이 영화는 숀 코네리Sean Connery, 안소니 홉킨스Anthony Hopkins[2], 진 해크먼Gene Hackman[3], 마이클 케인Michael Caine[4], 로버트 레드포드Robert Redford[5], 로렌스 올리비에Laurence Olivier 등 기라성 같은 출연진들이 각자의 역할을 소화했다.

이 제목은 영화 마지막 대사에 등장한다. 너무 큰 희생을 치르고 돌아와 분노에 찬 숀 코네리(영국 제1공수사단장 어카트Urquhart 소장 역)에게 이번 작전을 지휘한 프레데릭 브라우닝Frederick Browning 장군이 이렇게 말한다. "알다시피 우린 너무 먼 다리까지 가려 했소."

한편 참여한 스태프 진용 또한 대단했다. 〈오리엔탈 특급 살인사건

Murder on the Orient Express〉으로 아카데미상을 수상한 죠프리 언스워드 Geoffrey Unsworth가 촬영을 맡았고, 〈올리버Oliver〉, 〈닥터 지바고〉로 아카데미 2회 수상에 빛나는 테렌스 마쉬Terence Marsh가 미술에 참여했다. 또한 〈채플린〉, 〈섀도우랜드Shadowlands〉, 〈간디〉를 만들어 유명해진 리처드 아덴보로Richard Attenborough[6]가 감독을 맡아 그의 화려한 경력을 보탰다.

컴퓨터 그래픽이 불가능했던 당시에 모든 것이 실사로 촬영된 영화인 만큼 규모도 어마어마했다. 위험천만한 바알Waal강의 도하 장면이나, 사상 최대 규모의 공수부대 강하작전 등 영화사에 길이 남을 명장면들이 많이 등장한다. 영화에서는 실패한 '마켓 가든 작전'의 총지휘관 역으로 묘사되는 브라우닝Browning 중장의 부인인 대프니 듀 모리에 Daphne Du Maurier는 영화 개봉 후 이 작전의 실제 지휘관은 자기 남편이 아니라 몽고메리 원수였다고 분통을 터뜨렸다. 아르헴 대교에서의 전투 장면은 이 다리에서 북쪽으로 35킬로미터 떨어진 데벤테르Deventer 에서 찍었다. 이곳의 풍경과 다리가 아르헴과 거의 똑같아서 스태프들을 놀라게 했다. 영화에 등장하는 장비들과 낙하산병들은 네덜란드군에서 많이 지원했다. 명배우 스티브 맥퀸은 이 영화에서 주역 중의 하나로 물망에 올랐으나 그는 단박에 거절했다. 이는 독일 제2친위대 기갑군단장인 비

아르헴 대교에서의 전투

트리하 중장 역으로 캐스팅된 맥시밀리안 셸Maximilian Schell을 꼴도 보기 싫어했기 때문이었다. 맥시밀리언은 과거 자기의 첫 번째 부인과 바람을 피웠다.

II. 파멸로 끝난 사상 최대의 공수 작전, 마켓 가든 작전

노르망디 상륙 작전으로 연합군은 유럽 본토인 북프랑스에 드디어 발판을 마련하는 데 성공했다. 이후 연합군은 그 기세를 몰아 혼란에 빠진 독일군을 보급이 따라가지 못할 만큼 정신없이 밀어붙여 결국 프랑스를 수복한다. 그러나 독일군은 초기에 엄청난 손실을 입었음에도 불구하고 신속하고 질서정연하게 독일의 서부장벽인 지그프리트 라인까지 후퇴하여 제대로 전열을 가다듬기 시작했다. 연합군은 쉴 새 없이 진격하면서 독일군을 밀어내는 것까지는 좋았으나, 그만큼 보급선이 길게 늘어지다 보니 일선 부대에 충분한 물자를 공급하기가 점차 어려워지고 있었다. 결국 흑인 병사들이 운전하는 '레드 볼 익스프레스Red Ball Express[7]'라는 특급 수송부대를 편성해 엄청난 숫자의 트럭들로 밤이고 낮이고 보급품을 수송했다. 그러나 결국 부족한 보급 때문에 연합군의 진격은 네덜란드를 코앞에 둔 벨기에 땅에서 딱 멈추어 서고 말았다. 1944년 9월 초의 상황이었다.

마켓 가든 작전의 입안자, 몽고메리 원수

이렇게 독일군이 자신들 진용의 구축을 서두르고 있을 9월 초, 영국군 총사령관 몽고메리가 9월 10일 브뤼셀에서 연합군 총사령관 드와이트 아이젠하워Dwight Eisenhower[8]를 만나 쏘삭거리고 있었다. 몽고메리는 연합군의 지지부진한 보급상황으로 미루어 볼 때 전군이 이렇게 폭넓은 전선에서 흩어져서 싸울 게 아니라 한군데에 집중해서 독일을 공략해야 한다고 아이젠하워에게 진언했다. 그의 제안은 남쪽 패튼의 제3군을 현재 상태에서 묶어두고 북쪽의 영국군과 가까이 있는 미군의 전력을 집중하여 네덜란드 국토를 관통해서 독일의 공업지대 심장부인 루르Ruhr 지방을 점령함으로써 단시간 내에 전쟁을 끝내자는 희망찬 것이었다. 그는 이를 '마켓 가든 작전'이라고 명칭을 붙였다. 사실 소심하기로 둘째가라면 서러워 할 몽고메리가 이렇게 과감한 작전을 추진한 것은 이때야말로 영국군이 전국戰局을 주도할 수 있는 기회라고 여겼기 때문이었다. 독일군이 지금처럼 빌빌거릴 때 영국군이 과감하게 일격을 가할 수 있다면 연합군의 승전 후에 영국의 위상을 크게 높일 수 있을 것으로 생각했다.

몽고메리 원수

이 작전의 개요는 연합군의 공수부대 3개 사단을 네덜란드의 3개 도시 아인트호벤, 네이메겐, 아른헴 근방에 강하시켜 일근의 다리들을 일시에 점령한다. 그리고 이 다리를 잇는 도로를 확보하여 영국군 전차부대가 무사히 전진토록 도우며 궁극적으로는 이 전차부대가 독일의 공업지역인 루르지방으로 쏟아져 들어가 단번에 제압한다는 것이었다. 그리고 잘하면 연말경에는 베를린까지 점령할 수 있다는 것이었다. 몽고메리가 이런 계획을 털어놓았을 때 연합군 총사령부의 참모들은 거의 기절초풍할 만큼 놀랐다. 돌다리를 두들기고 난 후에도 건너갈까 말까를 망설이는 이 신중론자가 이런 과감한 제안을 한 것이다. "네덜란드를 거쳐 독일로 들어가자면 좁다란 외줄기의 둑길이 있을 뿐이다. 대규모의 기갑부대가 이 허접하고 좁은 도로를 통해서 베를린까지 독일군의 저지를 받지 않고 쌈박하게 들어갈 수 있을 것 같은가? 이따위 엉터리 같은 짓이 성공하리라고 믿는 건 아마도 몬티 그 영감뿐일 게다." 일부 참모들의 걱정이 가득 찬 진단이었다.

그런데 전체 분위기는 그렇지가 않았다. 몽고메리 이외에도 이 작전의 그럴듯한 일면에 구미가 당기는 사람들이 꽤 있었다. 이제 거의 다 이겨 놓은 이 전쟁에서 자신이 패튼보다 한발 앞서 승리의 영광을 움켜쥐겠다는 몽고메리의 속셈이 훤히 들여다보이긴 했다. 시칠리아Sicilia 공략전에서 주도권을 패튼에게 빼앗겨 스타일을 구겼던 그로서는 이를 만회할 수 있는 절호의 기회이기도 했다. 그는 끈질기게 아이젠하워에게 쏘삭거렸고 마침내 아이크Ike(아이젠하워의 애칭)도 오케이 했다. 몽고메리의 꼬드김도 있었지만 아이크도 전쟁을 빨리 끝낼 수 있다는 이 제안을 거부하기에는 너무나 달콤했다. 그렇지 않아도 아이크는 7월 중순 이래 푹 쉬고 있는 공수부대를 써먹고 싶어 안달이 나 있었다. 연합군 공수부대는 노르망디 상륙작전 때 써먹고는 그대로 꿀맛 같은 휴식을 취하고 있었다. 아이크는 전부터 가끔 이 쌩쌩한 공수부대를 창의적이고 결단에 가득 찬 임무에 써먹을 수 있도록 참신한 안을 짜 보라고 참모들을 닥달하곤 했다. 바로 이 '마켓 가든 작전'이야말로 그의 입맛에 쏙 맞는 것이었다. 그리고 이 작전이 성공하면 독일군이 라인강 저편에서 전열을 재정비하기 전에 연합군이 독일로 일시에 쏟아져 들어갈지도 모른다는 달콤한 생각이 머릿속에 모락모락 피어오르고 있었다.

그러나 정작 참모들로서는 7일간이라는 짧은 기간에 이 엄청난 작전을 준비한다는 것은 큰 부담이었다. 그만큼 실패할 가능성이 크다는 것을 걱정하고 있었다. 어느 참모는 이 작전을 이렇게 줄여서 표현했다. "이것은 한 가닥의 실로 일곱 개의 바늘귀를 동시에 꿰는 것과 같다. 한 개만 실패해도 그것은 곧바로 전체의 실패로 직결하는 것이다." 최남단의 아인트호벤으로부터 최북단의 아르헴에 이르는 3개 공수사단의 작전지역은 길이가 거의 100킬로미터에 달하고 그 사이 사이에 걸려 있는 일곱 개의 다리를 전혀 손상 없이 일시에 점령한다는 것은 그렇게 만만한 일이 아니었다.

독일군이 이 다리 중 하나를 날려 보내는 데는 한 움큼의 폭약이면 충분했다. 이처럼 단 하나만 문제가 생겨도 전차부대의 진격은 바로 거기서 딱 멈추어 버릴 수밖에 없으며, 그것은 곧바로 전체 작전의 끝을 의미하는 것이었다. 그러나 그동안의 들뜬 승리 분위기가 총사령부 전체를 휘감고 있었다. 이런 배경에는 독일군이 조직적 저항을 할 수 없을 것이라는 가정이 깔려 있었다. 독일군은 서부전선에서 묵사발이 되도록 얻어맞고 허겁지겁 가까스로 라인강을 건너가 가쁜 숨을 몰아쉬고 있을 텐데 이런 적을 부순다는 것은 식은 죽 먹기 아니겠느냐, 더군다나 동쪽에서는 소련군이 물밀듯이 밀려오고 있으니 더욱 정신을 못 차리고 있을 게 아니냐, 하고 안이하게들 생각하고 있었다.

마켓 가든 작전

이렇게 분위기가 무르익자 몽고메리는 기상이 악화되거나 독일군이 방어를 강화하기 전에 시급히 작전을 개시하기를 강력히 개진했다. 총사령부는 9월 17일 일요일 새벽을 그 개시일로 잡았다. 작전의 명칭은 '마켓 가든'으로 정해졌다. 여기서 마켓이란 주요 교량과 도로를 확보하기 위해 먼저 투입되는 공수부대를 뜻한다. 그리고 가든은 이 길을 따라 네더라인Nederrijn강(네덜란드를 흐르는 라인 강 지류, 이 하천을 건너면 바로 독일 본토이다)을 건너게 될 주력 기갑부대를 뜻하는 암호명이었다.

맥스웰 테일러Maxwell Taylor[9] 소장의 미국 제101공수사단(별칭: 울부짖는 독수리)이 아인트호벤을 점령하고, 제임스 가빈James Garvin 준장의 미국 82공수사단(별칭: 올아메리칸)이 네이메헨을 점령하여 도로와 교량을 확보한다. 그러면 역전의 노장 로버트 어카트Robert Urquhart 소장이 이끄는 영국 제1공수사단(별칭: 붉은 악마)이 아르헴에 강하하여 네더라인강에 걸린 아르헴 대교를 확보하는 것으로 되어 있었다. 이렇게 해서 영국 제30군단의 전차들로 이루어진 연합군 주력이 독일 영내로 물밀듯이 밀고 들어갈 수 있도록 길을 열어주는 것이다. 3개 사단의 공수병력을 500킬로미터나 떨어진 적 후방까지 실어 나르기 위해 약 4,000대의 글라이더와 수송기, 그리고 1,500대 이상의 호위 전투기가 준비된다. 이것은 노르망디 상륙작전에서의 규모보다 두 배가 넘는 엄청난 수준이었다.

바로 이때 네덜란드 레지스탕스 대원 한사람이 아르헴에서 독일군 전차를 보았다고 놀라운 정보를 보내왔다. 이에 따라 영국 제1공수사단의 정보참모 브라이언 어카트Brian Urquhart 소령(제1공수사단장 어카트와는 동명이인)이 직접 정찰기를 타고 현지에 가서 전차 사진을 찍었다. 어카트 소령은 본부에다가 독일 전차가 분명한 사진을 제시하면서 작전의 중지를 간곡히 건의했다. 그러나 그의 주장은 대번에 묵살당했다. 그리고 이튿날 어카트 소령은 휴가 명령을 받았다. 부대 내에서 얼씬거리지 못하도록 한 것이다. "나는 사령부 안에서 왕따가 되어 공격 전날에 휴가나 다녀오라는 명령을 받았다."라고 어카트는 말했다. 불행히도 어카트 소령의 제시한 사진은 사실이었다. 이 무렵 러시아 전선에서 독일 제2친위대 기갑군단이 전력을 재정비하기 위해 네덜란드에 방금 도착한

영국 공수부대원들

터였다. 이들이 주둔한 지역이 바로 아인트호벤과 아르헴을 잇는 마켓가든 작전이 벌어질 주전장이었다.

1944년 9월 17일 일요일 오전, 인류 역사상 최대 규모의 거대한 항공기의 대군이 도버해협을 새카맣게 뒤덮고 있었다. 3만 5천의 병력, 340문의 포, 그리고 500대가 넘는 차량과 수백 톤에 이르는 군수물자가 유럽대륙으로 날아가기 시작했다. 아인트호벤 상공에 도달한 미군 제101공수사단이 가장 먼저 강하를 시작했다. 네이메헨 근교에 강하한 미군 제82공수사단은 강하지점 근처에 있던 독일군 부대의 머리 위로 곧장 떨어지는 바람에 치열한 전투가 벌어졌지만 그들을 간단하게 격퇴했다. 이처럼 미군 공수부대들은 비교적 성공적인 출발을 하고 있었지만, 그 시각 최북단의 적진 깊숙이 날아가는 붉은 악마라고 불리는 영국 제1공수사단은 별로 운이 좋지 못했다. 그들의 앞에는 가혹한 운명이 기다리고 있었다. 그들은 범의 아가리 바로 옆에 떨어질 것을 까맣게 모르고 있었다.

영국 기갑부대의 진격

영국 제1공수사단은 아르헴 대교 주변이 독일군의 대공화기가 빽빽이 배치되어 있어 이를 피해 목표물에서 좌측으로 13킬로미터나 떨어진 숲속에 강하했다. 이들이 무사히 강하하고 병력을 집결시켜 목표다리까지 도보로 행군하려면 무려 다섯 시간이 걸리는 거리였다. 한시가 바쁜 그들에게 다섯 시간은 생명 같은 시간이기도 했다. 아르헴 대교의 점령 임무를 맡은 공수부대 제2대대의 프로스트 중령은 낙하하자마자 대열을 급히 정비하여 다리를 향해 뛰기 시작했다. 그때 독일의 비트리히 장군은 적 공수부대가 아르헴 부근에 낙하한 사실을 접하고 황급히 휘하의 제9기갑사단을 보내 아르헴 다리를 장악케 하고 제10장갑사단을 네이메헨에 급파했다.

9월 17일 정오경, 윙윙거리는 전차들의 엔진의 굉음과 지축을 흔드는 요란한 궤도 소리와 함께 영국 제30군단의 기갑부대가 호기롭게 전진하기 시작했다. 이렇게 초기에는 기갑부대가 씩씩하게 나아갔지만 그들은 곧 이어지는 난관에 봉착하게 된다. 협소한 도로에서 전차 2대가 간신히 나란히 가는 것이 고작이었고, 게다가 노면이 솟아있어 적의 감시와 포화에 몽땅 노출되고 있었다. 30군단장 브라이언 호록스Brian Horrocks의 근심은 이만저만이 아니었다. 호록스의 걱정이 얼마 후에 현실로 나타났다. 길 옆 숲속에 숨어 있던 독일군의 대전차포가 선두 전차 9대를 대번에 파괴해 버린 것이다. 간신히 영국군 보병대가 이들 포대를 제압하고 전차의 잔해를 길가로 밀어내는 등 부산을 떤 다음에 전차부대는 다시 조심스럽게 움직이기 시작했다. 이튿날도 전날

프로스트 중령

아르헴 시가전

과 마찬가지로 이런 성가신 방해와 전진이 되풀이됨으로써 진격은 점점 더 지지부진해지기 시작했다.

오후 4시경, 아르헴 대교로 달려가는 영국 붉은 악마들 앞에 독일 전차들이 나타나기 시작했다. 그들은 소스라치게 놀랐다. "오, 이런 제길! 아무도 아르헴에 독일전차가 있다는 얘기 안 했잖아." 애초부터 독일군 전차가 있다는 정보를 깡그리 묵살한 영국군 총사령부의 오만이 이제 드러나기 시작했다. 아르헴 대교까지는 구보로 달려가면 두 시간 채 안 걸리는 10킬로미터 정도를 남겨두고 공수사단의 제1대대와 제3대대는 독일군 전차들이 여기저기 나타나면서 아르헴 대교로 가는 것은 잠시 접어두고 길가에 참호를 파고 전투를 준비해야 했다. 이제 아르헴 대교를 확보하는 임무는 프로스트 중령의 제2대대가 짊어졌다.

프로스트 중령의 제2대대는 어쨌든 아르헴 대교에 도착했다. 그는 다리 위를 감제瞰制할 수 있는 커다란 석조건물 20여 채를 발견했다. 바로 그곳에 대대지휘소를 설치하고 아군전차대를 기다리기로 마음먹었다. 주위에 어둠이 깔리기 시작했다. 다리 남쪽에는 이미 독일 제9기갑사단의 병사들이 황급히 방어태세를 구축하고 있었다. 중령은 "이제 48시간만 버티면 우리 30군단의 전차들이 도착하겠지." 하고 생각하고 있었다. 다음날 아침 9시. 프로스트 대대를 향해 5대의 독일군 장갑차가 다리 위를 겁도 없이 굴러오고 있었다. 공수부대의 박격포와 바주카포 포탄이 날아들면서 장갑차들이 불타올랐다. 우선은 프로스트 대대의 승리였다. 이 시각 아르헴에서는 시가전이 치열하게 벌어지기 시작했다. 독일군 전차들이 시내를 사방팔방으로 굴러다니면서 대교로 가려고 필사적인 영국 공수부대 병사들을 사냥하기 시작했다. 그야말로 아르헴 시가는 온통 싸움판이 되어버렸다. 아르헴 대교의 프로스트 대대를 구출할 수 있는 가능성은 까맣게 희박해져 가고 있었다.

이 시각, 프로스트 대대 병사들이 간절하게 기다리는 제30군단은 예정 시간보다 24시간 초과한 18일 오후에야 아인트호벤에 도착했다. 그들은 쏟아져 나온 네덜란드 시민들의 열광적인 환영을 받으며 북쪽의 쏘온Son강변에 도착했다. 그러나 독일군이 간발의 차이로 쏘온강의 다리를 폭파시킨 후였다. 미 공수 제101사단의 테일러 사단장은 어떻게든 다리를 복구시켜보려고 안간힘을 썼으나 실패했고 결국은 제30군단의 공병들을 기다리는 수밖에 없었다. 이런 저런 북새통을 떠는 동안 또 하루가 속절없이 흘러갔다.

아르헴 9월 19일 아침, 이틀 밤낮 동안 전투를 계속해 온 프로스트 대대의 병사들은 탄약과 식량이 모두 바닥이 난 상태였지만 그래도 다리 북쪽을 완강히 지키고 있었다. 새벽이 밝아오자 그들은 다리 건너편 남쪽 강둑에 독일 전차들이 주욱 들어차 있는 것을 발견했다. 그때 한 명의 독일군이 백기를 들고 다리를 건너왔다. 그리고 영어로 항복을 권유했다. 그러자 프로스트 중령이 창가에 나타나 "어림 반 푼어치도 없는 소리 작작하라."라고 일갈했다. 이를 전해 듣고 열불이 난 독일 하인츠 하르멜Heinz Harmel 소장은 다리 북단의 가옥들을 한 채도 남기지 말고 박살내라는 명령을 내렸다. 독일군의 전차와 대포들은 공수대원들이 들어 있는 가옥들에 하루 종일 포탄을 퍼부어댔다. 9월 19일 밤에는 처음에 500여 명이던 대원들이 반으로 줄어들었고, 그 이튿날 밤에는 다시 줄어들어 불과 150~200명만 남았다. 포탄으로 벌집이 된 기옥의 지하실에는 피 묻은 붕대를 감고 있는 부상병들로 꽉 차 있었다. 프로스트 자신도 중상을 입고 부하들과 함께 누워 있었다. 20일 새벽, 아르헴 시내에서 전투를 지휘하던 제1공수사단의 어카트 소장은 상부로부터 아르헴 대교를 포기하라는 명령을 받았다. 영국 기갑부대가 도저히 시간 내에 대교로 갈 수 없음을 내비친 것이다. 어카트 소장은 프로스트 중령에게 이렇게 말하면서 교신을 끝냈다. "우리가 도저히 그곳으로 갈 형편이 못된다. 어떻게든 방법을 짜내서 자네들이 이쪽으로 와줄 수 없겠나?"

30군단이 도착한 뒤 밤샘 작업 끝에 가까스로 쏘온강에 가교를 설치하고 강을 건넌 전차들이 네이메헨을 향해 출발한 것은 19일 아침이었다. 제30군단은 이미 예정보다 36시간을 까먹고 있었다. 연합군 작전본부는 아르헴의 부대가 지상군의 원조 없이 버틸 수 있는 기간을 4일간으로 잡고 있었다. 그 4일 째인 9월 20일, 이제 그들의 운명은 눈앞에 닥친 바알Waal강 도하작전의 성패 여부에 달려 있었다. 가장 중요한 바알강의 다리는 아직 폭파되지 않고 있었다. 독일군의 발터 모델

원수가 혹시 만약을 생각해서 이 다리의 폭파를 중지시켜 놓았던 것이다. 그렇다고 전차부대가 다리를 향해 돌진하는 것은 그야말로 섶을 지고 불속으로 들어가는 것처럼 위험천만한 일이었다. 다리 뒤편으로는 대전차포들이 빼곡하게 진을 치고 있었기 때문이었다. 제82공수사단장 제임스 가빈 준장은 강을 건너 독일군을 몰아내고 다리를 점령하는 방법밖에는 달리 없다고 생각했다. 가빈 사단장으로부터 260명의 부하를 이끌고 도하작전을 수행하라는 명령을 받은 줄리언 쿠크Julian Cook 소령은 경사진 북쪽 강둑에 기관총좌로 무장한 채 촘촘히 들어선 독일군 참호들을 바라보며 등골이 오싹해졌다. 바알강은 강폭이 360미터나 되는 데다 물살이 빨라 도하가 무척 어려웠다. 게다가 양쪽 언덕이 모두 탁 트여 있어서 이쪽의 움직임은 강 건너편에서 낱낱이 관측되고 있었다.

9월 20일 오후 3시, 전투기들이 강 건너 독일군 진지에다 기총소사를 퍼붓기 시작했지만 보트를 실은 트럭은 아직도 도착하지 않았다. 마침내 보트를 실은 트럭들이 도착했다. 대원들은 트럭에서 내린 보트를 보고 망연자실해졌다. 얇은 합판과 캔버스 천으로 된 이 엉성한 보트들을 타고 목숨을 걸고 강을 건너야 될 판이었다. 노마저 없어 병사들은 소총의 개머리판으로 노를 저어야 했다. 그러나 시간이 다급했다. 낙하산병들은 이런 보트를 들고 물가를 향해 달려 내려가기 시작했다. 얇은 보트는 병사들이 타자마자 바로 뒤집어지기도 했고, 무거운 짐 때문에 그냥 가라앉아 버리기도 했다. 물살에 휩쓸려 강 한복판에서 뱅

글뱅글 도는 보트도 있었다. 독일군은 강 건너편 언덕에서 마치 사격연습이나 하듯이 중기관총과 박격포탄을 소나기처럼 퍼붓기 시작했다. 물오리 사냥이 따로 없었다. 하여튼 끔찍한 시간이 지나고 선두 보트 몇 척이 강의 대안對岸에 닿는 순간 죽음의 보트 도하는 끝났다. 28척의 보트는 절반 이하로 줄어들었지만 영국 공병들은 이 난리 속에서 몇 번을 더 왕복하며 어떻게든 미군들을 바알강 건너로 실어 날랐다.

그는 흠뻑 젖어있는 부하들을 이끌고 다리가 있는 쪽으로 뛰기 시작했다. 악이 치받은 미 공수대원들은 악귀들처럼 독일군에 달려들었다. 총 260명의 독일군을 사살하고 바알강의 다리가 드디어 연합군의 수중에 떨어졌다. 이제 18킬로미터 정도 거리에 있는 아르헴까지의 길이 활짝 열렸다. 그때 시각은 오후 7시 15분이었다. 그러나 정작 달려가야 할 영국군 전차부대가 그 자리에서 딱 멈추어 섰다. 미군 공수부대원들은 어안이 벙벙해졌다. 죽을힘을 다해 다리를 점령했건만 전차부대가 다리를 건너자마자 딱 멈춰선 것이다. 탄약과 연료도 부족했고 아르헴까지 가는 길은 험난하기 짝이 없었다. 마침 아르헴 시내에서 쌩쌩한 독일 전차들이 여기저기 굴러다니더라는 소식을 접한 터였다. 기갑군단장 호록스 중장은 덜컥 겁이 났다. 이대로 돌진한다면 박살날 것은 불을 보듯 뻔한 노릇이었다. 정작 독일군을 제압해야 할 보병대는 아직도 코빼기도 보이지 않고 있었다. 그렇지 않아도 황급히 달려온 독일군 전차들과 대전차부대들이 길가 숲속에 촘촘히 매복하고 있었다. 급한 마음에 진격했다가는 그야말로 영국군 기갑부대는 완전히 독일군의 제물이 되었을 것이다. 눈물을 머금고 멈출 수밖에 없었다.

아르헴의 전투는 거의 막바지에 다다르고 있었다. 필사적으로 저항한 프로스트 대대의 극소수 생존자들만이 폐허 속에서 간신히 꿈지럭거리고 있었다. 이미 오래전에 식량과 탄약이 떨어졌다. 그렇게 치열하게 포탄을 쏟아 붓던 독일군 전차는 사라졌다. 네이메헨 다리가 연합군이 탈취했다는 소식을 들은 독일군 전차들이 부랴부랴 모두 그곳으로 달려간 것이다. 독일군들이 부상병들을 치료해 주겠다는 전갈을 보내왔다. 양측이 휴전을 약속한 후 백기를 들고 다리를 건너 온 독일군 위생병들은 도저히 두 눈을 뜨고 볼 수 없는 참상을 목격했다. 그들은 피투성이 몰골을 한 영국군들의 모습에 한동안 벌어진 입을 다물지 못했다.

영국군 부상병들을 모두 수송한 독일군들은 살아있는 영국군들을 그대로 놔두고 그냥 철수해버렸다. 어차피 탄약도 떨어진 그들을 마지막까지 청소할 생각은 없었다. 프로스트는 살아남은 자들에게 2~3명씩 조를 짜서 각자 탈출하도록 명령을 내렸다. 어둠 속에서 사라진 50명 중 무사히 탈출에 성공한 자는 극소수였다. 프로스트 자신을 포함해서 대부분은 포로가 되었다. 아르헴 전투의 무대는 이제 아르헴 다리로부터 3킬로미터쯤 떨어진 제1공수사단의 지휘소가 설치된 아르헴 시내에 있는 하르텐슈타인Hartenstein 호텔로 옮겨와 있었다. 호텔은 부상자로 가득 차 있었다. 아르헴에 공수된 1만 5천여 명의 병력 중에서 살아있는 병력은 3천 명이 되지 않았다. 물도 탄약도 거의 바닥이 나 있었다. 그들은 이런

영국 공수부대원들의 마지막 저항

절망적인 상황하에서도 구원부대를 학수고대 기다리며 굳세게 버티고 있었다.

반면에 독일군은 모든 것이 넉넉했다. 연합군 수송기가 투하하는 대부분의 보급물자가 그들의 것이 되었던 것이다. 독일군은 미국제 담배를 피워가며, 프랑스 와인으로 목을 축이며, 영국제 기관총을 쏘아댔다. 이날 오후 소사보흐스키 소장이 이끄는 1천 명의 폴란드 제1공수여단이 추가로 공수되어 왔다. 소사보흐스키는 처음부터 이 '마켓 가든 작전'을 위험하기 짝이 없다고 보고 있었다. 그의 부대는 처음에는 승리를 보완하는 임무를 띠고 참전하기로 되어 있었는데, 이제 그들의 임무는 붉은 악마의 잔존병력을 구출하는 것으로 바뀌어 있었다. 하지만 현실적으로 영국군을 구출할 수 없다는 것을 잘 알고 있는 소사보흐스키 장군은 이렇게 중얼거렸다. "우리더러 거기 가서 함께 죽으라는 얘기구먼. 하지만 그동안 먹이고 재워준 은혜를 생각하면 까라면 까야지. 별 수 있나" 이 말에는 당시 독일에게 쫓겨나 영국에 와서 눈칫밥을 먹고 있던 동유럽 출신 군인의 비애가 묻어있었다. 그는 이 작전이 끝난 후 이래저래 몽고메리한테 찍혀서 하급부대로 쫓겨나고 말았다. 염려는 현실로 나타났다. 폴란드 부대는 라인강을 끼고 제1공수사단과 마주보는 강의 남쪽에 강하했다. 그러나 만반의 태세를 갖추고 있던 독일군은 폴란드 병사들을 흠씬 두들겼다. 많은 병사들이 죽거나 다쳤으며 살아남은 병사들은 참호를 파고 간신히 틀어박혔다.

1944년 9월 25일 새벽 7시. 몽고메리는 마켓 작전(공수부대의 다리 장악)의 총지휘자 브라우닝 중장과 가든 작전(기갑군단의 진격)의 총지휘자 호록스 중장의 건의를 받아들여 붉은 악마사단의 철수 명령을 내렸다. 이틀이면 된다는 몽고메리의 약속으로부터 6일이 지났고, 공수사단들이 최대한으로 버틸 수 있다고 계산했던 4일의 딱 두 배가 되는 날이었다. 탈출로는 단 하나뿐이었다. 즉 네더라인강을 건너 미국 82공수사단이 확보하고 있는 네이메헨으로 철수하는 것이었다. 그리고 거기서부터 차량을 이용하여 30군단이 맨 처음 출발했던 벨기에-네덜란드 국경까지 이동하는 것으로 되어 있었다.

밤 9시 정각, 네이메헨 외곽으로 후퇴해서 집결한 30군단의 중포들이 내뿜는 섬광이 밤을 밝힌 가운데 철수가 시작되었다. 하지만 철수 작전을 눈치 챈 독일군의 포탄이 사정없이 날아들었다. 많은 병사들이 철모와 총을 내던지고 강으로 뛰어들어 헤엄쳐 건너기도 했다. 일부는 익사하기도 했다. 철수 작전은 억수같이 쏟아지는 폭우 속에 밤새도록 계속되었다. 지치고 기력이 다 된 병사들은 한 가닥 줄에 의지해서 혹은 손에 손을 잡고 건너편 강기슭을 향해 무거운 발걸음을 옮겼다. 이 퇴각으로 영국 공수 1사단의 고난의 전투도 마침내 끝이 났다. 라인강 북안에 강하하여 여기서 싸운 영국군 병사 1만 5천여 명 가운데 무사히 강을 건너 살아 돌아온 병사의 수는 2천여 명에 불과했다. 영국군

제1공수사단은 지구상에서 감쪽같이 사라진 것이다.

몽고메리는 "이 작전은 90% 이상 목적을 달성한 성공작이며 주요 목표물은 대부분 점령되었다."라고 횡설수설하면서 궤변을 늘어놓았다. 아르헴이 빠진 다른 목표들이란 아무런 의미가 없었다. 엄청난 희생으로 얻은 것은 하나도 쓸모없는 80킬로미터의 둑길 뿐이었다. '마켓 가든'이라는 이름은 2차 세계대전 기간 중 연합군의 가장 비참한 실패 작전으로 역사의 기록으로 남게 되었다. 마켓 가든 작전의 실패는 연합군 최고 사령부의 서두름과 자만심이 거둔 비참한 결과였다. 전시적 성과주의에 집착하는 과정에서 위험 요소들을 가볍게 무시한 대가로서는 희생이 너무나 컸다.

TIP!

1. 버나드 몽고메리

버나드 몽고메리(애칭: 몬티)는 1908년 영국 육군사관학교를 졸업한 후 군 생활을 시작했다. 2차 세계대전 초기, 3사단장을 맡아 프랑스에서 독일군 저지에 실패했다. 그러나 1942년에 북아프리카 전선 제8군 사령관을 맡아 롬멜이 이끄는 북아프리카 군단을 엘 알라메인El Alamein 전투에서 격파, 이후 전쟁의 승기를 마련했다. 그는 모든 작전 계획이 완벽하게 준비되기 전까지는 절대로 전투를 시작하지 않을 정도로 신중하고 꼼꼼했다. 부하들의 복지에 대한 관심은 칭송을 모았지만 부하들에게 과다한 요구와 툭하면 부하들을 해임 조치하는 것 등에 대해서는 비난이 많았다.

여타 연합군 수뇌들은 그의 꺼떡거리는 태도와 오만한 성격을 싫어했지만 윈스턴 처칠만은 그를 옹호했다. 처칠은 "몽고메리의 알라메인 승리 이전에는 연합군은 한 번도 승리하지 못했고 그 작전 후 한 번도 패배하지 않았다."라고 그의 능력을 격찬했다. 그는 '마켓 가든 작전'의 실패에도 불구하고 결국 2차 세계대전을 승리로 이끄는 데 중요한 역할을 완수한 것으로 평가되고 있다. 몽고메리는 전후 영국 점령군 사령관으로서 독일에 머물렀다가 1951년부터 1958년 은퇴할 때 까지 나토NATO군을 지휘했다. 그는 88세를 일기로 1976년 3월 25일 세상을 떠났다.

2. 안소니 홉킨스

안소니 홉킨스는 1937년 12월 31일 영국 웨일스에서 태어났다. 〈양들의 침묵The Silence Of The Lambs〉, 〈한니발Hannibal〉, 〈레드 드래곤Red Dragon〉 시리즈의 한니발 렉터 박사 역으로 잘 알려져 있다. 2000년 미국 시민권을 얻었고, 현재 캘리포니아주 말리부Malibu에서 살고 있다. 본래 영국에서는 연극, 영화, TV무대에서 활동하며 잘 알려진 배우였다. 할리우드에서는 〈머나먼 다리〉, 〈엘리펀트 맨The Elephant Man〉, 〈바운티호의 반란〉 등에 출연하면서 입지를 넓혔지만 유명한 배우는 아니었다.

하지만 〈양들의 침묵〉에서 한니발 렉터 역으로 열연하여 소름 돋을 정도로 영리한 희대의 연쇄살인마라는 캐릭터로 관객들에게 강렬한 인상을 남겼다. 이를 통해 아카데미 남우주연상을 거머쥐었고, 늦은 나이에 유명세를 타게 되었다. 이후에도 〈남아있는 나날The Remains Of The Day〉, 〈가을의 전설Legends Of The Fall〉, 〈닉슨〉, 〈마스크 오브 조로The Mask Of Zorro〉 등 수많은 영화에 출연했다. 그는 음악에도 조예가 깊어 교향곡도 작곡했다.

3. 진 해크먼

1930년 1월 30일 캘리포니아주에서 태어났다. 미 해병대에 입대해 중국 청도와 하와이, 그리고 일본에서 총 4년 반을 복무했다. 제대 후 일리노이주대학교에서 저널리즘을 공부하다가 배우의 길로 뛰어들었다. 70년대에는 꾸준히 주연으로 나왔고 뛰어난 연기력으로 아카데미상 등 여러 상도 많이 수상한 대스타였다. 노년이 되고 나서는 조연으로 많이 나와서 조연 전문 배우로 인식되고 있다. 1972년 아카데미 시상식에서 〈프렌치 커넥션The French Connection〉으로 남우주연상, 1992년 〈용서받지 못한 자Unforgiven〉로 남우조연상을 수상하였다. 능청스러운 악역 연기의 달인이다.

4. 마이클 케인

영국의 저명한 현존 영화배우 중 한 명이다. 젊은 시절부터 장신에다가 잘생긴 외모로 유명했다. 현재까지 115편이 넘는 영화에 출연했으며 기사 작위도 받았다. 마이클 케인은 어시장 짐꾼과 청소부의 아들로 태어났다. 학교 졸업 후 여러 가지 막노동을 하다가 영국군에 입대하여 독일과 한국에서 복무했다. 영국으로 돌아온 그는 배우가 되어야겠다는 결심을 하고 여러 단역을 연기하다가 영화 〈줄루Zulu〉를 통해 큰 기회를 잡았다. 우디 앨런의 〈한나와 그 자매들Hannah And Her Sisters〉에서는 부정한 남편으로 나와 아카데미 남우조연상을 수상했으며, 존 어빙 원작의 〈사이더 하우스The Cider House Rules〉의 의사 역할로 두 번째 아카데미상을 받았고 최근에는 〈배트맨 비긴즈〉와 〈인터스텔라〉 등에 출연하면서 노익장을 과시하고 있다.

5. 로버트 레드포드

1937년생인 그는 1969년 출연한 〈내일을 향해 쏴라Butch Cassidy And The Sundance Kid〉로 명성을 얻기 시작했으며, 이후 〈스팅The Sting〉으로 아카데미 후보에 오르는 등 전성기를 구가했다. 서부극부터 멜로, 액션영화 등 수많은 명작에 출연하였다. 감독으로도 데뷔해서 1981년 〈보통 사람들Ordinary People〉로 아카데미 영화제 감독상을 수상하며 뛰어난 연출력을 인정받았다. 이후에도 〈흐르는 강물처럼A River Runs Through It〉, 〈퀴즈쇼Quiz Show〉, 〈호스 위스퍼러The Horse Whisperer〉 등에서 연출과 제작을 담당하는 등 여러 분야에서 두각을 발휘했다. 그는 전 세계 젊은 영화인들이 열광하는 선댄스 영화제Sundance Film Festival를 개최해 재능 있는 후배 양성에도 힘을 기울이고 있다. 할리우드 영화계의 스타이자 실력 있는 제작자이자 연출가인 그는 여러 면에서 많은 사람들의 존경을 받고 있다. 국제적인 환경보호운동과 평화운동에도 참여하고 있다. 2010년 10월 14일 프랑스 정부로부터 영화와 환경에 대한 공로를 인정받아 레지옹 도뇌르 훈장을 받았다.

6. 리처드 아텐보로

이 영화를 만든 리처드 아텐보로는 영국에서 가장 존경받는 배우이자 감독 가운데 한 사람이다. 캠브리지 대학 학장의 아들로 태어난 아텐보로는 취미삼아 12살부터 영화 일을 시작했다고 한다. 그가 출연한 작품으로는 〈대탈주The Great Escape〉, 〈산 파블로The Sand Pebbles〉 등이 있다. 또한 스티븐 스필버그 감독의 〈쥬라기 공원〉에서는 끔찍한 재앙 속으로 스스로 발을 들여놓는 백만장자 존 해몬드 역을 연기했으며, 속편에도 출연한 바 있다. 그 외에도 크리스마스 때가 되면 TV에서 단골처럼 방영하는 〈34번가의 기적Miracle On 34th Street〉과 〈엘리자베스Elizabeth〉(1998) 등의 작품에 출연했다. 풍자적인 반전 코미디 〈오, 멋진 전쟁이여!Oh! What a Lovely War〉를 연출하면서 감독으로 데뷔한 아텐보로는 이후 〈젊은 날의 처칠Young Winston〉, 〈머나먼 다리〉 등 서사적이고 스케일이 큰 작품들을 주로 만들어왔다. 1982년 아텐보로 감독은 20여 년을 가슴 속에 품어왔던 〈간디〉를 만들었다. 이 작품은 아카데미에서 감독상을 비롯해 8개 부문을 휩쓸었다. 간디의 일생에 매료된 아텐보로는 〈간디를 찾아서〉라는 책을 쓰기도 하였다.

7. 레드 볼 익스프레스

레드볼 익스프레스Red Ball Express는 노르망디 상륙작전 이후, 연합군이 노르망디 해안에서 보급품을 싣고 내륙으로 보급해주기 위한 흑인 운전병들의 특별 보급대를 말한다. '레드볼Red ball'의 의미는 '급행 화물 열차'라는 뜻의 영어 단어에서 유래되었다. 붉은 공 모양의 스티커를 붙인 차량은 긴급 수송 차량으로 구분되어 헌병의 검문 없이도 통과할 수 있었다. 이 특별 보급대는 노르망디에 상륙한 이후인 1944년 8월 25일부터 연합군이 앤트워프 항구를 복구하는 11월 16일까지 유지되었다.

8. 드와이트 아이젠하워

드와이트 아이젠하워는 미국 육군 원수였고 1953년부터 1961년까지 미국의 34번째 대통령을 지냈다. 2차 세계대전 동안에 그는 유럽 전선에서 연합군 최고 사령관으로 지내면서 연합군의 승리를 이끌어냈다. 애칭은 아이크Ike다. 아이젠하워의 성공 비결은 단순하고 명쾌한 생활태도, 솔직하고 담백하면서도 친근한 대인관계, 탁월한 균형감각에 있었다. 단순하고 명쾌한 그의 뜻은 부하들에게 쉽게 전달되었다. 아이젠하워는 위기가 닥칠수록 복잡한 것을 단순화하여 어려운 문제를 쉽게 해결하곤 했다. 그는 또 대인관계에서 지나치리만치 솔직했다. 아이젠하워의 이런 솔직한 성격은 그를 신뢰할 만한 사람으로 만들어주었다.

9. 맥스웰 테일러

맥스웰 데번포트 테일러는 미육군사관학교를 졸업하였으며 1944년 6월 노르망디 상륙작전 때는 101 공수사단을 지휘했다. 종전 후에는 미육군사관학교장을 지냈으며 한국전에도 참전했었다. 2년간 미 8군 사령관을 지내다가 곧이어 미국 육군참모총장을 4년 동안 재직했다. 3년 후에는 미국 합동참모본부의장에 있었다. 쿠바 미사일 위기가 발발하자 그는 대책회의 일원이었으며 쿠바의 소련 미사일 기지를 공습하자고 주장하던 매파에 속해 있었다. 1964년에는 남베트남 주재 미국대사로 1년간 재직했다.

〈미드웨이〉

태평양 전쟁의 승부처 미드웨이 해전

I. 영화 〈미드웨이〉

원제: Midway
감독: 롤랜드 에머리히
제작: 존 아미카렐타 외 18인
각본: 웨스 투크
출연: 에드 스크레인, 패트릭 윌슨, 우디 해럴슨, 류크 에반스, 맨디 무어, 데니스 퀘이드, 아론 에크하트
음악: 해럴드 클로저, 토마스 원커
상영시간: 138분
제작 연도: 2019년
제작비: 1억 달러 **수익:** 1억 7,700만 달러
같은 소재의 영화: 〈미드웨이〉(1976)

미드웨이 해전은 해전사에 길이 남을 기적 같은 전투였다. 이 해전은 미 해군이 열세의 전력으로 네 척의 일본 항공모함을 격침시키면서 일본의 야욕을 응징한 태평양 전쟁의 분수령이 되는 전투였다. 롤랜드 에머리히Roland Emmerich 감독은 이 영화를 제작하는 데 오랫동안 공을 들였다. 공을 들인 결과겠지만 이 영화는 그의 특징이라고 할

수 있는 스펙터클하고 압도적인 볼거리가 많이 등장한다. 러닝타임 내내 공중과 해상을 넘나들며 당시의 긴박했던 상황이 파노라마처럼 펼쳐진다.

에머리히는 영화에서 이 전투를 가상의 캐릭터 없이 전투에 참가한 병사들의 영웅적인 실제 모습을 다큐멘터리 형식으로 엮어냈다. 1976년에 제작된 찰톤 헤스턴 주연의 〈미드웨이〉가 기록 영상 등을 활용해서 전투 장면을 묘사한 반면, 에머리히는 CG를 활용한 독보적인 스펙터클 영상연출로 전투 장면을 사실적으로 묘사했다. 항공모함들의 거대한 폭발, 미군 항공기들의 프로펠러 소음과 이착륙 시의 마찰음, 거기에 공중전에서의 쉴 새 없는 기관총 사격소리 등 관람석이 들썩일 정도로 현장감 넘치는 사운드를 들려준다. 특히 마지막 미군 급강하 폭격기들의 일본 항공모함들에 대한 돌진과 항공모함들의 대폭발 장면은 관객들에게 짜릿한 전율을 안겨준다.

물속에 빠진 채 일본 항공모함의 피격 장면을 바라보고 있는 미 조종사

〈인디펜던스 데이Independence Day〉(1996), 〈투모로우Tommorrow〉(2004), 〈2012〉(2009) 등 "재난영화란 이런 것이다."라며 그 본보기를 제시한 에머리히 감독은 이번에는 〈미드웨이〉를 통하여 "이것이 바로 전쟁 영화다."라고 말하는 듯하다. 잭 스마이트Jack Smight 감독이 1976년 영화화한 〈미드웨이〉와 비교하면 영화의 사실성이 훨씬 돋보인다. 신파적인 요소도 없다. 1976년의 〈미드웨이〉는 찰턴 헤스턴, 헨리 폰다, 글렌 포드, 제임스 코번 등 대배우들이 출연했지만 실존 인물들보다 나이가 많았고 미국, 일본 영화에서 전투 장면을 많이 차용했다는 이유로 비판을 받았었다.

이 영화는 기적의 승리를 일궈낸 평범한 영웅들의 모습을 그리고 있는데, 실존 인물들이라는 점에서 설득력이 더해진다. 철저한 역사 고증과 CG의 완벽함이 영화의 몰입도를 높이고 있다. 국내에 앞서 개봉한 북미 반응도 뜨거웠다. 외신들은 "숨이 멎을 듯한 긴박감, 입을 다물 수 없다(ABC TV)", "반드시 봐야 한다(버라이어티Variety)", "역사의 한 가운데로 밀어 넣는다(무비즈 앤 쉐이커스Movies and Shakers)." 등의 극찬을 쏟아냈다. 단 한발의 폭탄으로 일본 항공모함을 침몰시킨 미군 급강하 폭격기 조종사 딕 베스트 역을 에드 스크레인Ed Screin이, 미 태평양 함대 사령관 체스터 니미츠Chester Nimitz 제독에 우디 해럴슨Woody Harrelson이, 일본 기동부대를 이끄는 나구모 주이치南雲 忠一 제독에 한국 영화 〈곡성〉에도 출연했던 쿠니무라 준國村隼이 열연했다.

폭발하는 일본 항공모함

한편으로는 진주만 공습, 둘리틀Doolittle[1] 폭격대의 일본 본토 폭격,

미드웨이 해전 등 방대한 이야기를 138분 동안 모두 담으려다 보니 나열식 묘사가 될 수밖에 없었던 점이 살짝 흠으로 보인다. 차라리 진주만 공습과 둘리틀 폭격대의 묘사는 기록 영상으로 대체하고, 미드웨이 해전 묘사에 더 집중했으면 하는 아쉬움도 있다. 다시 말하면 둘리틀 폭격과 일본군의 미드웨이 섬 공략과의 관계, AF(미드웨이)라는 지명을 둘러싼 정보전, 나구모 주이치 제독의 허둥지둥, 정찰을 허술하게 한 일본의 자만, 연료가 바닥난 상태에서 일본 항공모함을 찾아낸 미군 급강하 폭격기들의 집요함, 전멸에 가까운 미군 뇌격기 비행사들의 영웅적인 행동 등 미드웨이 해전의 기적 같은 순간을 좀 더 강조했었으면 하는 것이다.

영화의 탄생 과정은 실화 못지않게 극적이었다. 에머리히 감독의 열정과 집념으로 이 영화는 20년 만에 세상에 나왔다. 1990년대 말, 그는 소니 픽처스Sony Pictures와 손잡고 영화화를 추진했으나 소니가 1억 달러가 넘는 제작비에 난색을 보이는 바람에 무산됐다. 아마도 소니가 일본회사이기 때문에 일본이 패배하는 전투를 만드는 데 꺼려했을 거라는 뒷소문이 따랐다. 그는 좌절하지 않고 중국으로 눈을 돌려 제작비를 충당했다. 겨우 마련한 제작비 1억 달러 범위 내에서의 영화제작을 위해 촬영 일정을 90여 일에서 65일로 단축해야 했다. 또한 CG 작업도 완벽하고는 다소 거리가 있었다. 그러나 그의 집념에 우디 해럴슨과 패트릭 윌슨Patrick Wilson, 에드 스크레인, 데니스 퀘이드Denis Quaid, 아론 에크하트Aaron Eckhart 등 명배우들이 주·조연을 가리지 않고 합류했다. 제작비 1억 달러는 미국 독립영화independent film 중에서는 최고액이라고 한다. 메이저 스튜디오가 아닌 독립영화사에서 찍었으니 말이다. 에머리히 감독은 홍콩 사우스 차이나 모닝포스트South China Morning Post 지와의 인터뷰에서 "자유를 위한 투쟁에 대한 영화"라며 "시각효과를 높이기 위해서는 1억 달러 미만의 제작비로는 도저히 불가능했으나 힘들었지만 결국은 해냈다."고 말했다.

Ⅱ. 태평양 전쟁의 승부처, 미드웨이 해전

해전의 배경

1942년 4월 18일 일본군 수뇌진은 미 항공모함 호넷에서 출격하여 일본을 공습하고 중국으로 탈출했던 둘리틀 중령이 이끄는 폭격기들의 폭격에 크게 충격을 받았다. 일본 군부는 미군이 감히 거대한 육상 폭격기를 항공모함에 싣고 와서 띄우리라고는 꿈에도 생각 못했다. 더구나 현인신現人神인 히로히토 일왕이 거주하는 도쿄에 적의 폭탄이 떨어진다는 것은 기세등등하던 당시의 일본 군민 모두에게 상상할 수조차 없었다. 야마모토 연합함대 사령관은 이를 계기로 대담한 결심을 한다. 오래 전부터 생각해 두고 있던 바로 미드웨이 섬을 점령하겠다는 것이었다. 그는 미드웨이 섬을 점령하여 방위선을 멀리 하와이 근처까지 밀어 붙이고 둘리틀 폭격대와 같은 기습의 가능성을 아예 싹부터 잘라버리겠다는 것이었다. 이어서 진주만에 있는 항모를 포함한 미국의 잔존 태평양 함대를 미드웨이 해역으로 유인한 다음 미국 함대를 완전히 박살내겠다는 것이었다. 만약 미 태평양 함대가 미드웨이를 방어하기 위해 하와이에서 출동하지 않는다면, 그때는 쉽게 방해받지 않고 미드웨이를 점령할 수 있을 것이다. 일본군으로서는 미군이 어느 것을 선택하더라도 좋은 입장이었다. 야마모토는 꽃놀이패를 쥐고 있었다. 다음 단계로는 하와이를 점령하고 이곳을 근거지로 삼아 LA, 샌프랜시스코, 시애틀 등 미국 서해안 여기저기 출몰하여 함포사격과 공습을 할 수 있게 된다. 그러면 미국은 일본이 원하는 조건대로 협상테이블에 나오리라는 것이 야마모토의 빌칙한 망상이었다.

1942년 5월5일, 일본 해군은 미드웨이 섬 공략 작전 개시를 알렸다. 원래 일본군보다 항상 한 수 위였던 미군의 정보 능력이 빛을 발하기 시작했다. 미 해군은 1942년 4월말부터 암호의 부분 해독에 힘입어 일본군이 태평양 해역에서 대규모 공세 작전을 전개할 가능성을 포착했다. 그러나 그 작전이 언제 어디서 어떻게 전개될 것인가는 알 수가 없었다. 일본군의 암호에 자주 등장하는 AF라는 암호가 공격 목표로 판단되었지만 도대체 이것이 어느 곳을 뜻하는지를 알 수가 없었다. 5월 5일 야마모토가 AF를 공격하라는 전문을 일본 함대에 보냈다. 이것을 가로챈 조셉 로슈포르Josep Rochefort 중령이 이끄는 암호해독부대인 '블랙 체임버Black Chamber'는 한시 바삐 AF가 어디인지 알아내야만 했다. 워싱턴의 정보본부는 이 미지의 암호가 미국 서해안 어디인가라고

로슈포르 중령

추측했다. 물론 니미츠 제독은 직감적으로 이곳이 하와이 인근 미드웨이섬일 것이라고 판단했다. 5월 11일 블랙 체임버에서 기가 막힌 작전이 만들어졌다. 로슈포르가 꾀를 내어 일본군을 잡을 덫 하나를 놓게 된 것이다. 그는 미드웨이의 음료수 증류시설의 고장을 알리는 무전을 암호가 아니라 평문으로 치도록 했다. 그러면 일본군이 미드웨이에 물 부족 사태를 알게 되고 이를 반드시 본부로 보고하지 않겠느냐는 것이었다. 이제 AF를 확인할 수 있는 신의 한 수가 생긴 것이다. 역시 이 평문 전문을 웨이크섬의 일본군 통신 부대가 감청해서 암호문으로 본국에 보고했다. "미드웨이에 식수가 떨어져 가고 있다."라는 내용인데 여기서 미드웨이를 지칭하는 암호인 AF라는 글자를 그대로 사용했다. 이 무선은 다시 블랙 체임버에게 바로 감청되면서 비로소 AF가 미드웨이임이 밝혀졌다. 바로 이곳이 대규모의 일본군 공격이 있을 것이라는 확신을 하게 된 것이다. 추가로 암호가 더 해독되어 미드웨이 공격부대의 병력과 지휘관, 예정 항로 등과 공격 시기까지도 낱낱이 밝혀졌다.

한편 니미츠 태평양 함대 사령관은 항모 운용에서 많은 어려움이 있었다. 5월에 있었던 산호해 해전[2]에서 항모 렉싱턴이 격침되었고 요크타운은 큰 수리를 요하는 손상을 입어 진주만의 도크에서 수리 중이었다. 항모 사라토가도 일본 잠수함의 어뢰 공격을 받아서 수리 중에 있었다.

니미츠 사령관은 자칫하면 홀시 제독의 제16기동부대의 단 두 척의 항모, 엔터프라이즈와 호넷만으로 힘에 겨운 전투를 벌일 수밖에 없었다. 한 가지 희망은 산호해 해전에서 크게 파손당해서 하와이 수리 도크에 있는 항모 요크타운을 미드웨이 해전에 투입할 수 있을지 여부였다. 당시 요크타운은 최소 90일이 걸리는 수리를 받아야 한다는 진단이 내려졌었다. 그러나 요크타운은 5월 27일 진주만에 도착한 후 45시간 만에 수리를 다 마쳤다. 하와이 수리 도크의 인원들은 결사적인 돌관 작업으로 엄청난 일을 해낸 것이다.

일본 측은 요크타운이 산호해 해전의 피해가 너무 커서 출동이 불가능하리라고 보았다. 만약 미기동부대의 반격이 있다면 비군이 엔터프라이즈와 호넷, 2척 외에 경항모 와스프Wasp 정도가 출동하리라고 안이하게 판단하고 있었다. 1942년 5월 28일. 미 해군의 엔터프라이즈와 호넷으로 편성된 제16기동부대가 주력으로 출동했다. 이어서 5월 30일, 제17기동부대의 요크타운이 뒤를 이어 출동했다. 17기동부대는 프랭크 플레처Frank Fletcher[3] 제독이 계속 지휘를 맡았다. 그러나 16기동부대의 사령관인 맹장 윌리엄 홀시William Halsey[4] 제독은 대상포진으로 병원에 입원 중이라서 대신 레이먼드 스프루언스Raymond Spruance[5] 제독이 부임했다. 니미츠 사령관은 추가로 일본의 공격 목표인 미드웨이 섬의 방위력을 강화했다. 총 60대의 항공기에서 150대로 보강시켰고, 수비군은 3,600명으로 증가시켜 이치기 대좌가 지휘하는 5,800명의 일본 상륙부대를 맞아 싸울 태세를 갖추었다. 그러나 미드웨이 비행사

나구모 제독

들의 자질은 일본과 현격한 차이를 보여 미군은 일본 조종사들의 적수가 될 수가 없었다. 미군 비행사들은 비행 학교를 갓 졸업하고 곧바로 미드웨이에 배치되었다. 그러나 일본군 조종사들은 오래전부터 진주만 공격을 위한 맹훈련과 이후 남태평양 전투에서 충분한 실전 경험을 쌓은 그야말로 베테랑들이었다.

5월 27일 나구모 해군 중장이 지휘하는 항모군이 엄중한 무선 봉쇄를 실시하며 서쪽에서 미드웨이를 향하여 출격했다. 주력 항모들은 제1항공전대의 아카키, 가가, 제2항공전대의 히류, 소류의 네 척이었다. 그 뒤를 세계 최대 전함 야마토를 포함해서 5척의 전함을 중심으로 본대가 약간의 거리를 두고 나란히 항진하고 있었다. 그리고 약간 남쪽에서 노부다케가 이끄는 상륙부대도 함께 미드웨이로 향하고 있었다. 사상 최대의 함대가 출동한 것이었다. 6월 3일 오후, 나구모 기동부대를 후속하던 주력 부대 기함인 야마토의 통신 감청반은 미드웨이 섬 부근에서 미군이 발신하는 항모 호출의 신호를 잡았다. 항모가 미드웨이 근해에 나타났다는 징조였다. 그러나 무선 통신 금지라는 엄명 때문에 나구모 기동부대에서도 이를 접수했으리라 생각하고 전달을 포기했다. 실제 항모의 통신 안테나는 전함의 통신 안테나보다 수신 능력이 떨어져 나구모 부대에서는 이를 감청하지 못했다. 만약에 나구모 부대가 이 정보를 접수하고 경계를 강화했더라면 이후 미드웨이에서의 전황은 사뭇 달라졌을지도 모른다. 미국의 행운은 여기서부터 시작된다. 미군은 초긴장 속에서 5월 30일 이후 미드웨이 기지 항공대 소속 32대의 카탈리나 비행정[6]들을 초계 임무에 배치하고 있었다. 6월 2일, 플레처 소장의 제17기동부대와 스프루언스 소장의 제16기동부대가 미드웨이 섬 북동 해역에서 합류했다.

미드웨이를 향해 항진하고 있는 나구모의 머릿속에는 미 항모들의 향방에 대해서 궁금해서 죽을 지경이었다. 진주만에? 혹은 남태평양 어디에? 아니면 미드웨이에? 등등…. 그러나 참모들은 막연히 미 항모들은 남태평양 어디에 있을 것이라는 진언을 듣고 그렇게 생각하기로 마음먹었다. 나구모 함대가 미드웨이에 접근할 때 두 대의 미군기가 가까이 왔다가 사라졌으나 나구모는 전혀 신경 쓰지 않았다. 진주만 공격의 성공(?)으로 자만심이 생겼을지도 모른다. 야마모토도 미 항모들은 진주만에도 없고 미드웨이를 향해 출격하는 것도 발견 못했다고 잠수함 보고가 들어와 미 항모들은 남태평양 어딘가에 있을 거라고 편하게 생각하고 있었다. 일본 잠수함들이 하와이와 미드웨이 사이에 배치된 것은 6월 1일이어서 이는 당연한 보고였을 것이다. 그 전에 이미 미 항모들은 미드웨이 가까이 접근하고 있었기 때문이었다. 한편 미국 측은 일본 측보다 훨씬 강도 높은 경계 태세를 취했다. 6월 3일 오전 9시, 카탈리나 비행정 한 대가 미드웨이에서 930킬로미터 떨어진 곳에서 일본의 상륙함대를 발견했다. 이 부대는 미드웨이에 상륙할 이치기一木 대좌가 이끄는 5,800명의 상륙부대가 포함되어 있었다.

일본이 미국 함대를 발견한 것보다 하루가 빠른 것이었다. 진주만의 태평양 함대 사령부는 이는 미드웨이 상륙 부대라고 판단했다. 긴급 전문이 미 기동부대에 타전되었다. 이때 플레처와 스프루언스가 이끄는 항모 세 척은 미드웨이 동북쪽 500킬로미터에서 은밀히 대기하고 있었다. 일본의 상륙부대를 발견하였다는 보고를 받고서도 공격기를 발진시키지 않았다. 이들은 일본의 상륙부대가 아니라 나구모의 주력 항모군을 노리고 있었다. 그래서 항모군을 발견할 때까지는 절대로 자신의 위치를 감추어야 했다.

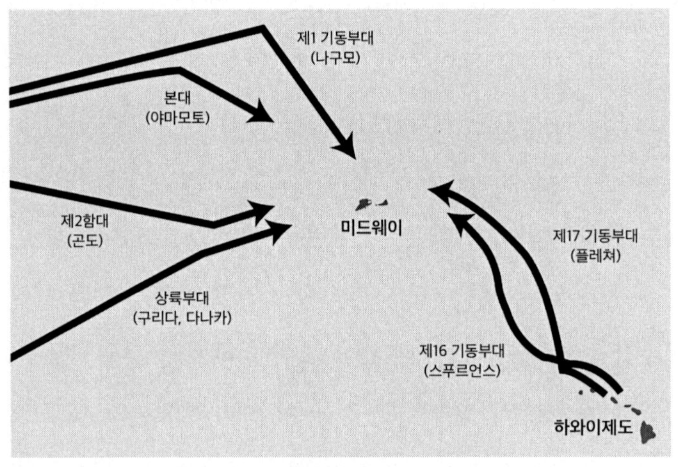

미드웨이 해전도

6월 3일 저녁, 미 기동함대는 일본 기동함대가 올 것으로 짐작되는 지점을 향하여 남서로 진로를 변경했다. 6월 4일 새벽, 나구모는 미 항모들이 근처에 없다고 확신하면서도 혹시나 하는 생각에서 정찰기 몇 대를 발진시켰다. 그러나 이들 정찰기들은 기상 악화로 정찰을 중지하고 돌아왔다. 만약 날씨가 좋아 미 항모들을 발견했다면 전투의 양상은 또 어떻게 달라졌을지 모른다. 이것도 미군 측에게는 계속되는 행운이었다. 새벽 4시, 에징대로 미드웨이 공격을 위해 비행갑판을 떠난 일본 항공기들은 동쪽으로 날아갔다. 6월 4일 오전 4시 45분이었다. 역사적인 막이 올랐다. 제1차 공격대의 지휘관은 도모나가友永 대위였다. 미드웨이로부터 발진한 체이스Chase 대위의 카탈리나 비행정은 일본 항모들을 발견하고 이어서 수많은 일본 함재기들이 미드웨이 섬을 향하고 있음을 급히 보고했다.

새벽 6시 7분, 일본군 항모부대 발견의 보고를 받은 미17기동부대 사령관 플레처 제독은 즉시 행동에 들어갔다. 휘하 요크타운에 공격 준비를 하도록 명령하고 제16기동부대 사령관 스프루언스 소장에게 즉시 공격대를 발진시키도록 명령했다. 당시 선임자인 플레처 제독이 전체 지휘를 맡고 있었다. 미 해군의 항모 3척은 즉시 출격준비에 돌입했다. 새벽 6시 16분, 도모나가 공격대 108대가 미군 요격기들이 대기하고 있던 미드웨이로 접근해 갔다. 전투는 미군기들이 선제공격하면서 시작되었다. 양측 간에 치열한 공중전이 벌어졌다. 약 15분간의 공중전에서는 실전 경험이 풍부한 노련한 조종사들이 모는 일본 제로 전투기들의 완승으로 끝났다. 미 요격기들을 물리친 도모나가 공격대는 미드웨이의 각종 군사시설을 타격했다.

로프턴 헨더슨Lofton Henderson 소령과 헨더슨 비행장[7]

태양이 막 수평선 위로 솟아오르려고 할 때 제2차 공격을 위한 항공기 108대가 항모 네 척의 비행갑판 위에서 발진 준비를 하고 있었다. 지휘는 진주만 공격 시 뇌격기대를 지휘했던 무라다村田 소좌였다. 무라다 소좌의 공격대는 혹시 근처에 미국 항모나 전함이 출현을 대비하기 위해 어뢰를 부착하고 발진 대기 중이었다. 이때 1차 공격대 도모나가로부터 미드웨이에 대해 제2차 공격이 필요하다는 연락이 왔다. 몇 분이 지나자 일본군은 미드웨이 기지에서 나구모 함대를 향해 저공으로 날아오는 미군기 뇌격기 편대를 발견했다. 이것을 보고 나구모는 도모나가의 요청이 맞다고 생각했다. 미드웨이의 미군 항공기들이 시퍼렇게 살아있다고 생각한 것이다.

미국 돈틀레스 급강하 폭격기

미 해병대의 데버스테이터 뇌격기들은 용감하게 일본 함대에 어뢰 공격을 감행했다. 그러나 일본 항모들은 지그재그 회피 운동으로 어뢰를 모두 피했다. 상공을 경계하던 제로 전투기들은 속도가 느린 미군 뇌격기들을 쉽게 요절냈다. 살아남은 미군기들도 일본 함대에서 쏘아대는 대공 포화에 맞아 모두 격추되었다. 한편 미드웨이 기지에서는 헨더슨 소령이 이끄는 열여섯 대의 돈틀리스 급강하 폭격기 승무원들이 전투기의 엄호 없이 나구모의 항모군을 향하여 용감하게 날아갔다. 그러나 일본 함대군은 이들 폭격기들을 모두 격추해 버렸고 헨더슨 소령의 비행기도 피격당했다. 그는 항모 가가에 기체를 충돌하려고 돌진하다가 갑자기 화염에 휩싸이면서 물속에 곤두박질했다. 열여섯 대 중 겨우 여섯 대만 간신히 기지에 귀환했다. 그러나 실패했지만 이 공격은 나구모로 하여금 미드웨이에 대한 공격 필요성을 더욱 느끼게 했다. 이는 미드웨이 해전의 향방에 또 하나의 변수로 작용하게 된다.

발진 준비 중인 미 항공모함

한편 나구모의 정찰기들은 출격한 지 두 시간이 되었지만 미 항모군을 발견하지 못했다는 보고를 보내왔다. 나구모는 가슴을 쓸어내렸다. 오전 7시 14분, 나구모의 제로 전투기들이 헨더슨 소령의 폭격대를 사냥하고 있을 때 나구모는 나중에 땅을 치고 후회하는 "함재기들은 장착된 어뢰를 신속히 폭탄으로 바꾸고 대기하라."라는 명령을 내렸다. 이 명령을 내리고 얼마 있다가 정찰기 한 대가 요크타운 비슷한 항모를 발견했다는 보고를 보내왔다. 나구모는 소스라치게 놀랐다. 마침 미드웨이를 공격하고 돌아오는 1차 도모나가의 항공기들이 나구모의 항모군 상공 위에 도착했다. 도모나가의 비행기들은 거의 연료가 떨어져 가고 있었다. 그래서 나구모는 이들 비행기를 착함시켜야 할지 아니면 요크타운을 공격하기 위해 폭탄을 어뢰로 바꾸고 공격대를 발진시켜야 할지 갈팡질팡하고 있었다. 숙고한 끝에 나구모는 미 항모를 먼저 공격하고 그 뒤에 미드웨이를 공격하기로 결정했다. 이때 항모 히류의 함장인 차기 연합함대 사령관 감이라는 야마구치 다몬 소장이 즉각 현재의 공격대를 전투기 호위 없이 그대로 발진시키자는 제언을 해왔다. 시각이 다급하니까 현재 장착 중인 폭탄으로 신속하게 미 항모를 공격하자는 얘기였다. 나구모는 알았다는 말은 했지만 참모들과 여전히 끙끙거리고 있었다. 결국 나구모는 현재 상공을 떠돌고 있던 전투기들을 착함시켜 연료를 보급한 다음 전투기들로 하여금 뇌격기와 급강하 폭격기를 호위하게 하는 정공법을 택하게 된다. 나구모는 전투기 호위 없이 공격대를 미 항모에 보내면 방금 전의 미군기와 같은 꼴이 될 것을 걱정한 것이다.

미 항모들은 시시각각 다가오는데 일본군은 폭탄을 바꾸랴, 전투기들을 착함시켜 연료를 주입하랴 하면서 금쪽같은 시간을 허비하고 있었다. 네 척의 항모들은 난리가 났다. 비행갑판 위에 있던 모든 항공기들은 그 아래층인 격납고에 엘리베이터로 내려졌고 항모 공격을 위해 다시 폭탄에서 어뢰로 바꾸는 작업에 돌입했다. 그리고 시간에 쫓기어 떼어 낸 폭탄을 폭탄 창고에 옮기지 못한 채 우선 비행기들 옆에 놓는 등 승무원들도 우왕좌왕 경황이 없었다. 그 바람에 고성능 폭탄들이 항모 격납고 안 도처에 널려 있게 되었다. 이는 잠시 후에 큰 재난의 원인이 된다. 한편 비행갑판 위에는 도모나가의 비행기들이 차례로 착함하기 시작했다. 오전 9시 20분 폭격기들의 무장을 어뢰에서 폭탄으로,

다시 폭탄을 어뢰로 바꾸는 데 두 시간이 걸렸으며, 이제 모든 항공기는 발진할 태세가 되었다.

한편 미군의 카탈리나 비행정은 구름 위에 숨어서 계속 나구모 함대의 일거수일투족을 플레처 소장에게 보고하고 있었다. 플레처는 공격할 최적의 시간만을 기다리고 있었다. 6월 4일 동이 틀 무렵 정찰기로부터 미드웨이 북서쪽 370킬로미터 해상에 일본 항모군이 있다는 보고를 받은 플레처는 즉각 모든 항모들에게 출격 명령을 내렸다. 호넷과 엔터프라이즈에서 출격한 공격 제1파는 드디어 나구모 함대를 발견했다. 그러나 제일 처음 일본 함대에 접근한 미군 뇌격부대 열다섯 대는 일본 전투기와 대공 포화에 모두 추풍낙엽처럼 우수수 떨어졌다. 이 뇌격부대의 유일한 생존자는 조지 게이George Gay 소위였는데 그는 일본 전투기에 격추당했으나 조종석 고무 의자 방석을 붙잡고 물 위에 떠 있었다. 그리고 눈앞에서 펼쳐지는 생생한 이 역사적인 미드웨이 해전을 처음부터 실컷 구경하다가 다음 날 카탈리나 비행정에 의해 구조되었다. 미군의 호위 전투기들은 통신상의 문제로 뇌격대를 놓치게 되면서 뇌격기들은 일본 전투기들에 속수무책으로 당했다. 호넷의 뇌격부대가 공격한 지 15분이 지나서 이번에는 엔터프라이즈의 뇌격대와 요크타운의 뇌격대가 뒤를 이어 나타났다. 이들도 호넷 뇌격대처럼 전투기 호위 없이 나타났다. 이 뇌격대들도 통신 장애 때문에 아군 전투기들의 호위를 받을 수가 없었다. 마찬가지로 이들도 모두 격추되었다.

이로써 미드웨이 전투가 시작되면서 수많은 미군기가 파상적으로 일본 함대를 공격했지만 일본 함대는 여태까지 거의 피해를 입지 않았다. 대신 미군기들은 처절할 정도로 일본 함대를 눈앞에 두고 모두 격추되었다. 이제 나구모를 비롯한 일본 함대의 승무원들은 이번 미드웨이 작전은 완전히 완승으로 끝날 것으로 생각했다. 지금까지는 일본군 최고의 순간이었을 것이다. 미 뇌격대들은 모두 섬멸되었다. 하지만 이들의 희생은 헛되지 않았다. 이들의 활동은 미드웨이 해전에서 미군이 승리하는 데 세 가지 이유에서 큰 기여를 했다.

첫째, 이들 뇌격대는 일본 기동부대를 연속으로 흔들어 놓아 이들로 하여금 미 항모들에 대한 신속한 반격에 나서지 못하게 했다. 둘째, 대부분의 일본 전투기들이 미국 뇌격대에 눈이 팔려 자기 위치를 이탈하게 만들었다. 마지막 공격을 시도하다가 섬멸된 요크타운의 뇌격대는 특히 승리를 위한 중대한 기여를 했다. 일 기동부대 남동쪽에서 저공으로 몰려온 요크타운의 뇌격대를 요격하느라 일본 전투기들은 온통 남동쪽 해역 아래 하늘에 몰려 있었다. 그래서 일 기동부대 상공의 하늘은 텅 비워 놓았기 때문이다. 바로 이 텅 빈 공간으로 매클러스키 급강하 폭격대가 들이닥쳤던 것이다.

역사를 바꾼 운명의 5분, 매클러스키 급강하 폭격대

실제 엔터프라이즈에서 발진한 매클러스키 소령이 이끄는 돈틀리스 급강하 폭격대가 정찰기의 보고에 의존한 현장에 도착하자 일본 함대는 보이질 않았다. 항로를 변경한 것이다. 매클러스키 소령은 잠시 생각을 하다가 이는 필시 일본 함대가 북쪽으로 항로를 변경했을 것이라고 판단했다. 그는 일본 기동부대가 북방으로 이동했으리라고 짐작하고 수색을 되풀이하며 북동쪽 바다를 뒤지기 시작했다. 원래 함재기의 발진과 착함에는 바람의 방향이 굉장히 중요하다. 그래서 북쪽에서 바람이 불어왔기 때문에 일본 항모들이 함재기 발진을 위해서 북쪽으로 향했으리라는 것이 그의 직감이었다. 매클러스키 소령의 살신성인의 정신이 담긴 결단이었다. 왜냐하면 폭격대의 연료가 거의 절반밖에 남지 않았으므로, 만약 일본 함대를 발견하지 못하면 그대로 바다에 그대로 처박힐 판이었다. 미드웨이 해전의 결정적인 순간이었다. 방향을 틀고 날아간 지 20분이 지난 오전 10시쯤 해상에 가느다란 흰 줄이 보였다. 곧 이어서 일본 항모군이 눈에 들어왔다. 그렇게 찾던 일본 주력 항모들 네 척이었다.

일본의 항모들은 갑판 위에 재급유하고 재무장하는 장비와 비행기들로 뒤덮여 있었다. 고옥탄 연료 호스가 비행기에서 떼어낸 폭탄들 사이로 뻗어 있었다. 그리고 그 폭탄들은 막 이륙하려고 엔진을 가동하고 있는 비행기들 옆에 놓여 있었다. 이것들은 파국을 만드는 재료들이었다. 맨 먼저 나구모의 기함인 아카기가 제물이 되었다. 구름을 헤치고 매클러스키 소령의 돈틀리스 급강하 폭격기 세 대가 아카기를 향해 내리꽂혀 왔다. 그리고 두 개의 직격탄을 그대로 박아버렸다. 폭탄 한 발은 아카기의 아래층 격납고 바닥의 폭탄과 어뢰 및 항공 연료에 인화되어 대 연쇄 폭발을 일으켰다. 함교에 있던 나구모와 함장 그리고 참모들은 가까스로 함을 탈출하여 순양함 나가라長良로 황급히 피신했다. 아카기 근처에 있던 가가에도 매클러스키 소령의 다른 아홉 대의 급강하 폭격기들을 내리꽂히면서 직격탄 네 발을 명중시켰다. 가가 역시 불기둥과 화염에 휩싸였다. 매클러스키 급강하 폭격대가 나구모 항모들을 요절내고 있는 동안 요크타운에서 발진한 열두 대의 급강하 폭격기들이 추가로 현장에 도착했다.

이들도 10시 25분 소류에 직격탄 세 발을 직통으로 때려 박았다. 아카기와 가가에 이어 소류도 역시 불덩어리가 되었다. 불과 5분 만에 일본 해군이 자랑하던 세 척의 항모가 불길에 휩싸였고 이후에도 폭발은 계속되면서 지옥을 방불케 했다. 일본 함대는 마지막 남은 항모 히류를 중심으로 전투 준비에 들어갔다. 히류는 야마구치 다몬山口 多聞 소장이 이끌고 있었다. 그는 나구모 중장보다는 직급이 낮았지만 훨씬 단호하고 총명한 두뇌의 소유자로서 야마모토의 후임 사령관감으로 칭송받던 인물이었다. 그는 애초에 나구모가 어뢰를 달 것인가, 폭탄을 달 것인가 하고 우왕좌왕할 때 폭탄을 그대로 달고 미 항모로 달려가자고 직언을 하기도 했다. 나구모 함대 뒤 550킬로미터에서 뒤따라오던 주력부대의 전함 야마토의 사령실에서 미드웨이로부터 낭보를 기다리던 야마모토는 세 척의 항모가 침몰되었다는 청천벽력 같은 소식을 접했다. 그는 낭패감에 치를 떨었다.

오전 10시 40분, 다몬 소장은 세 척의 항모가 침몰하였다는 보고를 접하고 즉시 급강하 폭격기 열여덟 대와 전투기 여섯 대를 발진시켰다.

요크타운을 발견한 일본기들은 여기에 달려들었다. 엔터프라이즈와 호넷에서 요크타운을 돕고자 달려왔다. 주위 함선들의 격렬한 대공포화와 전투기들이 방어전을 펼쳤지만 결국 요크타운에 세 발의 폭탄을 안겨주었다. 이어서 도모나가의 2차 공격대가 다시 발진하여 요크타운에 달려들었다. 일본 뇌격기들에 의하여 발사된 어뢰 두 발이 요크타운에 직통으로 명중하면서 거대한 불덩어리로 변했다.

한편 요크타운이 집중적으로 얻어맞고 있을 때 미군 정찰기가 히류를 발견했다. 이 보고를 받고 오후 4시 엔터프라이즈에서 스무 대의 돈틀리스 급강하 폭격기와 호넷에서 열여섯 대의 급강하 폭격기들이 발진했다. 1시간 후 엔터프라이즈호에서 발진한 돈틀리스 폭격대가 히류를 발견하고 곤두박질하여 내려오면서 떨어트린 폭탄 네 발이 비행갑판에 명중했다. 발함하기 위해 대기하고 있던 비행기들의 폭탄과 연료탱크가 폭발하면서 히류도 화염에 휩싸였다. 야마구치 소장은 불구덩이 속의 히류에 끝까지 남아 최후를 맞았다.

요크타운은 왼쪽으로 심하게 기울면서 이미 회생이 불가능해짐에 따라 플레처 소장을 비롯한 2천여 명의 승무원들은 퇴함했다. 이렇게 해서 나구모의 함대 전체가 제국의 꿈과 함께 사라졌다. 진주만 공습 후 6개월 동안 "제대로 설쳐보겠다."라는 야마모토의 예언은 기가 막히게 딱 들어맞았다. 이제 태평양의 균형추는 점차 미국으로 기울어지기 시작했다. 6월 5일 새벽 야마모토는 공식적으로 미드웨이 작전의 실패를 인정하고 작전을 취소한다고 말하면서 태평양 전쟁의 분수령이 되는 대해전은 막을 내렸다.

한편 일본 함대 히류의 공격으로 대파된 요크타운은 극심한 피해에도 침몰하지 않아서 예인선에 의해서 견인되어 하와이로 향했다. 그러나 6월 6일 늦은 오후 일본 잠수함이 발사한 어뢰 두 발이 요크타운에 명중하였다. 요크타운은 이미 모든 승조원들이 대피해서 인명 피해는 불과 몇 명에 불과하였다. 그러나 한 발이 요크타운을 밀고 있던 구축함 함만Hammann에 직통으로 명중하면서 가라앉고 말았다.

어뢰에 피격된 요크타운은 다음날 6월 7일 오후 다섯 시까지 해면에 떠 있다가 바다 속으로 사라졌다. 스프루언스의 기동부대는 일본 함대를 웨이크 섬까지 추격하다가 중지했다. 일본은 대패하였고 미국은 대승했다. 미 기동부대는 하와이로 철수했다. 처참한 패배를 안고 일본 함대는 6월 15일 일본으로 돌아왔다. 해군의 최고위층과 일왕 히로히토에게만 개략적인 사실을 알렸을 뿐 다른 모든 군 관계자들에게는 철저히 감췄다. 미드웨이 해전에 참전한 병사들에게는 이 해전의 결과에 대해 일체 입도 뻥긋하지 말라는 명령이 내려왔다. 이 대패의 책임자 중 문책 받은 사람은 아무도 없었다. 최고 책임자인 나구모도 다시 편성된 기동부대의 사령관으로 재차 임명되었다. 이틀 동안 벌어진 치열한 전투로 양국의 수많은 젊은이들과 거대한 함선들이 미드웨이 인근 바다 5천 미터 속에 수장되었다. 일본 측 전사자 중에는 316명의 베테랑급 조종사들과 탑승원이 포함되어 있었다. 노련한 조종사와 승조원들을 양성하는 것은 비행기를 만드는 것보다 훨씬 더 많은 시간과 노고를 필요로 한다. 이와 같은 베테랑 파일럿들과 승조원들의 대거 상실은 향후 일본이 태평양 전쟁을 수행하는 데 결정적인 아킬레스건이 되었다. 미드웨이 해전에서 일본 해군에 결정적인 한 방을 먹인 미군은 3개월 뒤에 솔로몬 제도의 과달카날에서부터 반격을 시작했다. 이후 태평양 전쟁의 주도권을 잡아나가면서 일본을 패망의 구렁텅이로 몰아넣었다.

TIP!

1. 둘리틀James Doolittle

둘리틀 폭격대를 이끈 둘리틀 중령은 MIT에서 항공공학을 전공했고 1차 대전 때는 비행 교관으로 근무했다. 진주만 피습 이후 폭격대를 인솔하여 도쿄 공습을 지휘했다. 이후 북아프리카, 지중해 전선에서 비행대장을 지냈다. 마지막에는 유럽전선에서 공군 최고 지위인 제8항공대장을 역임했다. 1985년 미 의회는 특별법을 제정하여 그를 대장으로 임명했다.

2. 산호해 해전

산호해 해전은 미국과 일본이 1942년 5월 4일부터 8일까지 남태평양 산호해에서 격돌한 해전을 말한다. 이 해전은 항모끼리의 최초 격돌 해전이었다는 점에서 특별한 기록을 남겼다. 양측이 육안으로 적을 보지 않고 함포가 아닌 항공기만 가지고 싸울 수 있다는 사실은 이전에는 상상도 못할 일이었다. 이 해전에서 미국 측은 항모 한 척(렉싱턴)이 격침되었고 일본도 경항모 한 척을 잃었으나 쌍방이 무승부였다.

3. 프랭크 플레처

아이오와에서 태어난 그는 1906년 해군사관학교를 졸업하고, 이후 제독으로 승진하면서 태평양 전쟁이 발발하자 제17 기동부대를 이끌고 산호해 해전에서 일본군과 혈전을 벌였다. 미드웨이 해전에서는 요크타운을 이끌고 참전했지만 요크타운이 침몰하자 엔터프라이즈와 호넷을 이끌고 있던 스프루언스 제독에게 지휘권을 이양했다. 이 일로 스프루언스 제독은 계속 고마워했다. 그는 1942년 11월부터 비교적 한직인 북태평양 방면의 사령관을 맡다가 종전을 맞이했다. 충분히 명장의 반열에 들 수 있는 제독이지만 다양한 경력을 제외하면 특출 난 장점이 없던 제독이었다. 그러나 이렇다 할 약점도 없던 제독이기도 하다. 전쟁 초기 사기도 낮고 경험도 부족한 해군을 이끌고 정예병들로 구성된 일본군과 가장 많이 싸웠다. 비슷한 시기에 활동한 성격이 괄괄한 홀시 제독과 달리 전투에 있어서 신중하고 소심한 모습을 보여줬는데, 실제 지휘성향은 홀시보다 더 공격적이었다는 평도 있다.

4. 윌리엄 홀시

진주만 공습부터 미드웨이 해전 사이에 있었던 주요 항공모함 작전의 야전 사령관은 홀시였다. 하지만 미드웨이 해전 직전 대상포진으로 병원에 입원하면서 스프루언스 제독이 대신 지휘하게 되었다. 과달카날 전투 중반에 완전히 회복되었다. 당시 과달카날 전투에서 남서태평양 방면 해군 사령관 곰리 제독이 워낙 소극적인 까닭에 니미츠 사령관이 그를 대신 임명했다. 당시 이 소식을 들은 남서태평양 방면의 해군과 해병대원들 모두 환호했다고 한다. 미군이 과달카날에서 최종적인 승리를 얻는 데 큰 공헌을 했다. 전체적으로 명장이면서 맹장이긴 하지만, 감정적인 성격이 두드러진 편으로 알려져 있다.

5. 레이먼드 스프루언스

볼티모어에서 태어난 스프루언스는 1903년 미국 해군사관학교를 졸업했다. 미드웨이 해전 때 제16기동함대 지휘관으로 활약했다. 미드웨이 전투가 끝난 후에는 니미츠 제독이 태평양 함대 참모장으로 지명하면서 잠시 함대 지휘에서 물러나기도 했다. 하지만 니미츠 제독이 1943년 태평양 함대에 소속된 전투 부대를 총망라하여 5함대를 편성하면서 초대 사령관으로 임명하여 다시 일선에 복귀했다. 1944년 필리핀 해전에서 일본군 함대를 박살내면서 미군의 사이판 상륙에 큰 공헌을 했고 레이터만 해전에서도 큰 승리를 거두었다. 종전

후 니미츠의 후임으로 태평양 함대 사령관으로 임명됐다. 1952년부터 1955년까지 필리핀 대사직을 역임했다. 니미츠가 가장 신임하는 제독이었다.

6. 카탈리나 수륙양용 비행정

미 해군의 미드웨이 해전 승리의 주역 중 하나였다. 이 비행정은 급하면 바다와 육지를 가리지 않고 어디서든지 착륙할 수 있었다. 항속거리 밖으로 이동해 버린 착함선을 찾아 헤매는 두려움을 갖지 않아도 되었다. 이 비행정은 미드웨이 해전뿐 아니라 태평양 전쟁 기간 동안 정찰활동이나 아군 비행사 구조 활동에서도 지대한 공헌을 했다.

7. 로프턴 헨더슨 소령과 헨더슨 비행장

태평양 전쟁에서 미군이 승기를 잡은 전투는 바다에서의 '미드웨이 해전'과 육지에서의 '과달카날 섬 전투'였다. 미드웨이 해전이 끝나고 2개월 후 미 해병대는 남태평양의 과달카날 섬에서 치열한 전투 끝에 승리한다. 이때 과달카날의 비행장을 점령하기 위해 양측이 막대한 희생을 치렀다. 전투가 끝난 후 미군은 이 비행장 이름을 미드웨이 해전 당시 산화한 헨더슨 소령의 이름을 따서 '헨더슨 비행장'이라고 명명했다. 그리고 미드웨이에 있는 비행장도 후에 헨더슨 소령을 기념하여 헨더슨 비행장이라고 개칭했다. 이로써 지구상에 두 개의 헨더슨 비행장이 있는 셈이다.

〈사막의 여우, 롬멜〉

전설을 남긴 전쟁의 천재, 에르빈 롬멜

I. 영화 〈사막의 여우, 롬멜〉

원제: The Desert Fox
감독: 헨리 하사웨이
원작: 데스몬드 영
각본: 너낼리 존슨
음악: 다니엘 앰피테아트로
출연: 제임스 메이슨, 제시카 탠디, 세드릭 하드위크, 루터 애들러, 레오 G. 캐롤
제작 연도: 1951년
상영시간: 91분

이 영화는 〈엘다 4형제The Sons of Katie Elder〉, 〈진정한 용기True Grit〉, 〈네바다 스미스Nevada Smith〉 등 전설적인 서부극들을 연출한 헨리 하사웨이Henry Hathaway 감독이 1951년도에 만들었다. 하사웨이의 서부극들은 모두 고전의 반열에 올려놓을 만큼 뛰어난 작품으로 손꼽히고 있다.

사막의 롬멜(영화에서)

영화 〈사막의 여우〉는 히틀러와 에르빈 롬멜Erwin Rommel의 갈등을 다룬 전쟁 드라마로 군인으로서의 명분과 행동양식을 지킨 한 인간을 그리고 있다. 이 영화는 화려하고 볼만한 액션 장면 없이 2차 세계대전 당시 북아프리카 사막의 전장과 롬멜의 사택을 배경으로 펼쳐진다. 명배우 제임스 메이슨James Mason은 영국군에게 두려움의 대상이었던 독일의 명장 롬멜을 연기했다. 그는 신출귀몰하는 전략을 구사하는 전쟁터의 장군과 히틀러의 무모한 명령에 수긍하지 못하고 그의 암살사건에 연루되는 역사적인 인물을 연기한다. 이 작품은 전형적인 전쟁 영화의 틀에서 벗어나 다큐드라마 형식을 빌어 사실적으로 그리고 있다. 하사웨이 감독은 1945년 영화 〈92번가의 저택The House On 92nd Street〉에서 탁월한 다큐멘터리 형식의 연출 솜씨를 보여준 바 있다. 그는 실제로 촬영한 아프리카 전쟁 장면들을 요소요소에 편집함으로써 사막의 여우처럼 능수능란하게 전술을 구사하던 롬멜의 위용을 한껏 살려내고 있다.

애처가 롬멜(영화에서)

하사웨이 감독의 카메라는 "과연 누구를 위한 전쟁인가?"를 놓고 조국을 위해 고뇌하는 롬멜의 가정적이고도 진실된 군인상과 히틀러의 광기를 극단적으로 대비해 보여준다. 이어서 카메라는 부하에게 사랑받고 적에게까지 존경받는 롬멜의 비극적인 말년을 역사적 사실에 맞춰서 묘사하고 있다. 영화를 통하여 그 삭막하고 황량했던 시대에 롬멜 같은 장군이 있었다는 것도 그나마 위로를 안겨주기도 한다. 영화 〈드라이빙 미스 데이지Driving Miss Daisy〉로 아카데미 여우주연상을 거머쥐었던 젊은 날의 제시카 탠디Jessica Tandy가 롬멜의 현모양처로 등장하고 있다. 이 영화는 영국군 준장이었던 데스몬드 영Desmond Young의 저서를 원작으로 제작되었다.

II. 전설을 남긴 전쟁의 천재, 에르빈 롬멜

1942년 1월, 북아프리카 사막에서 영국군과 독일군이 치열한 사투를 벌이고 있을 때였다. 이때 처칠 수상은 독일 장군 한사람에게 이색적인 찬사를 보냈다. "우리는 대단히 용맹스럽고 재능이 넘치는 적과 맞서고 있다. 아프리카 전선에서 연합군이 당한 참패, 바로 그 뒤에는 걸출한 장군이 있다." 그 장군이 바로 에르빈 롬멜이었다.

전쟁의 달인 롬멜

1941~1942년 사이에 북아프리카 리비아 사막에서 벌어진 독일 아프리카 군단의 승승장구는 롬멜이라는 뛰어난 지휘관의 천재

성에 의해서만이 가능했다. 단지 위장과 기만이라는 한 가지 무기에 의하여, 상대방보다 전혀 나을 것이 없는 빈약한 병력으로 영국군을 수천 키로 밖으로 밀어내버린 그 전투는 분명 롬멜의 전쟁이라는 표현이 맞았다. 전쟁의 달인, 롬멜은 1891년 남부 독일의 하이덴하임Heidenheim에서 시골 중학교 교장의 아들로 태어났다. 18세에 프로이센 제국 육군에 입대한 그는 24세 때인 1915년에 중위로 제1차 세계대전에 참전하면서 그 탁월한 천재성을 발휘하기 시작했다.

1차 대전에 참전한 롬멜은 1917년 10월 이탈리아 북부에서 벌어진 카포레토Caporetto 전투에 투입되었다. 이때 그는 불과 1개 중대병력(250명)을 이끌고 9천여 명의 이탈리아군을 포로로 잡는 눈부신 전공을 세웠다. 이탈리아군은 그의 기만전술에 걸려 그냥 손을 들어버린 것이었다. 독일군 전체가 깜짝 놀랐다. 이 놀라운 전과로 롬멜은 독일군 최고 훈장인 블루맥스Bluemax 훈장을 수여받았다. 그의 전매특허인 기만전술은 나중에 북아프리카 전선에서 최고도로 발휘된다. 그런데 이런 놀라운 전과의 이면에는 상부의 명령에 따르지 않고 스스로가 옳다고 생각하는 바를 밀어붙이는 그의 고집이 있었다. 앞으로도 그의 이런 고집은 전장에서 종종 나타난다. 그는 초년 장교시절부터 전술 교범의 원칙을 믿지 않았다. 그 대신 순간적인 판단과 육감에 따라 지휘했고, 실제로 그것은 거의 한 번도 틀리지 않았다. 그는 또 "나는 탁상 위의 전략 따위를 믿지 않는다."라고 말하면서 항상 솔선수범했고, 최일선에서 부하들과 생사고락을 함께 하며 지휘했다.

2차 세계대전, 전설이 되다

롬멜은 프랑스 침공 당시 육군 7기갑사단장으로 휘하의 장갑차와 전차를 앞세워 전광석화와 같은 속도로 아르덴느Ardennes 숲을 통과했다. 그리고 독일 기갑부대의 아버지라고 불리는 하인츠 구데리안Heinz Guderian 장군보다 먼저 뫼즈Meuse강에 도달했다. 뫼즈강에 도달한 롬멜은 여기서 제1차 세계대전 때의 돌격대장의 모습으로 돌아갔다. 쏟아지는 포탄 속에서도 그는 동분서주했다. 그는 공병들에게 빨리 부교를 띄우라고 재촉했다. 사단장인 그가 직접 허리까지 차는 강물에 뛰어들어 함께 작업을 했다. 다음날 아침 공병들은 30여 대의 전차를 부교에 실어 순식간에 뫼즈강을 도하시키는 데 성공했다.

프랑스 전선의 롬멜

그때부터 롬멜의 신화가 또 한 번 써지기 시작했다. 롬멜의 좌우명은 '돌격, 충격, 압박'이었다. 뫼즈강을 건넌 롬멜 군은 옹에Onhaye라는 마을을 향하여 진격을 시작했다. 그는 휘하 연대장의 지휘전차인 3호 전차를 빼어 타고 가다가 대전차포에 얻어맞아 부상을 당했지만 기어코 옹에를 손에 넣었다. 이후 혀를 내두르는 진격 속도와 신출귀몰하는 움직임에 프랑스군은 롬멜의 제7기갑사단을 유령사단이라고까지 불렀다. 그의 장갑사단은 생각도 못할 뜻밖의 장소에 불쑥불쑥 나타나 프랑스군을 소스라치게 했다. 지나치게 앞으로 나아가자 육군총사령부에서 정지하라고 명령을 계속 내렸지만 그는 무조건 진격했다.

이렇게 진격한 끝에 드디어 아벤Avesnes에 도착했다. 이어서 프랑스 육군 전차대를 부수면서 그 여세를 몰아 서쪽의 랑드르시에Landreciers로 돌격했다. 급기야 제7기갑사단은 유류와 탄약 고갈로 랑드르시에에서 정지했고 이미 50킬로미터 가까이 진군했다. 그런데 알고 보니 롬멜 자신이 직접 지휘한 기갑연대만 돌진했고 남은 병력은 아직도 한참 뒤에서 쫓아오고 있었다. 롬멜은 본대로 돌아가기로 했다. 달랑 롬멜의 지휘차만 후방으로 달려가는 기묘한 귀환길이 시작되었다. 이때 후방에는 후퇴하는 프랑스 병사들이 떼거리로 몰려오고 있었다. 롬멜은 이들에게 항복하라고 소리쳤다. 프랑스 병사들은 지체 없이 항복했다. 이런 사기詐欺가 먹힐 수 있던 이유는 당시 프랑스군은 너무나 지리멸렬한 상태에 놓여 있었기 때문이었다. 이런 상황에서 적의 장군이 불쑥 튀어나와 "항복하라!"라고 고함을 친 것이다. 상식적으로 장군이나 되는 자가 아무 대책 없이 왔을 리가 없으므로 "어? 이거 우리 포위된 거 아니야?"라고 생각하고 그냥 손을 들어 버린 것이다. 한 영국 작가는 롬멜의 이런 위험스런 행동에 대해 이렇게 말했다. "프랑스군 병사들 중에서 단 한 명이라도 용감하게 방아쇠를 당겼다면 롬멜의 목숨은 그 자리에서 끝장이 났을 것이다." 롬멜은 프랑스 침공에서 이와 같은 극적인 활약으로 일약 독일 육군 최고의 유명 인물로 떠올랐다.

북아프리카 전선, 사막의 여우

전광석화처럼 프랑스를 석권한 독일은 소련을 침공하려는 계획을 세우게 된다. 이때 이탈리아가 북아프리카 전선에서 영국군에게 대패하면서 히틀러에게 SOS를 보낸다. 칠칠치 못한 무솔리니 때문에 종종 애를 먹던 히틀러는 그렇다고 북아프리카 전선을 방관만 할 수는 없었다. 지중해가 영국군으로 넘어가면 점령지 발칸반도와 그리스가 위험해질 터였다. 그는 특히 그리스가 영국군의 기지로 활용된다면 루마니아의 유전지대가 영국 공군의 폭격 범위 내에 들어갈 가능성을 극도로 우려했다. 그래서 히틀러는 뛰어난 장군 한명이 이끄는 소수의 기계화부대를 급파해서 아프리카에서 이탈리아가 쫓겨나는 것만 막는 선에서 끝내려 했다. 그때 차출된 장군이 바로 롬멜이었다. 롬멜은 북아프리카에 도착하자마자 영국군이 이탈리아군을 추격하는 데만 혈안이 되어 있음을 간파했다. 그는 곧바로 아직 수송선에서 주력 병력이 하선하지도 않은 상태에서 반격을 개시했다.

이제부터 다시 롬멜 특유의 기만전술이 진가를 발휘하기 시작했다. 롬멜은 도박을 하기로 했다. 각종 트럭에다가 나무판자를 붙여 가짜 전차와 장갑차를 만들어 진짜와 가짜를 뒤섞어 놓으면서 기갑사단 하나를 뚝딱 만들었다. 병사들도 이를 보고 킬킬거리면서 이 사단을 '판자때기 사단'이라고 불렀다. 이 판자때기 사단을 앞장 세워 공격명령이 떨어졌다. 장갑차, 트럭 등 굴러갈 수 있는 것은 모조리 동원되었다. 이 부대가 모래바람을 뽀얗게 피우면서 모습을 나타내자 독일 전차군단

북아프리카 전선의 롬멜

이 나타난 것으로 오인한 영국군은 혼비백산해서 달아났다. 사실 당시 영국군의 주력 병력은 그리스에 파견되어 있었다. 하여튼 영국군은 롬멜의 이 기만 전술에 완전히 놀아났다. 롬멜은 이 모래바람 기만전술을 여러 번 써 먹었다. 이후 북아프리카의 전투는 롬멜 대 영국군의 전쟁이 되어 영국군으로부터 '사막의 여우'라고 불리며 두려움의 대상이자 한편으로는 존경의 대상이 됐다. 이후 롬멜의 아프리카 군단은 영국군과 밀고 당기면서 접전을 벌여 나갔다.

이후 이집트까지 진격하여 수에즈 운하를 점유하려던 롬멜의 야심은 소홀한 지원으로 이집트 국경선인 엘 알라메인El Alamein에서 딱 끝나고 말았다. 독일은 소련과의 전쟁 때문에 아무래도 북아프리카 전선에 대한 적절한 수준의 지원이 이루어지지 못했다. 그나마 이 알량한 지원도 지중해를 건너오는 족족 몰타Malta섬에서 날아오르는 영국 공군기에 두들겨 맞으면서 큰 타격을 입었다. 또한 동맹국인 이탈리아의 무솔리니를 비롯한 고위 군관계자들의 무신경과 전략적 사고의 부재 그리고 현지 이탈리아군의 형편없는 자질과 허접스러운 무기들 때문에 진저리를 쳤다. 무엇보다도 바닥을 기는 보급품(무기, 탄약, 연료 등)의 지원으로 롬멜의 속은 시꺼멓게 타들어 갔다. 결과론이지만 적절한 후방 지원이 이루어졌다면 롬멜의 계획대로 독일이 이집트를 비롯한 중동지역을 장악하면서 제2차 대전의 양상은 엄청나게 달라졌을 것이다. 이때 롬멜은 북아프리카 전선에서의 거칠고 긴장된 생활의 연속으로 인해 병을 얻어 본토로 떠나게 된다. 18개월이라는 긴 기간을 혹독한 사막의 환경 속에서 지속적인 스트레스와 거친 음식 등으로 혹사당하고 있던 것이다. 이미 휘하 대부분의 장군들도 이런 극한적인 환경에서 나가떨어졌다. 그나마 롬멜은 강철 같은 체력과 굳센 의지로 버텨 나갔지만 결국은 위장병 등이 악화되면서 오스트리아 비엔나 근처의 요양지 제메링Semmering의 한 병원으로 긴급 후송되었다.

그가 북아프리카를 떠난 사이 몽고메리 장군이 이끄는 엘 알라메인에서 영국의 대반격이 시작되었다. 소식을 들은 롬멜은 완쾌되지 않은 몸으로 급히 돌아왔으나 연료와 탄약이 바닥나고 전차도 30여 대 수준으로 바닥이 나고 있음을 알고 퇴각 명령을 내렸다. 이를 알고 화가 잔뜩 난 히틀러로부터 분노에 찬 전보가 날아왔다. "아프리카 군단의 병사들은 현 진지를 결단코 사수하라." 그러나 롬멜은 히틀러의 명령을 따르지 않기로 했다. 그동안 히틀러를 존경해 왔고 그의 총애를 듬뿍 받아왔던 그로서는 히틀러의 명령을 거부한다는 것은 참으로 어려웠을 것이다. "총통의 명령 따위는 이제 쓸모가 없어졌다. 이렇게 된 이상 우선 구출할 수 있는 것만이라도 지옥에서 건져내야 했다(롬멜 전사록, 『리델 하트』, p492)." 이로써 20개월 만에 아프리카 군단의 찬란한 신화는 끝장이 나고 말았다. 그동안 롬멜에 대한 히틀러의 총애가 없었더라면 이런 명령 불복종은 도저히 용납이 안 되었을 것이다. 이를 계기로 롬멜에 대한 히틀러의 신뢰에 금이 가기 시작하고 롬멜 또한 히틀러에 대한 무조건적인 충성심에서 벗어나기 시작했다.

이 대목에서 스탈린그라드 전투 당시 독일 제6군을 지휘하던 프리드리히 파울루스Friedrich Paulus 장군과 대비된다. 그는 전투 막바지 소련군에 포위되자 히틀러의 "현 진지를 끝까지 사수하라."라는 지시를 고분고분 따르다가 9만 1천 명의 부하와 함께 항복했다. 전쟁이 끝난 후 6천 명만 살아 돌아 올 수 있었다. 이후 독일군은 영미연합군의 횃불작전Operation Torch의 일환으로 추진된 북아프리카 상륙으로 튀니지에 갇혀버리게 된다. 롬멜은 총통을 직접 만나 병력 증파를 요청하러 독일로 다시 돌아갔다. 하지만 히틀러의 지시로 그는 독일에 남게 되고 그의 후임으로 육군상급대장 폰 아르님von Arnim 장군으로 교체된다. 이는 이미 판세가 기울었으며, 만약 여기서 독일 국민의 영웅으로 부상한 롬멜이 포로라도 되면 심각한 위신 손상이 올 것을 히틀러가 우려한 조치였다. 결국 독일, 이탈리아군 합쳐서 무려 23만 명이 항복했다.

북아프리카에서 돌아온 후 그는 연합군의 상륙에 대비한 대서양 방벽 건설의 책임을 맡았다. 그는 상륙이 예상되는 해변에 4백만 개에 달하는 지뢰와 철제 대들보, 나무 말뚝을 세워 놓았다. 그리고 전차 장애물 도 빼곡하게 설치해 놓았다. 해안가에는 수류탄을 매달아 놓은 나무 기둥을 촘촘히 박아 놓았다. 해안가 콘크리트 요새들은 더욱 견고해졌다. 그는 대서양 방벽을 방문한 파울 궤벨스Paul Goebbels[1] 선전장관에게 "이 정도면 아무리 맹렬한 적의 상륙이라도 반드시 실패로 만들 수 있다."라고 자신감을 나타냈다. 대서양 방벽구축을 대충 마무리한 롬멜은 히틀러를 만나 기갑부대의 병력을 자신의 지휘권 아래 두고 싶다는 의도를 밝혔다. 상륙 당일 날 연합군 병력이 해안가에서 독일군의 강력한 수비로 인해 막히면 전차들을 동원하여 이들을 바다 속으로 쓸어버리겠다는 계획이었다. 그러나 히틀러는 자기가 알아서 하겠다는 말과 함께 이를 거부했다.

그는 실망 속에 서부전선으로 돌아왔다. 1944년 6월 6일(노르망디 상륙작전일)은 부인의 생일이었고 그는 집으로 가고 싶어 했다. 마침 노르망디 상륙작전 전날까지 심각한 비바람과 폭풍이 몰아쳤으므로 상륙하더라도 이날은 아닐 것이라고 현지 지휘관 대다수도 판단하고 있었다. 그래서 6월 4일 롬멜은 안심하고 독일 헤어링엔Herrlingen 자택에 도착했다. 6월 6일 아침 노르망디 해안에 연합군의 상륙이 시작되는 소식이 전해오자 그는 곧 바로 서부전선으로 출발했다. 비록 롬멜이 당일 날 자리를 지키고 있었어도 연합군의 상륙은 저지하지 못했을 것이다. 부대 하나 옮기는 데도 히틀러가 일일이 간섭을 하고 통제를 했다. 이래서야 아무리 천부적인 임기응변과 기동력을 구사하는 롬멜도 마음대로 작전을 펼칠 수 없었을 것이다. 더구나 총지

대서양 방벽을 시찰 중인 롬멜

휘부에서는 롬멜이 요청한 해안 가까이 기갑부대의 배치를 무시하고 뒤로 멀찌감치 주둔시키는 바람에 상륙군에 대한 즉각적인 타격도 물 건너갔다.

늦게나마 동분서주했지만 연합군의 상륙은 성공적으로 이루어졌고, 이미 기울어 버린 전세를 파악한 그는 6월 26일 히틀러를 만나 연합군과의 강화를 제안했다. 그러나 히틀러는 그건 내 소관사항이니 쓸데없이 참견 말라고 퉁명스럽게 쏘아붙였다. 히틀러는 상당히 불쾌해 했다. 북아프리카 전선에서 자기의 명령에 반하여 후퇴명령을 내린 롬멜이 또 한 번 히틀러의 눈에 나는 순간이었다. 당시 롬멜을 시중들던 루돌프 로이스틀레Rudolph Loistle는 롬멜이 히틀러를 만나고 와서 그를 비난하는 말을 처음 듣고 놀랐다고 한다. "히틀러 저 인간은 제 정신이 아니야. 사람들은 원하는 것을 말할 수 있어야 하는데, 저 인간은 누구의 말도 귀담아 듣지 않고 그저 허공만을 바라보는 거야(마우리체 필립 레미, 『롬멜』, p351)." 이미 롬멜은 히틀러에 대한 충성심이 점차 희미해져 가고 있었다.

롬멜의 피격, 부상

1944년 7월 17일 저녁 6시경, 롬멜은 서부전선 지휘소가 있는 비무티에Vimoutiers로 가고 있었다. 그때 하늘에서 먹잇감을 찾고 있던 두 대의 영국 스피트파이어 전투기가 롬멜의 군용차를 발견하고 추격하기 시작했다. 롬멜의 운전기사인 칼 다니엘Karl Daniel 상사는 이를 알고 급히 엑

셀을 밟았다. 그는 300미터 앞 길가의 골짜기로 차를 숨기려고 했다. 그러나 미처 피신하기 직전에 스피트파이어의 기총소사에 의해 군용차는 전복되고 말았다. 운전사는 총탄을 맞고 부상당했다. 롬멜은 차량의 유리창에 머리를 부딪치면서 밖으로 튕겨 나가 도로 위에 머리를 찧었다. 함께 있넌 부관 헬무트 랑Helmut Lang 내위와 칼 훌케Karl Hulke 병장이 차에서 튀어나와 급히 기절한 그를 끌고 길가의 덤불 속으로 숨었다. 다행히 다시 공격에 나선 스피트파이어 전투기는 이들을 발견하지 못하고 돌아갔다. 병원으로 이송된 롬멜은 상처는 깊었지만 의사들은 다시 회복될 것이라고 진단했다. 그러나 롬멜의 왼쪽 얼굴은 심하게 부어 있었고, 왼쪽 눈에서는 계속 피가 흘러 나왔다. 4일 후 7월 21일, 롬멜의 부관 랑은 여느 때처럼 롬멜의 병실로 들어섰다. 롬멜은 그에게 어서 오라고 손짓했다. 그러나 이번에 그가 들고 온 소식은 전선에서 온 전황이 아니었다. 그 전날 동 프로이센의 총통 지휘본부에서 암살 작전이 진행되었고 이는 실패로 끝났다는 소식이었다. 롬멜의 안색이 순간적으로 하얗게 변했다.

히틀러 암살 계획

1944년 7월, 이미 패전이 명백해진 조국 독일을 구해내자는 군부 안의 일부 장군들에 의해 히틀러 암살이 계획된다. 군과 국민들로부터 신망이 두터웠던 롬멜의 높은 명성이 필요했던 그들은 이 암살계획에 롬멜을 끌어들였고 롬멜 역시 여기에 어렴풋이 가담하게 된다. 하지만 이 암살은 실패했고 일제 검거 선풍이 몰아 닥쳤다. 주모자 슈타우펜베르크Claus von Stauffenberg[2] 백작을 비롯하여 수천 명이 처형되었다. 롬멜 피격 8일 전, 1944년 7월 9일, 케사르 폰 호프아커Cäsar von Hofacker 중령이 서부전선의 라 로셰 기용La Roche Guyon에 있는 롬멜을 찾아왔다. 롬멜과 같은 슈바벤Schwaben 출신인 호프아커는 1차 세계대전 때 중장으로 참전한 아버지를 통해 롬멜과 친분이 있었다. 호프아커는 숨김없이 다 털어 놓았다. 슈타우펜베르크의 히틀러 암살 계획과 암살이 성공하면 서부 전선의 전쟁이 즉각 중단될 것이며 독일군은 점령지에서 철수할 것이라는 점, 그리고 무엇보다도 롬멜의 도움이 필요하다는 내용이었다. 그러나 이에 대한 롬멜의 반응은 분명하게 밝혀져 있지 않다.

롬멜이 암살 계획에 동의하며 적극적 동참 의사를 밝혔다는 증언이 있는가 하면, 입장을 분명하게 밝히지는 않았다는 설도 있다. 이와 관련하여 총통 비서관이었던 마르틴 보어만Martin Bormann이 1944년 9월 27일, 이렇게 기록했다. "암살 당일 날 처형당한 칼 슈튈프나겔Carl Stülpnagel, 호프아커 중령과 그리고 아직 살아 있는 많은 피고인들이 증언하기를, 롬멜이 이 계획을 전적으로 이해했고 암살 계획이 성공하면 새 정부를 위해 자신이 나설 것이라 밝혔다고 한다." 호프아커는 롬멜이 음모를 지지한다고 서명한 기록까지 제출했다. 이후 롬멜은 자신이 7월 20일의 암살 기도 사건에 연루되었다는 혐의를 받고 쫓기고 있다는 것을 눈치 챘다. 일부에서는 "히틀러도 자네를 감히 어쩔 수는 없을 걸

세."라고 위로했지만 그는 마음의 준비를 하고 있었다.

사실 롬멜은 히틀러 암살계획을 그 이전부터 눈치 채고 있었다. 1943년 롬멜이 북아프리카 전선에서 악화된 건강 때문에 독일로 돌아와 병원에 있을 때 오랜 친구이자 슈투트가르트 시장을 지낸 슈트뢸린이 병원으로 찾아왔다. 그는 여러 가지 시국을 설명하면서 히틀러를 비판했지만 롬멜은 여기에 적극적인 동조를 하지 않았다. 이듬해 1944년 2월 롬멜이 가족과 함께 집에서 머물고 있을 즈음, 슈트뢸린이 다시 방문했다. 그는 독일을 위해서는 히틀러 제거밖에 방법이 없다고 구체적으로 계획을 밝혔다. 그러나 롬멜은 상관의 명령을 집행하는 것만이 군인의 유일한 존재 이유라고 밝혔었다.

롬멜의 죽음

1944년 10월 14일 11시경, 사복을 입은 12명의 게슈타포들이 롬멜의 집 주위를 에워쌌다. 그리고 정각 12시, 염라대왕 히틀러가 보낸 저승사자인 부르크도르프와 마이젤 장군이 검은색 벤츠 승용차를 타고 롬멜의 집에 도착했다. 이들은 호프아커의 진술서를 내밀었다. 롬멜은 히틀러도 이 진술서 내용을 아느냐고 물었다. 물론 안다고 대답한 이들은 그에게 두 가지 선택권을 제안했다. 하나는 자결이었고 다른 하나는 특별 재판이었다. 재판을 원할 경우에는 독일국민의 우상이 총통암살 음모라는 더러운 죄명으로 처형당할 것이 불을 보듯 뻔했다. 롬멜은 자살을 선택했다. 스스로 목숨을 끊으면 가족들(부인과 아들)의 안전은 보장하겠다는 히틀러의 배려(?)에 롬멜이 이를 선택한 것이다. 롬멜은 원수 복장으로 갈아입고 가족과 이별을 한 다음에 메르세데스 벤츠 승용차를 타고 가면서 스스로 독약을 마시고 자결했다.

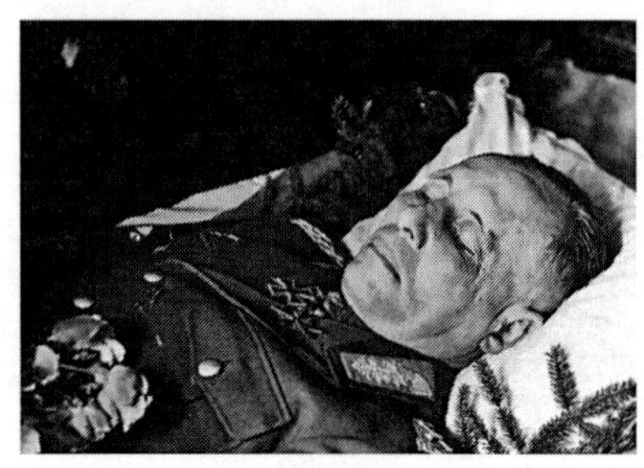
롬멜의 죽음

롬멜은 전투에서 입은 부상이 악화되어 전사한 것으로 발표되었고 성대한 국장이 치러졌다. 10월 18일 울름의 시청에서 열렸던 롬멜의 장례식은 무거운 분위기에서 진행되었다. 히틀러와 그의 충복들은 당연히 참석하지 않았다. 전장에서 같이 생활하면서 애증이 얽혔던 룬트슈테트 원수가 추도사를 읽었으나 그도 롬멜이 어떤 상황에서 죽었는지 까맣게 몰랐다. 많은 국민들은 롬멜의 죽음에 애도를 표시했으나 그들 중 그가 왜 어떻게 죽었는지를 아는 이는 거의 없었다. 식장에서는 내막을 알고 있는 아들 만프레드 롬멜Manfred Rommel[3]과 부인만이 돌처럼 굳어 있었다.

롬멜은 죽기 얼마 전 이렇게 말했다. "독일은 이미 이 전쟁에서 패배했다. 이 엄연한 사실을 총통은 받아들이고 스스로 물러나야 한다. 독단적이고 마구잡이 군사개입은 전쟁의 패배를 가져왔다. 전쟁이 계속될수록 애꿎은 인명만 희생되고 모든 것이 파괴될 뿐이다. 이것이 범죄가 아니고 무엇이겠는가."

롬멜의 리더십과 인간 롬멜

롬멜은 적의 의표를 찌르는 능력, 전기戰機를 순식간에 포착하는 비범한 재능의 천재였다. 전격전의 창시자인 구데리안이나 연합군의 패튼 정도가 비슷한 급이었을 것이다. 이와 더불어 모든 명장들에게 요구되는 사질이 바로 리너십이다. 병사들에게 자기도 모를 전투력을 불러일으키게 하는 것이 바로 이 리더십이다. 롬멜의 뛰어난 리더십은 특유의 끝없는 열정과 추진력에서 비롯되었다. 롬멜은 이와 같은 열정을 함께하지 못한 장교는 그 즉시 가차 없이 내쳐버렸다. 그는 가급적 최전방에서 진두지휘하려고 했다. 이는 최일선에서 시시각각 변화하는 상황을 직접 파악하려는 그의 열정 때문이었다. 운전병이 너무 지쳐 있을 때는 직접 운전대를 잡는 경우도 있었다.

그는 극도로 소박했다. 다른 고위 장군들처럼 맛있는 음식과 고급술을 탐하지 않았으며 막사도 소박하기 이를 데 없었다. 롬멜은 부하들과 같은 음식을 먹고 같은 막사에서 휴식을 취했다. 롬멜은 바로 밑의 상급 장교들에게는 아마도 책임자급이었기 때문이기도 했겠지만 다소 냉정한 태도를 보였다. 그러나 최일선의 병사들에게는 살갑고 따뜻하게 대해 주면서 마음에서 우러나오는 존경심을 불러 일으켰다. 솔선수범의 대가였고 이는 곧 부대원들의 사기를 진작시키는 데 상당한 기여를 했다. 그리고 그가 군대만큼이나 충실했던 것은 자신의 가정이었다. 연합군으로부터 유령사단이라는 별명으로 불리며 프랑스를 파죽지세로 유린하는 와중에도 그는 거의 매일같이 아내 루시Lucie 앞으로 편지를 보냈다. 이후 북아프리카 전선을 누빌 때도 변함없이 부인에게 편지를 썼다. 점령지의 주민들에게는 깍듯했으며 특히 포로가 된 적의 장군들에게도 같이 식사도 하는 등 정중하게 예우했다.

히틀러와의 관계

제1차 세계대전이 끝난 후 천성이 군인이었던 롬멜은 당연히 군에 남았다. 히틀러의 제3제국이 등장하자 그도 새로운 지도자가 된 히틀러와 만남이 시작되었다. 그는 죽을 때까지 히틀러와 애증이 얽힌 특별한 관계를 유지했다. 히틀러는 롬멜에게 최고의 후원자였으며 그를 독일의 우상으로까지 만들어 주기도 했다. 나중에 사이가 틀어졌지만 말이다. 히틀러는 자기를 한 수 아래로 보는 듯한 프로이센 출신 장군들보다 롬멜이 자신의 제2고향으로 생각하는 남부 독일의 슈바벤 출신이었기 때문에 그를 더 총애했다. 히틀러의 고향은 오스트리아였지만 남부 독일에서 정치적 기반을 닦았고 그래서 그런지 그곳을 끔찍이 사랑했다. 롬멜은 이런 히틀러에게 존경을 보냈고 충성을 맹세했다.

롬멜은 나치즘의 신봉자가 아니었으며 내심으로는 능력보다 히틀러에 대한 충성심과 능란한 처세술에 의해 그 자리에 오른 여러 고위 지휘관들을 경멸했다. 그러나 그의 충성 방식은 히틀러의 충복인 헤르만 괴링Hermann Göring[4]이나 빌헬름 카이텔Wilhelm Keitel[5] 등과는 사뭇 달랐다. 이들은 이른바 정치군인이었을 뿐이었다. 하지만 롬멜도 전적으로 정치 현실을 무시하지는 않았다. 또한 대중의 인기에 상당히 신경을 쓴 것도 사실이나 그의 행동은 히틀러 주위의 아첨꾼들과는 질적으로 달랐다. 롬멜은 시간이 지날수록 히틀러에 대한 존경심과 충성심은 멀어져 갔지만 한편으로는 끝까지 히틀러의 총애를 붙잡고 싶은 이중적인 심정도 있었다.

TIP!

1. 파울 궤벨스

독일 나치스 정권의 선전장관이었다. 1897년 라인란트Rheinland에서 출생하였다. 직물공장의 직공장 집안에서 자라나, 회사의 사환으로 일하는 등 불우한 소년시절을 보냈으며, 소아마비 때문에 군대에 입대할 수가 없었다. 1929년 나치당 선전부장으로서, 새로운 선전수단을 구사하고 교묘한 선동정치를 하여 1930년대 당세 확장에 크게 기여했다. 1933년 나치가 정권을 잡자 선전성 장관에 취임하여 국민을 전쟁에 동원하는 데 광분했다. 끝까지 히틀러에 충성을 바쳤다. 히틀러가 자살한 다음 날 총리 관저 지하실에서 식구들과 동반 자살했다.

2. 클라우스 폰 슈타우펜베르크

클라우스 폰 슈타우펜베르크 백작은 2차 세계대전 당시 북아프리카 전선에서 육군 참모, 베를린 육군본부에서 예비군 참모로 지냈다. 프로이센 귀족 출신으로 명예를 중시하는 군인이었다. 한때 그는 히틀러를 독일민족을 구할 진정한 지도자로 존경하기도 했지만 점차 히틀러의 실상을 접하면서 반 히틀러로 돌아섰다. 1943년 북아프리카 전선에서 크게 부상을 당해 왼쪽 눈과 오른손, 그리고 왼손 손가락 두 개를 잃었다. 그 후 본국으로 귀환하여 요양생활을 하다 베를린에서 국방군본부에서 예비군 참모로 지냈다. 1944년, 히틀러 암살을 계획하여 실행에 옮기려다 실패로 돌아가고 1944년 7월 21일 총살당했다.

3. 만프레드 롬멜

롬멜의 유일한 아들 만프레드 롬멜은 전쟁 후 법학 박사학위를 받았다. 이후 독일기독교민주당에서 당원으로 활동하다가 슈투트가르트 시장이 되었다. 군사 저술가인 리델 하트

Liddell Hart가 명저 『롬멜 전사록』을 쓰는 데 귀중한 자료들을 수집하고 제공하는 등 큰 기여를 했다.

4. 헤르만 괴링

독일 바이에른에서 출생했다. 제1차 세계대전 때는 공군조종사로 공적을 세웠고, 1922년 10월 히틀러를 만나 나치스에 가입하면서 곧 나치스돌격대 대장이 되었다. 1933년 히틀러가 정권을 잡자 그의 충복이 되어 국가비밀경찰과 강제수용소 등을 만들어 반대파를 체포·학살하는 등 갖은 악행을 저질렀다. 1935년 독일 공군을 건설하여 사령관이 되었고, 1936년 전시戰時경제를 위한 4개년 계획을 수립했고 제국 원수로 임명되면서 히틀러의 제2인자로 군림했다. 뇌물을 좋아하고 사치스러웠으며 허랑방탕했다. 여러 고위직을 중임하면서 자신에게 스스로 훈장을 수여하기도 했다. 그 훈장들을 주렁주렁 매달고 다니는 뚱보 괴링은 마치 크리스마스트리 같다고 뒤에서 수군거리기도 했다. 종전 후 체포되어 뉘른베르크 국제군사재판에서 사형이 선고되었으나, 처형 직전에 음독자살했다.

5. 빌헬름 카이텔

1901년부터 군 생활을 시작했다. 1938년 국방군 최고 사령관으로 히틀러의 막료장幕僚長이 되었고, 1940년 원수로 승진하였다. 1945년 5월 2차 세계대전이 끝나자 포츠담에서 독일 국방군 대표로 항복문서에 조인하였고 전범으로 뉘른베르크 군사재판의 판결에 따라 교수형에 처해졌다. 평소 그의 부하들은 그를 '제국주유소의 종업원'이라고 씹어댔다. 그는 히틀러의 뒤를 애완견처럼 졸졸 따라다니는 딸랑이였다.

〈발지 대전투〉

발지 대전투: 히틀러 최후의 도박, 주요전투 및 특기사항

I. 영화 〈발지 대전투〉

원제: Battle of the Bulge
감독: 켄 아나킨
각본: 밀튼 스털링, 필립 요르단, 존 메이슨, 버나드 고든
음악: 벤자민 프란켈
출연: 헨리 폰다, 로버트 쇼, 로버트 라이언, 다나 앤드류, 조지 몽고메리, 타이 하딘, 피어 안젤리, 테리 사바라스, 찰스 브론슨
제작 연도: 1965년
상영시간: 163분

이 영화는 2차 세계대전 말기 서부전선에서 벌어진 '발지 대전투'를 소재로 하여, 워너 브라더스가 170분에 가까운 장편으로 제작했다. 와이드 스크린을 꽉 채운 전투 장면을 실감나게 표현한 이 영화는 당시 무척이나 획기적이고 스케일이 큰 작품이라는 평을 받았다. 전차들이 실제 모델이 아니어서 아쉬운 면은 있으나 영화를 감상하는 데에는 그

다지 어색하지는 않았고 영화 속 여러 장치들도 당시 상황을 나름대로 잘 살린 것으로 평가되고 있다. 그러나 영화를 스페인 마드리드 근방인 시에라 데 과다라마Sierra de Guadarrama 산맥에서 찍다 보니 실제 벨기에 남부의 아르덴느 숲과는 분위기가 영 딴판이었다. 독일 전차 쾨니히스 타이거Königstiger[1]를 미국 전차 'M-47 패튼'으로, 셔먼 탱크를 'M24 채피'로 대체해서 찍은 것도 구설수에 올랐다. 하기야 2차 세계대전 당시의 타이거와 셔먼 전차를 그렇게 많이 동원한다는 것은 애시 당초 불가능했을 것이다. 영화에 동원된 전차나 병사들은 스페인 군으로부터 전폭적인 지원을 받았다.

로버트 쇼Robert Shaw, 헨리 폰다, 로버트 라이언Robert Ryan, 테리 사바라스Telly Savalas, 찰스 브론슨Charles Bronson 등 배역진도 화려하다. 쟁쟁한 스타들이 무더기로 출연하면 구심점을 잃고 각개약진을 하기 마련이지만 이 영화에서는 등장인물들의 개성적인 연기들이 조화를 이루고 있다. 또한 전쟁 영화의 미덕인 볼거리와 구색을 갖추어 지루할 겨를이 없다. 아날로그 방식의 호쾌한 전차전, 병사들의 긴박한 심리, 투철한 군인정신, 극적인 반전이 어우러져 있다. 헤슬러 대령 역의 로버트 쇼가 이끄는 기갑부대는 간당간당해 가는 연료를 확보하고자 미군 유류 저장소 입구에서 미군의 매복에 걸려

헤슬러 대령

전멸한다. 헤슬러 대령이 지휘 탱크 안의 넘실거리는 불꽃 속에서 눈을 부릅뜨고 독일 전차병의 군가를 부르며 죽어가는 장면은 전율이 느껴지기까지 한다. 전차들의 호쾌한 포성, 다이내믹한 카메라 앵글, 특히 달리는 기차에서의 절묘한 카메라 프레임, 헨리 폰다를 비롯한 여러 배우들의 명연기, 군데군데 등장하는 위트 있는 대사들도 인상적이다.

발지 전투 당시 연합군 총사령관과 이후 미국 대통령을 역임했던 드와이트 아이젠하워Dwight Eisenhower는 이 영화를 보고 오류투성이라고 역정을 냈다는 얘기도 따른다. 영화 제작 당시 발지 전투 관련 책자인 『쓰디쓴 숲The Bitter Woods』을 집필하던 아이젠하워의 아들인 존 아이젠하워John Eisenhower는 이 영화의 기술자문 역할을 했다. 『쓰디쓴 숲』은 나중에 베스트셀러가 되었다. 존은 2차 세계대전과 한국 전쟁에도 참전했었고 전쟁 관련 여러 책자를 집필하면서 전쟁역사가로도 이름을 남겼다. 이 밖에 발지 전투 당시 독일군 전차부대를 가장 멀리(뫼즈강에서 5마일) 이끌고 진출했던 마인라트 폰 라우헤르트Meinrad von Lauchert 장군도 이 영화의 자문 역을 맡았다고 한다.

II. 발지 대전투: 히틀러 최후의 도박

1944년 10월만 해도 연합군은 연말이 가기 전에 독일의 항복을 기대하고 있었으나 국경으로 가까워지면서 독일군의 완강한 저항으로 이러한 희망은 물 건너간 것처럼 보였다. 이때 독일군 상층부에서는 '히틀러의 최후의 도박'이라고 일컬어지는 '발지 전투' 작전을 준비하고 있었다. 이는 벨기에 남부 아르덴느 산림지대의 130킬로미터에 걸친 '유령전선'에서 기습을 성공시키겠다는 전략이었다.

유령전선이라고 한 것은 살을 에는 추위와 태고의 성적에 잠긴 이곳에서 양군이 두 달 가까이나 대치하면서 서로가 군사행동을 회피하려 한 데서 유래되고 있다. 이 유령전선에는 미8군단이 배치되어 있었는데, 2개 사단은 전투손실이 심했고 나머지 2개 사단은 모두가 신병으로 편성되어 경험이 부족했다. 히틀러는 "먼저 여기에 전차부대를 동원해 집중공격을 가하고 돌파구를 열어 단숨에 안트워프Antwerp를 점령한다. 그리고 연합군을 이 보급항구로부터 차단시켜 패배의 날을 연기시키면 무조건 항복하기보다는 유리하게 강화 조건을 얻을 시간을 벌 수 있을 것"이라고 생각했다.

1944년 10월 22일, 히틀러는 육군 총사령관 빌헬름 카이텔Wilhelm Keitel 원수를 비롯한 군 수뇌부를 자신의 거처인 독일 남부 오스트리아 접경지대의 '독수리 둥지'라 불리는 베르히테스가덴Berchtesgaden으로 모두 불러 모았다. 비장한 표정의 히틀러가 입을 열었다. "대대적인 반격작전이 개시된다. 이 공세에는 30만의 병력, 전차와 장갑차량 1,000대, 대포 1,000문, 각종 항공기 약 1,800대가 동원된다. 이 작전을 수행할 수 있는 연료와 탄약도 준비되어 있다."

대반격이란 말은 들은 그 자리의 장군들은 막혔던 가슴이 뻥 뚫리는 것 같았다. 연합군의 노르망디 상륙 이후 줄창 얻어터지면서 쫓기기만 하는 자기들이 1940년 5월초, 프랑스를 쑥대밭으로 만들며 유린했던 그 찬란한 영광을 다시 한 번 재현하는 장면을 순간적으로 떠올렸던 것이다. 이 작전의 입안 책임자인 룬트슈테트 원수를 비롯한 여러 장군들은 겉으로는 이 계획에 반색을 표시했지만 내심으로는 반신반의했다.

디트리히 대장

한편 히틀러의 가장 충성스럽다는 부하 중 한 명인 무장 친위부대의 제프 디트리히Sepp Dietrich 대장[2]은 총공세의 주력군을 지휘하라는 명령을 받았다. 그는 이렇게 중얼거렸다. "총통이 내게 바라는 것은 신속하게 뫼즈강을 건너 지체 없이 진격, 안트워프를 점령하는 것이다. 이 모든 것을 눈이 허리까지 쌓여 있고, 전차 두 대가 나란히 굴러갈 공간도 없이 좁아터진 아르덴느 숲을 통과하라는 것이다. 그것도 병든 늙은이들과 햇병아리 소년병들로 급조된 병력을 가지고 말이다." 그도 자신 없기는 마찬가지였다.

하여튼 이렇게 하여 훗날 '발지 대전투'로 불리는 1944년 연말 독일군의 이른바 크리스마스 대공세는 결정되었다. 발지Bulge는 특정한 지명이 아니라 영어로 돌출부란 뜻이다. 이 전투가 개시되던 1944년 중순 당시, 독일군이 침공 초기에 서쪽을 향해 진격하면서 점령한 지역이 불쑥

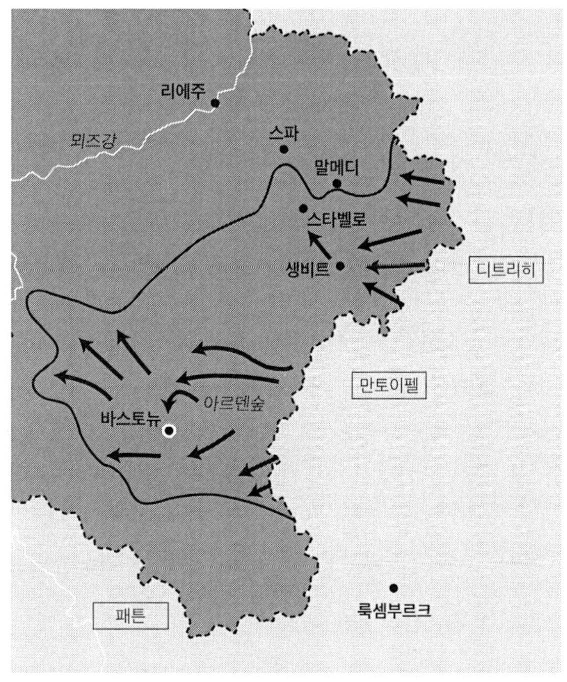

발지전투 약도

튀어나왔기 때문에 발지란 이름이 붙게 되었다. 작전명은 '바하트 암 라인Die Wacht am Rhein', 즉 '라인수비' 작전으로 정해졌는데, 이는 연합군을 저지하기 위해 라인강에서 대규모 수비 작전을 전개하는 것처럼 하여 적을 기만하기 위한 조치였다. 그리고 그것을 뒷받침하기 위하여 라인 강변으로 대규모 병력을 집결시켰는데, 이 부대 이동 작업은 연합군이 충분히 눈치 채도록 일부러 요란한 소동을 벌이면서 이루어졌다. 한편 아르덴느 정면으로 향하는 주력부대의 이동은 극도로 조용하게 이루어졌다. 그 결과 12월 중순까지는 그런대로 무기와 탄약, 그리고 각종 보급품을 쌓아 놓을 수 있었다.

작전 개요는 단순했다. 제프 디트리히 친위대 대장이 지휘하는 주력인 제6장갑군이 아르덴느 숲 북쪽을 돌파한 다음에 뫼즈강을 건너 안트워프를 점령한다. 그 남쪽에서는 폰 만토이펠von Manteuffel 중장[3]의 제5장갑군이 주공부대인 제6장갑군의 좌익을 엄호하며 진격한다. 그리고 에리히 브란덴베르거Erich Brandenberger 중장의 제15군은 맨 밑의 남쪽에서 혹시 있을지도 모르는 연합군의 반격을 견제하는 것으로 되어 있다. 특히 히틀러의 특별지시로 구성된 오토 슈코르체니Otto Skorzeny 중령[4]의 위장특공대가 있었다. 노획한 미군 군복을 입고 미국제 무기로 무장한 이들은 맨 먼저 뫼즈강으로 직행하여 그곳에 있는 다리를 확보하고 미군들의 후방에서 혼란을 일으키라는 발칙하기 짝이 없는 특수임무를 부여받고 있었다.

작전 개시

아르덴느 서쪽의 미군들은 실제로 독일군의 움직임에 대해서는 깜깜했다. 1944년 12월 16일 새벽, 북으로는 몬샤우Monschau로부터 남으로는 에히테르나흐Echternach에 이르는 140킬로미터의 아르덴느 전선에 대한 공격이 일제히 시작됐다. 무슨 멜로드라마의 제목 같은 '가을 안개Herbstnebel'라는 이름으로 다시 바뀐 아르덴느 공세가 시작된 것이다. 20만 명의 독일군이 600대의 전차를 앞세우고 400대의 전차를 가진 8만 명의 미군들을 향해 노도와 같이 밀고 들어갔다. 짙은 구름으로 연합군의 항공기가 뜰 수 없어서 독일 측으로서는 딱 좋은 날씨였다. 독일군의 돌연 기습으로 허를 찔린 트로이 미들턴Troy Middleton 장군의 미 제8군은 일부거점에서 완강하게 저항했으나 전사 및 부상병이 속출하면서 괴멸당하거나, 포로가 되거나 하는 위급한 상황이 벌어졌다. 다행히 연합군 총사령관 아이젠하워가 사태의 심각성을 간파하고 신속하게 대응하는 바람에 독일군의 진격을 막아낼 수 있었다. 히틀러는 처음엔 연합군이 독일군의 대규모 공세라는 것을 인식하는 데 수일, 아이젠하워가 부대의 배치전환을 명령하는 데 수일, 그리고 배치전환 명령을 받은 부대가 현지에 도달하는 데 수일이 걸릴 것이라고 내다보았다. 이 정도 시간이라면 이 작전은 틀림없이 성공할 수 있다고 생각했다. 그러나 실제로는 연합군은 히틀러의 예상을 뛰어넘을 정도로 신속하게 대응했다. 아이젠하워는 당시 후방에서 휴식 중이던 제101공수사단을 바스토뉴Bastogne로, 제82공수사단을 생비트St. Vith로 각각 트럭에 태워 황급히 보냈다. 히틀러의 계획은 초장부터 어긋나 버렸다.

북쪽의 안트워프로 겨냥한 주공격을 담당했던 디트리히의 제6장갑군의 공격 속도는 미군의 완강한 저항에 직면해서 점차 느려졌다. 북부 공격의 선봉에 선 요하임 파이퍼Joachim Peiper[5] 전투단[6]은 미군들이 진격로의 주요 교량들을 폭파해 버림에 따라 스투몽

발지전투 초반에 진격 중인 독일군

Stoumont에서 발이 꽁꽁 묶여 버렸다. 게다가 측면을 엄호해주는 부대들이 미군의 저항, 좁아터진 산길, 진흙탕이 된 도로 등으로 제대로 전진하지 못하면서 보급로까지 끊겨버리고 말았다. 디트리히의 진격은 점점 더 지지부진해졌고, 12월 23~24일경에는 파이퍼 전투단이 완전히 퍼져 버리자 디트리히는 예비대였던 제2친위기갑군단을 전선에 투입하여 북부전선의 공세를 어떻게든 유지하려 했다. 그러나 이들마저 만헤이Manhay 인근에서 미군에게 얻어터지면서 공세는 거의 끝이 나버렸다. 이런 와중에 디트리히 군대가 400만 갤런을 저장하고 있던 스타벨로Stavelot의 연료 저장소에 이르지 못한 것은 천만다행이었다.

남쪽에서 제5장갑군을 이끄는 만토이펠은 디트리히보다는 약간 사정이 나아 교통의 요충지인 바스토뉴를 포위하고 서쪽으로 계속 진격하여 12월 22일에 그나마 가장 먼 거리인 뫼즈강으로부터 6.4킬로미터 지점까지 이르렀다. 그러나 그의 진격은 거기서 딱 멈춰 섰다. 이 무렵에는 이미 결의와 용기로 무장한 미군의 치열한 저항과 신속한 공수부대 투입, 그리고 독일군의 보급 부족 등으로 인해 주도권은 서서히 연합군에게 넘어오고 있었다. 12월 23일에는 기상조건이 호전되어 연합군 항공기들이 폭격과 공중 보급을 재개했다.

만토이펠은 12월 24일 히틀러에게 철수를 요청했지만 계속 진격하라는 답변이 돌아왔을 뿐이었다. 이때 철수만 했더라도 알토란 같은 기갑전력을 그나마 보존했을 것이다. 12월 26일에는 패튼 장군 휘하의 제4기갑사단 선두대대가 바스토뉴를 해방시켰다. 1944년 12월 31일 독일군은 노르트빈트Nordwind(북풍)란 작전명으로 다시 한 번 마지막 안간힘을 써 보았으나 이 또한 실패로 끝나고 말았다. 결국 히틀러가 마지막 도박같이 개시한 아르덴느 공세는 판돈을 다 털리면서 종을 쳤다. 아르덴느 공세의 실패는 독일군에게 마지막 사형선고와도 같았다. 동부전선에서 쿠르스크 전투Battle of Kursk[7]와 그 이후 바그라티온 작선Operation Bagration으로 주도권이 완전히 소련으로 넘어갔다면, 아르덴 공세는 서부전선에서의 향방을 완전히 결정지은 것이다.

사실 이 전투가 없었다고 해도 독일군은 결국 연합군의 진격을 막기 어려웠을 것이다. 하지만 독일군은 자살과도 같은 이 공세를 위해 참빗으로 박박 빗듯이 마지막 남은 모든 전력을 모아 서부전선에서 탕진해 버렸고 이제 독일군에게는 연합군의 진격을 막을 수 있는 전력이 남아 있지 않았다. 4주간에 걸친 벌지 전투에서 독일군은 병력 12만 명과 금송아지 같던 기갑차량 600여 대를 탈탈 털려버렸다. 따라서 1945년 1월 이후 연합군은 크게 약화된 독일군을 손쉽게 제압하면서 라인강을 건너 독일 국내로 파죽지세로 진격할 채비를 갖추게 되었다. 아르덴 공세는 히틀러가 저지른 최악의 삽질 중의 하나였다. 아르덴 공세 준비를 위해 동부전선의 예비대를 전용한 결과, 1945년 1월 중순에 소련군이 공세를 재개하자 독일군은 소련군이 폴란드로부터 독일 국내로 순식간에 밀고 들어오는 것을 속수무책으로 바라만 볼 수밖에 없었다. 히틀러의 제3제국은 이제 파멸의 구렁텅이로 굴러 떨어지는 길만 남았다.

Ⅲ. 주요전투 및 특기사항

말메디 학살 Malmedy Massacre

제6장갑군 산하의 요하임 파이퍼 중령이 이끄는 전차부대는 처음에는 모든 독일군 중에서 가장 성공적인 진격을 계속하고 있었지만 그들이 진출한 거리는 겨우 30킬로미터 정도에 불과했다. 그리고 출발할 때부터 넉넉지 못한 연료가 벌써 달랑거리고 있었다. 그들이 몰고 있는 최신형 쾨니히스 타이거 전차는 천하무적의 괴력을 가진 대신에 엄청난 연료를 집어삼키는 대식가였던 것이다. 파이퍼는 다음 목표인 대규모 연료저장소가 있는 스타벨로로 가기 직전 미군의 뷜링겐Büllingen을 기습하여 약 5만 갤론의 연료를 탈취했다. 그리고 그 자리를 떠나면서 저장고에서 포로로 잡은 50여 명의 미군을 모조리 사살해버렸다. 포로로 데리고 다니기가 귀찮았던 것이다. 12월 17일 점심 때쯤 이들은 말메디 남쪽 4킬로미터 쯤의 사거리 마을 보네Baugnez로 향했다. 카페와 농가 몇 채가 전부인 작은 마을이었지만 중요 도로교차점이 있는 요지였다. 도로는 사방으로 퇴각하는 미군 차량으로 북새통을 이루고 있었다. 독일군에게 쫓기는 트럭, 지프 등은 서쪽으로 향하는가 하면 보병과 탱크로 구성된 전투부대는 그런 흐름

요하임 파이퍼 중령

을 거슬러 남쪽 또는 동쪽으로 필사적으로 나가고 있었다.

전선으로 향하던 부대 가운데에는 미군 포병관측대대 소속의 B중대가 끼어 있었다. 140명의 병사를 태운 B중대의 트럭은 오후 1시에 보네에 도착했다. 그때 파이퍼의 전차 전위대가 그곳 사거리에 나타났다. 전차들은 B중대를 향해 포와 기관총의 포문을 열었다. 놀란 미군은 트럭에서 뛰어내려 길가 도랑에 뛰어 들었다. 일부는 가까운 숲속으로 피했다. 도랑 속의 미군은 곧바로 엉금엉금 기어 나와 항복했다. 120명 전원이 생포되어 무장해제가 되었다. 독일군 친위대병사들이 달려와 신체검사를 하며 시계, 돈지갑, 양말, 장갑, 담배 등을 빼앗아 갔다. 미군들은 일렬로 줄지어 가까운 목초지로 끌려갔다. 그들이 손을 들고 대기하는 가운데 일단의 장교가 포로들의 운명에 대해 상의하는 것을 보았다. 얼마 후 전차와 반장궤차(타이어와 캐터필러가 함께 부착된 장갑차량)가 도착했고, 포로들을 향한 무차별 사격이 시작되었다. 미군들은 땅바닥에 고꾸라졌다. 대부분이 죽거나 부상당했지만 다치지 않은 사람도 더러 있었다. 이들은 죽은 체 엎드려 있었다. 이윽고 친위대 장교와 병사들이 쓰러진 사람들 사이로 오가며 아직 살아있는 미군에게 확인 사살을 시작했다.

세 명의 병사가 운 좋게 이 학살현장에서 가까스로 도망쳤다. 그들은 정신없이 숲길을 달려 말메디 마을에 도착했다. 그리고 그곳에서 만난 미군 대령에게 이 학살 내용을 보고했다. 순식간에 아르덴느 일대의 모든 미군 방어진지에 이 말메디 학살에 관한 소문이 쫙 퍼져나갔다. 미

학살 현장

군들은 이제 최소한 독일 친위대 놈들과 싸울 때는 항복을 해도 소용이 없고, 자신들 역시 그들을 포로로 잡을 필요가 없다는 사실을 깨달았다. 이 전차부대를 이끌었던 요하임 파이퍼는 발지 전투 이후 1945년에 종전될 때까지 긁힌 상처 하나 없이 말짱하게 살아남았지만, 말메디의 학살로 인해 종전 후에 열린 뉘른베르크 재판정에 섰다. 그는 이 학살사건에 대한 책임으로는 비교적 적은 형기인 11년의 형을 언도받았다. 그가 학살하라는 명령을 내렸다는 명확한 증거가 없었기 때문이었다. 이후 석방된 그는 프랑스의 한 마을에서 가명으로 살다가 1976년 암살범이 투척한 화염병에 의해 집이 불에 타면서 죽었다. 그의 나이 61세였다.

위장 특공대

발지 전투 초기에 감쪽같은 독일군의 대규모 역습 외에 연합군을 혼란에 빠뜨린 독일군의 작전이 바로 위장특공대를 연합군 후방에 잠입시킨 것이다. 약 150여 명의 위장 특공대는 전원이 영어를 자유롭게 구사할 수 있는 자들로 선발되었다. 그들은 미군복을 입고 카빈소총으로 무장했으며, 가짜 신분증을 휴대했고, 껌을 찍찍 씹어대는 모습까지 미군과 똑같았다. 이들은 미군으로부터 노획한 지프와 트럭을 주로 사용했고 모자라는 경우에는 자기네 차량에다 녹색을 칠하고 큼직한 백색의 별을 그렸다. 이들 중 연합군 전선을 통과한 팀(한 팀은 4명으로 구성되었다)은 많지는 않았지만 이들이 미군에게 끼친 심리적 충격은 컸다.

거미줄처럼 펼쳐진 숲속의 오솔길로 이루어진 아르덴느의 도로표지판을 이리저리 돌려놓아 미군들을 엉뚱한 데로 이동하게 했다. 또한 멀쩡한 도로 위에 지뢰밭 표시를 해둠으로써 미군들이 지뢰를 찾느라고 한동안 허둥대도록 하기도 했다. 또 어떤 경우에는 미군 지휘관에게 접근하여 전방에 강력한 적이 있다고 거짓 보고를 함으로써 이들이 점령지에서 물러나 후퇴하도록 만들기도 했다. 어떤 특공대는 미군 내부의 사소한 관습을 잘 모르는 바람에 정체가 발각되어 그 자리에서 사살되기도 했다. 그들은 검문을 받게 되자 '기병사단의 E중대'라고 대답했는데 기병사단은 중대를 말할 때 통상적인 'Company'라는 단어를 쓰지 않고 유독 'Trooper'라고 한다는 사실을 알 수가 없었던 것이다.

또한 리에즈Liege에서 체포된 어느 팀은 자신들은 파리까지 침투하여 유명한 '카페 드 라 패Cafe de la Paix'에 집결해 베르사이유로 이동하여 연합군 총사령부를 기습, 아이젠하워 총사령관의 목을 따는 임무를 띠고 있었다는 맹랑한 진술을 태연하게 늘어놓았다. 이래서 파리에는 엄중한 비상경계망이 펼쳐졌고 아이젠하워 장군은 세 겹 네 겹의 엄중한 경호에 둘러싸여 졸지에 사령부 안에서 2~3일 동안 죄수처럼 갇혀 있기도 했다. 그의 호위 담당자들은 아이젠하워와 꼭 닮은 장교 한 사람을 뽑아 미끼로 썼다. 그는 매일 장군의 전용차로 아이크의 거주주택에서 베르사이유 사령부로 출퇴근했고 아이크 특유의 미소까지 뿌리고 다니는 웃지 못 할 소동을 벌이기도 했다.

이런 일이 벌어지자 아르덴느 전선의 미군들은 이제 서로를 믿지 못할 지경에 이르렀다. 신경이 날카롭게 곤두선 헌병들이 검문을 강화함에 따라 부대의 이동은 더욱 시간이 걸리게 되었다. 헌병들은 계급고하를 불문하고 누구라도 불러 세운 다음 미국인이면 누구나 알고 있지만 비미국인은 알기 힘든 질문을 하면서 독일군 특공대를 찾아내려고 했다. 예를 들어 "미키 마우스의 걸 프렌드(미니) 누구인가?", "알라바마주의 주도는 어디인가?", "베이브 루스가 뛰었던 팀은?" 따위의 질문이 바로 그런 것이었다. 한 장군은 시카고 컵스 야구팀이 아메리칸 리그에 속한다고 잘못 대답했다가 졸지에 5시간이나 억류되기도 했다. 초기에 연합군을 혼란에 빠뜨린 독일 위장특공대들의 활약도 점차 진정되어 갔으나 발지 전투 내내 연합군의 신경을 곤두세우게 했다. 이들 특공대들은 체포되었을 경우 즉석에서 총살되었다. 이들은 미군복을 입고 있었기 때문에 정규군이 아니라 스파이로 분류되었고, 전시의 스파이 행위는 제네바 협약에 의하더라도 총살형을 면할 수가 없었다.

바스토뉴 포위전

파이퍼 중령이 이끄는 전차대가 안트워프를 향해 아르덴느 숲 북쪽으로 돌파구를 열고 있는 동안 아르덴느 숲 남쪽에서는 역전의 노장 만토이펠 장군이 이끄는 독일군들이 활로를 개척하고 있었다. 한때 '사막의 여우' 롬멜의 부하로서 아프리카에서, 그리고 러시아에서 수많은 전공을 세운 이 노련한 야전지휘관은 능수능란하게 미군을 유린하면서 진격을 계속하고 있었다. 아르덴느 숲에 포진하고 있던 미군을 격파하면서 진격하던 만토이펠의 독일군이 미군의 격렬한 저항에 직면한 곳은 숲 가운데 위치한 조그만 바스토뉴였다. 이 바스토뉴가 발지 전투의 운명을 짊어진 중요한 전투장소로 떠올랐다.

아이젠하워는 즉각 미군 제101공수사단을 바스토뉴로 급파시켜 그곳을 지키던 현지 미군 보병사단을 지원케 하고 아르덴느 남쪽에서 제3군을 지휘하던 패튼[8]에게는 바스토뉴를 구하도록 전차대를 선발하여 즉시 출발할 것을 명령했다. 4천 여 명 정도의 주민이 살고 있는 벨기에의 바스토뉴는 아르덴느 숲을 지나는 일곱 개의 주요도로가 지나는 교통의 요지였다. 그곳은 안트워프와 브뤼셀을 목표로 진격하는 독일군으로서는 반드시 확보해야 할 요충지였다. 바스토뉴를 지키고 있던 미군들이 맞서 싸워야 할 상대는 만토이펠 중장이 이끄는 막강한 전력을 가진 전차교도 사단이었다. 이제 바스토뉴는 독일군에 완전 포위되었다. 미국측 병력은 총 1만 7천 명이었고, 독일군은 4만 5천 명이었다. 더구나 발지 전투가 시작된 이후 계속되는 악천후로 연합군은 공군의 힘을 빌릴 수도 없었고 오로지 패튼의 전차부대가 올 때까지 버티고 있을 수밖에 없는 절박한 상황이었다.

바스토뉴를 둘러싼 인근 마을에서 치열한 격전이 벌어지기 시작했다. 다행스러운 것은 폭설과 함께 모든 도로가 진창으로 변해버리면서 독일 전차부대가 바스토뉴로 진입하지 못하고 있었던 것이다. 절박한 바스토뉴에 긴급 투입된 미 제101공수사단의 앤소니 맥컬리프Anthony MacAuliffe 준장이 이 역사적인 바스토뉴 방어전 전투를 맡게 되었다. 이때 맥컬리프 준장은 다소 안심이 되는 소식을 들었다. 아이젠하워의 명령에 따라 바스토뉴 구원을 위하여 맹렬하게 북진을 하고 있는 패튼의 제3군 휘하의 제4기갑사단이 최종단계에 들어섰다는 것이었다. 패튼은 약속대로 제4기갑사단과 2개 보병사단을 바스토뉴 전투에 바로 투입하도록 조치를 취했던 것이다.

12월 22일 오후, 바스토뉴를 포위하고 압박을 가하던 독일군 측에서 장교가 인솔하는 4명의 독일군이 백기를 앞세우고 미군 방어선 쪽으로 걸어왔다. 전방 소대 지휘소로 안내된 이들은 다음과 같은 항복 권고문을 건네주었다. 이 권고문은 맥컬리프 준장에게 전달되었다.

"당신들은 완전히 포위되었소. 당신들에게 남은 선택은 오직 하나뿐, 명예로운 항복을 권고하는 바이오." 손을 들라는 권유문을 다 읽은 맥컬리프는 종이쪽지를 손가락으로 퉁기면서 이렇게 뱉어냈다. "Nuts(속어로 '붕신들, 엿 먹어라'라는 뜻)!" 방안에 있던 사람들이 폭소를 터뜨렸다.

독일군 장교는 미군들이 킬킬거리며 웃기만 하는 이 미국식 속어가 도저히 이해가 안 되자 안내했던 해리 킨나드Harry Kinnard 중령에게 무슨 뜻이냐고 물어보았다. "이건 만약에 당신들이 바스토뉴에 들어오기만 하면 그 즉시 모조리 죽여 버리겠다, 뭐 이런 뜻이요." 독일군 장교는 정신 못 차리는 놈들이라고 툴툴거리면서 돌아갔고 또다시 독일군의 포격은 시작되었다. 이날 맥컬리프 준장이 내뱉은 "Nuts! - 븅신들, 엿 먹어라!" 이 말은 발지 전투 내내 미군들이 입에 달고 살았다. 12월 23일. 연일 계속되던 짙은 구름과 안개가 거짓말처럼 활짝 개었다. 200대가 넘는 아군 수송기가 날아와 보급물자들을 바스토뉴에 떨어뜨리기 시작했다. 이어서 선더볼트thunderbolt 전투폭격기들이 독일군 진지에 폭탄 세례를 흠씬 안겨주었다.

일시적인 한파와 청명한 날씨는 공수101사단에게 공중보급이라는 선물을 안겨주었지만, 그 대신 독일군에게도 기회를 만들어 주었다. 진창길이 단단하게 얼어붙자 전차대가 움직이기 시작한 것이다. 한편 남쪽에서는 패튼 제3군 산하의 크레이튼 에이브람스Creighton Abrams 중령[9]이 이끄는 전차부대가 크리스마스까지 바스토뉴의 아군을 구출하고자 정신없이 달려오고 있었다. 전차대는 바스토뉴를 16킬로미터 정도 앞둔 바르나흐Warnach에서 악귀처럼 달려드는 독일군을 뿌리치는 데 꼬박 하루가 지체되었다. 이제 바스토뉴를 둘러싼 미군의 전초 진지로부터 8킬로미터 떨어진 외곽까지 도착하였다. 하지만 이 최후의 한걸음조차도 결코 만만치 않았다. 독일군의 대전차포들이 도로

바스토뉴로 달려가고 있는 미 제3군의 전차대

곳곳에 매복하고 있었기 때문이었다. 막 어두움이 깔릴 무렵, 바스토뉴 입구에서 선두 전차의 포탑에 있던 전차장이 가까이서 개인호로 들어가는 한 미군 병사를 발견했다. "어이, 여기는 제4기갑사단이다." 이어서 철모 몇 개가 참호에서 천천히 올라왔다. 그리고 한 병사가 카빈총을 겨누고 걸어왔다. 전차장이 활짝 웃으면서 악수를 청했다. 다른 병사들도 참호에서 나와서 전차병들과 악수를 나눴다. 고난에 찬 진격을 끝내고 바스토뉴의 포위가 풀리는 순간이었다.

TIP!

1. 쾨니히스 타이거 전차

쾨니히스 타이거(독일어로는 티거)는 2차 세계대전 말기에 참가했던 독일 전차였다. 주 포로는 구경 88밀리미터 포를 장착한 거의 무적인 화력을 갖추었다. 정식 명칭은 '6호 전차 B형 티거 2'다. 이 전차는 약 500대 가량이 생산되었다. 이 전차는 무게가 무거워서 교량을 건너는 데도 애로사항이 많았고, 연료 소비량도 대단했는데 당시 독일은 연료가 거의 바닥난 상태였다. 미군이나 한국에선 독일어 원어를 직역한 '킹 타이거'라는 이름으로 부르기도 하고, 영국에서는 '로열 타이거'라는 이름으로 부르기도 한다.

2. 제프 디트리히

깡패 출신인 그는 전차병으로 1차 세계대전에 참전했다. 1930년대 초반에 나치 친위대에 입대했고, 히틀러가 정적政敵인 돌격대장 에른스트 룀Ernst Röhm을 숙청할 때는 행동대장으로 활약했다. 전문적인 군사교육을 거의 받지 못했지만 그는 용감무쌍한 타고난 군인이었다. 무엇보다도 그는 총통에 대한 열렬한 충성심을 가지고 있어 눈부신 승진을 거듭했다. 그가 지휘하는 제1기갑사단은 러시아 전선에서 용맹을 떨치면서 독일군 최강의 기갑사단이라는 명성과 함께 최신형 장비와 물자를 지급받았다. 대장까지 올라간 그는 발지 전투의 주공을 담당하는 제6장갑군 사령관으로 임명되면서 히틀러의 기대를 한몸에 받고 있었다. 뫼즈강을 건너 안트워프까지 진출해서 연합군을 남북으로 두 동강 내는 중책을 맡았으나 미군의 격렬한 저항과 연료 부족 등으로 뫼즈강을 도하하지도 못하고 후퇴하였다. 종전 후 말메디 학살사건 관련해서 10년을 감옥에서 보냈다.

3. 폰 만토이펠

발지 전투에서 독일군 중 유일하게 비교적 성공적인 공세를 이끌었다. 그는 아르덴느 중부지구에서 성공적으로 미군 전선을 돌파해 바스토뉴 넘어서까지 진격함으로써 전 독일군 병력 중에서 최초의 작전의도에 가장 가까이 접근했다. 한때 '사막의 여우'라는 롬멜의 부하로서 북아프리카에서, 러시아에서 수많은 전공을 세운 노련한 야전지휘관이었다.

4. 오토 슈코르체니

오토 슈코르체니는 독일 무장친위대에서 상급돌격대지도자로 복무했다. 처음엔 동부전선에서 싸우다가 이후 실각당하여 감금된 이탈리아 독재자 무솔리니를 탈출시키는 그랑사소Gran Sasso 습격 작전을 지휘했다. 발지 전투 당시에는 연합군 후방에 잠입해 연합군의 군복을 착용하고 교란을 펼치는 '그라이프 작전Operation Greif'을 지휘했다. 그라이프 작전이 1907년 만국평화회의에서 결정된 헤이그 협약을 위반했다는 혐의를 받고 고발당했으나, 1947년 다하우Dachau 재판에서 무혐의 처분을 받았다. 이후 다시 또 구금되었으나 1948년 탈옥하여 아일랜드에 정착해 여생을 보낸 특이한 경력의 인물이다.

5. 요하임 파이퍼

그는 그야말로 나치의 엘리트교육이 만들어낸 가장 전형적인 인물이었다. 베벨스부르크WewelsburgSS 사관학교를 우수한 성적으로 졸업하고 29세의 나이로 독일군 전체에서 최연소 연대장이었던 파이퍼는 잘생긴 용모에다 군사적 재능을 겸비한 탁월한 지휘관이었다. 러시아 전선에서는 소련군의 방어선을 단독으로 돌파하여 적진 깊숙이 100킬로미터나 돌진해서 아군 1,500명을 구출하여 귀환하는 전공을 세워 최고훈장인 기사철십자 훈장을 수여받기도 하였다. 그러나 그는 전장에서는 악랄한 학살자였다. 러시아 전선에서 그는 무려 4,000명의 소련군 포로를 학살했고 가는 곳마다 모든 것을 불태워 버리는 무자비한 만행으로 이름을 떨쳤다.

그런 파이퍼에게 중책이 맡겨졌다. 아르덴느 공세를 앞두고 제1전차연대는 45대의 최신형 타이거 전차와 기존의 판터Panther 전차 등 140대 이상의 전차를 장비한 파이퍼 전투단으로 개편되었다. 파이퍼는 이 전투단을 이끌고 최선봉에 서서 앞길을 뚫고 갈 예정으로 되어 있었다. 가장 기대를 모았던 그도 미군의 격렬한 저항, 좁아터진 산길, 연료의 부족 등으로 뫼즈강 직전 진출이 좌절되었다. 종전 후 말메디 학살사건의 주범 중의 하나로 지목되어 11년 교도소 생활을 했다. 프랑스에서 조용히 살고 있었으나 암살범에 의해 불에 타서 죽었다.

6. 전투단

전투단Kampf Grupper이란 정규적인 편제가 아니다. 한시적으로 특별한 임무를 수행을 위한 일종의 '타스크 포스'와 같은 성격을 지닌 편제다. 규모는 1개 연대급에서 1개 여단급 사이 수준이다.

7. 쿠르스크 전투

쿠르스크 전투는 2차 세계대전 동부 전선에서 일어난 가장 주목할 만한 전투 중 하나다. 이 전투는 역사상 최대 규모의 전차전이었으며 하루 동안 벌어진 지상전으로서는 가장 치열했던 전투 중 하나로 꼽히고 있다. 이 전투에서 독일군은 막대한 피해를 입게 되어 이후로 독일군은 두 번 다시 공세로 전환하지 못하면서 소련의 공세에 동부 전선 전체가 무너지기 시작했다.

8. 발지 전투 당시의 조지 패튼

12월 18일, 제3군을 지휘하던 패튼은 룩셈부르크의 사령부에서 상급자인 브래들리 집단군 사령관을 만났다. 그 자리에서 브래들 리가 패튼에게 "아르덴느에서 곤경에 처해 있는 제1군을 위해 무엇을 해줄 수 있겠나?"하고 묻자 "당장 3개 사단을 1군 지역으로 보내줄 수 있네."라고 답했다. 당장에 3개 사단을 돌릴 수 있다는 패튼의 말에 브래들리는 깜짝 놀랐다. 패튼은 현재 진행 중인 작전을 포기하는 게 별로 내키지 않았지만 "무슨 상관이야. 어쨌든 이래저래 독일 놈들 죽이는 건 마찬가진데"하고 내뱉었다. 사실 패튼과 참모들은 진작부터 독일군의 공세를 예상하고 비상계획을 세워두었기에 이런 대답이 나온 것이다.

다음날 아이젠하워가 베르됭Verdun에서 미군 고위지휘관들과 대책회의를 열었다. 이 자리에서도 패튼은 이틀 내에 3개 사단을 아르덴느로 즉각 출발시킬 수 있다고 장담했다. 그러나 아이젠하워나 배석했던 모든 장군들은 이를 패튼 특유의 허풍이라고 치부했다. 사실 눈이 허리까지 쌓인 한 겨울의 전장에서 동쪽으로 진격하던 군단 규모의 병력을 북쪽으로 90도로 갑자기 홱 돌리는 것은 불가능하다고 생각하는 것이 상식이었다. 그러나 패튼은 자신의 계획이 결코 무모하지 않으며 모든 조건들을 감안하여 수립되었음을 강조했다. 실제 패튼의 병사들은 갖은 악조건을 무릅쓰고 북진하면서 독일군의 방어를 뚫고 바스토뉴의 포위망을 풀었다.

..

9. 크레이튼 에이브람스

에이브람스 중령은 발지 전투에서 바스토뉴에서 포위된 제101 공수사단을 구출하기 위한 선봉에 선 지휘관이었다. 그는 결국 독일군의 치열한 포위망을 뚫고 미군을 구출하였다. 그는 적극적이며 성공적인 전차부대 지휘관으로서 알려졌다. 패튼은 그에 대해 "나는 육군으로 최고의 전차 지휘관이라고 얘기되지만, 나에게는 한 명의 동료가 있다. 바로 에이브람스다."라고 말했다. 후에 한국 전쟁과 월남전에도 참전했고 합창의장을 역임했다.

〈스탈린그라드: 최후의 전투〉

독소전의 전환점, 스탈린그라드 전투

I. 영화 〈스탈린그라드: 최후의 전투〉

원제: Stalingrad
감독: 요셉 빌스마이어
원작: 다운 바르클리프트
음악: 노르베르트 슈나이더
출연: 도미니크 호르비츠, 토마스 크레취만, 요헨 니켈, 세바스찬 루돌프, 다나 바브로바
제작 연도: 1992년
상영시간: 138분
같은 소재의 영화: 〈스탈린그라드〉(2013)

이 영화는 독일의 거장 감독 요셉 빌스마이어Joseph Vilsmaier의 독일 패전 50주년 추모작이다. 참혹한 전투 속에서 생존을 위해 몸부림치는 병사들의 모습을 통해 전쟁의 부조리를 다룬 작품으로 독일의 시각에서 2차 세계대전을 조명한 영화다. 영화 〈특전 U보트Das Boot〉와 마찬가지로 독일에서 만든 독일군 이야기였다는 점에서 많은 우려가 있었

으나 작품의 완성도는 물론 반전주의 메시지를 탁월하게 전달한 영화라는 평이었다.

1993년 경제적으로 어려웠던 통일독일의 상황에서 당시로써는 대단한 제작비(한화 120억 원)를 들여 2차 세계대전의 가장 참혹한 전투였던 스탈린그라드 전투를 묘사하고 있다. 이전 할리우드 영화에서 묘사되던 악하고 날이면 날마다 죽어나가는 이미지의 독일 병사들이 아닌 생존을 위해 싸우고, 전쟁 때문에 고통스러워하는 보통병사들의 이야기를 그렸다. 〈스탈린그라드: 최후의 전투〉는 독일인 특유의 극사실적 음울함과 반전 메시지가 영화 속에 흐르고 있다. 전투 장면에서도 영웅적 행동보다 병사들의 삶에 대한 애착과 생존을 위한 처절한 몸부림, 독일이 저지른 과거사에 대한 반성과 업보가 짙게 깔려 있다.

또한 영화는 이탈리아에서 한가한 휴가시간을 보내고 있던 비츨란드 육군 공병소위가 소대장을 맡고 스탈린그라드 전선으로 파견되면서 겪는 일들을 이야기하고 있다. 눈 덮인 스탈린그라드에서 이들이 겪는 처절한 전투의 참상들을 통해 전쟁의 끔찍함을 그대로 그리고 있다. 포위당한 독일군이 파멸되는 전투였던 만큼 영화의 결말조차 꿈도 희망도 없는 슬픈 엔딩이다. 적국이었던 러시아에서 열린 모스크바 국제영화제 작품상을 수상했다. 러시아인들에게도 나치 독일군 미화가 아닌 전쟁에서 죽어가는 이들의 끔찍한 모습이 꽤 통했던 것 같다. 독일에서는 500만이 넘는 관객을 동원하며 흥행도 성공했다.

그러나 실제로는 독일군 참전자들로부터 역사 왜곡을 저질렀다고 비

소련 전차와 사투를 벌이는 독일 병사들

판도 받았다. 마지막 남은 수송기를 고급장교들이 계급을 앞세워 자기들만 타고 튄 걸로 나오는데, 실제로는 미리 선별된 유능한 장교들을 태우기 위해 보낸 것이었다고 한다.

게다가 그나마 상태가 괜찮은 부상병 한 명이라도 더 태우려고 노력했는데 영화에서는 이를 왜곡했다는 것이다. 그 외에도 헌병들이 기관단총을 쏘아대면서 간신히 군기를 유지하는 막장상황으로 나오는데, 실제로는 영화처럼 비행장에 그렇게 몰려와 서로 비행기에 오르려고 총으로 서로를 위협하는 일 자체가 없었다는 후문이다. 게다가, 악질 헌병대위가 식량을 창고에 쌓아두고서 혼자 독식하는 장면이 나오는데, 당장 장군들도 식량이 없어서 쫄쫄 굶는 판에 이런 짓을 하면 바로 사형이라는 것이다. 이래서 한편에선 그냥 독일군을 폄하하기 위해 만든 영화라는 비아냥을 듣기도 했다. 게다가 악에 받친 비츨란드 소위가 소대원들에게 "너흰 탈영할 권리가 있다!"라고 말하는 장면도 논란이 되었는데, 이는 정상적인 장교가 할 만한 말은 아니라는 게 당시 참전 군인들의 이야기였다. 영화 자체는 수작이라 불리지만 실제로는 현실과 많이 달랐다는 점을 유의해야 할 것으로 보인다.

Ⅱ. 독소전의 전환점, 스탈린그라드 전투

스탈린그라드는 볼가 강변을 따라 기다란 띠 모양으로 되어 있는 도시다. 1917년 러시아 혁명 이전에는 '차리친Tsaritsyn'이라 불렸던 작은 마을에 불과했다. 러시아 혁명 당시 인민위원이었던 스탈린은 이곳에서 적군을 지휘하여 백군의 코사크Cossack 기병대를 격파하는 전공을 세운 바 있다. 그 후 권력투쟁 끝에 정권을 장악하게 된 스탈린은 이 작은 마을을 완전히 새로운 계획도시로 건설하였고 자신의 이름을 갖다 붙였다. 이제 스탈린그라드는 남부 러시아의 인구 50만의 대규모 공업중심지가 되었다. 북부지구의 트랙터 및 무기 공장, 라주르Lazur 화학공장과 '붉은 시월' 금속공장 등에서 각종 전차와 장갑차 그리고 무기들을 만들고 있었다. 시 중심가에는 상점, 기업체, 중앙역과 볼가강과 연결된 선착장이 있었다. 이 스탈린그라드가 바야흐로 제2차 세계대전의 분수령이 되는 전투가 벌어지려 하고 있었다.

1942년 늦은 여름, 독일군은 러시아 남부에 펼쳐진 옥수수와 해바라기 밭으로 이루어진 드넓은 평원을 가로질러 진격을 계속하고 있었다. 프리드리히 파울루스Friedrich Paulus 대장[1]이 지휘하는 독일 제6군은 이 바다와도 같은 대평원을 꾸역꾸역 전진을 계속했다. 25만 명으로 구성된 제6군의 대병력은 이따금씩 측면이나 배후에서 소련군의 기습을 당하는 경우도 있었으나 이에 아랑곳하지 않고 오로지 스탈린그라드를 향해 나아가고 있었다.

주인을 잃은 넓디넓은 벌판에 저절로 익어가는 밀, 해바라기, 콩밭을 발견한 병사들은 환호성을 질렀다. 이들 중 농촌 출신의 병사들은 전쟁이 끝나면 이 기름진 땅에 그대로 주저앉아 러시아인들을 하인으로 부리며 농사를 짓겠다는 소박한 희망을 피력하기도 했다. 이는 줄창 히틀러가 부르짖던 동방계획, 즉 러시아 평원을 점령하고 독일 농민들을 대량 이주시켜 열등 인간들인 슬라브인들을 노예로 부려먹자는 얘기를 병사들은 귀에 못이 박히도록 들은 탓이었다. 그들의 머리 위로는 스탈린그라드 폭격을 마친 자국 공군의 슈투카 급강하 폭격기들이 승리의 사이렌 소리를 울리며 지나갔다. 그때마다 병사들은 잠시 걸음을 멈추고 하늘을 향해 손을 흔들며 화답했다. 스탈린그라드 지구 사령관 안드레이 예레멘코Andrei Yeremenko 중장[2]은 다부지고 강단 있는 사나이였다. 만주 국경수비대를 지휘하고 있던 그는 1939년에 있었던 일본군과의 교전에서 부상을 입었었다. 평소 그의 능력을 높이 사고 있던 스탈린은 병원에서 요양하고 있던 그를 불러내어 스탈린그라드 방어를 맡겼다.

독일군은 무지막지한 폭격으로 공격을 시작했다. 가공할 불길 세례는 며칠 동안 계속되면서 스탈린그라드는 거대한 불가마로 변해갔다. 견디다 못한 개와 고양이 같은 동물들은 모두 볼가강에 뛰어들었다. 이제 스탈린그라드는 동물조차 살 수 없는 불덩어리로 변하고 있었다. 하지만 소련군은 동물들과는 달리 반드시 이곳을 사수해야 했다. 독일군은 처음에는 기껏해야 1주일이면 이 도시를 함락할 것으로 낙관했다. 스탈린그라드를 향해 진격하는 독일군의 최선봉대는 제16기갑사단이었다. 그 지휘관은 부하들로부터 전폭적인 신뢰를 얻고 있었던 한스 후베Hans Hube 소장이었다. 치열한 전투 속에서도 느긋하게 낮잠을 즐기는 배짱을 지닌 후베는 총명하고 생각이 명쾌한 인물이라고 주변에 알려져 있었다. 그는 제1차 세계대전에서 한쪽 팔을 잃었다.

후배 기갑군의 최선두 전차가 스탈린그라드에서 1킬로미터 남짓한 거리까지 육박하자 신품 T34[3] 탱크들이 속속 소련군의 방어선으로 모여들고 있었다. 독일 공군의 가공할 폭격 속에서도 스탈린그라드의 트랙터 공장에서 찍어내는 신품 탱크들을 공장의 노동자들이 직접 몰고 전장으로 달려오고 있었다. 8월 25일 후베의 제16기갑사단은 사흘 동안이나 이 T34 전차들과 뒤죽박죽 뒤엉키면서 포화를 주고받았으나 도리어 소련 전차들에 포위당하는 꼴이 되었다.

후베의 제16기갑사단이 이렇게 곤경에 처해 있던 사흘 동안 제6군의 주력부대는 아직도 스탈린그라드에서 80킬로나 떨어진 곳에 있었다. 제6군을 지휘하고 있는 파울루스 대장은 스탈린그라드의 공략을 개시하는 가장 적절한 타이밍을 잡는다고 작전지도 앞에서 꼼지락거리고 있었다. 평생을 참모로 살아왔던 꼼꼼함이라고 할 수도 있지만 그는 야전지휘관이 지녀야 할 과감성과 결단력이 결핍된 인물이었다. 이와 같은 파울루스의 이것저것 재면서 우물쭈물하는 참모기질은 나중에 치명적인 결함으로 작용하게 된다. 후베 기갑사단은 간신히 포위망을 벗어났다.

싸움닭 추이코프

바로 이 무렵, 소련군에는 또 한 사람의 걸출한 싸움닭이 등장한다. 9월 12일, 예레멘코 장군은 독일군의 압박에 못 견디면서 징징거리던 제62군단장 안톤 로파틴Anton Lopatin 중장을 해임하고 그 자리에 새로운 지휘관을 불러들였다. 그가 바로 스탈린그라드 전투의 전설로 떠오르게 될 바실리 추이코프Vasily Chuikov[4] 중장이었다. 출신성분에 딱 어울리는 농부의 용모를 지니고 있는 그는 털털한 성격에 다 구겨진 군복을 걸치고 다녔다. 웃을라치면 금니가 줄줄이 드러나는 그는 거칠고 강인했으며 모든 고난을 부하들과 함께 했다. 그는 결정적인 단계에서 스탈린그라드라는 뜨거운 가마솥에 부임했다. 가마솥은 당시 독일군들이 불더미 속의 스탈린그라드를 빗대어 말한 것이다.

추이코프가 새로운 제62군단장으로 착임한 바로 그 이튿날, 파울루스가 이끄는 독일 제6군의 주력이 마침내 스탈린그라드로 쏟아져 들어오기 시작했다. 역사상 유례없는 그 유명한 시가전이 벌어지기 시작한 것이다. 이제부터 가옥, 저수탑, 철도 제방, 담벼락, 지하실 그리고 폐허더미 하나라도 더 차지하려고 양측의 피 터지는 싸움이 시작되었다. 모든 진지에는 추이코프의 명령에 따라 금방 손이 닿는 곳에 수류탄을 비치해 두었다. 이때 추이코프는 아주 독특하고 기발 난 전투방식을 전개하기 시작했다. 그는 자신의 휘하부대를 모두 10명 안쪽의 소부대로 잘게 찢어서 전투에 투입했다. 돌격대라 불리는 이 소부대들은 적에게 소리 없이 접근하기 위해 군화를 두터운 헝겊으로 감싸고 기관단총과 수류탄으로 무장하고 있었다. 그리고 벽을 부수고 육박전에서 써먹을 수도 있는 소형 곡괭이와 칼이나 끌로 뾰족하게 갈은 야전용 삽을 지니고 있었다. 이들 돌격대 병사들은 주로 한밤중에 이동했다. 이들은 스탈린그라드 시내의 지리를 잘 안다는 장점을 살려 골목길과 하수도, 건물과 지붕과 다락방을 이용하여 시내의 이 구역에서 저 구역으로 민첩하게 움직이는 기술이 뛰어났다. 시가전에서는 지휘계통이 무의미하다. 병사 한 사람 한 사람이 모두 스스로 지휘관이 되어서 각자가 알아서 판단하고 움직이면서 싸워야 했다. 누가 지휘하고 자시고가 없었다.

독일군은 골목길 하나를 겨우 제압하고 나면 이튿날이면 바로 그 위치에서 기관총탄과 수류탄이 불벼락처럼 날아왔다. 미치고 환장할 노릇이었다. 밤새 소련 병사들이 하수도와 건물의 대들보나 지붕을 타고 도둑고양이처럼 살그머니 이동해 왔던 것이다. 딱히 자기 구역이랄 게 없었다. 파괴된 건물의 다락방, 무너진 벽돌더미, 하수도, 지하실 등은 모두가 소련 병사들의 잠자리이자 은신처였다.

시가전을 벌이는 소련군

전투가 완전히 개싸움이 되면서 독일군의 장기인 조직적인 공격은 맥을 못 썼다. 독일 전차가 간신히 벽돌더미를 헤집고 나와 소련군이 있을 만한 곳으로 포탄을 퍼붓고 나면 어김없이 옆 골목에서 조준을 맞춰놓고 있던 소련군 대전차 포탄이 날아왔다. 소련군은 없는 곳이 없었다. 가을이 깊어지면서 서리가 잔뜩 내린 차가운 아침이 되면 병사들은 온몸의 관절이 뻣뻣하게 굳어버리곤 했다. 조금이라도 햇볕을 찾아 도마뱀처럼 참호 속에서 여기저기 웅크리고 있었다.

소련 놈들이 쥐새끼들처럼 야비하고 더러운 방식으로 싸우고 있다고 독일 병사들은 분통을 터뜨렸지만, 원래 전쟁이란 그런 것이다. 독일군은 이런 스탈린그라드의 시가전을 '쥐떼들의 전쟁'이라고 불렀다. 이것은 소수의 병사들이 쥐떼처럼 똘똘 뭉쳐 돌 더미 속을 기어 다니며 기습을 가하고 쥐떼처럼 사라지는 전투의 양상을 한마디로 표현한 것이다. 소련군의 이런 악착같은 저항에도 불구하고 워낙 압도적인 전력을 가진 독일군은 스탈린그라드 시내를 향해 한발 한발 쑤시고 들어왔다. 특히 고대 타타르Tatar인[5]들의 공동묘지이며 전시가지를 한눈에 내려다볼 수 있는 마마이Mamai 언덕은 몇 차례나 주인이 바뀌는 혈투의 무대가 되었다. 스탈린조차도 하루 이틀 내로 스탈린그라드가 함락되리라고 예상할 정도로 상황은 절박했다.

추이코프는 이제 땅 밑으로 들어갔다. 볼가강 선착장 부근의 차리차 개천 서쪽 기슭을 파서 만든 벙커에서 지휘를 이어갔다. 이미 독일군이 시내까지 진출했으므로 스탈린그라드의 운명은 순전히 볼가강 건너편 언덕에 대기하고 있는 증원 병력의 성공적인 도하 여부에 달려 있었다. 볼가강 건너편에서 소연방 영웅칭호를 가지고 있는 용장 알렉산드르 로딤체프Aleksandr Rodimtsev[6] 소장이 이끄는 소련군 친위대가 절망적인 상황에 직면한 추이코프를 구하려고 독일 공군의 폭격을 뚫고 필사적인 도하에 성공했다. 9월 16일, 로딤체프가 이끄는 친위사단이 간신히 마마이 언덕을 탈환했으나 그 후에도 이 언덕은 몇 번씩 주인이 바뀌었다. 스탈린그라드 시내 중심부는 어느 쪽이 꼭 점령했다고 말할 수도 없는 난전이 계속되고 있었다. 도대체가 확실한 경계선이 없었다. 양측 사이의 거리는 수류탄 투척거리에 불과했다. 양측의 병사들은 지하실이나 하수도, 부서진 건물과 돌무더기 사이에서 박터지는 싸움을 벌였다.

로딤체프가 이끄는 친위사단의 필사적인 저항에 힘입어 파멸 직전까지 내몰렸던 소련 측의 전황이 조금씩 나아지기 시작하였다. 10월 초순이 되었음에도 스탈린그라드 시가전은 여전히 계속되고 있었다. 시내 중심지와 마마이 고지, 그리고 붉은 10월 제강공장, 바리케이트 공장 등이 밀집되어 있는 도시 북부에서는 이미 주인이 수십 차례나 뒤바뀌는 혈투가 계속되고 있었다. 소련군도 북쪽의 노동자 거주지와 공장들, 중심지역의 중앙 철도역과 볼가강 선착장 주위, 그리고 시내 한가운데 솟아 있는 마마이 고지에 몰렸다. 한편 독일군의 피해도 이제 막대한 수준에 도달하고 있었다.

소련군은 폭 1마일의 볼가강을 통해 새로운 병력과 보급품을 계속

고철더미 속의 소련군

투입할 수 있었다. 그러나 지속되는 독일 측의 폭격 및 포격 때문에 투입되는 병력이나 보급물자는 절반 수준을 밑돌았다. 볼가강의 우안右岸 언덕에서 승선을 기다리고 있는 소련병사들의 눈에는 스탈린그라드 시가는 온통 검은 연기속의 거대한 폐허더미로 보였다. 그리고 그 속에서 독일 놈들과 혈투를 벌이고 있는 수많은 전우들이 자기들을 애타게 기다리고 있다는 것도 잘 알고 있었다. 마음 한 구석에는 막상 전투에 임하게 되면 이 무시무시한 사투를 이겨낼 수 있을까 하는 공포감이 어른거렸을 것이다. 그러나 두려움에 떨던 병사들도 간신히 볼가강을 건너 전투에 휩싸이게 되면 그 불더미 속에서 살아남는 법을 본능적으로 익혔고 며칠만 지나면 살기등등한 전사로 탈바꿈해 갔다.

대반격, 천왕성 작전

이렇게 스탈린그라드에서 양군 병사들이 처절한 개싸움을 벌이고 있을 때 모스크바의 스탈린은 전황을 한 방에 뒤집기 위하여 획기적인 방안을 준비하고 있었다. 그가 전폭적으로 신임하고 있던 게오르기 주코프Georgy Zhukov와 알렉산드르 바실리예프스키Aleksandr Vasilevsky 두 장군이 스탈린에 제출한 작전계획은 우선 극비리에 최대한의 병력을 집결시켜 볼가강과 돈강 사이에 포진하고 있는 주축군(독일, 헝가리, 루마니아, 이탈리아군의 혼합군)의 북쪽과 남쪽에서 동시에 공격을 개시해서 현재 스탈린그라드를 점령하고자 혈안이 되고 있는 독일 제6군을 역포위 한다는 대발상이었다. 스탈린은 이 작전계획을 전쟁의 신을 뜻하는 천왕성이라는 이름으로 명명했다.

11월 19일 새벽, 스탈린그라드의 폐허 속에서 사투를 벌이고 있는 양군 병사들은 멀리서 은은히 들려오는 포성 소리를 들었다. 그리고 그들은 무언가 무시무시한 사태가 벌어지고 있다는 사실을 직감했다. 스탈린그라드의 병사들이 들은 포성은 바로 이 천왕성 작전의 개시를 알리는 신호탄이었고, 이 포격을 정통으로 두들겨 맞은 것은 제6군의 북쪽을 지키고 있던 루마니아군이었다. 원체 장비조차 빈약하기 짝이 없는 루마니아군은 독일을 위하여 애초부터 악착같이 싸울 의지도 별로 없었다. 이러니 처음부터 사기가 높을 리 없었다. 루마니아군은 단숨에 무너져버렸다. 3,500문에 달하는 어마어마한 대포의 일제포격에 이어 이른 새벽의 여명 속에서 소련군 보병부대가 함성을 지르며 돌격해 왔다.

순식간에 루마니아군의 전면에 80킬로에 달하는 구멍이 뻥 뚫렸고, 소련군의 T34 전차들이 굉음을 내며 무리지어 그 속으로 달려 들어갔다. 빠른 속도로 움직이는 소련 전차들은 얼어붙은 초원 위를 이동하면서 지난해에 독일 기갑부대가 소련군에 불러 일으켰던 공황을 거꾸로 몰고 왔다. 루마니아군은 지체 없이 손을 들었다. 11월 22일, 남쪽으

천왕성 작전

로 진격하던 소련군은 맞은편에서 휘날리는 눈보라를 뚫고 달려오는 전차의 무리를 발견했다. 남쪽에서 올라오던 아군의 선도 전차대였다. 양쪽 병사들은 '우라Ura!'(만세)라고 환호성을 지르며 달려 나가 얼싸안았다. 독일 제6군을 완전히 포위하는 거대한 포위망의 양쪽 집게발이 꽉 맞물린 것이다. 이제 남은 것이라고는 스탈린그라드라는 독 안에 든 쥐 신세가 된 독일 제6군을 어떻게 요리하느냐였다.

실제로 파울루스는 소련군의 포위망이 완성되기 직전에 스탈린그라드에서 탈출할 것을 검토하기도 했다. 그러나 소련군의 완강한 포위망 때문에 파울루스가 설사 탈출을 시도했어도 그 가능성은 희박했을 것이다. 더구나 그의 상관인 히틀러는 그의 후퇴계획을 처음부터 깔아뭉갰다. "제6군은 무슨 일이 있더라도 현 위치에서 절대로 한 발도 꿈쩍하면 안 된다."라는 히틀러의 전문 한 구절에 파울루스는 감히 히틀러의 이 지엄한 명령을 거역할 수 있는 배짱 있는 사내가 아니었다. 그는 북아프리카 엘 알라메인El Alamein 전투에서 패배에 몰려 히틀러의 명령에 반하여 철수를 결심한 롬멜과는 비교도 할 수 없는 그릇이었다. 여기서 독일 제6

군과 파울루스의 참극이 시작된 것이다.

파울루스는 다시 한 번 더 후퇴를 하겠다는 요청을 하였으나 히틀러는 요동도 하지 않았다. "쓸데없는 소리는 하지 말라. 거듭 말하지만 현 전선을 고수하라. 필요한 보급품은 충분히 공수해 줄 것이다."라는 답변만 돌아왔다. 파울루스 휘하의 고위 지휘관들은 "충분히 공수해 주겠다."라는 히틀러의 언급에 대해 말문이 막혔다. 스탈린그라드에 포위된 25만 명의 병력을 먹여 살리자면 최소한 하루에 350톤의 물자가 필요했다. 그러나 가까스로 하루 160톤을 수송하고 있는 형편에 350톤은 언감생심이었다. 사용 가능한 비행장은 점차 줄어들고 있었고 소련군의 전투기는 더욱 기승을 부리고 있었는데 말이다.

모두가 불가능하다고 아우성을 쳤다. 그러나 이때 제국원수이기도 한 허풍쟁이 공군사령관 괴링이 공수 문제는 자기한테 맡기라며 잘난 척하며 또 끼어들었다. 히틀러는 명색이 제국원수가 거짓말을 할 리가 없지 않느냐며 그를 두둔하고 나섰다. 히틀러의 현실감각은 전혀 나아지지지 않았다. '스탈린의 도시'를 완전히 점령하겠다고 땅땅 큰소리를 쳤던 자신의 자존감에 상처를 입고 싶지 않았다. 12월 9일부터 하루 평균 공수량이 필요량의 15%에도 못 미치는 50톤으로 떨어졌다. 그나마 눈보라 속에서 간신히 날아오른 독일의 수송기들은 소련군의 전투기에 속절없이 당하면서 보급은 거의 바닥에 가까워졌다. 괴링의 약속은 물거품이 되어버렸다. 추위와 굶주림에 시달리는 가운데 제6군의 처참한 파국이 시시각각 다가오고 있었다.

그때 이 절망적인 상황을 타개하기 위하여 나선 사람이 2차 세계대전 초기, 낫질 작전을 구상해서 서부전선을 쑥대밭으로 만들었고, 완강하기 짝이 없던 흑해 연안의 세바스토폴을 함락시켰던 전략가이자 명장인 폰 만슈타인von Manstein 원수였다. 그에게 물샐 틈 없는 소련군의 포위망을 뚫고 제6군을 구출해내라는 거의 불가능해 보이는 히틀러의 명령이 날아온 것이다. 만슈타인 휘하의 헤르만 호트Hermann Hoth 대장[7]의 특별작전부대가 눈보라가 휘몰아치는 가운데 안간힘을 쓰면서 제6군의 탈출로를 결사적으로 뚫고 있을 때, 정작 파울루스는 탈출에 대해서는 꿈도 꾸지 않고 있었다. 답답해진 만슈타인은 자신의 정보참모를 비행기에 실어 스탈린그라드 안으로 들여보냈다. 그 장교는 파울루스가 총통의 미움을 살까 봐 탈출은 엄두도 내지 않고 있으며 보급품만 제대로 보내준다면 봄이 올 때까지 어떻게든 버텨 보겠다며 똥고집만 부리고 있다는 소식만 갖고 돌아왔다. 이렇게 해서 어렵사리 준비하던 만슈타인의 구출작전도 물거품이 되어버렸다. 이제 히틀러의 독선과 파울루스의 우유부단함에 제물이 된 독일 제6군의 병사들의 파국적인 종말만 남은 것이다.

이 지옥에도 어김없이 크리스마스가 찾아왔다. 기온이 영하 25도로 떨어졌다. 거센 눈보라가 전장의 온갖 더러움을 깨끗이 덮어 버렸다. 군목들은 임시로 만든 제단 앞에 모여 앉은 병사들을 위하여 천막과 방수포가 삭풍에 나부끼는 소리를 들으며 야외에서 예배나 집회를 가졌다. 이 축복받은 밤에도 많은 병사들이 굶어죽고 얼어 죽었다. 추위와 굶주림에 시달리는 병사들은 체력을 조금이라도 아끼느라고 보초를 서지 않을 때에는 참호 속이나 혹은 차디찬 간이병원에서 가만히 드러누워 있었다. 동상으로 손가락, 발가락을 잃은 장병은 부지기수였고, 낙하산으로 드문드문 투하된 보급품마저 끊어진지 오래되었다. 그들은 사형선고를 받고 하루하루를 죽을 날을 기다리는 죄수들과 다름없었다. 추위 속에서도 소련군은 꾸역꾸역 포위망을 좁혀 들어오고 있었다. 1월 30일, 파울루스를 육군 원수로 진급시킨다는 전문이 스탈린그라드로 날아왔다. 히틀러의 의도는 뻔했다. 독일 군사상 자결한 원수는 있어도 항복한 원수는 그 전례가 없었다. 그는 파울루스가 자결할 것을 요구하고 있었다.

그러나 파울루스는 기어코 히틀러의 기대를 매몰차게 저버렸다. 이미 쇠약해질 대로 쇠약해진 그는 자결보다는 소련군의 포로가 되는 길을 택했던 것이다. 폐허가 된 혁명 영웅 광장의 백화점 지하에 숨어 있던 그는 마침내 소련군에 항복했다. 그 소식을 들은 히틀러는 대독일 육군의 명예를 더럽힌 배신자라고 게거품을 물며 길길이 날뛰었다. 그로부터 48시간 이내에 굶주리고 지친 91,000명의 독일 장병들이 속속 항복했다. 그것이 25만을 헤아리고 있던 제6군의 생존자 전부였고 대부분이 부상

항복하는 파울루스

과 동상으로 죽어가고 있었다. 독일에서는 국영방송국에서 연일 바그너 Wagner의 무거운 '신들의 황혼 중 지그프리트의 장성곡'이 흘러나왔고 모스크바의 붉은 광장에서는 일제히 종을 울리면서 독소전 이후 러시아가 처음 거둔 대승을 축하했다.

이렇게 해서 스탈린그라드 전투는 히틀러의 무지막지한 독선, 괴링의 허풍, 그리고 파울루스의 우유부단 등으로 독일군의 처참한 참패로 막을 내렸다. 정확한 인적 피해는 대략 독일군이 30만, 루마니아군 20만, 이탈리아군 13만, 헝가리군 12만 명이 죽거나 불구가 된 것으로 알려져 있고, 소련군도 약 70만 명의 병력을 잃은 것으로 추산되고 있다. 한 도시를 둘러싸고 150만 명이라는 병사들이 죽거나 다쳤다. 분명한 사실은 이 스탈린그라드 전투야말로 독소 전쟁이 개전된 이래 처음으로 거둔 소련군의 대승리였으며, 앞으로도 2년 반 동안이나 더 계속될 이 전쟁의 양상을 뒤바꿔 놓는 중요한 분수령이 되었다는 사실이다.

TIP!

1. 프리드리히 파울루스

파울루스는 큰 키에 잘 어울리는 세련된 옷차림과 점잖은 몸가짐 덕분에 가까운 친구들은 그를 '영주der Lord'라 부르곤 했다. 그에 대한 기록에 의하면 "결단력이 부족하고 우유부단함"이라고 되어 있다. 이런 평가에서 보듯이 그는 야전 지휘관 타입은 아니었고, 이후에도 주로 참모장교로 근무하며 자신의 장점을 발휘했다. 2차 세계대전이 시작되자 육군 참모본부에서 참모차장으로 일하면서 독일군의 각종 작전을 입안했고, 이후 제6군 야전 사령관이 되었다. 이는 그가 최초이자 최후로 맡은 야전부대의 지휘관이었다. 1942년 여름 소련군을 격파하면서 볼가강 유역의 스탈린그라드까지 도달했다.

스탈린그라드 전투에서 소련군의 완강한 저항으로 시가전을 벌이던 중 소련군에 역포위되어 2개월간 그야말로 극한의 상황 속에서 처절하게 저항하였으나 결국 항복했다. 파울루스는 매너 있고 조용한 성격이었다. 그래서 뒤에서 작전을 짜는 참모로서는 적격이었겠지만 과단성과 카리스마가 요구되는 최전성의 야전 사령관 깜냥은 아니었다. 고전음악을 사랑하고 의복에도 먼지가 있으면 탁탁 털어버리는 깔끔하고 소심한 그에게는 거칠고 무자비한 스탈린그라드야말로 정말 피하고 싶은 장소였을 것이다. 항복 후 소련에서 포로 생활을 하다 소련이 지원하는 자유독일국민위원회의 회장이 되어 소련군의 선무활동에 앞장섰다. 전후 뉘른베르크 전범재판에서 증인으로 활동했다. 1953년 포로 생활에서 석방된 이후 동독의 드레스덴에서 군사역사연구소장으로 일하다가 1957년 사망했다.

2. 안드레이 예레멘코

스탈린그라드 전투를 승리로 이끈 소련 지휘관 중 한 사람인 예레멘코는 지고는 못 사는 불같은 성격의 소유자였다. 그는 이 전투에서 모두 7번 부상당했으며 그중 네 번은 중상이었다. 하지만 그는 야전 병원 침상에서 지휘를 계속하며 결국 죽지 않고 살아남았다. 그의 부상 경력은 군 경력만큼이나 화려했다. 1차 세계대전 참전 때 처음 부상당한 것을 시작으로 여러 차례 치명적인 부상을 당했으나 그때마다 운 좋게 살아남았다. 1892년 지금의 우크라이나에서 빈농의 아들로 태어났다. 엘리트코스인 레닌 정치군사학교와 프룬제Frunze 군사아카데미를 졸업한 그는 스탈린그라드 전투 당시 스탈린그라드 전선군 사령관으로 있으면서 독일군의 공세를 틀어막고 승리의 발판을 마련했다. 1955년 소련연방 원수로 승진했고 1970년 11월 사망했다.

3. T34 전차

2차 세계대전 당시, 소련에서 생산되어 기갑부대의 주력으로 운용된 중형전차이며, 소련이 만든 걸작품 전차다. 성능도 준수하지만 트랙터 공장이나 기관차 공장 등에서 찍어낼 정도로 생산하기 쉬운 구조 덕분에 많은 수량을 확보할 수 있었다. 한국 전쟁에서 북한군의 주력 전차였다.

4. 바실리 추이코프

1900년 모스크바 남부에서 빈농의 아들로 태어났고, 1918년 4월 붉은 군대에 입대했다. 1940년부터 1942년 3월까지는 중국에 파견되어 장제스의 군사고문을 맡았다. 이후 소련으로 돌아오자마자 스탈린그라드 전투에 바로 투입되었다. 추이코프는 이 전투에서 독일군에 바싹 붙어 공격하는 근접 전술을 펼쳤다. 이 전술은 시가전에서 적은 병력으로 독일군에게 큰 피해를 입힐 수 있었다. 1945년 4월의 베를린 공략의 주공을 맡았다. 결국 베를린으로 먼저 진입해 베를린 방어 총사령관 헬무트 바이틀링Helmuth Weidling에게 항복을 받아냈다. 1955년에 소련 원수로 최종 진급했고, 1960년부터 1964년까지는 소련 지상군 총사령관을, 1961년부터 1972년까지는 소련 민방위위원회위원장을 맡은 뒤 은퇴했다. 은퇴 후에는 명예직인 국방부 총감이 되었고, 소련 공산당 중앙위원회 상임위원도 역임하였다.

5. 타타르인

러시아 역사에서 자주 등장하는 민족 중 하나가 타타르인이다. 타타르인은 약 5백만 명으로 러시아 전체 인구의 약 4%를 차지한다. 타타르인은 러시아의 대표적인 이슬람 민족이기도 하다.

6. 알렉산드르 로딤체프

알렉산드르 로딤체프는 1927년에 군생활을 시작했다. 스페인 내전에서 시가전 전술을 체득했고 이때 익힌 시가전 전술을 스탈린그라드 전투에서 십분 발휘했다. 마마이 언덕 전투에서 "절대로 후퇴란 없다."라고 부대원을 독전하여 명성을 떨쳤다. 탁월한 유머 감각을 지니고 있으면서도 진지한 학생 같은 분위기를 풍기는 그는 군인이라기보다는 지식인의 모습을 보여주는 특이한 인물이었다.

7. 헤르만 호트

헤르만 호트는 2차 세계대전 초기 프랑스에서 빛나는 승리를 거두었고 이후 독소 전쟁 중에 활약했다. 전쟁 후에는 6년간 수감생활을 했고 출옥 후에는 군사 역사 분야 저술가로 활동했다. '파파'는 부하들이 붙여준 애칭이다.

〈파리는 불타고 있는가?〉

극적인 파리 해방 이야기

I. 영화 〈파리는 불타고 있는가?〉

원제: Is Paris burning?
감독: 르네 클레망
제작: 폴 그라에츠
원작: 래리 콜린스, 도미니크 라피에르
각본: 고어 비달, 프랜시스 포드 코폴라
음악: 모리스 자르
출연: 알랭 들롱, 장 폴 벨몽도, 레슬리 캐론, 이브 몽땅, 클로드 도핀, 샤를르 보와이에, 안소니 파킨스, 글렌 포드, 커크 더글라스, 게르트 프로베, 오손 웰스, 조지 차키리스, 시몬느 시뇨레
제작 연도: 1966년
상영시간: 175분

〈금지된 장난Jeux Interdits〉, 〈목로주점L'Assommoir〉, 〈태양은 가득히Plein Soleil〉의 거장 르네 클레망Rene Clement 감독[1]의 〈파리는 불타고 있는가?〉는 프랑스, 독일, 미국 등 각국의 배우들이 총 출동하여 만든 전쟁 영화다. 이 영화는 〈서부개척사How the West Was Won〉, 〈사상 최대의 작전The Longest Day〉, 〈머나먼 다리A Bridge Too Far〉 등과 함께 초호화 캐스팅의 반

열에 들었다는 평을 받은 영화다. 배우들의 면모를 살펴보면 영화 제작국인 프랑스에서는 당시 최고 인기스타인 알랭 들롱Alain Delon과 장 폴 벨몽도Jean-Paul Belmondo가 함께 출연하였다.

이 밖에 시몬느 시뇨레Simone Signoret, 이브 몽땅Yves Montand, 샤를르 보와이에Charles Boyer 등이 등장하고, 미국 배우들은 커크 더글러스Kirk Douglas, 글렌 포드Glenn Ford, 안소니 퍼킨스Anthony Perkins, 조지 차키리스George Chakiris, 오손 웰즈Orson Welles 등 기라성 같은 배우들이 등장한다. 화면에 가장 많이 등장하는 인물은 히틀러의 황당한 명령을 받은 파리 주둔 독일군 사령관 디트리히 폰 콜티츠Dietrich von Choltitz[2] 역의 독일배우 게르트 프로베Gert Fröbe다. 그는 군인의 냉철함과 인간적인 감성을 함께 보여주는 독일 장교 역을 무난히 수행하여 보는 관객들로 하여금 연민까지 느끼게 한다. 독일군으로서 한낱 악랄한 나치가 아니라 명령을 수행하는 군인으로서의 내면적 고민을 잘 표현했다는 평이다.

이 영화는 2차 세계대전이 후반기로 접어드는 가운데 파리의 해방을 갈망하는 레지스탕스, 명령을 수행해야 하는 독일군, 이 독일군을 향하여 일전을 벌이는 연합군 측을 각각 조명하면서 한 도시를 둘러싼 치열한 시가전과 게릴라전, 방어전 등을 실감나

파리 방위 사령관 콜티츠

게 보여주는 수작이다. 개개인의 이야기보다는 상황이 어떻게 진행되는가를 신속하게 보여주는 방식으로 마치 '프랑스판 사상 최대의 작전'이라고 할 만한 영화다. 다큐멘터리 성격을 살리기 위해 흑백으로 만든 이 영화는 파리 시민들의 협조를 얻어 현지에서 로케이션으로 촬영하였다. 주연이 따로 없이 여러 에피소드가 짜깁기 형식으로 펼쳐진다.

영화음악의 거장 모리스 자르Maurice Jarre의 왈츠 풍의 경쾌한 주제곡이 흐르는 타이틀 화면은 하늘에서 촬영한 파리의 현재 모습이 보이는데 이 부분만 컬러이고 이어서 나오는 본 영화는 모두 흑백이다. 프랑스 정부와 파리시의 지원과 수많은 미국 · 영국 · 프랑스 · 독일의 일류급 배우들이 상당수 출연료 없이 우정 출연을 했다고 한다. 커크 더글러스의 경우 단 한 신만 등장하지만 패튼이라는 거물로 출연하고 프랑스의 대배우인 시몬느 시뇨레도 바텐더로 단역 출연한다. 연합군 장교로 등장하는 글렌 포드는 무게는 꽤 잡지만 출연비중은 적었고, 알랭 들롱, 장 폴 벨몽도 등은 비교적 비중 있는 역할을 맡고 있다. 명배우 안소니 퍼킨스, 이브 몽땅 등도 연합군 병사로 등장하여 눈부신 활약을 벌인 뒤 장렬히 전사하는 역할을 맡고 있다. 뮤지컬 배우인 레슬리 캐론Leslie Caron이 프랑스 레지스탕스 일원으로 등장하는 것이 이채로운데, 남편이 독일군에게 사살되는 것을 지켜보는 비운의 여인상을 맡았다. 잡혀 가는 남편을 바라보며 울음을 참는 표정연기가 인상 깊다.

제법 비중이 높은 역으로는 대배우 오손 웰즈도 있는데 독일과 프랑스의 협상을 중재하는 스웨덴 총영사 역으로 등장한다. 좀 민망한 배역이랄 수 있는 배우로는 〈남과 여Un homme et une femme〉의 스타 장 루이 트랭티냥Jean-Louis Trintignant이다. 그는 독일군 앞잡이 노릇을 하며 레지스탕스를 팔아넘기는 파렴치한 프랑스인으로 출연한다. 이렇게 한 명 한 명 유명 배우들의 등장을 구경하는 것만으로도 충분히 재미가 있는 영화이지만, 배우들의 얼굴 보여주기에 급급한 영화가 아니다. 충분히 짜임새 있는 시나리오와 진행으로 레지스탕스들의 활약과 파리 해방에 대한 열망을 충분히 담아낸 작품이다. 역시 본토(프랑스) 감독이 연출한 덕을 본 것이 아닐까 한다.

역사와 유적의 도시 파리가 하마터면 미치광이 히틀러에 의해서 산산이 파괴되어 돌무더기가 될 뻔한 긴박감을 보여주는 이 영화는 "파리는 불타고 있는가?"라고 전화통에서 흘러나오는 히틀러의 허망한 음성으로 끝을 맺고 있다. "파리를 불태워서 독일이 승리할 수 있다면 열 번이고 그랬을 것이요."라고 말하는 파리 방위사령관인 콜티츠의 말도 인상 깊은 장면이다. 패망을 뻔히 알면서 총통의 황당한 명령을 수행해야 하는 당시 독일군 장교들의 심정은 어땠을까? "집을 나온 지 4년이나 되었는데 살아서 돌아가고 싶습니다."라고 독일군 장교가 말하는 장면에서는 연민이 느껴지기도 한다. 어쨌든 인류의 유산 파리는 무사히 보존되었고, 그래서 이 영화도 나올 수 있었다.

영화 촬영 당시 프랑스 대통령이었던 샤를 드골Charles De Gaulle은 파리 해방전투 때 공산당의 활약이 비쳐지는 것을 극도로 꺼려해서 영화 내용 자체에 일일이 관심을 표시했다고 한다. 아울러 파리 해방은 전적

노트르담 성당 앞의 독일 전차

으로 시민들과 병사들의 노고에 힘입은 것이기 때문에 자신이 영화에 잠깐이라도 나오는 것을 절대 금지했다고 한다.

II. 극적인 파리 해방 이야기

1944년 8월 14일 연합군은 파리를 향하여 노도와 같이 진격을 거듭하고 있었다. 이때 제3군 사령관 패튼 장군이 휘하의 제15군단 사령관 웨이드 헤이슬립Wade Haislip 소장의 지휘소를 찾았다. 두 사람 모두 과거 프랑스에서 수학했고 유창한 불어를 구사한다는 공통점이 있었다. 특히 프랑스를 끔찍이 사랑하는 헤이슬립 군단장은 프랑스인이 자력으로 파리 수복의 주인공이 되어야 한다고 생각하고 있었다. 패튼을 만난 헤이슬립은 휘하의 프랑스 제2기갑사단을 파리로 진격시키도록 패튼에게 간청했으나 패튼은 연합군은 당분간 파리를 해방시킬 의향이 없다고 하이슬립에게 잘라 말했다. 패튼은 사실 연합군 총사령관인 아이크(아이젠하워의 애칭)의 생각을 헤이슬립에게 전달하고 있을 뿐이었다.

아이크도 파리 수복이 파리 시민들에게 더없이 큰 선물이 될 것이라는 것쯤은 충분히 알고 있었다. 그럼에도 불구하고 파리 해방은 그의 우선순위에서 밀려나고 있었다. 패주하는 독일군에게 시간적 여유를 주지 않고 불과 400킬로미터 저편의 라인강까지 연합군이 돌진한다면 전쟁을 좀 더 빨리 끝낼 수 있으리라 생각하고 있었다. 그러나 파리의 해방을 우선한다면 많은 노력과 보급을 파리 쪽으로 돌려야 한다. 당시 연합군의 보급물자는 여전히 셀부르Cherbourg 항구와 연합군이 상륙한 해안에 설치한 임시항구를 통해서만 들어오고 있었으므로 연합군의 작전은 빈약한 보급능력에 매달리고 있었다. 아이크는 "가솔린 한 방울이 피 한 방울과 같았다."라고 당시를 회상했다. 제12집단군 사령관 오마 브래들리Omar Bradley도 파리 시민들이 어려움을 조금만 더 견뎌 준다면 파리 해방에 필요한 가솔린과 물자로 하루 빨리 진격해서 전쟁을 끝낼 수 있을 것으로 생각하고 있었다. 이 밖에 아이크가 당장의 파리 수복을 바라지 않는 이유는 또 있었다. 그는 파리의 해방이 비싼 대가를 치르리라는 것을 잘 알고 있었다. 독일군과 파리에서 피 터지는 시가전을 하게 되면 이 아름다운 유럽 문명의 심장이 심각하게 파괴될 가능성이 있었기 때문이었다.

그래서 연합군의 작전은 독일 본토를 향해 전속력으로 진격하는 것이었지만 그 과정에서 북쪽의 몽고메리 휘하 제21군 집단과 남쪽의 브래들리 휘하 제12군 집단이 파리를 포위만 하겠다는 것이었다. 연합군의 작전에 따르면 파리 수복은 9월 중순 이후로 예정되어 있었다. 그러나 갖가지 사건과 우여곡절이 겹치면서 이 파리 수복 계획은 크게 바뀌게 된다. 이 시간표를 뒤엎은 배경에는 수도를 탈환하고자 하는 파리

콜티츠

시민들의 강한 의지, 파리의 지배를 에워싼 드골파와 공산파 간의 알력, 파리를 잿더미로 만들려고 하는 히틀러의 광기, 그리고 적지 않은 영향을 미친 것은 파리를 파괴한 죄인으로 역사에 남는 것을 우려한 독일 파리 방위 사령관 콜티츠였다.

이 무렵 파리 시민들은 각종 물자의 부족 등으로 극도로 어려운 실정에 놓여 있었다. 그러나 무엇보다도 파리 시민들에게 간절했던 것은 잃어버린 긍지를 되찾는 것이었다. 1940년 파리가 점령된 이후 시민들은 독일군에 의한 숱한 굴욕을 참아야만 했다. 시민들은 매일같이 250명의 독일 부대가 브라스밴드로 '프로이센의 영광'을 쾅쾅거리며 연주하면서 개선문에서 콩코르드 광장까지 샹젤리제 대로를 군화소리 요란하게 행진하는 것을 눈꼴시럽지만 봐야 했다. 참 더러운 기분이었다. 파리에서 제일 눈에 띄는 에펠탑 꼭대기에는 나치의 갈고리 십자 깃발(하켄크로이츠Hakenkreuz)이 휘날리고 있었다. 파리 해방을 가장 줄기차고 강력하게 주장한 사람은 알제리아에서 프랑스 국민 해방위원회 위원장을 맡고 있던 샤를 드골이었다. 이 위원회는 연합군 내의 자유 프랑스군의 전투를 지휘하고 또 프랑스 레지스탕스들 간의 협력관계를 조정하고 있었다.

프랑스 레지스탕스 내부에는 공산당을 중심으로 한 강력한 라이벌 집단이 암약하고 있었다. 드골은 프랑스가 해방될 때 본인이 가장 걸맞은 지도자로서 발판을 마련하기 위해서는 '파리 해방자'라는 칭호는 반드시 자기 것이어야 했다. 만약에 공산분자들이 시민들을 선동하여 자기가 파리에 도착하기 이전에 독일군을 내쫓는다면 전쟁이 끝난 후 그들이 프랑스 정치에서 주도권을 잡을 것을 명약관화한 일이었다. 드골은 골치가 아파졌다. 1943년 12월 30일, 아이크가 알제리아의 프랑스 국민해방위원회를 방문하여 처음으로 드골과 만났을 때 드골은 그 자리에서 파리를 점령하는 것은 프랑스 부대라야 한다고 아이크에게 요청했다. 드골이 말하는 프랑스 부대란 그가 거느린 프랑스 국민 해방위원회의 지휘하에 있는 군대를 뜻했다. 아이크는 이에 흔쾌히 동의한 것이었다. 노르망디 상륙 이후 2달 동안 해안교두보에서 버벅거리던 연합군이 마침내 빠져나온 1944년 8월, 연합군은 프랑스 본토에서 동쪽을 향해 쾌속도의 진격을 계속하고 있었다. 이 연합군의 바로 뒤를 따라가면서 드골파의 프랑스 국민 해방위원회가 지방행정기관들을 속속 접수했다. 이는 해방된 프랑스 지방의 지배권이 절대로 공산계 레지스탕스 위원회의 손에 들어가지 않도록 하기 위한 사전 포석이었다. 프랑스 공산당은 드골에게는 독일군 못지않은 성가시고 위협적인 존재였던 것이다. 공산당 세력은 특히 파리 레지스탕스 조직 안에서 막강해 이들은 약 2만 5천 명의 무장 전투원을 보유하고 있었다. 공산당에 의한 파리 해방을 막기 위해 드골은 계속해서 휘하의 사람을 파리의 레지스탕스 내부로 침투시켰다. 그중의 한 사람이 당시 29세의 젊은 자크 샤방-델마스Jacques Chaban-Delmas 장군[3]이었다.

샤방-델마스는 공산당의 본질을 꿰뚫고 있었다. 그는 "공산당 이 인간들은 비록 세계에서 가장 아름다운 도시가 파괴되더라도 봉기를 감행할 것이다."라고 생각했다. 파리 레지스탕스의 공산당 두목인 롤-탕귀Rol-Tanguy 대령은 드골이 해방군의 선두에 서서 파리에 입성할 때 온 시민이 그에게 고마움을 표시하는 일이 있어서는 절대로 안 된다고 생각하고 있었다. 스페인 내전에도 참전한 바 있는 롤-탕귀는 골수 공산당이었으며 그의 용기와 당에 대한 충성심은 타의 추종을 불허하였다. 샤방-델마스와 마찬가지로 롤-탕귀도 파리 해방의 중요성을 잘 인식하고 있었다. 그는 수많은 시민이 죽어나가도 파리 해방은 그럴 만한 가치가 있다고까지 생각하고 있었다.

한편 동프로이센의 '늑대굴'이라고 불리는 라스텐부르크Rastenburg 지휘소의 히틀러는 독일군이 파리를 내주기 전에 이 도시를 철저히 파괴할 결심을 했다. 그는 지난 7월 20일 자신에 대한 암살 시도로부터 간신히 살아남은 후에는 더욱 악랄해졌다. 화가 지망생이었던 그가 젊은 시절부터 그렇게 찬미해 마지않던 파리를 이제는 잿더미로 만들겠다는 끔찍한 망상을 품게 된 것이다. 히틀러는 이 파괴계획의 실천을 위해 8월 초 동부전선으로부터 장군 한 사람을 늑대굴로 불렀다. 당시 동부전선에서 후퇴작전을 수행하던 콜티츠 소장은 프로이센 군인 특유의 이미지와는 거리가 먼 풍모를 가진 장군이었다. 땅딸막한 키에 얼굴은 뚱뚱한 부처처럼 무표정한 그는 명령이라면 무조건 앞뒤 안 재고 밀어붙이는 돌쇠 스타일이었다. 난데없이 히틀러에게 불려온 그는 그곳에서 생전 처음으로 기이한 경험을 했다. 7월 20일에 발생한 자신의 암살사건의 충격으로부터 아직 벗어나지 못한 히틀러는 콜티츠에게 엉뚱하게 핏대를 올리며 암살사건에 대해서 입에 거품을 물고 장광설을 늘어놓기 시작했다. 그는 나중에 히틀러가 고열로 헛소리를 하면서 제 정신이 아닌 것 같다고 회상했다. 한참 침을 튀기며 지껄이고 난 히틀러는 본론으로 들어갔다. "귀관은 지금 당장 파리로 가시오. 그리고 파리를 모조리 파괴해 버리시오. 성당, 다리, 박물관, 미술관, 극장, 기념비 등 하나라도 남겨두지 마시오. 그런 다음에 수돗물도 끊어 전염병이 퍼지도록 하시오." 콜티츠는 자기 귀를 의심했다. 그리고 이 총통이라는 사내는 미치광이임에 틀림없다고 확신했다. 그는 군인이 된 이래 처음으로 명령에 복종하려는 의지가 흔들리는 것을 느꼈다.

황당한 명령을 받고 파리에 도착한 콜티츠는 자신이 진퇴양난에 빠진 것을 알았다. 그가 목숨을 걸고 충성을 맹세한 히틀러는 미친놈일 뿐더러 도대체 조국 독일이 일으킨 이 전쟁에 대한 대의가 무엇이냐는 생각이 들었다. 또한 세계 최고의 이 아름다운 역사의 도시를 파괴한다면 그 자신은 두고두고 영원히 역사의 지탄을 받을 것이다. 한편 히틀러의 명령을 거역하면 고국에 있는 처자식의 생명이 위험해질 것도 불을 보듯 뻔한 일이었다. 이처럼 딜레마에 빠져 있는 콜티츠에게 문제가 터지기 시작했다. 파리 경찰이 동요하기 시작했던 것이다. 8월 19일 잔뜩 흐린 토요일 아침, 드골파 지도자 이브 바이에Yves Bayet가 휘하

대원들을 이끌고 노트르담 대성당 맞은편 파리 경찰청을 전광석화처럼 접수했다. 경찰청에 프랑스 삼색기가 올라갔다.

사실 전날 공산당이 경찰국 점거를 시작으로 파리 봉기를 계획했으나 이를 재빨리 탐지한 드골파가 선수를 친 것이다. 한편 드골파에 선수를 빼앗긴 공산당은 곧 파리 시내의 독일군 차량에 대하여 무차별 기습하면서 전투가 개시되었다. 점차 시가전이 확대되기 시작했다. 그날 밤 늦게 콜티츠는 사무실에서 18년간이나 파리 주재 스웨덴 총영사를 지내고 있는 라울 노르들링Raoul Nordling을 만나고 있었다. 그는 콜티츠와 사업 관계상 자주 만나는 관계에 있었다. 콜티츠는 점차 번져가는 파리 폭동에 화를 내고 있었다. 오랫동안 파리에서 살아오면서 애정이 쌓인 노르들링은 시가전으로 빚어질 이 도시의 파괴는 생각하기도 싫은 끔찍한 일이었다. 그는 진심으로 시가전을 그만두라고 콜티츠를 설득하기 시작했으나 콜티츠는 퉁명스럽게 대꾸했다. "나는 군인일 뿐이며 명령을 받고 수행하면 그만입니다. 저 레지스탕스 놈들 박살을 내버리겠어요."

레지스탕스들의 봉기

노르들링은 일단 콜티츠에게 지금 벌어지고 있는 시가전에 의한 사상자 수습을 위하여 휴전을 제의하도록 요청했다. 시간을 벌기 위해서였다. 콜티츠도 동의했다. 콜티츠는 내심으로 히틀러의 파리 파괴 명령에 반대의사를 굳히고 있던 터였다. 노르들링의 중재에 의하여 파리 시민군은 독일군과의 휴전에 합의를 보게 되었다. 그러나 휴전 약속은 휴지조각이 되었다. 롤-탕귀가 자기 동의 없이 휴전을 합의한 것에 대하여 불같이 화를 내면서 공산당이 군사행동을 재개했던 것이다. 그의 궁극적인 목표는 수도가 파괴되든 말든 간에 파리에 대한 지배권의 장악이었다. 드골파가 황급히 말렸으나 이미 전투는 시작되었다.

휴전합의가 깨지고 전투가 재개되었다는 사실을 보고받고 열받은 콜티츠에게 히틀러의 최측근인 알프레드 요들Alfred Jodl 장군[4]으로부터 전화가 걸려왔다. 이 전화는 파리를 잿더미로 만들라는 히틀러의 명령을 콜티츠가 얼마나 수행하고 있는지 확인하기 위한 것이었다. 콜티츠는 현재 파리에서 폭동이 일어나고 있으며 이를 진압하느라고 도시의 파괴를 위한 아무런 조치를 취할 수 없었다고 얼버무렸다. 한편 파리로부터 레지스탕스에 의한 폭동 소식은 아이크를 당황하게 만들었다. 그리고 울화통이 울컥 치밀어 올랐다. 이는 그가 가장 피하려고 했던 사태였으며 잘못하면 전체 계획이 망가질지도 모른다고 생각했다. 아이크는 북아프리카 알제리에 있는 드골을 황급히 불렀다. 아이크는 황급히 비행기로 날아온 드골에게 연합군은 현재의 파리 폭동에 개입할 의사가 없으며 드골이 나서서 폭동을 잠재우기를 요청했다. 그리고 파리는 나중에 해방시킬 계획이라고 설명했다. 이에 대하여 드골은 원래 계획을 수정해서 당장 연합군의 파리 진격을 촉구했다. 이는 현재 파리가 공산주의자들의 장악 위협에 놓여 있기 때문이라는 것이었다.

그러나 아이크는 파리 수복을 위하여 연합군의 많은 희생이 따를 시가전에 말려들 것을 우려하면서 드골의 제의를 일단 받아들이지 않았다. 이렇게 해서 드골의 제의는 퇴짜를 맞았으나 그는 결코 포기하지 않고 있었다. 당시 드골이 기대하고 있는 장군이 있었으니 그가 바로 필립 르클레르Philippe Leclerc 장군[5]이었다. 그는 파리에서 150킬로미터 정도 떨어진 아르장탕Argentan에서 프랑스 제2기갑사단을 지휘하고 있었다. 그의 지휘하에 병사 1만 6,000명, 차량 2,000대, 탱크 450대가 파리 진격명령을 학수고대하고 있었다. 그때 르클레르는 파리로 진격할 때 필요한 가솔린과 탄약을 틈만 나면 뒷구멍으로 빼돌리고 있었다. 르클레르가 드골로부터 몰래 파리진격을 준비하고 있으라는 지령을 받고 있는 동안에 파리 시민들은 치열한 시가전을 벌이고 있었다. 시가전이 격화되면서 파리 시민군은 착실히 승리를 거두기 시작했다. 신문사, 정부 건물, 프랑스 대통령 관저인 엘리제궁 등 주요 건물들이 속속 레지스탕스의 손안에 들어왔다. 이런 와중에 파리의 운명이 콜티츠 사령관의 손에 달려 있었다는 것은 파리를 위해 정말 다행스러운 일이었다.

개선문 부근에서의 시가전

콜티츠는 파리를 잿더미로 만

들라는 히틀러의 명령을 아예 깔아뭉개기로 했다. 콜티츠는 노르들링을 불렀다. 사령부에서 콜티츠는 노르들링에게 연합군 수뇌부에게 파리 상황을 알려주고 싶다는 의사를 피력했다. 이를 위하여 누군가가 독일군 전선을 통과하여 연합군 사령부까지 갈 수 있도록 정식 허가증까지 내주겠다고 말했다. 노르들링은 귀가 번쩍 뜨였다. 콜티츠는 윗도리 안주머니에서 파리를 파괴하라는 히틀러의 명령서를 끄집어서 보여주었다. 그리고 지금까지는 이 핑계 저 핑계 둘러대면서 명령을 회피해 왔지만 이제는 더 이상 둘러댈 수 없음을 호소했다. 그러니까 연합군이 하루빨리 파리로 들어와서 이 상황을 정리해야 하지 않겠냐는 것이었다. 콜티츠가 만들어준 통행 허가증을 들고 사령부에서 나온 노르들링은 함께 동행할 인물 4명을 긴급히 모았다. 먼저 파리 레지스탕스의 회계 담당인 드생 팔레Desain Palais였고 두 번째는 1940년 당시 국방성에서 드골과 함께 근무한 적이 있던 장 로렝Jean Laurens이었다. 세 번째는 에밀 벤데르Emile Bender라는 인물로 스위스 기업의 파리 주재원이었으나 사실은 독일 첩보기관인 방어국의 정보원이었다.

벤데르는 파리를 구하기 위한 이 공작을 돕기로 결심했다. 그의 지위로 인해 검문소 통과가 훨씬 쉬워질 터였다. 네 번째 인물은 아르누Arnoux라고 칭하는 인물이었는데, 표면상으로는 파리 적십자사의 대표로 되어 있었으나 영국 첩보기관의 클로드 올리비에Claude Oliver 대령이었다. 그런데 그날 저녁 급작스러운 사건이 발생했다. 62세의 노르들링이 갑자기 심장발작을 일으킨 것이다. 급히 그의 핀치 히터로 나선 사람은 그의 동생 롤프Rolfe 노르들링이었다. 독일군 검문소를 통과하는 등 천신만고 끝에 일행이 연합군 사령부에 도착한 것은 이튿날 아침이었다. 이들은 패튼 장군에게 인도되었다. 패튼은 대충 얘기를 듣고 이들을 지프차에 태워 상급부대인 브래들리 사령부로 보냈다. 그러나 최후의 결정은 아이크에게 달려 있었다. 아이크도 파리가 위기에 처해 있다는 사실을 점차 깨닫기 시작했다. 콜티츠가 파리를 파괴한 자로서의 이름을 역사에 남기고 싶어 하지 않듯이 아이크 역시 파리의 파괴를 방관했다는 오명을 뒤집어쓰고 싶지 않았다. 한편으로는 키는 장대처럼 크고 코는 남산만 한 위압적인 드골의 얼굴이 계속 어른거리고 있었다.

나중에 파리가 파괴된 이후 이 고집불통 인간을 만날 생각을 하니까 머리가 지끈지끈해졌다. 그러나 입장을 바꾸어 생각해 보면 드골의 애국심도 어느 정도 수긍이 가지 않는 것도 아니었다. 마침 브래들리와 노르들링 일행이 도착하여 파리의 상황을 보고하자 아이크의 마지막 망설임은 말끔히 사라졌다. 울고 싶은데 뺨을 때려준 격이었다. 아이크는 나중에 파리로 진격한 이유를 이렇게 말했다. “내 결정은 급박하게 돌아가는 파리의 상황 때문에 부득이 취해진 것이다. 정보에 의하면 독일군과 큰 전투는 없을 것 같았다. 1개 사단 혹은 2개 사단 정도가 밀고 들어가면 파리 해방은 이루어질 것으로 판단되었다.” 브래들리는 프랑스 기갑사단에게 전속력으로 진격하도록 지시하고 이어 미군 제4사단에게도 파리 진군의 명령을 내렸다.

프랑스군은 발에 불이 나도록 달려가고 싶었으나 파리의 진격은 생각만큼 쉽지 않았다. 콜티츠는 아직도 양심과 군인으로서의 의무감의 틈바구니에서 고뇌하고 있었다. 파리의 파괴는 가급적 피하겠지만 파리 외곽에서는 가급적 전력을 기울여 방어하고 싶었다. 아니 방어를 하는 척 하는 심정이었을 것이다. 파리로 향하는 길목마다 양군은 치열한 접전이 벌어졌다. 하루 온종일 전투는 계속되었다. 하여튼 프랑스군은 점차 파리에 가까워져 가고 있었다. 드디어 오후 9시22분 선봉에 선 탱크 3대가 난관을 뚫고 파리 중심부의 시청사 앞에 도착했다. 다음날 8월 25일 르클레르 사단은 오전 8시부터 10시 30분 사이에 모두 파리에 입성했다. 그 바로 뒤로 미 제4보병사단이 뒤따라 들어왔다. 프랑스군의 도착과 함께 열광적인 축제가 시작되었다. 그날 오후 3시경, 콜티츠는 파리 주둔 독일군의 항복문서에 서명했다. 1시간쯤 후에 샤를 드골이 검은색 컨버터블을 타고 파리에 들어왔다. 그는 환호하는 인파를 제치고 몽파르나스 Montparnasse 역에 있는 사령부로 천천히 걸어갔다. 사령부에는 르클레르와 참모들 그리고 롤-탕귀 대령이 기다리고 있었다. 두 사람은 잠시 말이 없다가 드골이 먼저 라이벌의 손을 잡았다. 드골의 승리였다. 이틀 뒤 수많은 파리 시민들이 샹젤리제 거리로 쏟아져 나왔다. 그리고

파리로 돌진하는 연합군 전차부대

샹젤리제 대로를 걷고 있는 드골

개선 행진의 선두에 선 자유 프랑스의 드골 장군에게 환호했다. "모두가 기뻐서 어쩔 줄 몰라 하는 가운데에서도 점령자들에게 부역했던 사람들은 얼마 안 가서 죄의 값을 톡톡히 치르기 시작했다(이언 커셔, 『히틀러Ⅱ』, p881)."

TIP!

1. 르네 클레망

르네 클레망은 건축을 전공하고 다큐멘터리 영화를 찍으면서 영화계에 입문했다. 2차 세계대전 중 프랑스 레지스탕스 활동을 그린, 지금도 손꼽히는 명작으로 치는 〈철로변의 전투La Bataille Du Rail〉로 칸느 그랑프리를 받으면서 일약 국제적인 명성을 얻었다. 50년대에는 〈금지된 장난〉, 〈목로주점〉같은 낭만적 사실주의 경향의 걸작들을 내놓았다. 특히 〈금지된 장난〉은 동심을 빌려 전쟁을 우회적으로 비판한 반전영화로 아카데미 최우수 외국영화상을 수상했다. 그러나 60년에 연출한 〈태양은 가득히〉의 대성공을 계기로 스릴러와 범죄가 뒤섞인 영화를 많이 만들기 시작했다. 무명의 조연배우로 20년 가까이 지내던 찰스 브론슨을 발탁하여 〈빗속의 방문객Le Passager de la Pluie〉에서 주연을 맡기면서 깔끔한 명품 심리 스릴러물을 만들었던 것도 이색적이다.

2. 디트리히 폰 콜티츠

콜티츠는 1944년 파리 방위사령관으로 임명되었다. 그 후 파리 레지스탕스들과 강화를 추진하여 전투로 폐허가 된 스탈린그라드나 바르샤바와 달리 파리의 초토화를 가까스로 막을 수 있었다. 파리 전투 시 콜티츠는 히틀러의 명령을 거부하면 가족이 총살당할 수 있는 위기에서 결국 파리를 파괴하지 않기로 결심했다. 심지어 히틀러가 무려 9번이나 전화를 하며 그에게 "파리는 불타고 있는가?"라고 물어보았으나 콜티츠는 히틀러에게 모두 불태워 버렸다고 허위보고까지 하였다. 또한 자신의 아내에게 전화를 하여 히틀러의 명령을 거부하겠다고 결정했을 때 아내는 "당신이 자랑스럽다."라고 이야기했다고 한다. 파리가 해방된 후 항복 문서에 조인한 콜티츠는 이후 뉘른베르크 전범 재판에 회부되었으며 1947년에 석방되었다. 그는 1966년 독일의 바덴바덴Baden-Baden에서 눈을 감았다. 그의 사망 소식이 알려지면서 많은 프랑스인들이 그를 추모하기 위하여 모였다. 그는 생전에 이렇게 말했다고 한다. "히틀러의 배신자가 될지언정 인류의 죄인이 될 수는 없었다."

한편으로는 그의 군 생활 시절에 대한 부정적인 시각도 있다. 콜티츠는 군 생활을 하면서 도시 파괴자라는 꼬리표가 따라 다니고 있었다. 1940년 5월 중령이었던 콜티츠는 네덜란드 로테르담 중심부에 대한 포격을 명령했고 그 결과로 많은 시민들이 죽거나 다쳤다. 독소전 당시 크리미아Crimea반도의 세바스토폴Sevastopol 공방전이 끝난 후 이 도시를 철저히 파괴하기도 했다. 또 소련으로부터 퇴각하는 도상에서 콜티츠는 독일군의 최후미를 맡아 퇴각하는 모든 지역을 초토화시켰다. 콜티츠는 자기에 대한 악평을 의식한 나머지 이렇게 투덜댔다. "어찌 된 영문인지 나는 언제나 군의 최후방을 맡게 되고 그때마다 퇴거하는 도시를 잿더미로 만들라는 명령을 받는단 말이야." 아마도 이런 전력 때문에 히틀러에게 파리 파괴를 명령받았을지도 모른다.

3. 자크 샤방-델마스

자크 샤방-델마스는 1915년 3월 7일 프랑스 파리에서 태어났다. 원래 이름은 자크 미셸 피에르 델마스Jacques Michel Pierre Delmas였다. 2차 세계대전 동안 지하에서 저항 운동을 하였는데, 이때 '샤방'이라는 가명을 사용하면서 아예 성을 샤방-델마스로 바꾸었다. 파리 해방 시기에 연락장교를 맡은 후 29살에 육군 준장에 올랐다. 1946년 국민의회 의원에 당선되었으며 1947년 보르도 시장, 1954년 공공사업장관, 1957~1958년 국방장관이 되었다. 1969년 대통령 퐁피두Pompidou 밑에서 총리직을 수행했고, 1974년 대통령에 출마했지만 실패했다.

4. 알프레드 요들

알프레드 요들 상급대장은 2차 세계대전 당시 독일군의 작전 담당자로 활약하면서 폴란드 침공, 바르바로사 작전Operation Barbarossa 등 여러 군사 작전을 입안했다. 침착한 성품에 항상 조용한 어조로 감히 히틀러에게 반대 의견을 말할 만큼 배짱을 갖고 있기도 했다. 나치 독일의 패배가 다가왔을 때 히틀러의 후계자였던 해군 원수 되니츠 제독과 함께 연합국과의 항복 협상을 주도했으며 항복문서에 서명했다. 이후 뉘른베르크 전범재판에서 사형 판결을 선고받고 교수형에 처해졌다.

5. 필립 르클레르

필립 르클레르는 1902년 북프랑스의 피카르디Picardie 지방에서 귀족 집안의 아들로 태어났다. 1922년에 상 시르Saint-Cyr 사관학교를 졸업한 르클레르는 당시 프랑스의 식민지였던 모로코에서 근무했다. 1939년 2차 세계대전이 발발하자 벨기에 전선에서 패배하고 탈출했다. 이후 북아프리카 전선으로 가서 드골 휘하에서 전투에 참여했다. 이어서 유럽전선에서 전차대를 이끌고 파리 해방을 선도했다. 2차 세계대전이 끝난 후 베트남의 반식민지 반란을 진압했다. 이때 무자비한 진압활동으로 '살육자 르클레르'라는 오명을 얻었다. 1947년 11월 18일에 알제리 총독으로 재임하던 중 비행기 사고로 알제리에서 사망했다. 프랑스 정부는 1952년 8월23일 고인이 된 르클레르에게 원수 칭호를 증정했다.

〈이미테이션 게임〉

천재 수학자이자 컴퓨터 공학의 아버지, 튜링의 비극적인 삶

I. 영화 〈이미테이션 게임〉

원제: The Imitation Game
감독: 모튼 틸덤
원작: 앤드류 호지
각본: 그래엄 무어
음악: 알렉산더 데블라
출연: 베네딕트 컴버배치, 키이라 나이틀리, 매튜 구드
상영시간: 114분
제작 연도: 2015년
제작비: 1,400만 달러
수익: 2억 2,800만 달러

이 영화의 실제 주인공인 앨런 튜링Alan Turing은 '현대 컴퓨터의 아버지'라 불리는 천재였다. 그는 2차 세계대전 당시 독일군의 해독 불가능 암호를 풀어내어 매 순간마다 3명씩 죽어나가는 전쟁을 2년이나 앞당겨 끝내게 함으로써 1,400만 명의 목숨을 구했다는 평가를 받고 있는 인물이다. 그는 동성애자였으며 그 때문에 "독이 든 사과를 깨물고 자

살한 극적인 최후" 등으로 기억되는 전설적인 인물이기도 하다. 이와 같은 앨런 튜링의 이야기는 오랫동안 할리우드에서 군침을 흘리던 매혹적인 소재였다. 결국 영국 정부가 그의 복권과 동시에 2차 대전 당시 에니그마 해독에 얽힌 비밀을 공표할 수 있도록 하면서 그에 대한 영화 제작이 가능해졌다. 영화는 비극적의 삶을 살았던 한 수학 천재 이야기가 군더더기 없이 촘촘히 진행된다. 영국 드라마 〈셜록Sherlock〉에서 주인공 셜록 홈즈Sherlock Holmes로 나오는 유명한 배우 베네딕트 컴버배치Benedict Cumberbatch가 튜링 역으로 나온다.

컴버배치는 튜링의 비범한 천재성, 엉뚱한 기행, 연구에 몰입하는 집중력, 동성애자에 대한 사회적 편견에 맞서 고민하고 좌절하는 복잡한 내면의 모습을 뛰어난 연기력으로 보여주었다. 키이라 나이틀리Keira Knightley가 연기한 조안 클라크Joan Clarke는 암호 해독팀의 유일한 여성 멤버로 나온다. 그녀는 나중에 동성애자라는 이유로 사회나 국가가 외면한 튜링을 유일하게 이해하고 감싸주는 휴머니스트로 나온다. 노르웨이 출신의 모튼 틸덤Morten Tyldum 감독은 천재에 대한 단순한 전기 영화로 만들지 않고 로맨스, 스릴러, 비통함 등의 다양한 요소들을 버무려 넣으면서 영화를 차원 높게 만들었다.

영화 속에서 묘사되는 튜링은 자신의 감정을 나타내는 데

에니그마 해독을 위해 머리를 짜내고 있는 튜링

에는 늘 서툴렀다. 자폐증 환자처럼 자신만의 세계에만 골똘히 빠져 있다가 유리처럼 당장이라도 부서질 것 같은 연약한 모습도 보여준다. 그러나 정작 에니그마의 암호를 풀기 위하여 '봄베Bombe(일명 크리스토퍼Christopher)'[1]라는 기계를 만들 때의 집중하는 모습에는 연약함이라고는 전혀 찾아 볼 수가 없다. 영화 거의 마지막에 튜링은 자신을 찾아 온 조안에게 처음으로 자신의 감정을 드러내 보이며 눈물을 보인다. 이는 평범하지 않았던 자신의 삶에 대한 회한이기도 했다. 이런 그에게 조안은 "당신이 평범하지 않아서 세상은 더 나아졌다."라고 한다. 세상이 튜링에게 해줄 말을 조안이 대신 해주고 있는 것이다. 튜링이 진정으로 원했던 것은 전쟁의 공로를 인정받고 보상을 받는 것이 아니라 단지 세상이 자신을 이해해 주기를 바랐을 것이다. 비운의 천재라는 말처럼 튜링은 그가 이루어 낸 성과보다는 동성애자라는 그의 성적 정체성으로 사회적 고립을 겪어야 했다. 이러한 복합적인 성격의 인물을 베네딕트 컴버배치는 넘치지 않는 연기로 천재 앨런 튜링을 우리에게 완벽하게 보여 주고 있다.

Ⅱ. 천재 수학자이자 컴퓨터 공학의 아버지,
튜링의 비극적인 삶

2011년 5월 25일, 미국 대통령 오바마는 영국 의회 연설 중에 뉴턴과 다윈, 그리고 앨런 튜링을 영국의 대표 과학자로 꼽았다. 그만큼 앨런 튜링은 세계가 인정하는 과학자였다. 특히 2차 세계대전 중에는 독일군의 암호를 해독하면서 전쟁을 일찍 끝내는 데 결정적인 공헌을 했다고 인정되고 있다. 전쟁이 조금 더 진행되었다면 수백만 명의 목숨이 추가로 희생되었을 것이다.

앨런 튜링의 아버지 줄리어스 튜링Julius Turing은 영국령 인도의 행정 관료였다. 튜링 부모는 인도 마드라스Madras 근처에서 그를 가졌다. 영국에서 키우려는 마음에 영국으로 돌아와 1912년 6월 23일 런던 패딩턴Paddington에서 앨런을 낳았다. 그러나 공무원이었던 아버지는 어머니와 함께 바로 인도로 돌아갔고, 앨런은 형 존John과 함께 이느 퇴역 대령의 집에 맡겨졌다. 1916년부터는 어머니가 아예 영국으로 돌아와 두 아들을 키웠다. 14살 때 도셋Dorset의 셔본Sherborne 사립학교에 들어간 튜링은 입학식 날, 총파업으로 도시의 교통이 마비되자 사우스햄프턴에서 출발해서 셔번까지 장장 60마일(1백 킬로미터)을 자전거로 참석했다. 이 내용이 지역신문인 웨스턴 가제트Western Gazette에 보도되면서 유명세를 치르게 되었다. 괴짜라는 명성은 이로부터 시작되었다. 이와 같은 고집스런 생각과 행동은 학창생활 내내 교사들을 난처하게 만들기도 했다. 한편으로는 장난꾸러기이기도 했고 가끔 별난

앨런 튜링

얘기를 하는 등 유머 감각도 있었다. 튜링은 어릴 때부터 수학부문에서 뛰어난 재능을 보였다. 그러나 셔본 학교는 다른 영국의 사립학교와 마찬가지로 과학을 혐오했다. 교양을 위하여 고전어 공부를 장려했고 남성다움, 위계질서, 지도력을 기르기 위하여 럭비나 크리켓을 장려하였다. 그러나 수학은 예외적으로 인정했다. 이런 과정을 통해 튜링은 자연스럽게 과학에서 수학으로 빠져들게 되었다.

학창시절에는 말을 더듬고 영어와 라틴어 등 어학을 몹시 싫어했던 그는 평생을 맞춤법과 글쓰기로 고생했다. 또한 상급생들의 괴롭힘과 횡포 등을 겪었다. 아마도 이런 성향이 더욱 그를 외곬의 괴짜로 자라게 했을지도 모른다. 수학에 뛰어난 재능을 지닌 그는 미적분에 대한 초보적 지식이 없이는 풀기 어렵다는 수학 문제를 척척 풀어내서 주위를 놀라게 했다. 아인슈타인의 특수상대성이론을 요약하고 비평을 써낼 수 있었다. 대학생 수준을 능가하는 재능을 보여주었다. 15살 때는 수학적 재능이 빼어난 크리스토퍼 모컴Christopher Morcom과 친구 이상으로 가깝게 지냈다. 당시 국가적으로는 위법행위로 간주되었으나 사립학교에서는 동성애가 거의 전통으로 남아 있을 때였다. 이 둘은 함께 상당한 수학적 전통을 자랑하는 케임브리지 트리니티 대학Trinity College의 입학시험에 응시했다. 그러나 크리스토퍼는 합격했으나 튜링은 낙방했다. 이어서 비극이 발생했다. 크리스토퍼가 셔본 학교를 떠나기 직전 어릴 때 먹은 우유로부터 감염된 우형결핵의 합병증으로 사망한 것이다. 사랑하는 친구의 죽음으로 튜링은 심한 심적 타격을 입었다.

튜링의 절망은 심오한 지적 호기심으로 승화되었다. 이때부터 튜링은 필생의 과제에 매달리기 시작했다. 그것은 인간의 지능을 기계에 넣어 두는 방법을 고안하는 일이었다. 그렇게 되면 모컴이 죽기 전에 그의 뇌에 들어 있던 모든 것을 후세에 고스란히 전달할 수 있지 않겠느냐는 기발한 생각을 하게 된 것이다.

튜링은 절친인 크리스토퍼를 잃은 다음해인 18살이 되던 1931년, 케임브리지 대학의 킹스 칼리지에 우수한 성적으로 입학했다. 대학은 그에게 지적 안식처가 되었으며 보트를 타고 테니스 게임 등을 즐겼다. 그는 유럽을 여행하고 사람들과 어울렸으며 반전 운동에도 참가했지만 기본적으로 수학에 몰두했다. 일반적인 수학 신입생 수준을 뛰어넘는 튜링은 1935년부터는 대학원 연구원으로 일하면서 「계산 가능한 수에 관하여-결정 문제에 대한 응용On Computable Numbers, with an Application to the Entscheidungsproblem」이라는 알쏭달쏭한 제목의 뛰어난 논문에서 '튜링 기계'라 불리는 가상의 연산 기계 아이디어를 선보였다. 여기에는 오늘날의 컴퓨터 과학의 기본 구상이 담겨 있었다. 이 논문으로 튜링은 미국의 프린스턴 대학에 초청을 받아 장학금을 받으며 연구 활동을 계속했다. 그곳에서 그는 하이퍼 계산Hypercomputation에 관한 연구로 18개월 만에 박사학위를 받았다. 그는 곧 영국으로 돌아왔다.

블레츨리 파크Bletchley Park[2] 암호해독반

튜링은 영국이 2차 세계대전에 돌입한 지 하루 만인 1939년 9월 4일 런던 북쪽의 블레츨리 파크라고 부르던 빅토리아 시대의 저택으로 거처를 옮겼다. 그곳에서 '정부암호사령부'의 암호 해독반에서 근무하게 된다. 당시 독일군은 타자기를 닮은 '에니그마Enigma'[3]라는 기계를 암호화의 주요 도구로 사용하고 있었다. 그런데 침몰한 독일 잠수함에서 우연히 암호책이 입수되면서 그것을 토대로 1940년 봄, 그가 만든 암호해독기 봄베가 설치되었다. 튜링 자신은 그 기계를 학창시절 절친했던 친구 이름을 떠올리며 '크리스토퍼'라고 불렀다. 그의 봄베들은 블레츨리 파크 건물을 온통 '암호해독공장'으로 변모시켰다. 1943년에는 무려 84,000개의 독일군의 암호문을 해독하고 있었다.

튜링은 어수선한 암호학교 내에서도 여전히 괴짜 같은 행동을 했다. 동료들이 자신의 컵을 자꾸 사용하는 것에 짜증이 나자 커피잔을 난방기에 매어놓는다든가, 봄철이면 꽃가루를 조심해야 한다며 가스 마스크를 쓰고 자전거 출근을 하는 등 엉뚱한 기행을 일삼았다. 괴짜들이 득실거리는 블레츨리 파크에서도 으뜸가는 괴짜였다. 내성적인 성격과

블레츨리 파크

는 달리 건강한 육체를 지니고 있어야 한다며 조깅 등 운동을 게을리 하지 않는 스포츠맨이기도 했다. 자기보다 지적 수준이 떨어지는 사람들을 경멸하거나 군대에 대한 혐오감도 숨기지 않았다. 법적으로 동성애가 금지된 시절이었음에도 자신이 동성애자라는 사실을 거침없이 까발리기도 했다. 1940년 영국 본토 항공전이 불을 뿜던 여름, 조안 클라크라는 여성이 에니그마 해독반에 채용되었다. 그리고 이듬해에는 튜링과 약혼을 할 정도로 가까워졌다. 물론 튜링은 자신이 동성애자임을 숨겼으나 나중에 조안은 튜링이 동성애자임을 알게 된다.

한편 블레츨리 파크는 여러 막사로 구성되었다. 막사는 사무원들과 많은 암호 해독원들을 수용하기 위해 오래된 저택을 임시적으로 구분한 공간이었다. 해외로부터 들어오는 독일의 전파는 가공되지 않은 채로 공군과 해군 정보로 구분되어 전달되었다. 튜링은 해군 정보를 담당하는 8번 막사에서 일했다. 튜링 팀이 해독한 암호는 곧바로 6번 막사에서 해독한 공군 정보와 함께 처칠에게 전달되었다. 1943년에 들어와 전쟁이 점점 가파르게 진행되면서 영국 정부는 빠른 시일 내에 결과를 내놓으라고 암호학교를 다그치기 시작했다. 전황은 급박하게 돌아가고 있었다. 바다에서 독일 잠수함들은 거침없이 활개를 치면서 연합국 선박을 무더기로 침몰시키고 있었다. 그러나 전세가 돌변하기 시작했다. 독일군의 암호가 해독되기 시작한 것이다. 격침된 연합국 선박의 수는 현저히 줄어든 반면 연합국에 의해 침몰된 독일 잠수함의 수는 급증하기 시작했다. 이로써 점차 대서양 전투의 양상이 영국 측에 기울기 시작했다. 이와 같이 영국군이 독일 잠수함의 위치와 공격 계획을 꿰뚫어볼 수 있었던 것은 바로 이 크리스토퍼(봄베)의 공이 컸다. 전쟁이 끝날 무렵에는 봄베의 수가 거의 200개로 늘어났다.

그러나 독일이 히틀러와 고위 지도부의 명령 같은 중요한 메시지를 암호 바퀴 12개를 사용한 전자식 디지털 기계로 새로이 암호화하기 시작하면서 봄베의 해독력이 떨어지기 시작했다. 다시 말해서 독일군이 에니그마를 더욱 복잡하게 조작하는 바람에 봄베의 실용성이 떨어지기 시작한 것이다. 튜링이 설계한 전기기계식 봄베는 그것을 푸는 어려움에 봉착했다. 그러자 속도가 빠른 전자회로를 사용한 새로운 종류의 봄베, 즉 콜로서스의 개발이 필요하게 되었다. 이를 위하여 튜링과 케임브리지의 나이 지긋한 수학자 맥스 뉴먼Max Newman, 그리고 런던의 돌리스 힐Dolis Hill, 체신연구소의 토미 플라워스Tommy Flowers가 협조하여 콜로서스Colossus[4]를 개발하기에 이른다. 콜로서스는 제한된 프로그램의 가능성을 가진 기계였다.

1944년 6월 1일 진공관 2,400개를 장착한 콜로서스가 등장했다. 이 기계가 처음 해독한 암호는 노르망디 상륙작전을 준비하던 연합군에게 큰 도움을 주었다. 즉 히틀러가 노르망디에 추가로 군대를 투입하지 않을 것이라는 정보를 해독한 것이다. 콜로서스는 1943년 11월에야 작동하기 시작한 미국의 ENIAC[5]보다 훨씬 전에 영국의

에니그마

암호 해독 전문가들이 완전 전자식 디지털 컴퓨터를 제작했다는 의미를 내포하고 있다.

튜링테스트(이미테이션 게임)

전쟁이 끝난 후 튜링은 1948년에 맨체스터 대학의 컴퓨터연구소 부소장으로 임명됐다. 이곳에서 그는 인공지능AI에 관한 개척자적인 연구를 시작했다. "생각하는 기계를 만들 수 있는가?"였다. 1950년 튜링은 그것을 확인하기 위해 한 실험을 고안했다. 튜링이 '흉내내기 게임(이미테이션 게임)'이라고 명명한 튜링테스트의 내용은 이렇다. 서로 보이지 않는 방 세 개에 인간 두 명과 컴퓨터 한 대를 넣어둔다. 그중 한 명이 질문을 맡는다. 이 질문자가 다른 두 방에 질문을 보낸다. 그리고 답변이 돌아온다. 이때 질문자가 어떤 것이 인간이 보낸 것이고 어떤 것이 컴퓨터의 것인지 가려내지 못하는 일이 벌어지면 이 컴퓨터야말로 '생각하는 컴퓨터'라 부를 수 있다는 것이었다. 이외에 그는 인공 뉴런neuron들의 네트워크로 되어 있는 컴퓨팅을 구상하기도 했다. 그래서 오늘날 그는 인공지능 분야의 아버지라고 불린다. 1951년 튜링은 최고 권위를 자랑하는 영국 왕립학회의 회원이 되었다.

동성애자 튜링, 독이 든 사과

튜링은 전쟁이 끝나 일상으로 돌아온 뒤, 아놀드 머리Arnold Murray라는 19세 소년과 애인 관계를 맺고 동거를 시작했다. 그런데 아놀드는 소년범죄단과 연루되어 있었다. 어느 날 튜링이 집에 돌아와 보니 온갖 물건들이 도난당하고 방은 엉망진창이 되어 있었다. 이는 동거하던 소년과 그 일행의 짓이었다. 튜링은 아놀드와 도난 사건에 대해 경찰에 신고했고, 또한 자신이 동료 과학자들에게 당당하게 말하고 다녔던 것처럼 아놀드와의 동성애 관계를 경찰에게 아무렇지 않게 말했다. 그러나 동성애 사실이 기사화되면서 아무 잘못이 없는 튜링의 인생을 처참하게 망가뜨리게 되었다. 왜냐면 그 당시 영국은 동성애가 금지였고 성소수자였던 튜링은 법을 어긴 범죄자였기 때문이었다.

튜링의 성적인 취향보다는 능력을 중요시하던 동료들이 자신을 차별없이 대해주던 것에 익숙해져 있던 것이 튜링에게는 치명적인 비수로 돌아왔던 것이다. 그의 업적과 평소 행실과는 상관없이 당시 영국의 동성애 금지법에 의하면 앨런 튜링은 사회를 혼란시키는 명백한 범죄자였다. 1952년 그는 감옥에 갇힐 것인가 혹은 여성 호르몬을 계속 투여받을 것인가 중 후자를 택해 화학적 거세 형벌을 받게 된다.

이후 1년 동안 여성호르몬을 복용하면서 그는 거의 집에만 갇혀 지내게 되었다. 그리고 그 기간이 끝난 1954년 6월 8일. 화요일 늦은 밤 그는 침대에서 죽은 채로 발견되었다. 그의 가정부인 클레이턴 부인이 발견했는데 침대 옆 테이블 위에는 사과 반쪽이 놓여있었다. 그의 나이 42살도 채 되지 않은 나이에 스스로 목숨을 끊은 것이다. 튜링은 입가에 거품을 머금은 채 침대에 누운 상태로 발견됐다. 전신에 청산가리가 퍼져 있었다.

튜링은 그의 어머니와 형, 그리고 몇몇 지인들이 지켜보는 가운데 1954년 6월 12일, 화장터에서 화장되었다. 그의 재는 아버지의 재를 뿌렸던 정원의 같은 장소에 뿌려졌다. 그의 추모비는 존재하지 않는다. 조국을 위기에서 구하고, 현대 컴퓨터 공학에 초석을 놓은 인물치고는 너무도 쓸쓸하고 허무한 죽음이었다. 튜링이 어떤 삶을 살았고 어떤 일을 했는지는 1974년까지 극히 일부 사람들에게만 알려져 있었다. 하여튼 이렇게 허무하다면 허무한 죽음과 함께 그의 존재는 서서히 잊혀지는가 싶었다. 그러나 21세기에 들어서면서 영국의 동성애자에 대한 인식이 개선되었고, 튜링에 대한 사죄 청원 운동이 시작되면서 잊혀져 있던 튜링의 죽음이 다시 수면 위로 올라왔다. 노동당이 집권했던 2009년에 고든 브라운Gordon Brown 총리는 영국 정부 차원에서 튜링의 부당한 죽음에 대해 정식으로 사죄하였다.

달리기를 좋아했던 튜링

드디어 2013년 12월 23일, 스티븐 호킹Stephen Hawking[6]을 비롯한 수만 명의 청원이 접수되면서 여왕 특별 사면령으로 튜링은 공식적으로 복권되었다. 또한 그는 2019년 7월 15일, 영국의 50파운드 지폐의 얼굴로 결정되었다. 마크 카니Mark Carney 영국중앙은행 총재는 “앨런 튜링은 컴퓨터 공학과 인공지능의 아버지이자 전쟁 영웅으로서 광범위하고 선구적인 업적을 남겼다."라고 말하면서 "튜링은 그의 어깨 위에 많은 사람들이 올라탄 거인이었다."라고 밝혔다.

TIP!

1. 봄베

수소, 산소, 프로판가스, 액화석유가스LPG 등의 압축가스를 저장하고 운반하는 데 사용하는 강철로 만든 고압용기로 독일어다.

2. 블레츨리 파크

블레츨리 파크는 런던 북쪽의 버킹엄셔 지역에 위치한다. 2차 세계대전 당시 독일군의 암호 해독, 통신과 정보를 총괄했다. 영국 정부는 다양한 분야에서 활동하는 머리가 총명한 인재들을 소집했다. 총 9천 명에 이르는 사람들이 비밀리에 활동했다.

3. 에니그마

그리스어로 수수께끼라는 뜻이다. 겉보기에는 둔탁한 타자기로 보이는 이 기계는 가로, 세로 30센티미터, 높이 15센티미터, 무게 30킬로그램으로 2차 세계대전 중 독일군이 사용한 암호기다. 에니그마는 1920년 쉐르비우스Scherbius라는 독일인에 의해 만들어졌다. 초기에는 상업용으로 만들어졌으나 1930년이 되어서야 빛을 보았다. 독일 해군에서 에니그마를 받아들인 것이다. 그 이후 육군, 공군도 잇달아 에니그마를 사용하기 시작했다. 처음으로 에니그마의 중요성을 인식한 나라는 독일 인접국인 폴란드였다. 폴란드 수학자 르옙스키 Rejewski 에 의해 점차 에니그마의 비밀이 풀려 나갔다. 암호병들이 반복적으로 사용되는 문자를 놓치지 않은 것이다. 1939년 9월, 독일의 폴란드 침공이 있기 전 폴란드는 영국과 프랑스에 그동안의 자신들의 작업을 모두 인계했다.

2차 세계대전 이후 영국에서는 내로라하는 과학자들을 런던 근교의 블레이츠 파크 한 곳에 모았다. 튜링이 이끄는 팀은 암호 해독기 '봄베'를 만들면서 점차 에니그마의 암호를 풀어 나가게 되었다. 그 이후 독일군이 더욱 복잡하게 손대는 바람에 과학자들은 빠르고 자동화된 해독기의 필요성을 느끼게 되었다. 다시 한 번 각고의 노력 끝에 1942년 말, 봄베보다 성능이 훨씬 뛰어난 '콜로서스'를 만들었다. 1943년 이후로는 모든 에니그마의 코드를 해독할 수 있었다. 독일 쪽에서는 일찍이 정보들이 줄줄이 새고 있다는 것을 알아차리고 있었으나, 이는 스파이로 인한 정보 누출 때문이지 에니그마가 해독되고 있다고는 꿈에도 생각하지 않았다. 독일이 일찌감치 에니그마에 문제가 있다는 것을 알아차렸더라면 1943년 이후의 연합국의 정보활동은 크게 달라졌을 것이고 전쟁의 양상 또한 많이 달라졌을 것이다.

4. 콜로서스

2차 세계대전 당시 영국이 독일군의 로렌츠 암호전신기를 깨기 위해, 1943년 블레츨리 파크에서 개발한 세계 최초의 프로그래밍 가능 디지털 컴퓨터다. 수학자 맥스 뉴먼Max Newman이 제안하고 엔지니어 토미 플라워스Tommy Flowers가 설계하였으며, 앨런 튜링이 주도하여 만들었다. 콜로서스가 개발되기 전, 영국은 이미 독일의 에니그마 암호전신기를 깰 수 있는 많은 봄베가 있었다. 그러나 에니그마의 상위 버전인 로렌츠 암호전신기가 등장하면서 고성능 암호 해독기인 콜로서스를 추가로 개발하게 된 것이다. 다행히 콜로서스가 적절한 시기에 만들어져 노르망디 상륙 작전을 비롯해 2차 세계대전 말미의 주요 전투에서 좋은 성과를 얻을 수 있었다. 10여 대의 콜로서스가 종전까지 운영되었으나 전쟁 후에 이 기계는 군사기밀을 이유로 폐기되었다. 이와 같이 영국이 콜로서스를 일체 비밀로 감추는 통에 미국의 'ENIAC'에 공식적인 최초의 컴퓨터 자리를 내주게 되었다.

5. ENIAC

세계 최초의 컴퓨터라고 알려져 있다. 1946년 미국 펜실베이니아대학교에서 모클리 Mauchly와 에커트Eckert의 공동설계에 의하여 완성되었다. 종래의 기계식 계전기를 모두 진공관으로 대치한 것이다. 1만 7,468개의 진공관과 1,500개의 릴레이, 70,000개의 저항기, 10,000개의 축전기 등이 사용되었다. 대략 높이 2.6미터, 두께 0.9미더, 길이 26미터로, 설치하면 약 632미터의 넓이를 차지하였고, 무게 또한 약 30톤에 이르는 거대한 것이었다. 일부에서는 영국의 콜로서스가 세계 최초의 컴퓨터라고 말하는 사람도 있다.

6. 스티븐 호킹

금세기 최고의 우주물리학자인 스티븐 호킹은 옥스퍼드에서 태어났다. 호킹은 1959년 17세에 옥스퍼드대학교 물리학과에 장학생으로 입학하였다. 1962년 케임브리지대학교의 트리니티에 진학, 현대 우주론의 선구자인 데니스 시아머Dennis Sciama를 지도교수로 하여 박사 과정을 이수하였다. 1963년 루게릭병에 걸리면서 심각한 장애를 겪으며 살아가게 되었다. 1965년 여동생의 친구인 제인 와일드Jane Wilde와 결혼하였으며, 같은 해에 「팽창하는 우주의 성질」이라는 논문으로 박사학위를 취득하였다.

1974년 영국왕립학회의 최연소 회원이 되었고, 1979년부터 케임브리지대학교의 석좌교수를 지냈다. 1985년 폐렴으로 기관지 절개수술을 받은 뒤로는 가슴에 꽂은 파이프를 통해서 호흡을 하고 휠체어에 부착된 고성능 음성합성 장치를 이용해서 타인과 소통했다. 2018년 3월 14일, 76세로 사망하였으며, 유해는 영국의 역대 왕들과 아이작 뉴턴, 찰스 다윈 등 영국을 대표하는 역사적 과학자들이 잠들어 있는 웨스트민스터대성당에 안치되었다.

〈작전명 발키리〉

히틀러 암살 음모: 발키리 작전

I. 영화 〈작전명 발키리〉

원제: Valkyrie
감독: 브라이언 싱어
제작: 크리스토퍼 맥쿼리, 브라이언 싱어
각본: 크리스토퍼 맥쿼리, 나단 알렉산더
음악: 존 오트만
출연: 톰 크루즈, 제미 파커, 케빈 맥널리, 에디 이자르, 테렌스 스탬프, 캐리스 반 후텐
제작 연도: 2008년
상영시간: 120분
제작비: 7,500만 달러
수익: 1억 1,700만 달러

영화 〈작전명 발키리Valkyrie〉[1]는 히틀러 암살 계획을 배경으로 한 실화에 근거하여 만들어진 영화다. 그러나 브라이언 싱어 감독은 단순한 실화를 스크린에 옮긴 게 아니라 픽션의 요소를 약간씩 가미해 일종의 가상역사를 만들었다. 이 영화의 주인공으로 나오는 톰 크루즈는 부족

할 것 없는 훌륭한 연기를 보여주고 있고, 또한 함께 나오는 여러 중견 배우들과의 연기 앙상블을 보는 재미도 쏠쏠한 편이다. 실화를 영화화한다는 것은 위험이 따른다. 결론이 나 있기 때문이다. 그러나 비록 관객이 영화의 결론을 미리 알고 있더라도 영화를 보는 내내 통쾌하게 모반이 성공하는 기대감을 품게 하는 것도 감독의 능력인 것이다.

장면 하나하나가 관객을 긴장감 속으로 몰아넣고 수많은 우연의 순간들이 보는 이들의 마음을 안타깝게 만든다. 이 영화를 만드는 데 있어 독일이 참여한 것은 자신들의 부끄러운 역사 속에도 "의인이 적어도 존재했다."라는 사실을 알리고자 하는 독일인들의 의도가 깔려 있다. 유태인을 구하고자 했던 오스카 쉰들러Oskar Schindler만 있었던 게 아니라 나라를 위해 목숨을 걸고 쿠데타를 감행했던 사람들이 독일에 있었다는 것과 당시 독일인들이 전부 히틀러에 맹종하지 않았다는 점을 말해주고 있다.

처음에 독일 국방부는 쿠데타가 일어나는 영화의 주무대인 베를린의 벤들러블록Bendlerblock에서의 촬영에 난색을 표했으나 제작진과 톰 크루즈가 적극적으로 간청하는 바람에 촬영이 성사되었다. 이곳에서는 쿠데타가 실패로 돌아간 직후에 주모자인 클라우스 폰 셴크 슈타우펜베르크Klaus Schenk von Stauffenberg와 관련자들이 처형당하기도 했는데 출연진들과 스태프진들은 영화 촬영에 들어갈 때마다 이들을 추모하기 위하여 잠깐씩 묵념을 했다는 후문이다. 벤들러블록에는 현재 독일 국방부 제2청사가 있고 나치에 저항한 레지스탕스 기념관이 있다.

톰 크루즈는 실제 인물인 슈타우펜베르크 대령의 사진을 보는 순간 매력을 느꼈고 자기와도 비슷하다고 생각해 출연을 승낙했다고 한다. 그러나 정작 슈타우펜베르크의 후손들은 톰 크루즈가 실제 인물에 비해 키가 너무 작고 영화 속 그가 연기하는 슈타우펜베르크가 차분하고 조용한 성격으로 묘사된 것에 불만을 제기했다고 한다. 실제 슈타우펜베르크의 성격은 불같고 결단력이 대단했다고 한다. 그래도 이렇게나마 주인공의 활약을 다이나믹하게 보여줄 수 있는 배우가 바로 톰 크루즈가 아닐까싶다. 슈타우펜베르크의 부인으로 나오는 네덜란드 여배우 캐리스 밴 허슨Carice van Houten은 톰 크루즈가 직접 골랐다. 캐리스는 2006년 폴 버호벤Paul Verhoeven 감독이 만든 영화 〈블랙북Black book〉에 출연했었는데 그때 톰 크루즈가 인상 깊게 보았었다고 한다. 작중 인물들 중 데이비드 뱀버David Bamber가 소름끼칠 정도로 히틀러와 흡사한 연기를 펼치고 있다. 뱀버는 영화에 출연했던 영어권 배우들 중에 유일하게 독일식 악센트를 구사하는 배우이기도 했다.

히틀러 암살은 결국 실패로 끝나고 톰 크루즈가 역을 맡은 슈타우펜베르크 대령을 비롯한 가담자 4천여 명이 처형당했다. 그러나 세월이 흘러 2007년 7월 20일, 헬무트 콜Helmut Kohl 전 독일 총리와 독일군 병사 450명이 베를린에서 이

반란 음모자들, 왼편이 슈타우펜베르크

암살 미수 사건을 기리며 "독일 역사의 가장 위대한 날" 중 하나로 선포하면서 현재 독일에서는 슈타우펜베르크는 국민적인 영웅으로 추앙을 받고 있다.

Ⅱ. 히틀러 암살 음모: 발키리(독일어로는 발퀴레Walküre) 작전

부인과 마지막 작별을 하는 슈타우펜베르크

클라우스 폰 슈타우펜베르크 백작대령은 슈바벤Schwaben의 귀족 가문 출신의 장교였다. 그도 젊은 시절에는 다른 많은 사람들과 마찬가지로 히틀러가 독일을 구할 진정한 지도자라고 생각한 적도 있었다. 하지만 1939년쯤에는 히틀러와 나치의 인종주의와 호전주의를 점차 싫어하게 되었다. 특히 1942년 늦은 봄, 친위대가 우크라이나에서 유대인들을 무차별 학살하고 있다는 목격자들의 증언을 접하면서 완전히 히틀러에게서 등을 돌리게 된다. 나치 정권의 야만성에 경악하기 시작했다.

슈타우펜베르크는 1943년 4월, 북아프리카 전선에서 오른쪽 손과 오른쪽 눈을 잃었고, 왼손 손가락 두 개를 잃는 중상을 입었다. 병상에서 회복한 그는 불구의 몸으로 무언가 의미 있는 일을 해야 한다고 결

슈타우펜베르크

심했다. 결론은 독일을 파멸로 이끌고 가고 있는 히틀러를 죽이는 것이었다. 슈타우펜베르크는 군대에 남았으며 대령으로 진급했다. 그런 그에게 국방군 최고사령부의 국민보충군 참모장이라는 직책이 주어졌다. 보충군 참모장은 수시로 프러시아에 있는 라스텐부르크의 총통지휘소를 들락거리며 보고를 해야 하는 중요한 자리이기도 했다. 히틀러에게 직접 접근할 수 있게 된 것이다.

그는 이 천재일우의 기회를 이용하여 히틀러를 직접 해치워야겠다는 결심을 했다. 그리고 슈타우펜베르크는 암살계획의 최고 우두머리로 추대 예정인 예비역 육군 대장인 루드비히 베크Ludwig Beck[2] 장군과 기타 관련 인물들과 함께 '발키리 작전'이라 명명된 거사 계획을 완성했다. 계획의 개요는 먼저 라스텐부르크 늑대굴의 작전회의실에 장치한 폭탄에 의해 히틀러가 즉사하면 바로 그 순간 베를린의 전투경찰부대와 히틀러의 친위대 병력을 제압하고 정부청사와 방송국, 신문사를 점거한다. 그리고 멀리 동부전선과 서부전선에서도 쿠데타에 가담한 장교들이 병력을 이끌고 대대적인 봉기에 나선다. 마지막으로 대통령으로 추대된 베크의 독일 임시정부가 곧바로 연합군과 강화협상을 시작한다는 것이었다.

계획을 수립하던 중 슈타우펜베르크는 특히 자신이 북아프리카 전선에서 모시기도 했던 존경하는 롬멜 원수가 이 쿠데타 음모에 관여하고 있음을 알고 더욱 힘을 얻었다. 1944년 7월 20일 새벽, 바야흐로 서부 전선에서는 독일군이 팔레즈Falaise[3]에서 몰살 위기에 놓여 있었고 동부 전선에서는 소련군이 물밀듯이 폴란드 국경을 넘기 시작했다. 그 시각, 슈타우펜베르크는 조국을 구하고자 거사의 길에 나섰다. 백작은 부관 베르너 헤프텐Werner Haeften 중위와 함께 베를린에서 두 시간을 비행기로 날아와 라스텐부르크에 도착했다. 오전 10시 15분이었다.

두 사람이 가지고 온 가방 안에는 영국제 플라스틱 폭탄이 들어 있었다. 이 폭탄은 독일군이 프랑스의 레지스탕스로부터 노획한 것이었다. 폭탄의 신관 속에 작은 유리관이 깨지면 산성용액이 흘러나온다. 그리고 이것이 신관을 가로막고 있는 작은 철제 핀을 녹이면서 곧바로 용수철이 뇌관을 때려 폭발하는 구조를 가지고 있었다. 하지만 이 폭탄은 금속제가 아니어서 살상력이 강한 철제파편을 날려 버릴 수가 없었다. 그만큼 일반 폭탄보다 살상력이 낮았다. 그래서 가능한 한 목표물 가까이서 폭발해야만 한다는 단점이 있었다. 총통지휘소 안에 들어가는 모든 사람은 친위대의 경호원들로부터 샅샅이 몸수색을 받게 되어 있으므로 금속제 폭탄을 도저히 준비할 수 없었을 것이다.

슈타우펜베르크와 자녀들

라스텐부르크에 도착한 슈타우펜베르크는 '늑대굴(볼프샨체Wolfschanze)'이라는 별명의 총통지휘소로 향했다. 그리고 회의실이 있는 총통의 집무실 겸 숙소에 도착했다. 그때 슈타우펜베르크에게 국방군 총사령부의 통신감 프리츠 펠기벨Fritz Fellgiebel 중장이 "모든 것이 잘 되길 비네."라는 의미심장한 말과 함께 슈타우펜베르크와 굳은 악수를 하고 헤어지는 의미를 어느 누구도 눈치 채지 못했다. 펠기펠 장군은 암살이 이루어지면 곧바로 외부와의 통신연락을 차단하는 임무를 맡고 있는 음모자 중의 한 사람이었다. 11시 30분경 슈타우펜베르크는 카이텔 원수의 집무실에 들러 사전 브리핑을 했다.

12시 20분경, 브리핑이 끝나자 백작은 카이텔에게 답답해서 옷을 좀 갈아입어야겠다고 양해를 구했다. 더운 날이라 카이텔도 이해했다. 슈타우펜베르크는 폭탄이 든 가방을 들고 복도에 서있던 헤프텐 중위와 함께 화장실로 가서 신관을 맞추고 있었다. 밖에서는 카이텔의 부관이 빨리 나오라고 성화를 부리고 있었다. 첫 번째 신관을 맞춘 폭탄을 일단 가방에 넣었다. 그런데 두 번째 폭탄의 신관을 맞출 시간이 없었다. 그래서 첫 번째 폭탄이 들어 있는 가방만 챙겼다. 이때 만약 두 번째 폭탄이 신관을 맞추지 못했더라도 첫 번째 폭탄이 든 가방에 그냥 쑤셔 넣었더라면 폭발로 인한 충격 때문에 두 번째 폭탄이 저절로 폭파되면서 파괴력이 두 배가 되었을 것이다. 이렇게 되었다면 히틀러는 그대로 황천길로 직행하였을 것이다. 슈타우펜베르크가 가방을 들고 돌아왔을 때 회의장 밖에서 안절부절 기다리던 카이텔은 약간 화가 나 있었다. 그는 총통이 회의시간에 늦는 것을 아주 싫어하는 걸 모르냐면서 질책했다. 그러나 중상을 입었던 슈타우펜베르크의 몸이 성치 않다는 것을 잘 알고 있어 더 이상 뭐라고 하지는 않았다. 두 사람이 회의실로 들어섰을 때 회의는 시작되어 있었고, 히틀러가 의자에 앉은 채로 뒤를 돌아보며 두 사람을 맞이했다. 카이텔이 슈타우펜베르크를 소개하자 히틀러는 그와 건성으로 악수를 나누고 육군 참모본부 작전실장 아돌프 호이징거 중장의 급격히 악화되어가는 동부전선 전황보고에 다시 눈을 돌렸다. 회의가 잠시 끊겼지만 카이텔이 앉으라는 눈짓을 보냈고, 회의는 계속되었다.

슈타우펜베르크의 자리는 히틀러의 오른편, 책상 끄트머리였다. 슈타우펜베르크는 들고 온 가방을 튼튼한 책상 다리 오른편에 살며시 기대 놓았다. 슈타우펜베르크는 방에 들어온 지 얼마 안 되어 잠시 나갔다 오겠다면서 슬며시 자리를 떴다. 아무도 이를 대수롭지 않게 여겼다. 낮 회의 때에는 들락거리는 일이 많았다. 급히 불려 나가거나 중요한 전화가 걸려오는 경우가 있었기 때문이었다. 슈타우펜베르크가 나간 다음에 호이징거의 부관 브란트 대령이 테이블 밑에 있던 가방이 발

슈타우펜베르크(왼편)와 부관 폰 헤프텐 중위

에 닿았다. 그는 혹시 그 가방이 히틀러에게 거추장스러울지 모른다고 생각해 히틀러의 반대 방향으로 멀찌감치 끌어다 놓았다. 밖으로 나온 슈타우펜베르크는 총통지휘소에서 약간 떨어져 있는 자신이 탈 예정인 승용차 앞에서 펠기벨 장군과 얘기를 나누고 있었다. 바로 그때 귀청을 찢는 폭발음이 울렸다. 그때 시각은 12시 45분이었다. 그는 헤프텐 부관과 함께 급히 차에 뛰어 올랐다. 아직 비상이 걸리지 않아 경비소를 무사히 빠져나왔다. 자동차는 공항으로 달렸고, 오후 1시 약간 지나서 슈타우펜베르크가 탄 비행기는 라스텐부르크 공항을 이륙했다. 비행기 안에서 슈타우펜베르크와 헤프텐은 히틀러가 틀림없이 즉사했을 것이라고 확신했다.

그가 탄 비행기에는 무전기가 없었다. 따라서 그는 이때부터 베를린에 도착할 때까지 약 2시간 동안 전혀 외부 소식을 알 수가 없었다. 그때 지상에서는 세상이 무너질 법한 일이 벌어지고 있었다. 히틀러는 죽지 않았던 것이다. 고막을 찢는 폭발음과 함께 회의실 천장에 큰 구멍이 뚫리고 유리창이 모두 박살나 버린 그 아비규환 속에서 회의장에 있었던 24명 중 4명이 죽고 열댓 명이 중상을 입었다. 슈타우펜베르크의 가방을 히틀러로부터 멀리 옮긴 호이징거의 부관 브란트 대령도 사망했다. 나중에 밝혀졌지만 아이러니하게도 그도 음모자 그룹의 일원이었다. 히틀러는 가벼운 부상을 입었지만 살아남았다. 그는 바지에 붙은 불을 손으로 탁탁 쳐서 끄고 불에 그슬린 머리를 털며 어기적거리며 문가로 걸어갔다. 오른팔이 욱신거리며 부어서 쳐들지도 못했다. 이

마에도 생채기가 났고 양쪽 고막이 파손되었지만 잠시 뒤에 청각은 되찾았다. 폭발 순간, 히틀러는 지도를 자세히 들여다보기 위해 자리에서 일어나 테이블 위에 상체를 구부리고 턱을 괴고 있었고, 그 때문에 묵직하고 두꺼운 참나무 테이블이 폭발의 충격을 차단해 버리는 바람에 목숨을 구한 것이다. 그가 그을음으로 꺼매진 얼굴과 뒷머리를 조금 태운 모습으로 연기 속에서 문가에서 비틀거리고 있을 때 제복 상의가 찢겨나간 카이텔이 달려왔다. 경미한 부상을 입은 카이텔은 히틀러와 마주치자 그를 껴안고 울부짖었다. "총통님, 살아계셨군요, 살아계셨군요(이언 커셔, 『히틀러Ⅱ』, p826)." 그는 누더기가 된 바지를 걸친 채 반쯤 정신이 나간 히틀러를 부축해 허겁지겁 회의실을 빠져나왔다. 회의실에서 먼지를 잔뜩 뒤집어쓰고 비틀거리면서 빠져나오는 히틀러의 모습을 본 펠기벨 장군은 사지에서 모든 힘이 쭉 빠지는 것 같았다. 그는 즉시 반란 주모자들에게 그 사실을 알리기 위해 전화를 걸었지만 세세한 내용을 전할 수가 없었다. 총통 지휘소에서 외부로 연결하는 모든 전화는 친위대에 의해 도청되고 있었기 때문이었다.

결국 펠기벨의 어물어물하면서 보낸 전화는 무슨 얘기인지 애매모호한 내용이 되어버렸다. 이 바람에 국방군 총사령부가 있는 베를린 벤들러Bendler 구역에서 눈이 빠지게 소식을 기다리고 있던 베크를 비롯한 반란 주모자들은 펠기벨 장군의 아리송한 얘기를 접하고 갈피를 못 잡고 있었다. 히틀러가 죽었는지 살았는지 슈타우펜베르크는 잡혔는지 살아 돌아오는지 등 도통 알 수가 없었다. 그리고 찔끔찔끔 들어오는 소식에 의하면 늑대굴에 큰 폭파사건이 일어났고 히틀러는 여전히 살아 있다는 것이었다. 그래서 반란 주모자들은 반란 작전을 즉각 실시할 것인지, 아니면 급히 피신해야 할 것인지에 대한 판단이 안 섰다. 베를린의 란스도르프 공항에 도착한 슈타우펜베르크의 부관 헤프텐은 일단 반란 주모자들에게 히틀러는 죽었다고 보고했다. 주모자들은 더욱 혼란에 빠져버렸다. 그 시각 반란군 우두머리인 루드비히 베크 퇴역 육군대장은 독일의 새 국가원수로 취임할 준비를 갖추고 벤들러 구역의 국방성에 도착해 있었고, 일부 반란군 부대는 행동을 개시하면서 몇몇 관공서 건물을 장악했다. 벤들러 구역에 막 도착한 슈타우펜베르크는 그런 폭발현장에서 살아남을 사람은 결코 없을 것이라면서 헤프텐의 말대로 히틀러는 반드시 죽었을 것이라고 주장했다. 곧 이어 슈타우펜베르크와 반란군 주모자들은 몇몇 부대의 지휘관들에게 전화로 이제 히틀러는 죽었으니 국가를 위해 우리 편에 가담하라고 설득하기 시작했다. 그동안 양쪽의 힘을 저울질하면서 어느 쪽에 붙는 것이 유리할까 주판알을 튕기고 있던 국민 보충군 사령관 프리드리히 프롬Friedrich Fromm은 반란 주모자들에게 총통의 죽음에 대한 확실한 증거를 보여 달라고 요구했다. 그는 반란을 주도하는 보충군을 동원할 수 있는 중요한 직책의 인물이었다. 프롬은 이미 4시경에 카이텔로부터 총통은 가벼운 부상만 입었다는 소식을 접한바 있었다.

이렇게 모두가 갈팡질팡하는 사이에 금쪽같은 오후 시간이 다 흘러갔다. 그리고 오후 9시의 라디오 뉴스가 결정적이었다. 암살기도 사건이 있었지만 총통은 무사하다는 뉴스는 베크를 비롯한 반란자들에게 있어서 바로 사형선고를 의미하는 것이었다. 라슈텐베르크의 카이텔 원수는 발 빠르게 움직였다. 그는 모든 주요 장군들에게 일일이 전화를 걸어 총통이 살아있음을 알렸다. 일선부대를 지휘하는 장군들 중에서 어느 누가 음모자인지를 알 수 없었기 때문에 한시바삐 쐐기를 박아야 했다.

히틀러가 무사하다는 방송 뉴스가 나오자 벤들러 구역에서는 반란 모의자들만 달랑 남았다. 프롬은 부하들을 이끌고 벤들러 구역으로 달려가 베크와 슈타우펜베르크, 그리고 다른 몇 사람의 반란의 핵심인물들을 체포했다. 그들은 자동차 전조등의 불빛 아래서 국방성 앞뜰에 나란히 세워졌고, 거기서 바로 총살형이 집행되었다. 총성과 함께 "거룩한 독일 만세"라는 슈타우펜베르크의 외침소리도 들렸다. 프롬은 라슈텐베르크로 부리나케 전보를 쳐서 자신이 쿠데타를 진압했으며 주모자들을 모조리 척살했다고 의기양양하게 보고했다. 하지만 비겁자 프롬에게 돌아간 것은 차가운 교수대의 밧줄이었다. 곧바로 진행된 친위대 수사에 의해 그 자신도 오래전부터 이 음모를 알고 있었을 뿐 아니라 그것을 가지고 양다리를 걸치고 저울질을 해 왔다는 사실이 들통났던 것이다. 프롬이 반역자들을 고문 없이 현장에서 신속하게 처형한 것도 히틀러는 영 못마땅했다.

폭발에서 간신히 살아난 히틀러는 "몇 년 전부터 내가 하는 일에 사사건건 발목을 잡던 놈들이 이제 만천하에 드러났다. 그 더러운 배신자

놈들을 단숨에 죽일 것이 아니라 오랫동안 고통스럽게 서서히 죽여라."라며 미친 듯이 날뛰었다. 동부전선에서 연전연패를 거듭하고 노르망디 상륙을 사전에 분쇄하지 못하는 등 자기가 세운 모든 작전 계획이 그동안 왜 그렇게 꼬였는지 이제야 알게 되었노라고 광분했다. 그동안의 연전연패는 처음부터 이들 반란자들의 배신과 음모가 주요 원인이라는 것이었다. 악당 중의 악당인 친위대 장관 힘러는 물을 만난 고기와 같았다. 독일뿐만 아니라 파리, 프라하, 빈에도 모의관련 세력이 남아 있었다. 체포와 복수의 피바람이 독일 전역을 휩쓸었다. 이 사건의 수사책임이 전적으로 자신에게 맡겨진 이상, 그동안 조금이라도 나치와 친위대에 대해 적대적이었던 세력을 뿌리째 뽑아 버릴 수 있는 절호의 기회이기도 했다. 수많은 사람이 처절하게 고문당하고 처형당했다. 체포된 용의자는 공공연히 반나치주의자로 알려진 전 라이프치히 시장 칼 괴르델러Karl Goerdeler, 1차 세계대전에서 독일 첩보국을 이끌었던 전설적인 인물 빌헬름 카나리스Wilhelm Canaris 제독, 국방군 통신감 펠기벨 장군, 알브레히트 프리드리히Albrecht Friedrich 장군 같은 음모의 핵심인물로부터 말단 장교들에 이르기까지 무려 7천여 명에 달했다.

특히 슈타우펜베르크 백작 일가에 내려진 형벌은 가혹했다. 백작의 형 베르톨트Berthold와 그의 아내를 포함하여 슈타우펜베르크라는 성의 모든 사람들이 남김없이 잡혀갔다. 악명 높은 나치주의자 롤란트 프라이슬러Roland Freisler 판사의 주재로 진행된 재판은 단지 피비린내 나는 복수극에 불과했다. 악에 받칠 대로 받친 히틀러는 "반역자들을 푸

줏간의 고깃덩어리처럼 매달아라."라고 악을 썼다. 그리고 처형실에는 정말로 고기를 매다는 갈고리들이 설치되었다. 많은 이들이 고통스럽게 죽어갔다. 이처럼 복수의 광기에 사로잡혀 있던 히틀러도 자신이 그토록 신임했던 원수 직함을 달고 있던 롬멜과 귄터 폰 클루게Günther von Kluge[4] 두 원수가 이 음모에 연루되어 있다는 보고를 받았을 때는 치를 떨었다.

하지만 두 사람이 반란음모에 가담한 것이 알려지면 국민 사기에 영향을 준다고 이 두 사람에게 명예롭게 죽게 하라는 지시를 내렸다. 롬멜 원수는 순순히 자결을 택했다. 노르망디 근방 팔레즈 협곡에서 독일군의 후퇴를 지휘 중이던 클루게 원수도 전장에서 자살했다. 이렇게 상당수의 유능한 지휘관들에 대한 대대적인 검거와 숙청과 처형은 패전을 거듭하고 있는 독일군의 전력이 더욱 곤두박질치게 하는 결과를 낳았다. 이 암살사건 이후로 히틀러는 육군 장성들에 대한 불신감이 극에 달했다. 그는 이제 육군의 누구도 신뢰하지 않았고, 신병의 모집과 병력배분 업무까지 주요 군사업무를 친위대 장관 힘러에게 맡겨버렸다. 이로써 그동안 치열한 힘겨루기를 계속해오던 무장 친위부대가 육군보다 모든 면에서 우위를 서게 되었다. 이때부터 독일 육군은

무솔리니에게 박살난 늑대굴을 안내하는 히틀러

전통적인 거수경례 대신 오른손을 쭉 뻗어 치켜드는 나치식 경례를 강요받게 되었다. 또한 군의 모든 요직은 무장 친위대 장교들이 꿰차게 되었다. 이후 전쟁이 끝날 때까지 보충병과 최신형 무기는 무장 친위대에게 가장 먼저 지급되는 등, 노골적인 차별대우를 하기 시작했다. 그리고 이런 조치들은 필연적으로 나치의 패망을 그만큼 더 앞당겼을 것이다.

TIP!

1. 발키리

북유럽 신화에서 주신主神인 오딘을 섬기는 처녀들을 말한다. 고대 바이킹어로는 발퀴랴Valkyrja라고 부르며, '전사자戰死者를 고르는 자'라는 뜻이다. 이들은 반신녀半神女들로서 평소에는 전사자들의 궁전인 발할라에서 전사들을 접대하다가 인간계에서 용감한 전사자가 생기면 오딘의 명에 따라 여신 프레이야Freyja의 통솔을 받으면서 이 전사자들을 발할라 궁전으로 데리고 오는 역할을 한다.

2. 루드비히 베크

루드비히 베크는 나치 독일 치하 초기에 육군최고사령부 참모장을 지냈다. 2차 세계대전이 발발한 뒤 폴란드에서 친위대의 잔혹함을 목격하면서 반나치주의자로 돌아섰다. 이후 베크는 반나치 세력의 중심인물로 떠오르면서 1944년 7월 20일에 감행된 히틀러 암살 기도를 주도한 지도자 중 한 사람이 되었다. 그는 히틀러 제거 이후 독일 대통령으로 예정되어 있었다. 그러나 음모는 실패했고, 베크는 자살했다.

3. 팔레즈 포위전

팔레즈 포위전은 노르망디 상륙작전 이후 연합군과 독일군의 결정적인 교전이었다. 프랑스 서부의 팔레즈 주변에서 제7군과 제5기갑군으로 구성된 독일 B집단군이 연합군에 의해 완전히 포위되었다. 이 전투로 센강 서쪽에 있는 대부분의 B집단군이 궤멸되었으며, 이후 연합군은 파리와 독일 국경으로 쾌속으로 진격할 수 있었다.

4. 귄터 폰 클루게

클루게는 프로이센 왕국의 포젠Posen(현재 폴란드 포즈난Poznań 시)에서 태어났다. 제1차 세계대전 중엔 육군대위로서 참모장교로 베르덩 전투에 종군했다. 2차 세계대전이 발발하자 1939년 폴란드 침공 작전을 이끈 클루게는 1940년 5월에 개시된 전격전에서 제4군을 이끌고 아르덴느 숲을 통과해 프랑스군을 격파한 공로로 7월에 육군원수로 승진했다. 이후 클루게는 12월에 모스크바 공략실패로 해임된 페도르 보크Fedor Bock 원수의 후임으로 중앙군집단의 지휘를 맡았다.

1944년 7월 중순에 룬트슈테드의 후임으로 서방군 사령관에 취임했다. 클루게는 히틀러 암살 음모단인 폰 스튈프나겔von Stülpnagel 장군과의 접촉을 통하여 히틀러 암살 작전에 어렴풋이 가담했다. 히틀러 암살사건이 끝난 후 히틀러는 클루게를 의심하면서 8월 17일 클루게는 서방군 사령관직에서 해임되었다. 클루게는 베를린으로 소환되던 중 자동차 안에서 청산가리를 삼켜 자살했다. 히틀러에게 보내는 유서엔 "총통각하, 전쟁을 그만 끝내십시오." 라고 적혀있었다. 클루게는 9월 1일 원수급에 해당하는 장례식을 치루고 영면했다.

〈열정의 랩소디〉

천재화가 고흐의 고난에 찬 생애

I. 영화 〈열정의 랩소디〉

원제: Lust for Life
감독: 빈센트 미넬리
원작: 어빙 스톤
각본: 노먼 코윈
음악: 미클로스 로자
출연: 커크 더글라스, 안소니 퀸, 제임스 도널드, 파멜라 브라운
제작 연도: 1956년
상영시간: 122분
같은 소재의 영화: 〈반 고흐〉(1991), 〈반 고흐, 위대한 유산〉(2014), 〈빈센트 반 고흐, 새로운 시선〉(2017), 〈러빙 빈센트〉(2017), 〈고흐, 영원의 문에서〉(2019)

영화 〈열정의 랩소디〉는 어빙 스톤Irving Stone의 베스트셀러 소설을 영화로 만든 빈센트 반 고흐Vincent van Gogh의 전기 영화다. 이 작품은 광기와 가난과 고독으로 점철되는 불운한 천재 화가 고흐의 인생을 연대기 순으로 사실적으로 묘사함으로써, 위대한 예술가를 그린 영화 중에서 수작 중의 하나로 평가받고 있다. 영화는 고흐가 성직자가 되고

자 했던 청년기부터 그의 자살에 이르기까지의 전 생애를 그리고 있다. 또한 전기의 기본적 특성인 연대기를 충실히 따라가면서도 고흐의 인생 행로에 커다란 영향을 미친 사람들과의 만남을 몇 개의 시퀀스로 구성함으로써 극적 긴장감을 더해 준다. 게다가 고흐의 작품 속에 등장하는 인물과 장소들이 실제 그의 작품들과 결부되어 풍부하게 인용됨으로써 다큐멘터리적인 사실감도 더해 주고 있다.

예술 영화를 많이 찍은 빈센트 미넬리Vincente Minnelli 감독은 고흐가 살았던 벨기에의 보리나즈Borinage, 네덜란드의 뉘넨Nuenen, 프랑스의 아를Arles, 오베르Auvers에서 촬영을 하며 작품의 배경을 완벽하게 재현했다. 실제로 미넬리 감독은 고흐의 작품 〈아기 마르셀 룰랭Portrait of Marcelle Roulin〉의 모델이었던 할아버지를 찾아내 고흐에 대한 얘기를 들었다고 한다. 그리고 지금은 상상도 할 수 없는 일이지만, 고흐 작품의 진품 소장가들로부터 촬영을 허락받은 감독과 제작자는 관객들에게 200여 점에 달하는 진품을 감상할 수 있는 드문 기회를 제공해 준다. 진품을 카메라에 담는다는 것은 결코 쉬운 일이 아니다. 작품의 탁월함과 미묘한 차이를 카메라에 완벽하게 담는다는 것은 불가능한 일이며, 게다가 조명에서 나오는 열기 때문에 작품이 훼손될 수 있기 때문이다.

아를에서의 고흐

고흐의 처절하고 고독했던 삶을 액션 배우 커크 더글러스가 생생히 연기하고 있다. 〈율리시즈Ulysses〉, 〈바이킹〉, 〈스팔타카스〉 등의 영화에서 전사 같은 역할과는 달리, 열정적이지만 좌절과 고독 속에 묻혀 살았던 불안정한 성격의 예술가 고흐를 완벽하게 표현했다. 1946년 데뷔 후 대부분 액션 영화에 출연하였던 커크 더글라스였으나 이 작품에서는 정반대되는 이미지의 화가로서 일생일대의 열연을 했다. 1956년도 아카데미 주연상 후보에 올랐으나 그해 〈왕과 나King and I〉의 율 브리너Yul Brynner에게 밀려서 수상을 못했다. 골든 글러브 남우주연상과 뉴욕 비평가협회 남우주연상을 수상했다. 이 영화에서 폴 고갱Paul Gauguin 역을 맡았던 안소니 퀸Anthony Quinn[1]은 아카데미 남우조연상을 수상하는 저력을 보였다.

고흐와 고갱의 설전이 커크 더글라스와 안소니 퀸의 열연으로 3분간 커트 없이 이어진다. 안소니 퀸은 고갱의 역할을 거의 완벽하게 소화해냈다는 평을 받았다. 단 12분 출연으로 아카데미 남우조연상을 받아 할리우드 역사상 가장 짧은 출연으로 아카데미를 수상한 배우로 기록됐다. 커크 더글라스는 고흐를 연기하기 위해 직접 프랑스 화가로부터 집중 지도를 받았으며, 일을 끝내고 집으로 돌아와서도 계속 고흐의 붉은 수염과 의상을 그대로 입고 있을 정도로 배역에 몰두했다고 한다. 원제인 〈Lust for Life〉는 번역하

고갱과 말다툼을 벌이는 고흐

자면 '삶에 대한 갈구' 등이 될 수 있을 것 같은데 생뚱맞게 <열정의 랩소디>로 소개되어 있다. 우리나라에서는 정식 개봉은 안했고 이따금씩 EBS 등 TV에서 방영하곤 한다. 2017년에 개봉한, 애니메이션으로 고흐의 마지막 일생을 그린 <러빙 빈센트Loving Vincent>는 고흐 애호가들로부터 극찬을 받았다. 이 영화와 함께 감상하면 고흐의 마지막 생을 이해하는 데 큰 도움이 될 것이다.

Ⅱ. 한 많은 고흐의 생애

어린 시절

고흐는 1853년 3월 30일 네덜란드 준데르트Zundert에서 태어났다. 아버지는 목사였으며 형제가 많아 무척 가난했다. 고흐는 내성적이고 사소한 일에도 금방 상처를 입는 섬세하고 민감한 성격의 소유자였다. 한편으로는 다혈질이어서 자기 의견을 굽힐 줄 몰랐고 누군가가 억지로 자기 마음에 들지 않는 것을 시키면 불같이 화를 냈다. 그런 성격 때문에 부모도 걱정을 많이 했고 친구들과 잘 어울리지를 못했다. 이때부터 혼자서 숲이나 들판을 거닐며 자연을 사랑하는 습관이 생겼다. 자연만은 그와 다투지 않았다. 동생 테오는 형의 말에 고분고분 따라서 그런지 사이가 아주 각별해서 산책할 때는 항상 데리고 다녔다. 또한 그림에 재주가 있던 어머니의 영향으로 고흐는 어려서부터 연필화를 그렸고 수채화도 뛰어난 편이었다. 그러나 그림 공부는 하지 않았다. 어린 그에게 특기할 일은 화상畵商인 숙부로부터 방학이 되면 그림 이야기를 많이 들었다는 것이다.

성장하면서 그의 성격은 점점 더 모가 나면서 초등학교 시절 친구들과 자주 싸움을 벌이곤 했다. 결국은 퇴학을 당해 다른 학교로 전학을 가게 되었다. 태어나서 처음으로 가족과 떨어져 생활하는 바람에 몹시 외로웠다. 열세 살이 되자 중학교에 입학했다. 전반적으로 성적은 좋았고 이곳에서 어학 능력을 키웠다. 훗날 그는 모국어인 네덜란드어 외에 프랑스어와 영어를 완벽하게 구사했고, 독일어도 남을 가르칠 정도가 되었다. 빠듯한 목사 수준의 급여로 고흐는 어렵게 학교를 다녔다. 훗날 화가를 지망하는 문제 때문에 고흐와 사이가 틀어졌을 때 아버지는 고흐를 공부시키려고 무지 애를 썼는데 왜 저렇게 부모 속을 썩이는지 모르겠다고 투덜거리곤 했다.

청년 시절

그러나 집에서 더 이상 학비를 대줄 수가 없어 중학교를 중퇴할 수밖에 없었다. 한편으론 학비 때문이 아니고 학교의 억압적인 교육을 참을 수 없어서 고흐가 때려치웠다는 얘기도 있다. “집으로 돌아오는 먼 길에 친척 아저씨가 마중 나갔다가 짐을 들어주겠다고 하니까 고흐는 ‘괜찮아요. 사람은 누구나 무거운 짐을 짊어지고 먼 길을 걸어가야 하는 법이에요’라고 도통한 어른처럼 대답을 했다고 한다(노무라 아쓰시,

『고흐가 되어 고흐의 길을 가다』, p41).” 훗날의 고흐의 삶이 떠오르는 말이다. 초등학교 3년과 중학교 1년, 그것이 고흐의 학교생활의 전부였다. 집에서 빈둥거리는 모습을 보면서 답답해진 부모는 그를 숙부의 추천을 통해 헤이그에 있는 구필Goupil & Cie 화랑 헤이그 지점의 견습사원으로 보냈다. 화상으로서 사회에 첫 발을 내딛게 된 것이다. 고등학교 1학년 나이였다. 시골소년 고흐는 이곳에서 나름대로 무난한 화랑 생활을 보냈다. 어머니의 고향이어서 여러 외가 친척들과 어울리기도 했다. 그는 그곳에서 그림을 파는 세일즈맨으로서의 역할을 그럭저럭 잘 해냈다. 앞으로 훌륭한 화상이 될 것이라는 칭찬을 들으며 4년을 보내고 런던으로 영전(?)해 간다. 그의 전 생애를 생각해 보면 전혀 상상할 수 없는 딴 사람의 모습을 보인 것이 바로 이 시절이었다. 이곳에서 지내면서 화랑 근처의 미술관에도 자주 드나들었다. 수많은 화가들의 그림을 보면서 자기도 모르게 훗날 화가로서의 밑천을 쌓을 수 있었을 것이다. 이때 그는 무엇보다도 바르비종Barbizon파(야외의 자연을 주로 그리던 일단의 화가들)의 장 프랑스와 밀레Jean-Francois Millet의 그림에 푹 빠졌었다. 그의 그림에 밀레의 화풍이 일부 보이는 것은 그런 연유에서일 것이다.

고흐는 평생 엄청난 독서를 통해 대단한 교양과 학식을 구비했다. 그가 죽기 전까지 테오와 주고받은 625통의 서신을 통해서 이를 짐작할 수 있다. 테오한테 보낸 편지는 네덜란드어, 프랑스어, 영어로 씌어 있다. 셰익스피어를 비롯하여 휘트먼Whitman, 칼라일Carlyle, 키츠Keats,

브론테Brontë, 엘리엇Eliot, 디킨스Dickens까지, 그리고 프랑스의 발자크Balzac, 보들레르Baudelaire, 졸라Zola, 플로베르Flaubert 등의 작품까지 모두 섭렵했고 고대 그리스의 아이스킬로스Aeschylos, 소포클레스Sophocles, 러시아의 도스토예프스키Dostoevskii, 톨스토이Tolstoy, 독일의 괴테Goethe와 하이네Heine 등 세계적인 문호들의 작품들도 모두 섭렵했다. 영어와 불어로 된 작품은 원문으로 읽은 것으로 알려져 있다.

런던으로 온 고흐는 20세부터 23세까지 그곳 구필화랑의 지점에서 근무한다. 하숙집 딸 유제니Eugenie한테 홀랑 빠지기 전까지의 1년간은 헤이그 생활처럼 행복한 시절을 보내고 있었다. 그런데 이 짝사랑이 그를 걷잡을 수 없이 흔들기 시작했다. 반 년쯤 지나서 그녀에게 간신히 사랑을 고백했으나 그녀는 이미 약혼자가 있었다. 그는 충격에 빠졌으나 막무가내로 그녀에게 달려들었다. 시도 때도 없이 무작정 접근해 오는 고흐에 대하여 유제니는 진저리를 쳤다. 이렇게 고흐의 성격에는 쉽사리 포기 못하는 일방적인 면이 있었다. 보통 사람이면 상대방이 싫다고 하면 포기하는 게 일반적인데 고흐의 집착은 유별났고 결국은 본인이나 상대방을 힘들게 만들었다. 결국 유제니한테 일방적으로 걷어 채이고 비참한 몰골로 고향으로 돌아온 그를 보고 고흐의 부모는 한없이 낙심했다. 그들은 눈앞에 나타난 고흐를 보고 경악을 금치 못했다. 표정은 한없이 우울했고 초조해 보이고 반쯤은 정신 나간 것 같았다. 어린 시절 그의 모습이 그대로 나타났다. 부모는 고흐가 제대로 사람구실이나 하려는지 모르겠다고 걱정했다. 그때부터 고흐는 정신병적 증세를 보이기 시작했다. 그러나 정신병은 그의 집안 내력이어서 주위에서 크게 걱정은 안 했다. 차츰 자연을 스케치하면서 마음을 추슬러나갔다. 그림 같은 무엇인가 창조적인 행위에 몰입하면 일시적이나마 절망을 이겨낼 수 있다는 것을 깨닫게 된 것도 그즈음이었다.

이후 불안한 눈초리로 바라보던 부모는 고흐를 누이동생과 함께 런던으로 다시 돌려보냈다. 누이동생을 딸려 보내서 오빠를 좀 제어하려고 했던 것 같다. 고흐는 이전의 건실한 샐러리맨 자세에서 완전히 바뀌었다. 사근사근 손님들에게 그림을 소개하고 팔던 그가, "화상이라는 인간들은 시시한 그림을 교묘한 말장난으로 손님들에게 팔아먹는 사기꾼들"이라고 매도하기 시작한 것이다. 손님이 그림을 사려고 하면 이 그림은 졸작이라고 흉을 보았고 굳이 그 그림을 사려고 하면 그림을 보는 수준이 고것밖에 안 되냐고 힐책까지 했다. 이래가지고는 도저히 한 가게의 점원이라고 할 수가 없었다. 고흐가 완전히 이상하게 변했으며 그 원인이 실연 때문이라는 얘기를 들은 숙부는 그런 그를 런던에서 해협 너머 파리 본점으로 전근을 시킨다. 파리로 전근한 고흐는 몽마르트르Montmartre에 거주했다. 당시 몽마르트르는 지금과는 완연히 달랐다. 커다란 풍차를 중심으로 언덕 기슭에는 포도밭이 있는 등 전원분위기가 물씬 풍기는 파리 뒷동산 같았다. 이 무렵 그곳에는 이미 각양각색의 예술가들이 모여들면서 '예술가 촌'을 이루고 있었다.

파리 시절부터 그는 성직자를 지망하게 된다. 아마도 집안 분위기 탓이 컸으리라 짐작된다. 파리에서 고흐는 성서를 탐독하는 한편 루브르 미술관에 그림들을 열심히 보고 다녔으나 업무에 대한 삐딱한 태도는 여전히 나아질 기미가 보이지 않았다. 기어코 그는 구필 화랑에서 쫓겨났다. 이후 그는 잠시 영국에 있는 신학교를 다닌 후 부모가 있는 에텐 Eden으로 돌아왔다. 화가가 되기 전 고흐는 세상일이 뜻대로 안될 때마다 부모 곁으로 돌아오곤 했다. 그의 아버지는 오래전부터 장남이 성직자가 되어 자신의 후계자가 되었으면 하는 마음이 있었다. 비록 고흐가 하는 일마다 실패하였지만 그래도 무던히 참고 이해하려고 애썼다. 그러나 나중에 고흐가 화가가 된다고 했을 때는 아주 절망했고 죽을 때까지 서로를 이해하지 못했다. 그의 어머니도 장남이 항상 상식을 벗어난 행동을 하는 모습을 걱정스러운 눈빛으로 바라보곤 했다. 고흐가 런던에서 실연을 당한 후 몇 장의 스케치를 집으로 보낸 적이 있었는데 이를 본 어머니는 본인처럼 고흐에게 화가의 소질이 있음을 인식하고 있었다. 아마도 어머니가 가장 먼저 고흐의 천부적인 재능을 알아차린 것 같다.

전도사 생활

성직자의 길을 걸으려고 암스테르담에서 신학대학 준비를 하다가 중단한 고흐는 전도사가 되기로 결심한다. 브뤼셀로 가서 전도사 양성학교에 다니던 고흐는 여기서도 기이한 행동을 보이면서 동료들과 한바

탕 싸우고 자퇴를 했다. 이후 임시직이기는 하나 전도사 자격을 부여받은 고흐는 벨기에 남부의 탄광촌이 있는 보리나주로 향했다. 그곳에서 그는 전도생활에 열과 성을 몽땅 바쳤다. 지독한 가난에 허덕이는 사람들에게 복음뿐만 아니라 자신의 의복과 돈마저 탈탈 털어 나눠주었고, 진정한 기독교인이길 자처하며 솔선수범했다. 굶주린 아이들에게 자신의 식사를 그대로 주었고, 입고 있던 옷을 그 자리에서 싹둑싹둑 잘라 광부들의 상처를 동여매어 주었다. 광부들과 하나되기 위하여 목욕조차 하지 않았다. 이렇게 매사에 극단적으로 덤벼드는 것이 그의 성격이기도 했다. 이런 그를 지방 전도위원회는 해임해 버렸다. 고흐가 남들과 다른 열성적인 봉사활동을 하는 건 인정하지만 전도사에게 절실히 요구되는 설교에 필요한 말주변이 부족하다는 것이 첫 번째 이유였다. 이 밖에 교회의 권위와 위엄을 유지해야 할 성직자가 그들보다 더 꾀죄죄한 옷을 걸치고 목회활동을 했다는 것이 또 다른 이유였다.

파리 몽마르트르 시절

전도사의 길도 막히자 고흐는 그림이야말로 신이 자신에게 준 천직이라고 깨닫기 시작했다. 세속적 권위에 간섭당하고 있는 성직자들의 세계보다 그림을 그리는 활동 속에서 진정한 신의 존재를 발견하려고 했던 것이다. 1880년 10월 고흐는 자신의 생애를 그림에 바치기로 굳게 결심하고 보리나주를 떠나 고향 에텐과 브뤼셀, 헤이그, 뉘넨 등을 전전하면서 그림 그리기에 전념한다. 27세의 늦깎이 화가 인생이 시작되었다. 이후 죽을 때까지 한 푼도 벌지 못한 그에게 그림에만 전념할 수 있도록 그의 동생 테오의 형에 대한 헌신적인 지원이 시작된다. 당시 파리에서 화상으로 있던 동생 테오가 보내주는 돈으로 근근이 그림공부를 하면서 벨기에와 네덜란드를 전전하던 고흐는 32세 되던 해에 파리로 향한다. 고흐의 두 번째 파리체재는 1886년부터 1888년까지 2년간 계속되었다. 이때 그는 당시 파리 미술계에 떠오르는 여러 인상파 화가들과 교류했다. 그러나 그는 그들과 동일한 화풍의 그림을 그릴 생각이 없었다. 그는 오히려 '탈 인상파'에 가까웠고 후에 그의 그림은 현대 미술의 큰 장을 열었다.

몽마르트르 시절 고흐는 에밀 베르나르Émile Bernard[2], 앙리 로트렉Henri Lautrec[3] 등과 특히 가깝게 지냈다. 나중에 기이한 인연을 맺게 되는 폴 고갱Paul Gauguin[4]을 동생 테오로부터 소개받았다. 고흐보다 다섯 살 위였던 고갱은 당시 다니던 증권거래소를 청산하고 새로이 화가의 길을 걷고 있었다. 고흐는 고갱의 그림과 직설적이고 거침없는 그의 말투에 홀딱 반해버렸다. 그는 고갱을 거칠고 야성적이지만 타락하지 않은 인물로 생각했다. 그러나 고갱은 다

고흐의 자화상

른 사람의 의견을 무시하고 남의 염장을 지르는 데는 선수였다. 이 때문에 나중에 두 사람은 아를에서 사달이 나지만 말이다. 하여튼 고흐는 이들과 어울리며 회화 전반에 대하여 이야기도 하고 스스로도 새로운 그림을 그리는 데 몰두했다. 고흐의 그림 중에 '탕기Tanguy 영감의 초상'이라는 인물화가 있는데 이 영감은 몽마르트르 언덕의 터줏대감이었다. 그는 화구상을 하면서 가난한 화가들을 위하여 화구도 무상으로 주기도 하고 술도 사주고 밥도 사주는 괴짜 티가 다분했는데 가난한 고흐와 무척 다정하게 지냈다. 괴짜는 괴짜를 알아보는 법이다.

몽마르트르에서 머문 지 2년이 되어 가면서 고흐는 점점 답답해졌다. 그림 실력은 향상되는 것 같았으나 정작 그의 그림은 팔리지 않았기 때문이었다. 테오 역시 인상파 화가들의 작품을 꾸준히 팔았으나 정작 형의 그림은 팔리지 않았다. 이때부터 고흐는 탈출구로써 남부 프랑스의 아를 지방으로 옮길 것을 결심한다. 특히 좋아하던 고갱이 다른 화가들과 다투고 훌쩍 떠나자 이제 파리에 더 머물고 싶은 마음이 싹 가시기도 했다. 또한 화가 로트랙이 간간히 그가 어린 시절을 보낸 프로방스 지방 이야기하는 것을 듣고 그곳이 마치 멋진 신세계처럼 생각되었다. 무엇보다도 동생 테오가 요한나Johanna와 혼담이 오고가자 형으로서 한 푼도 못 벌면서 동생의 신혼집에서 눌러앉아 먹고 자고 하는 일이 너무나 염치없는 일로 생각되었다. 그는 떠나기로 결심했다. 나름대로의 새로운 그림을 추구할 공간과 시간도 절실해졌다. 남쪽

지방의 빛나는 태양, 따뜻한 색채, 그리고 저렴한 생활비로 가난한 화가들을 불러 모아 화가 공동체를 만들 수 있으리라는 희망에 가득 찼다. 아를로 떠나는 형을 배웅하면서 동생 테오의 마음도 착잡했다. 화가로서 형의 놀라운 재능을 알아주지 않는 세상이 원망스럽기도 했을 것이다.

아를에서의 생활

고흐는 밝은 태양과 짙푸른 하늘 등 아를 지방의 인상적인 풍경 속에서 맹렬하게 작품 제작에 몰두하게 된다. 아를에는 특유의 미스트랄Mistral[5]이라는 돌풍이 거세게 불었다. 이 돌풍이 불 때에도 그는 말뚝을 땅에 박고 거기다 이젤을 단단히 묶어서 악착같이 그림을 그려나갔다. 테오가 보내주는 돈이 변변치 않아서 물감사기에도 턱없이 부족했다. 물과 빵으로 간신히 끼니를 때우면서 해가 뜨고 질 때까지 그는 오직 그림만 그렸다. 1888년 2월부터 1889년 5월까지 1년하고도 두 달 반 동안 고흐는 아를에서 무려 190여 점의 유화를 그렸다. 역시 한 가지에 극단적으로 집착하는 그의 성격이 그림 제작에 나타난 것이다.

이 시기의 작품에는 세상에 알려진 것들이 많다. 「해바라기」 연작, 「도개교」, 「밤의 카페 테라스」, 「론 강 위로 별이 빛나는 밤」, 「노란 집」, 「우편배달부 롤랭」 등 고흐의 절정기 작품들이 이때 죄다 나왔다. 그러나 밑바닥 생활 때문에 제대로 영양 섭취를 못한 그의 몸은 점차 쇠약

고흐의 「밤의 카페의 테라스」

해져 갔으며 예민한 그의 정신세계를 병적인 상태로 몰아갔다. 이때 고갱이 이곳으로 찾아온다. 고흐가 아를에 온 목적 중 하나가 일종의 예술가들의 공동조합을 만드는 데 있었다. 그는 가난한 화가들이 공동으로 모여서 생활하면 식비와 집세 등의 비용이 절약될 수 있지 않을까 생각한 것이다. 그래서 파리의 여러 화가들에게 이곳으로 와서 같이 작업을 하자고 계속 편지를 보냈는데 이들 중 고갱만 혼자 찾아 온 것이다. 고흐보다 다섯 살 위인 고갱은 그동안 선상 노동자나 주식 중개인 등을 하며 지냈다. 결혼해서 가정을 꾸린 다음에는 주식중개인으로서 꽤 성공해서 윤택한 생활을 할 수 있었다. 그러나 갑자기 마음을 바꿔 화가의 길을 선택했으나 그림은 팔리지 않았다. 처자는 수입이 없는 그의 곁을 훌쩍 떠나 친정이 있는 코펜하겐으로 가버렸다. 고흐와 고갱 두 사람은 미래에는 사람들이 자신들의 그림을 이해할 수 있을 것으로 생각하고 있었다. 그러나 이들의 동거 생활은 불과 두 달밖에 계속되지 못했다. 두 사람의 성격과 예술관은 완전히 극과 극인데다 자기 주장을 내세우며 고집을 피우기 시작하면 한도 끝도 없었다. 둘이 함께 그림을 그리고 있을라치면 서로가 상대방 그림의 결점을 지적하기에 바빴다. 이러니 두 사람이 온전히 지내기란 거의 불가능했다. 날씨 탓에 집안에 콕 박혀 있자 두 사람은 더욱 더 승강이가 심해졌다. 그러던 어느 날 고흐는 해바라기를, 고갱은 고흐를 그리고 있었다. 그런데 고갱이 그린 고흐는 미친 사람처럼 보여 고흐는 불같이 화를 냈다. "고향에서 아버지가 고흐에게 '정신이 불안하다'고 할 때마다 애꿎은 동생 테오에게 화를 내곤 했던 고흐였다(박홍규, 『내 친구 빈센트』, p183)." 그날 밤 두 사람은 술집에 가서 술을 마시다가 또 한 번 대판 싸움을 벌였다. 이럴 때는 신경이 섬세한 사람이 신경이 두꺼운 사람한테 백전백패하는 법이다.

두 사람의 관계는 기어코 1888년 12월 24일 크리스마스 이브의 밤에 파국으로 치날았나. 고갱이 온 지 꼭 두 달이 되는 날이었다. 고흐와 또 언쟁이 붙자 고갱이 슬그머니 밖으로 나갔다. 고갱이 동네 라마르틴Lamartine 광장을 막 건너가려고 했을 때 고흐가 면도칼을 들고 그의 뒤를 쫓고 있던 것을 보았다. 골목길 입구에서 고갱이 홱 고개를 돌려 노려보자 고흐는 바로 고개를 푹 떨구고 그 길로 집에 돌아왔다. 고갱은 인근 여인숙으로 들어가 문을 잠그고 잠을 잤다. 집으로 돌아온 고흐는 자기 자신의 귀를 잘라 종이에 싸서 평소 알고 지내는 창녀에게 주었다. 그 다음날 짐을 싸려고 고흐의 집에 들른 고갱은 고흐가 귀를 싸매고 침대에 누워 끙끙거리고 있는 것을 보고 테오에게 전보를 치고 파리로 돌아갔다. 밤늦게 테오가 도착했고 밖에서는 동네 사람들이 모여 고흐가 살점 하나 없이 귀만 싹둑 도려낸 것을 두고 연신 입방아를 찧어대고 있었다. 고갱은 이후에도 고흐와 계속 편지를 주고받았다.

처절한 가난과 장기간의 제작활동으로 심신이 지쳐 있었던 데다가 심적으로 압박감을 주는 고갱과의 관계가 고흐에게 면도칼을 쥐게 했을 것이다. 한편 동생 테오의 결혼이 진행되면서 그가 보내오는 송금이 끊길지 모른다고 조마조마했고 그림도 여전히 한 점도 팔리지 않는 등 불안감이 극도로 가중되었을 것이다. 이때부터 그는 강한 자극을 받거나 하면 발작이 재발하는 증상이 심해져 갔다. 자신의 귀를 자른 이 미치광이 화가가 다시 발작을 일으킬지도 모른다는 소문이 마을 사람들에게 커다란 불안을 안겨 주었다. 그들은 고흐를 이대로 놔두었다가는 동네에서 무슨 일을 벌일지 모른다는 공포에 휩싸였다. 급기야 그들은 미치광이를 감방에 가두어 달라는 청원을 하기에 이르렀고 결국 고흐는 아를의 정신병원에 강제 입원당했다.

생 레미 정신병원에서의 생활

하여튼 고흐도 이런 분위기의 아를에 머물러 있고 싶지 않았다. 끔찍하고 불쾌했던 기억이 가득 찬 이 시골마을에서 한시바삐 떠나고 싶어 했다. 그는 아를 북동쪽 25킬로미터에 위치한 생 레미 정신병원에 입원하게 됐다. 병원 측은 고흐가 광인이 아니라 간질 발작 정도라고 진단했다. 훗날에는 이런 증세를 정신분열증이라고 했다. 고흐는 병원에서도 작품 활동을 계속했다. 테오는 아를에서 형이 보내온 「우편배

달부 롤랭」, 「씨 뿌리는 남자」, 「론 강 위로 별이 빛나는 밤」, 「해바라기」(총 7점) 등을 받고 훌륭하다고 평가했다. 그림이 팔리지 않는 것은 아직 일반 애호가들이 형의 그림의 진가를 모르기 때문이라고 위로했다. 이어서 곧 파리에서 개최되는 앙데팡당Independant 전시회[6]에 고흐의 작품을 출품해 달라는 요청을 받았다고 덧붙였다. 드디어 고흐의 작품이 세상에 드러내어 평가의 대상이 되는 날이 온 것이다.

그러던 어느 날 병원 근처에서 그림을 그리던 고흐가 아를에서 귀를 자르던 사건 이후 두 번째 발작이 엄습했다. 잠시 조용했던 발작이 재발한 것이다. 고흐는 자신이 그 병원에 있다는 것 자체가 발작의 원인이라고 생각했다. 과거에 수도원이었던 이 정신병원 건물에 무슨 악마나 귀신같은 게 있지 않나 의심했다. 이 병원은 가끔 음식에서 바퀴벌레가 나오기도 했을 정도로 급식을 비롯한 여러 환경이 지독하게 열악했다. 닷새 동안이나 발작이 계속되었고, 자살소동까지 벌이게 됐다. 그는 병원에 불만을 느끼게 되었고 그곳을 나가고 싶어 했다. 이 병원에서 고흐는 그 유명한 「별이 빛나는 밤」을 그렸다. 고흐는 점차 자기의 병세에 대하여 초조감이 생긴다고 테오에게 편지로 토로했다. 테오는 답장에서

고흐의 「별이 빛나는 밤」

형의 그림 제작에 쏟는 극단적인 정신 집중이 다시 발작을 유발하는 것이 아닐까 하는 우려를 표시했다. 아울러 너무 무리하지 말고 먼저 건강을 추스르는 게 중요하다고 충고하며 앙데팡당전展에서 전시된 형의 「붓꽃」과 「별이 빛나는 밤」이 호평을 받고 있다고 위로했다. 1년이 지나면서 고흐는 병원을 떠나야 겠다고 생각했다.

고흐의 마지막 거처인 오베르Auvers

1890년 5월 17일 고흐는 잠깐 파리에 들렀다가 5월 21일 그의 마지막을 보낸 파리 근교의 오베르에 도착했다. 오베르로 간 것은 테오가 형의 친구이자 너그러운 품성의 화가 카미유 피사로Camille Pissarro에게 형의 거처를 부탁했기 때문이었다. 피사로는 그곳에 폴 가셰Paul Gachet라는 의사가 있어 고흐를 가까이 돌볼 수 있을 것이라고 생각했다. 고흐는 그곳에서 의사이자 미술애호가인 가셰를 만났고 라부Ravoux라는 사람이 경영하는 여관 2층 거처에 여장을 풀었다. 아래층은 식당 겸 카페인데 지금도 그대로이고 2층은 고흐가 살던 당시 그대로 재현해 놓고 관광객을 맞이하고 있다. 오늘날에는 이 집을 '고흐의 집'이라고 부르고 있다. 1890년 7월 27일에 권총 자살을 기도

고흐의 마지막 거처, 라부 여관

하고 이틀 후인 29일에 절명하기까지 약 70일 동안 고흐는 소묘를 포함하여 53점이라는 경이적인 숫자의 작품을 그렸다. 게다가 그림의 내용도 훨씬 훌륭해졌다. 그림의 밝기도 전체적으로 약간 억제된 느낌을 주고 있는데 본인도 자신의 그림에 만족스러워했다. 하여튼 마지막 불꽃을 태운 셈이다.

고흐(왼편)와 동생의 묘지

오베르에서의 고흐는 오전에는 여기저기 그림 대상을 찾아다녔고, 점심 후에는 자기 방에서 그림을 그렸다. 그런데 27일에는 점심을 먹고 바로 밖으로 나갔다. 그러고는 저녁때가 되어도 돌아오지 않았다. 여관집 라부 부부가 이상하게 여기고 있었는데 해가 진 후 현관문을 열고 고흐가 돌아왔다. 옆구리를 구부리고 들어 온 고흐에게 라부 부부가 웬일이냐고 묻자 끙끙거리며 아무 말도 없이 자기 방으로 올라갔다. 이상하게 여긴 라부 부부가 급히 올라가자 고흐는 총탄이 관통한 심장 근처의 상처를 보여 주었다. 고흐의 주치의 비슷한 가셰가 급히 달려와서 상처에 붕대를 감아주고 파리의 테오에게 전보를 보냈다. 이튿날 아침 테오는 형에게 즉시 달려왔고 온종일 형을 간호했다. 총알은 심장 아주 가까운 부위에 박혀 있어 수술도 불가능했다. 29일 오전 1시 30분 동생 테오는 형과 나란히 누워 형의 머리를 안았다. 잠시 뒤에 고흐는 "이대로 죽고 싶다."라고 하면서 숨을 거두었다. 그날 아침 파리와 여러 곳에서 일곱 명의 친구들이 찾아와 해바라기로 방을 장식했고, 관 옆에는 그의 그림들이 진열되었다. 7월 30일에 거행된 장례식에 참석한 이는 베르나르, 탕기, 샤를 라발Charles Laval, 카미유 피사로, 요한나의 오빠 그리고 가셰였다. 고갱은 참석하지 않았다. 고갱은 얼마 있다가 남태평양의 타이티 섬으로 떠났다. 그도 결국 죽을 때까지 세상 사람들의 인정을 못 받았다.

영화에서나 소설에서는 고흐가 불타오르는 듯한 황금색 밀밭에서 권총을 쏘아 자살을 기도한 것으로 되어 있는데 그것이 사실인지 아닌지는 고흐 외에는 아무도 모른다. 단지 고흐가 말년에 그린 음산한 분위기의 작품 「까마귀 나는 밀밭」을 보고 대충 짐작했을 뿐이다. 그러면 고흐는 왜 자살했을까? 유언을 남기지 않아 확실하게는 몰라도 자꾸만 발작 증세가 도지면서 동생 테오에게 더 이상 부담을 주지 않으려고 시도한 것으로 보인다. 일부에서는 완전히 지칠 대로 지쳐 있던 신경이 그렇게 몰아갔다는 설도 있다. 고흐의 죽음이 있은 후 테오는 빈센트 회고전을 개최한다. 그러나 그도 곧 심각한 정신 착란증에 빠져 정신병원에 입원했다가 6개월 후에 신장병으로 숨을 거두었다. 형이 죽은 지 불과 6개월만이었다. 23년 후 1914년 요한나는 테오의 유골을 오베르의 고흐 곁에 묻어주었다. 이 두 형제는 현재 오베르에 있는 묘지에 나란히 잠들어 있다. 묘지 울타리 너머에는 한없이 넓은 밀밭이 펼쳐져 있다. "두 형제는 어떠한 성공에 대한 약속도, 일체의 지원도 없이 자기의 세계를 관철하기 위해 용감히 싸우다가 패잔병처럼 사라져 간 것이다(노무라 아쓰시, 『고흐가 되어 고흐의 길을 가다』, p18).”

TIP!

1. 안소니 퀸

안소니 퀸은 1915년 4월 21일 멕시코 북부 치와와에서 아일랜드계 아버지와 인디언 혈통의 어머니 사이에서 태어났다. 아버지는 가족들을 이끌고 미국으로 이주했다. 퀸은 10세 때 아버지가 갑자기 사고로 사망하자 소년 가장이 되어 구두닦이, 신문팔이, 공사장 인부 등을 전전하며 가족들을 먹여 살리면서 어려운 성장기를 보냈다. 청년이 되면서 그는 우연한 기회에 연기 생활에 뛰어들었다. 이후 할리우드에서 시시한 배역을 전전하다가 뉴욕의 연극무대로 향했다. 그곳에서 명장 엘리아 카잔EliaKazan의 눈에 띈 그는 영화 〈혁명아 사파타Viva Zapata!〉에 출연하였다. 이 영화에서 사파타(말론 브랜도 분)의 동생 역을 맡아 1953년 아카데미 남우조연상을 받게 된다. 1954년에는 네오리얼리즘으로 세계 영화의 중심에 있던 이탈리아로 건너가 페데리코펠리니Federico Fellini 감독의 〈길〉에서 차력사 잠파노 역으로 출연하여 세계적인 명성을 얻었다. 1956년에는 〈열정의 랩소디〉에 고갱 역으로 출연하면서 두 번째 아카데미 남우조연상을 받았다. 1964년 니코스 카잔차키스Nikos Kazantzakis의 소설을 영화로 옮긴 〈희랍인 조르바〉에서 조르바 역을 맡아 절정의 연기를 보였다. 이후 〈노트르담의 곱추〉, 〈나바론의 요새The Guns Of Navarone〉, 〈바라바Barabbas〉, 〈아라비아의 로렌스〉, 〈25시〉, 〈사막의 라이온Lion Of The Desert〉 등을 비롯하여 150편이 넘는 영화에서 주로 거친 남성상을 연기했다. 미술에도 조예가 깊어 노년에는 회화와 조각에 몰두했다. 세 명의 아내와 두 명의 정부情婦로부터 열세 명의 자식을 얻은 그는 “우글거리는 자식들은 내 자부심의 원천”이라고 공공연히 말하곤 했다. 사생활이야 어쨌든 영화사적으로 수많은 걸작과 뛰어난 연기를 보여주었던 안소니 퀸은 2001년 3월 향년 86세의 나이로 미국 보스턴에서 눈을 감았다.

2. 에밀 베르나르

프랑스 릴Lille에서 출생했다. 고흐, 고갱의 친구로 유명하며, 퐁타방Pont-Aven에서는 고갱과 함께 그림을 그렸다. 그는 색채의 평면적 사용과 굵은 윤곽선의 화법을 주장하여, 고갱에게 큰 영향을 주었다. 그러나 만년에는 젊은 시절에 주장하던 것들을 모두 버리고 보수적인 화풍으로 돌아갔다. 초기의 작품으로는 〈사과나무〉, 〈브르타뉴의 농부의 부인〉 등이 있다. 1904년 고향인 남프랑스에 와 있던 폴 세잔Paul Cezanne을 찾았으며, 이 노老거장과 대화를 나눈 뒤 〈회상의 세잔〉을 펴냈다. 이 밖에도 고흐에 관한 연구 등 많은 저술이 있다.

3. 앙리 로트렉

툴루즈의 구舊 명문 귀족의 아들로 태어났다. 본래 허약한 데다가 어린 시절에 사고로 양쪽 다리가 부러지면서 평생 불구로 살았다. 1882년 파리에 진출하여 드가·고흐와 친교를 갖고 그들에게서 강한 영향을 받았다. 그는 서커스, 흥행장, 놀이터, 운동경기, 무용장, 초상화 등을 즐겨 그렸으며 포스터를 예술적으로 승화시켰다. 음주와 방탕으로 오래 못 살고 일찍 사망했다. 훗날 출생지 알비Albi에 로트렉 미술관이 세워졌다.

4. 폴 고갱

1848년 6월 7일 프랑스 파리에서 출생했다. 가난한 어린 시절을 보낸 고갱은 상선商船을 타고 라틴아메리카와 북극 등 지구촌 여러 곳을 돌아다녔다. 이후 파리로 돌아와 증권거래소에서 일했다. 1873년에는 덴마크인 여성인 메테 소피Mette Sohpie와 결혼했다. 이 무렵부터 미술에 흥미를 가지기 시작하면서 그림 공부를 시작했다. 1883년 35세에 증권거래소를 그만두고 그림에 전념하기로 결심했다. 화가로서의 생활이 곤궁해지자 부인은 자식들을 데리고 처가인 코펜하겐으로 가버렸다. 파리에서는 고흐, 로트렉 등과 친교를 맺었으며 특히 고흐와의 우정이 돈독했다. 잠깐 동안 고흐와 함께 남프랑스의 아를에서 살았다. 그러나 두 사람은 예술적 견해의 차이로 격하게 대립하면서 결국 고흐가 귀를 자르는 사건이 발생하였다. 하지만 두 사람의 우정은 변함이 없었다.

고갱은 부르타뉴 퐁타방으로 가서 「황색의 그리스도」, 「황색 그리스도가 있는 자화상」 등의 작품을 그렸고, 이때부터 고갱은 원시적이고 야생적인 것에 관심을 갖기 시작했다. 이후 문명세계를 멀리하고자 남태평양의 타히티Tahiti 섬으로 떠났다. 여기에서 「네버모어Nevermore」, 「타히티의 여인들」 등을 그렸다. 1893년 6월 4일 그는 귀국했으나 작품이 여전히 안 팔리자 다시 타히티 섬으로 돌아갔다. 말년에 마지막 유언으로 제작한 그림이 유명한 「우리는 어디서 와서 어디로 가는가」였다. 1903년 5월 8일 심장마비로 생애를 마쳤다. 그의 화풍은 고흐와 마찬가지로 20세기 현대 회화의 출현에 큰 역할을 했다.

5. 미스트랄mistral

프랑스 남부의 프로방스에는 겨울철이 되면 괴력의 바람이 분다. 이 괴력의 바람이 바로 '미스트랄'이다. 미스트랄은 알프스 산지에 축적된 차가운 공기가 산지의 경사를 따라 남쪽으로 불어오면서 고약하게 변하는 바람을 말한다.

6. 앙데팡당 전시회

1661년경부터 프랑스 미술의 교육과 전시를 전적으로 담당하던 정부 산하의 단체 프랑스 미술가협회는 엄격한 심사를 거친 '살롱 데 자르티스트 프랑세Salon des Artistes Français'를 개최해 오고 있었다. 그런데 19세기 후반부터 프랑스의 미술계에는 자유로운 상상력을 바탕으로 새로운 화풍이 발전하고 있었다. 새로운 미술을 추구하던 화가들은 이 전시회에 반발하여 '독립예술가협회'를 창설하였다. 그리고 1884년 5월 심사나 시상식 없이 참가비만 내면 그림을 전시할 수 있는 '앙데팡당 전'을 개최하였다.

파리의 한 가건물에서 열린 이 전시회는 조르주 쇠라Georges Seurat, 폴 시냐크Paul Signac, 오딜롱 르동Odilon Redon 등이 주도하였다. 앙리 루소Henri Rousseau, 폴 세잔Paul Cézanne, 앙리 마티스Henri Matisse, 피에르 보나르Pierre Bonnard, 앙리 로트렉Henri Lautrec, 반 고흐, 마르크 샤갈Marc Chagall, 모딜리아니Modigliani 등 인상주의 이후의 훌륭한 작가들이 참여하였다. 앙데팡당 전은 19세기 말 새로운 미술의 포문을 여는 역할을 했다. 이 전시회는 현대 회화 운동에서 중요한 역할을 하였다.

〈잡스〉

혁신의 아이콘인 천재 스티브 잡스의 일대기와 그의 명언들

I. 영화 〈잡스〉

원제: Jobs
감독: 조슈아 마이클 스턴
각본: 매트 휘틀리
음악: 존 데브니
출연: 애쉬튼 커쳐, 조쉬 갯, 매튜 모딘, J.K. 시몬스, 레슬리 워렌, 론 엘다드
제작 연도: 2013년
상영시간: 125분
같은 소재의 영화: 〈스티브 잡스-미래를 읽는 천재〉(2011), 〈스티브 잡스〉(2016)
제작비: 1,200만 달러 **수익:** 5,200만 달러

영화 〈잡스〉는 세상에 혁신을 몰고 온 애플의 CEO 스티브 잡스Steve Jobs의 생애 중에서 그의 20~40대 시절을 집중적으로 그리고 있다. 영화는 그가 리드Reed 대학을 다니던 1972년부터 시작해서 1974년 게임회사인 아타리Atari사[1] 입사, 1976년 집의 차고에서 애플을 창립한 후, 애플에서 쫓겨나는 1985년까지와 이어서 1996년 애플로 복귀하는 순

간 끝난다.

영화 앞부분에서 그가 아이맥iMac으로 성공을 거두고, 아이팟iPod을 내놓는 과정은 아주 짧게 처리된다. 특히 2010년을 전후로 아이폰iPhone, 아이패드iPad, 그리고 애플의 가장 영광스러운 시기는 영화에서 생략되어 있다. 이유는 그의 인생 후반부의 놀라운 성공을 이 영화를 보는 많은 관객들이 이미 실제로 지켜봤기 때문일 것이다. 이 영화는 대학을 자퇴하고, 히피와 불교문화에 심취해 인도로 여행을 떠나는 등 우리가 그동안 알지 못했던 그의 20대 초반 이야기들을 소개하면서 관객들에게 신선한 재미를 안겨 준다. 특히 세계적인 기업 애플이 작은 차고에서 시작되는 이야기와 남다른 협상가적 기질을 갖춘 스티브 잡스의 놀라운 능력에 관한 일화들도 빠트리지 않았다. 그러나 위와 같은 몇 가지 점을 그린 것 외에는 전반적으로 뚜렷한 핵심 포인트나 극적 장면이 없이 그냥 밍밍하게 영화를 이어갔다는 평이 따랐다. 만약 스티브 잡스가 자신의 내면과 싸우는 모습이나 광기에 가까운 성공에 대한 집착 같은 부분을 좀 더 심도 있게 다뤘다면 하는 아쉬움이 남는 영화다. 이 영화를 보고 난 잡스의 절친이자 애플 공동창업자였던 스티브 워즈니악Steve Wozniak[2]은 잡스를 정확히 묘사하지 못했다고 구시렁거리기도 했다.

영화 〈잡스〉는 할리우드 배우 애쉬튼 커쳐Ashton Kutcher가 스티브 잡스로 분해 젊은 시절의 스티브 잡스로 환생한 것이 아니냐고 화제를 불러 모았다. 실제 잡스와 어쩌면 이렇게 닮았는지 놀랍기만 하다. 영

워즈니악(왼편)과 잡스

화 〈잡스〉에서 그는 용모뿐만 아니라 구부정한 자세와 걸음걸이, 말투 하나까지 스티브 잡스를 완벽하게 재현해냈다. 특히 잡스와 같은 마른 몸매가 되기 위해 무리하게 그의 채식 식단을 따라하다 병원에 실려 가기도 했다. 그는 〈잡스〉의 시나리오를 하루 만에 독파하고 100시간에 가까운 스티브 잡스의 인터뷰와 기조연설 영상 등을 보며 캐릭터 분석을 하는 등 대단한 열성을 기울였다.

얼핏 보면 누가 스티브 잡스이고, 누가 애쉬튼 커쳐인지 분간이 안 갈 정도로 닮아 있다. 사실 모두가 다 알고 있는 사람에 대한 영화를 만든다는 것은 어려운 일이다. 특히 드라마틱한 삶을 살았고, 일거수일투족이 항상 언론에 주목을 받았던 스티브 잡스 같은 사람의 경우는 더욱 어렵다. 감독은 스티브 잡스의 어두운 면보다는 밝은 면만을 주로 다뤘다. 잡스에 대한 객관적인 평가나 잡스의 기행은 극히 일부만 다뤘다. 영화의 관점을 이렇게 정하고 보니, 대체적으로 스티브 잡스를 호의적으로 묘사하고 있다는 느낌을 준다. 스티브 잡스가 친구를 속이거나 돈에 인색한 부분(애플 초기 같이 일했던 친구에게 주식 한 주도 주지 않은 것 등) 같은 것은 가볍게 처리하고 있다. 잡스의 딸인 리사Lisa의 생모를 버린 이유에 대해서도 리사의 생모가 난잡한 파티를 하던 모습을 잡스가 목격하는 장면을 보여주면서 슬쩍 넘어간다.

애플 제작 당시 잡스의 집

직원에 대한 폭언과 무자비한 해고 역시 잡스의 열정으로 대신하는 에피소드로 대신했다. 심지어 그와 사업을 처음 같이 했던 친구들에게 주식을 주지 않는 이유도 공과 사를 구분하는 냉철한 성격으로 좋게 보고 있다. 대신 영화는 스티브 잡스의 복수극에 클라이막스를 맞춰 놓았다. 그를 쫓아내는 데 중요한 역할을 했던 마이크 마쿨라Mike Makkula[3]를 퇴출하는 모습과 이사회를 굴복시키는 장면이 등장하는데 아마도 이와 같은 잡스의 모습에서 관객들이 쾌감을 선사하길 원했던 것 같다. 끝으로 영화 〈잡스〉는 디지털 시대의 아인슈타인이 되고자 했던 잡스의 혜안과 열정, 완벽주의를 보여주며 잡스의 팬은 물론 일반 사람에게도 미래를 위해 어떻게 살아야 하는지를 일깨워주기도 한다.

Ⅱ. 혁신의 아이콘, 천재 스티브 잡스의 일대기

스티브 잡스는 1955년 2월 24일 미국 캘리포니아주 샌프란시스코에서 태어나자마자 양부모 폴Paul과 클라라Clara에게 입양되었다. 그의 양아버지는 고등학교를 중퇴하고 캘리포니아주 해안경비대에서 근무했다. 전역 후 클라라와 결혼하였고 중고차 수리 및 세일즈맨 그리고 대금 미납 상품 회수원으로 살아갔다. 부인이 아이를 가질 수 없자 스티브 잡스를 입양하였다. 잡스는 어려서 자신이 입양된 사실을 알았다. 버림받았다는 생각과 선택받았다는 두 가지 생각이 평생 그를 따라 다녔다. 나중에는 작가로 활동하는 모나 심프슨Mona Simpson이라는 여동생과 대화 치료사였던 어머니, 시리아 출신의 정치학 교수였던 친아버지의 존재도 알게 되었다. 친아버지는 잡스의 애플사 근처인 실리콘 밸리에서 식당업을 했고 잡스도 가끔 직원들과 그곳에 갔었으나 당시는 전혀 몰랐다. 나중에 알게 되었지만 끝내 아는 체를 하지 않았다. 그는 언제나 양부모를 친부모로 여겼다.

어린 시절에는 샌프란시스코 남쪽의 전자업체들이 몰려 있는 주택가로 이주했다. 그곳에서 전자회사에 다니는 사람들과 어울리면서 성장했다. 이때 전자 분야에 관심이 많았던 5살 위의 천재 스티브 워즈니악을 만나게 된다. 워즈니악과는 애플사를 창업하는 동지로 발전한다. 워즈니악은 컴퓨터의 천재였다.

그들은 학교에서는 못 말리는 장난꾸러기이자 독불장군들이었지만 전자 분야에 대한 관심은 지대했다. 또한 당시 히피문화에 흠뻑 빠져 있었다. 한편 스티브 잡스는 고등학교를 마친 뒤 오리건주 포틀랜드에 있는 리드대학교에 입학하였다. 리드Reed 대학은 북부 태평양 연안 지역에서 최고로 꼽히는 인문대학인데 배울 게 별로 없다고 하면서 1년 만에 때려 치웠다. 이후 그는 아타리Atari 라는 전자게임회사에 취업하였다. 하지만 얼마 있다가 회사를 그만두고 인도로 여행을 떠났다. 수개월간 인도 북부 히말라야 일대를 떠돌아다녔지만 인생의 길을 깨닫게 해줄 도사(인도어로 구루GURU)를 만나지 못하고 죽도록 고생만 하다가 미국으로 돌아와 아타리에 복직하였다. 그는 이때 전자 분야의 도사인 워즈니악의 도움을 받아 컴퓨터 게임을 만들기도 했다. 이후 사업적 수완이 뛰어난 스티브 잡스는 천재적인 전자 엔지니어였던 워즈니악을 꼬드겨 1976년 컴퓨터 회로기판을 제조하는 회사를 공동창업하였다. 두 사람은 그야말로 환상의 콤비였다. 회사 이름은 스티브 잡스가 오리건주의 선불교 수행을 하던 사과농장을 상상해서 애플Apple 이라고 지었다. 혹은 컴퓨터 공학의 아버지라 불리는 천재였던 앨런 튜링이 독약을 넣은 사과를 깨물고 죽은 데서 아이디어를 얻었다는 이야기도 전해진다.

초기 워즈니악과 잡스

이들은 회로기판만 있는 PC '애플 I'을 만들어 발표했으며, 당시 퍼스널컴퓨터 시장에 주목을 받게 되자 곧 새로운 컴퓨터 플랫폼인 '애플 II'를 만들어 냈다. 확장 슬롯과 획기적인 운영체계로 컴맹들도 불편 없이 사용할 수 있도록 했다. 잡스는 보다 큰 꿈을 꾸기 시작했다. 그리고 마이크 마쿨라라는 의욕적인 벤처 투자자를 만나면서 "PC의 세계는 반드시 도래한다."라는 자신의 꿈을 열정적으로 실현해 나갔다. 마침내 그들의 애플 PC는 시장에서 큰 반응을 보이며 판매에 성공했고 1980년에는 주식을 공개했다. 그는 곧 미국에서 최고 부자 대열에 올랐다. 미국에서 가장 젊은 억만장자가 된 것이다. 그때 그는 펩시콜라의 사장인 존 스컬리를 애플사의 회장으로 영입했다. 그때 "설탕물이나 팔면서 남은 여생을 보내시렵니까? 아니면 세상을 바꿀 기회를 붙잡겠습니까?"라고 하면서 그를 영입했다는 유명한 얘기가 전해진다.

한편 오랜 연인이었던 크리산 브래넌Chrisann Brennan과의 사이에서 리사라는 딸을 두었으나 그는 자신이 친부라는 사실을 인정하지 않았다. 잡스는 앤이 낳은 아이가 자신의 아이가 아니라고 바락바락 우기다가 기어코 친자확인 소송에서 패소한 이후에야 할 수 없이 리사가 친자임을 인정했다. 이와 같이 괴팍한 성격으로 주위 사람들을 힘들게 하기도 하였다. 그럼에도 애플은 엄청나게 커졌다. 회사 내에서는 매킨토시와 리사 컴퓨터를 개발하면서 애플사의 경영진들과 반목이 심

매킨토시와 잡스

해졌고, 성격에서 기인하지만 그는 이런 불화를 조화롭게 극복하지 못했다. 그는 뒤처지는 자에게는 무자비했고 재능이 뛰어난 자는 전폭적인 지원을 아끼지 않는 호오가 너무나 뚜렷했다. 이러한 그의 비정하고 자기중심적인 성격은 애플 내에서 분열을 일으키기 시작했다.

자신이 주도했던 '리사 프로젝트'에서 밀려나자 새로운 '매킨토시 프로젝트'를 추진한다. 잡스는 매킨토시 제작 팀원들에게 "우리는 우주에 흔적을 남기기 위해 여기에 있다. 그게 아니라면 우리가 왜 여기에 있겠는가?"라고 그들의 의욕을 고취시키기도 했다. 마침내 1984년, IBM에 대항하여 매킨토시 컴퓨터(맥, Mac)를 선보이며 대대적인 성공을 거두었지만 회사 내부에서는 실패한 리사 프로젝트팀과 치열한 암투가 벌어지고 있었다. 게다가 매킨토시 발표 후 얼마 지나자 사람들은 맥이 화려하기는 했지만 속도가 심각할 정도로 느리다는 점을 깨닫기 시작했다. 점차 매킨토시의 판매량이 뚝 떨어지기 시작했다. 마침내 스티브는 현실성이 결여된 망상가이자 독불장군으로 회사를 분열에 빠뜨린 장본인으로 지목되었다. 1985년 5월 경영일선에서 쫓겨나면서 아예 회사를 나왔다. 잡스는 애플의 보유 주식을 딱 한 주만 남기고 모두 현금으로 전환했다. 이 돈은 이후 '픽사'를 인수하는 데 요긴하게 사용한다.

나중에는 "스티브의 최고 행운은 애플에서 쫓겨난 것"이라는 역설이 뒤따랐다. 혹독한 시련이 그를 인간적으로 더욱 성숙하고 지혜롭게 만들었다는 것이다. 그는 애플을 떠난 뒤 넥스트사社[4]를 설립했고 1986년에는 조지 루카스George Lucas 감독[5]으로부터 픽사Pixar[6]를 1,000만 달러에 인수하였다. 그래픽 전용 컴퓨터를 개발하여 의료시장에 판매하려고 했으나 두 회사(넥스트와 픽사) 모두 수익창출에 실패하면서 잡스는 어려움에 처하게 된다. 그러나 픽사는 하드웨어 사업을 포기하고 장편 애니메이션 영화를 만들면서 극적으로 회생한다. 픽사는 존 래스터John Lasseter가 제작한 〈토이 스토리Toy Story〉의 엄청난 대박에 힘입어 거의 빈털털이로 내몰렸던 스티브 잡스를 다시 한 번 억만장자의 반열에 올려 놓았다. 2006년에 월트 디즈니가 픽사를 인수하면서 잡스는 월트 디즈니의 이사회 임원이 되었다.

그는 1991년 3월 18일 요세미티 국립공원에서 로렌 파월Laurene Powell이라는 여성과 결혼했으며 3명의 아이를 낳았다. 유연하지만 강인한 성격의 로렌은 까다롭고 변덕스러우며 격한 성격의 잡스를 부드럽게 토닥거리면서 결혼생활을 잘 이끌어 나갔다. 아마도 로렌의 성격이 안정적인 데다가 똑똑해서 잡스와 지적인 교류도 가능했기 때문일 것이다.

한편 1996년 적자에 허덕이며 새로운 운영체계를 원했던 애플이 넥스트사를 인수하는 과정에서 스티브 잡스는 13년 만에 다시 애플로 복귀하여 4억 달러의 흑자를 내는 데 공을 세웠다. 처음에 잡스는 애플에 돌아오고 싶지 않았다. 픽사에서 나오는 수입이 막대하기도 했

로렌과 잡스

고 애플에 대한 쓰라린 추억이 남아 있었기 때문이었다. 그러나 휘청거리는 애플로서는 잡스라는 구원투수가 절실한 상황이었다. 12년 만에 애플에 복귀한 잡스는 이전보다 퍽 달라졌다. 까칠하고 최고와 얼간이를 구분하여 차별하는 극단적인 사고방식은 여전했지만 과거처럼 이를 노골적으로 드러내지는 않았다. 고함을 치고 윽박지르던 독선적인 모습은 많이 사라졌다. 그만큼 애플에서 쫓겨난 지난 12년간의 낭인시절과 로렌과의 화목한 결혼생활이 그를 인간적으로 더욱 성숙하고 노련해지게 했다. 잡스도 나중에 애플에서 쫓겨난 경험은 매우 쓴 약이었지만 그에게는 보약과도 같았다고 회고했다. 애플에 복귀한 후 잡스의 일하는 방식은 달라졌다. 과거에는 프로젝트를 진행할 때 우주에 흔적을 남기겠다는 식으로 호언장담으로 기대를 부풀리게 했으나 이제는 하나하나 조용히 수행해 나갔다. 잡스는 과거의 실수를 통해서 성숙해진 것이다.

잡스가 애플에 복귀했을 때 이런 소감을 남겼다. "근본적으로 애플을 망쳐 놓은 것은 가치에 대한 생각이었습니다. 존 스컬리John Scully(잡스를 내쫓은 애플의 CEO)가 애플 직원들을 망쳐 놓았습니다. 또한 그는 고위 간부들에게 일련의 부패한 가치들을 심어 주었으며, 그것으로 그들을 타락시켰습니다. 애플이 가장 먼저 해야 할 일

잡스와 가족들

은 위대한 컴퓨터를 만드는 것임에도 불구하고 그들은 그것에 관해 아예 생각조차 하지 않았습니다. 그들은 위대한 컴퓨터를 만드는 방법을 알지 못했고 알려고 애쓰지도 않았습니다. 그건 그들이 신경을 쓸 바가 아니었기 때문입니다. 그들은 오로지 많은 돈을 버는 데에만 관심이 있었을 뿐입니다."

잡스가 애플의 CEO로 복귀한 2년 동안 애플은 사세가 급격히 신장했으며 픽사도 계속되는 대박으로 애니메이션 역사상 최고의 영화사로 자리 잡았다. 일단 한숨을 돌린 잡스는 새로이 떠오르는 인터넷과 접목한 새로운 제품개발에 눈을 돌렸다. 그 대상은 음악 분야였다. 아이튠즈iTunes[7] 개발에 이어 아이팟iPod이라는 MP3플레이어를 개발하여 세계적인 대박을 터뜨렸다. 그는 집요할 정도로 매끈한 미니멀리즘 디자인을 추구했다. 나사 하나 구멍 하나를 없애기 위해 팀원들과 침식을 잊을 정도로 몰두했다. 당시 잡스는 스탠포드 대학교 졸업식에서 축사를 하면서 이렇게 말했다. "다른 사람의 삶을 사느라 시간을 낭비하지 마세요. 타인의 의견을 좇느라고 여러분 내면의 목소리를 죽이지 마세요. 끊임없이 갈망하고, 우직하게 정진하세요."

그는 이제 사업가에서 세상을 바꾸는 혁신의 선도자로 사람들에게 각인되고 있었다. 무대에 올라와 청바지에 검은색 셔츠로 연설하는 잡스의 모습은 변화하는 세상을 선도하는 행사로 각인되었다. 동시에 사람들은 그가 소개하는 제품마다 열광했다. 2007년 맥월드Macworld에서 아이폰iPhone이 발표되면서 또 한 번 전 세계적인 폭풍을 몰고 오면서 통신업계 전반을 뒤집어놓았다. 그 문화적 파급효과란 말도 못했다. 또한 2010년 발표된 아이패드라는 태블릿 PC를 발표하면서 잡스가 주도하는 변화는 도대체 멈출 것 같지 않아 보였다. 그때 잡스는 애플 제품에 대해 이렇게 말했다. "직관적이고, 사용하기에 재미있으면서도 사용에 편한 제품을 만들기 위해 늘 우리는 과학기술과 인문학의 교차점에 있으려고 노력했습니다. 우리가 아이폰이나 아이패드 같은 창조적인 제품들을 만들 수 있었던 것은 이 두 가지 요소들을 결합했기 때문입니다." 이어서 이런 말도 남겼다. "애플의 DNA는 기술만으로 충분하지 않습니다. 인문학과 기술을 결합하고 소프트웨어와 하드웨어가 결합되어야만 최종적으로 심금을 울리는 결과물을 만들어낼 수 있습니다. 우리는 삭막한 IT 산업에 낭만과 꿈을 불어 넣었습니다."

그러나 잡스는 폭풍 같은 성공가도를 달렸으나 불행하게도 췌장암이 발병했다. 2004년 암 수술을 받고 2009년 간이식 치료를 받기도 했으나 2011년 10월 5일, 향년 56세로 눈을 감았다.

잡스의 죽음

2011년 10월 5일, 전 세계는 심한 허탈감에 사로잡혔다. 스티브 잡스가 오랫동안 앓던 췌장암으로 눈을 감았던 것이다. 잡스의 일생은 확실히 그 자신이 생전에 존경했던 위인들과 별반 다르지 않았다. 그의 우상이었던 밥 딜런Bob Dylan, 파블로 피카소Pablo Picasso, 알버트 아인슈타인Albert Einstein, 알프레드 히치콕Alfred Hitchcock과 유사한 마법사였

아이폰을 들고 있는 잡스

기 때문이다. 평범함을 깨부수고 주위의 흐름에 역행했던 잡스의 삶의 방식과 검은색 셔츠와 청바지를 걸친 그의 모습은 여전히 우리 마음속에 남아 있을 것이다. 잡스는 개인주의자이면서 비사교적이었지만 특이한 매력의 소유자이기도 했다.

사람들은 일반적인 비지니스 관행에 반기를 들고 개인적 신념과 예술적 취향을 고집하는 그를 사랑했다. 애플 초창기 함께 모험을 한 동료이자 컴퓨터 천재인 스티브 워즈니악과 애플의 중역 장 루이 가세Jean Louis Gassée의 공식 추도 메시지가 전파되었고 세계적으로 추모의 물결이 이어졌다. 버락 오바마Barack Obama를 필두로 세계 유수 국가들의 대통령과 과거 경쟁자였던 빌 게이츠Bill Gates뿐 아니라 스티븐 스필버그, 폴 매카트니Paul McCartney, 에바 롱고리아Eva Longoria 같은 유명 영화인과 음악가, 패션디자이너들이 잡스의 업적과 재능을 기렸다.

수많은 애플 마니아들은 뉴욕, 바르셀로나, 파리의 애플 스토어를 찾아가 잡스에게 작별의 메시지를 남기거나 사과나 꽃을 산더미처럼 쌓아 놓았다. 그들은 다정했던 친구의 마지막 가는 길을 위로하기 위해 찾아온 것이었다. 잡스의 죽음 이후에 그는 우리가 생각하는 것 이상으로 사람들과 훨씬 더 가까웠던 것 같다. 잡스는 생전에 그토록 아름

답고 성능이 뛰어난 제품들을 만들어 인간의 삶을 더욱 윤택하고 풍성하게 해주었다. 그리고 우리의 가슴속에 자신이 고집했던 미학과 철학을 심어주고 저 세상으로 떠났다.

"저의 가장 큰 관심사는 죽을 때 부자들의 묘지에 함께 묻히는 것이 아니라, 오늘 하루도 대단한 일을 했다고 제 자신을 다독이며 잠자리에 드는 일입니다."

TIP!

1. 아타리사

아타리Atari는 미국의 비디오 게임회사다. 1972년에 놀런 부슈널Nolan Bushnell이 창업했다. 세계 최초의 비디오 게임인 퐁을 만드는 것을 시작으로 비디오 게임회사로 발돋음하면서 유명해졌다. 아타리는 프랑스의 인포그램즈Infogrames사가 지적재산권과 회사를 사들이면서, 아타리 주식회사와 아타리 인터엑시티브Atari Interactive로 따로 설립하여 이어지고 있다.

명칭의 유래는 일본의 바둑 용어인 단수(아다리あたり)에서 따왔다.

2. 스티브 워즈니악

스티브 워즈니악이 자란 곳은 캘리포니아 남부 실리콘밸리의 한가운데 위치한 서니베일Sunnyvale이라는 곳이었다. 이 지역에는 많은 엔지니어들이 거주하는 곳으로, 어린 시절부터 자연스럽게 전자기술에 관심을 갖게 되었다. 고등학교 때부터 본격적으로 컴퓨터에 관심을 가지게 되었고 컴퓨터 전문가가 되겠다고 결심했다. 이때 워즈니악은 스티브 잡스를 처음 만나 평생 친구가 되었으며 애플사를 창립했다. 1982년 이후에는 애플을 떠나 자선가로 활동했다. 이후 2002년에 이동통신 벤처회사 '워즈'를 설립하여 새롭게 활동을 시작했고 애플의 상담역으로도 복귀했다.

3. 마이크 마쿨라

마이크 마쿨라가 잡스를 처음 만났을 때는 페어차일드와 인텔에 몸담았다가 이미 은퇴한 상태였다. 이후 마쿨라는 잡스에게 아버지 같은 존재가 되면서 잡스의 강한 고집을 포용해 주었다.

애플에서 20년 동안 그는 이사회에 계속 몸담으며 여러 명의 CEO를 맞이하고 내보냈다. 그는 잡스를 지지하기도 했지만, 85년에는 스컬리 편을 들며 잡스를 퇴출시켰다. 이번에는 애플에 복귀한 잡스가 마쿨라를 퇴출시켰다. 그는 가격, 전략, 유통, 마케팅, 회계 등 회사 경영 전반을 아우르는 뛰어난 능력을 갖춘 인물이었다.

4. 넥스트사

넥스트사는 1985년, 애플 컴퓨터에서 해고통지를 받은 스티브 잡스가 미국 캘리포니아주 레드우드 시티Redwood City에서 설립한 컴퓨터 회사였다. 이 회사는 3대의 워크스테이션(넥스트 컴퓨터NeXT Computer, 넥스트 큐브NeXTcube, 넥스트 스테이션NeXTstation)을 개발 및 판매하였다. 첫 작품인 '넥스트 컴퓨터'를 제외한 두 대의 워크스테이션은 운영체제로 Next Step을 개발해서 사용하였고, 훗날 윈도우 95에 대항하기 위해서 썬 마이크로시스템즈과 협력해서 OpenStep을 개발하였다.

1993년 하드웨어 부문을 청산하고, 넥스트 소프트웨어로 이름을 바꾸게 되었다. 1996년 애플 컴퓨터에 인수되었다.

5. 조지 루카스

캘리포니아주 모데스토Modesto에서 출생했다. 남캘리포니아 대학 영화과를 나와 1971년 프랜시스 코플러가 제작한 영화 〈THX 1138〉의 연출을 통하여 데뷔했고 1973년 〈아메리칸 그래피티〉로 이름을 알렸다. 이후 심혈을 기울여 내놓은 〈스타워즈Star Wars〉(1977)는 세계적으로 크게 히트하였고, 계속해서 〈스타워즈〉 시리즈, 스필버그 감독과 함께 한 〈인디애나 존스〉 시리즈 등을 제작하였다.

6. 픽사

픽사 애니메이션 스튜디오스Pixar Animation Studios 또는 간단히 픽사라고 불리는 미국 캘리포니아주 에머리빌Emeryville에 있는 컴퓨터 애니메이션 영화 스튜디오다. 컴퓨터 애니메이션뿐 아니라 최신 3차원 컴퓨터 그래픽스 기술을 개발하고 판매하고 있다.

픽사는 〈토이 스토리〉(1995)를 시작으로 모두 17편의 만화 영화를 제작했다. 1979년 루카스필름의 컴퓨터 사업부는 에드윈 캣멀Edwin Catmull을 고용하면서 그래픽 분야를 출범시켰다.

애플 컴퓨터에서 쫓겨난 CEO 스티브 잡스가 1986년 이 회사를 1,000만 달러에 사들였고, 이것이 픽사의 시작이었다. 현재 픽사는 디즈니의 자회사다.

7. 아이튠즈

음악, 사진, 동영상 파일을 아이팟에 전송하는 애플의 프로그램을 말한다. 아이튠즈는 음악, 동영상, TV프로그램 등을 손쉽게 재생하도록 지원한다. 또한 아이튠즈 안에 있는 앱에서 아이팟 또는 아이폰과 동기화해서 어디에 가더라도 음악 모음을 가지고 다닐 수 있다.

〈인터스텔라〉

우주의 탄생, 빅뱅 이론

I. 영화 〈인터스텔라〉

원제: Interstellar
감독: 크리스토퍼 놀란
제작: 린다 옵스트
각본: 조너선 놀란, 크리스토퍼 놀란
음악: 한스 짐머
출연: 매튜 매커너히, 앤 해서웨이, 마이클 케인, 맷 데이먼, 제시카 채스테인, 캐시 애플렉
제작 연도: 2014년
상영시간: 169분
제작비: 1억 6,500만 달러
수익: 6억 7,500만 달러

〈인터스텔라Interstellar〉란 뜻은 글자 그대로 '별과 별 사이' 혹은 '항성 간의'라는 의미일 것이다. 지난 2014년 개봉한 영화 〈인터스텔라〉는 우리나라에서 개봉한 천만 관객을 불러 모은 8대 외화(〈아바타Avatar〉, 〈겨울 왕국Frozen〉, 〈어벤져스-인피니티 워Avengers:Infinity War〉, 〈어벤져스-에이지 오브 울트론Avengers:Age of Ultron〉, 〈어벤져스 엔드게임Avengers:Endgame〉, 〈알라딘

Aladdin〉, 〈겨울 왕국 2Frozen 2〉) 중의 하나로 기록되고 있다.

블랙홀Black hole[1], 웜홀Worm hole[2], 시공간視空間 왜곡[3], 기조력起潮力[4], 사건지평event horizon[5] 등 무척이나 생소하고 어려운 우주 물리학 용어가 부지기수(?)로 등장하고 3시간이 넘는 대작임에도 불구하고 우리나라 관객들은 왜 이 영화에 이렇게 열광했을까? 〈인터스텔라〉의 이 같은 흥행 돌풍 요인에 대해 전문가들은 "교육과 오락이 결합된 '에듀테인먼트edutainment' 영화로서 지적 호기심을 이끌어 낸다는 점과 부성애와 가족애를 다루면서 시공을 초월하는 보편적인 공감을 이끌어냈다."고 보았다. 또한 〈다크나이트The Dark Knight〉 시리즈와 〈인셉션Inception〉 등의 작품을 통해 형성된 크리스토퍼 놀란Christopher Nolan 감독에 대한 신뢰도와 충성도로 개봉 전부터 SNS상에서 돌풍을 일으킨 점도 주효했다고 한다. 여기에 〈인터스텔라〉는 아이맥스IMAX로 봐야 한다는 분위기가 만들어지면서 개봉 수 주 전부터 아이맥스 명당자리의 표가 매진되기도 했다. 지금도 이 영화는 가끔 아이맥스 영화관에서 상영되곤 한다.

밀러 행성에서의 쿠퍼

〈인터스텔라〉는 영화제작자인 린다 옵스트Lynda Obst가 미국의 노벨 물리학상 수상자인 우주물리학자 킵 손Kip Thorne의 1988년 발표된 논문 「시공간의 웜홀과 항성 간 여행에서의 유용성Wormhole in space-time and their use for interstellar travel」을 바탕으로 서로 의견을 교환하면서 구체화되었다. 이 영화를 만들면서 킵 손 교수는 일일이 자문에 참가하기도 했다. 처음에는 스티븐 스필버그가 영화 제작에 흥미를 보였으나 스필버그의 드림웍스DreamWorks[6]가 파라마운트에서 디즈니로 옮겨가면서 〈인터스텔라〉는 새로운 감독이 필요하게 됐다. 〈인터스텔라〉는 파라마운트 픽처스사에서 제작되었다. 조너선은 자기 형인 크리스토퍼 놀란에게 시나리오를 보여줬고 관심을 보인 놀란은 〈인터스텔라〉에 여러 아이디어를 제시하면서 스필버그를 대신하여 메가폰을 잡게 되었다. 2013년에 개봉한 〈그래비티Gravity〉라는 대단한 우주과학 영화가 화제가 된 적이 있었다. 이 〈그래비티〉가 단지 지구 인근의 가까운 우주를 배경으로 한 협소한 영화였다면 2014년도에 제작된 크리스토퍼 놀란 감독의 〈인터스텔라〉는 훨씬 복잡하고 거대한 영화다.

〈인터스텔라〉는 아직까지 가설에 불과한 여러 가지 우주에 대한 신비로움을 갖가지 상상력을 발휘하여 만든 웅장한 작품이다. 이 영화는 완벽한 영화라고 할 수는 없겠지만 대단한 영화인 것은 틀림없을 것이다. 특히 블랙홀의 신비와 영화에서 구현하고 있는 5차원 세계는 기존의 〈스타워즈〉나 〈스타트렉Star Trek〉 등 만화 같은 우주영화들과 비교해보

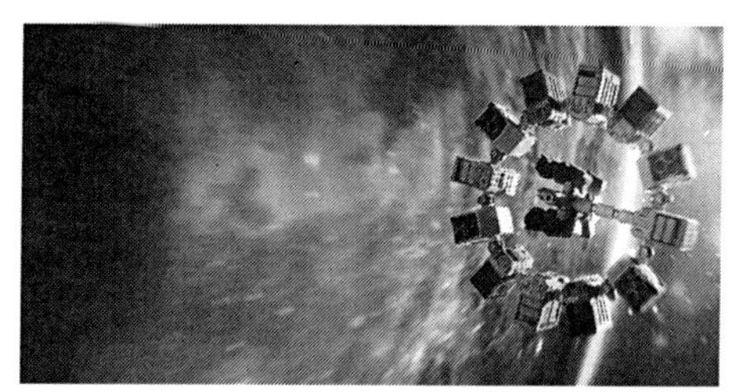
인듀어런스 호

면 과학적인 가설을 근거로 상상력을 얹어서 만들어낸 굉장히 그럴싸한 영화라는 세간의 평이 뒤따랐다. 또한 이 영화는 다분히 크리스토퍼 놀란 감독다운 영화라 할 수 있다. 상영시간이 길고 장황한 시나리오 등이 그렇다. 인간의 우주개발에 대한 영화로 스탠리 큐브릭Stanley Kubrick 감독의 〈2001 스페이스 오디세이2001: A Space Odyssey〉가 큰 도화지를 제공해 준 영화라면 〈인터스텔라〉는 그 위에 마음껏 그림을 그린 작품이라고 할 수 있다. 이 영화는 여러 면에서 아직 확인되지 않은 과학적 가설을 토대로 만들어졌지만 세계적인 우주 물리학자 킵 손의 철저한 자문을 받으면서 나름대로 과학적으로 많이 다듬어졌다는 평도 이어졌다.

맨 처음 이 영화의 아이디어를 구상하고 촬영하는 동안 과학 분야의 자문 역을 맡았던 킵 손 교수는 크리스토퍼 감독 및 여러 배우들과 많은 접촉을 가졌다. 킵 손 교수는 먼저 크리스토퍼 감독과 가장 많은 대화를 통해 처음부터 끝까지 진짜 과학이 녹아들어간 멋진 영화를 만들 수 있었다고 회고했다. 또한 남자 주인공 매커너히에게 과학 용어가 난무하는 이 영화를 이해시키기 위하여 흥미롭고 즐거운 대화를 가졌음을 토로했다. 그리고 여주인공 해서웨이와도 폭 넓은 대화를 가졌다고 한다. 해서웨이는 자신이 물리학광이라면서 시간과 중력은 어떤 관계인가, 왜 우리는 고차원 공간들이 있을 수 있다고 생각하는가, 등등의 놀라운 질문을 퍼부었다고 소감을 얘기했다.

Ⅱ. 우주의 탄생, 빅뱅 이론

우주가 어떻게 탄생했는지에 대해서는 여러 이론들이 있지만, 오늘날 대부분의 과학자들이 지지하는 이론이 바로 '우주 대폭발설'인 '빅뱅big bang 이론'이다. 이 이론에 의하면 138억 년 전, 극히 작은 원자 크기에 불과했던 태초의 우주가 매우 높은 온도와 밀도에서 대폭발을 일으켜 엄청나게 팽창해 현재에 이르게 되었다고 한다. 이 대폭발로 아주 작은 점 상태의 우주는 급속도로 팽창해 나갔고 시간과 공간, 에너지가 만들어진 것이다. 우리는 무엇이 이 빅뱅을 일으켰는지, 빅뱅 이전에 무엇이 존재하였는지, 아니 도대체 무엇인가 있기는 했는지조차도 모른다. 그러나 이 우주는 엄청나게 뜨거운 기체로 이루어진 거대한 바다로 태어나서, 마치 핵폭탄이 폭발할 때 생기는 불덩어리처럼 사방팔방으로 빠르게 팽창했다.

많은 과학자들은 우주가 지금도 팽창하고 있다고 말한다. 이 주장의 근거로 은하들끼리 서로 계속해서 멀어지고 있으며 그리고 멀리 떨어진 은하일수록 우리가 살고 있는 은하계로부터 빠른 속도로 멀어지고 있다는 사실 등이 이를 뒷받침하고 있다. 위와 같이 빅뱅 이후의 우주 나이가 138억 년이라는 것과 빅뱅에 의해서 탄생되었다는 이론은 아래에서 얘기하는 에드윈 허블Edwin Hubble[7]의 '우주팽창cosmic expansion 현상의 발견'과 '우주배경복사cosmic background radiation' 이론에 의하여 탄탄하게 뒷받침되고 있다.

1929년 에드윈 허블의 우주팽창 발견

우주팽창을 발견한 영웅은 미국의 괴짜 천문학자 에드윈 허블이었다. 그는 처음에는 옥스퍼드에서 법학을 전공했다가 천문학으로 전향했다. 운동에도 뛰어난 소질이 있던 그는 권투선수로 나섰어도 꽤 이름을 날렸을 것이다. 1차 대전 당시 유럽전투에 참전했던 그는 귀국해서 당시 세계 최대였던 캘리포니아주 윌슨산 천문대Mount Wilson Observatory에서 연구를 시작했다. 그는 그곳에서 우리은하인 은하수 외에도 이 우주에는 여러 운하가 있다는 것을 최초로 발견했다. 그리고 총 24개의 은하가 움직이는 속도를 측정했다. 그가 관찰한 이 24개의 은하들은 지구로부터 멀어져 가고 있었다. 지구의 인간들이 무슨 끔찍한 병균에 오염되기라도 한 듯이 모두 허겁지겁 도망가고 있었던 것이다. 그래서 어떤 우주천문학자는 지구가 인간들에 의해서 오염되는 바람에 모든 은하들이 도망가고 있다는 우스갯소리를 하기도 했다. 어쨌든 허블의 관측에 의하면 우주의 모든 은하들은 우리은하로부터 멀어져가고 있으며, 그 후퇴속도는 거리에 비례한다는 것이었다. 다시 말하면 먼 은하일수록 멀어지는 속도는 더 빠르다는 것이다. 거리와 후퇴속도와의 관계는 이른바 '허블의 법칙'으로 명명되었다. 이후 여러 천문학자들의 관측 결과 어마어마한

에드윈 허블

수의 은하가 발견되었으며, 이 은하들도 예외없이 서로가 멀어져 가고 있음이 발견되었다. 이는 '우주팽창 이론'으로 굳어지면서 과학사에서 최대의 발견 중 하나가 되었다.

한편 20세기 초에 이미 벨기에의 신부이기도 했던 조르주 르메트르 Georges Lemaître[8]가 이 우주팽창 이론을 예견한 바 있었다. 이처럼 우주의 모든 은하들이 우리로부터 멀어져 가고 있지만, 그렇다고 지구가 속해 있는 우리은하가 그 중심이라는 뜻은 아니다. 서로가 서로에게 멀어져 가고 있는 것이다. 예를 들면 밀가루 반죽에 건포도들을 여기 저기 박아 넣고 굽는다면 빵이 부풀어 오를 때 건포도들의 간격들 역시 벌어질 것이다. 이 건포도들을 각 은하라고 생각하면 될 것이다. 이와 같이 온 우주에 있는 은하들은 그 사이의 공간이 팽창함에 따라 기약 없이 서로에게 멀어져 가고 있는 중이다. 따라서 이 우주에는 중심도 없고 가장자리도 없다고 할 수 있다.

조지 가모프George Gamow[9]의 '빅뱅 이론'

이제 우리는 우주가 팽창함에 따라 모든 천체가 우리에게서 점점 멀어진다는 사실을 확신하게 되었다. 그러자 사람들은 당연히 이런 의문을 가졌다. "잠깐! 이렇게 별들이 점점 멀어지고 있다면, 뒤집어 생각하면 별들이 예전에는 서로 가까이 있었다는 얘기잖아. 그리고 시간을 더욱 거슬러 올라가면 맨 처음에는 별들이 모두 한곳에 뭉쳐 있었다는 얘기가 되는 것 아닌가?" 지금은 우주팽창 이론이 일반론으로 자

조지 가모프

리 잡아서 그리 놀랄 일이 아니지만 당시에는 놀라운 이론이었다. 이전에는 모든 사람들의 일반적 인식으로 우주가 고요하고 안정되며 불변한 상태인 이른바 '정상상태우주론'으로 굳어져 있었다. 하지만 사람들은 이제 허블의 발견 대로 우주는 팽창하고 있으므로 아득히 먼 옛날에는 별이 모두 한곳에 모여 있었어야 하지 않을까 하고 생각하기 시작했다.

1948년 이러한 생각을 정리하여 우주 급팽창 이론을 정리한 학자가 바로 러시아 출생의 미국 물리학자인 조지 가모프였다. 이 이론은 매우 충격적이어서 당시 학자들이 꽤나 설왕설래했다. 이 학자들 중 반대 측에 선 사람들이 있었는데, 아인슈타인도 그중 한 사람이었다. 아인슈타인은 우주는 태초부터 지금까지 불변상태로 지속되어 왔다는 '정상상태우주론'을 신봉하고 있었다. 한편 '빅뱅Big Bang'이란 말은 가모프의 우주급팽창 이론을 삐딱하게 생각했던 캠브리지 대학의 물리학자 프레드 호일Fred Hoyle에 의해서 기원했다. 그는 BBC 라디오에서 강연할 때 "그래, 이 우주가 어느 날 갑자기 '쾅bang'하고 대폭발을 하고 생겨났단 말이구먼."하며 가모프의 이론을 비양거렸다. 이때 했던 '쾅'이라는 말에서 빅뱅이라는 말이 생겨났다.

이때부터 가모프가 주장한 '급팽창 우주론'은 빅뱅이론이라고 불렸고, 가모프 역시 자신이 처음 얘기한 '원시 불덩이primeval fire ball'란 말 대신 빅뱅이라는 말을 사용하기 시작했다. 우주는 광활하고 별은 셀 수 없이 많다. 그 별들이 한곳에 모였다면 어떻게 됐을까? 분명 그곳은 어마어마하게 뜨거웠을 것이다. 사람들이 꽉 찬 만원 지하철이 더워지듯이 많은 에너지가 좁은 곳에 모이면 온도가 높아진다. 그런데 온 우주의 에너지가 모였으니 상상을 불허하는 엄청난 온도일 것이다. 초고온 상태의 이 어마어마한 불덩어리가 어떤 원인인지는 몰라도 쾅 터져(Big Bang) 나갔다. 그리고 그때 엄청난 빛이 사방팔방으로 퍼져 나갔을 것이다. 그래서 가모프는 그때 그 빅뱅이 남긴 빛의 잔해가 이 우주공간을 떠돌아다닐 것으로 예측했고 이후 많은 과학자들이 이 빛의 화석을 찾기 위해 부단히 애를 썼다. 그러면 과연 우주에서 가장 오래된(138억 년 전) 이 빛의 화석은 어떻게 발견되었을까?

빅뱅의 화석, 우주배경복사宇宙背景輻射의 발견

이런 팽창 우주의 결정적인 증거는 그로부터 30여 년 후에 발견되었다. 1964년 미국 벨 연구소의 아노 펜지어스Arno Penzias와 로버트 윌슨Robert Wilson 두 연구원이 이 빅뱅의 잔해를 우연히 발견한 것이다. 이들은 원래 위성과의 통신을 위해 전파 안테나를 손보고 있던 중이었다. 그런데 이들은 끊임없이 사라지지 않는 잡음 때문에 골머리를 앓았다. 이들은 안테나의 잡음을 잡기 위해 비둘기 똥까지 치웠다. 그러다가 우연히 이 빅뱅의 잔해를 발견한 것이다. 이 발견으로 노벨 물리학

펜지어스(왼편)와 윌슨

상까지 받았다. 그래서 사람들은 비둘기 똥을 치우다가 금덩어리를 주운 셈이라고 부러워했다. 잡음은 보통 오는 방향에 따라 들린다. 라디오도 전파가 더 잘 들어오는 방향이 있는데, 펜지어스와 윌슨이 전파 망원경을 통해 잡은 잡음은 신기하게도 모든 방향에서 균일하게 들어왔다. 과학적 상식으로는 불가능한 일이었다. 광원(전파원)이 있는 방향에서 오는 전파가 더 강한데, 모든 방향에서 전파가 들어오다니! 이것은 우주 전체가 광원이라는 사실을 의미하는 것이었다.

이것이 바로 우주를 돌아다니기 시작한 빛, 우주 모든 곳에서 발생하여 전 방향으로 퍼져 나간 파장인 것이다. 우주가 팽창함과 동시에 빛의 파장이 점점 커지면서 전파 상태가 된 것이다. 펜지어스와 윌슨은 처음에 이렇게 잡힌 전파가 빅뱅의 잔해임을 전혀 눈치 채지 못했다. 그런데 벨 연구소에서 얼마 떨어지지 않은 곳에 있는 프린스턴 대학교수인 로버트 디키Robert Dicke가 이 소식을 듣고 “가모프란 사람이 빅뱅 이론을 만들었다고 하더라.”라고 알려 주었다. 그래서 1964년 두 사람은 가모프가 말했던 전파를 실제로 포착한 것 같다는 내용의 논문을 썼다. 한 페이지 반 정도 되는 아주 짧은 분량이었다. 그 논문으로 두 사람은 1978년에 노벨 물리학상을 받았다. 어쨌든 펜지어스와 윌슨이 발견한 빅뱅의 화석인 우주배경복사는 '정상상태우주론(우주는 태초에도 그랬고 지금도 균일하다는 이론)'의 도전을 물리치고 급팽창 우주론인 빅뱅 모델에게 승리를 안겨주는 데 결정적인 역할을 했다. 이로써 인류는 비로소 만물은 태초의 한 원시 원자에서 출발했다는 답을 갖게 되었다.

우리는 이 빅뱅의 화석인 전파를 직접 눈으로 볼 수도 있다. 구형 TV에서 화면을 켜면 '지지직'하며 가로로 주사선들이 보이는데 이 중 일부가 바로 138억 년 전 빅뱅에 의해 퍼진 전파의 일종이다. 초기의 빛이 오랜 세월이 흐르면서 전파로 바뀌었다. 우주가 탄생할 때 발생한 그 열기가 식어서 3K도의 전파가 되어 138억 년의 시공간을 넘어 지금 우리 눈의 시신경에 잡히고 있는 것이다.

인류 최초로 블랙홀 촬영

인류는 드디어 2019년 4월 10일, EHT에 의해서 블랙홀 촬영에 성공했다. 아인슈타인이 상대성이론을 통해 빛도 강한 중력에 빨려 들어갈 수 있다고 예상했던 블랙홀의 실체가 실제로 증명된 것이다. 'EHTEvent Horizon Telescope'는 블랙홀 촬영을 위하여 설치된 국제공동연구 프로젝트를 말한다. EHT는 전 세계에 산재한 8대의 전파 망원경이 연결된 전 지구적인 일종의 거대한 망원경 네트워크다. 약 200명의 우주 물리학자들이 동원되었으며 우리나라에서도 8명의 과학자들이 참여했다. 이 블랙홀은 지구로부터 5억 광년 떨어져 있으며 무게는 태양 질량의 65억 배에 달한다. 또한 직경은 약 400억 킬로미터의 거대 블랙홀로 알려져 있다. EHT는 같은 시각 서로 다른 망원경으로 들어온 블랙홀의 전파신호를 컴퓨터로 통합 분석하고 이 신호를 역추적해 블랙홀의 모습을 영상으로 담은 것이다.

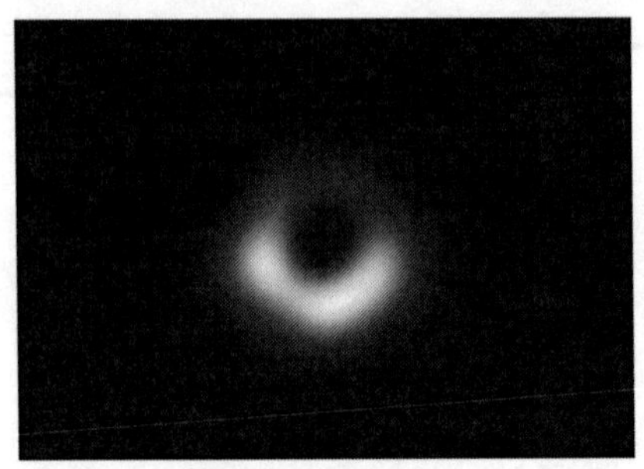
최초로 촬영된 블랙홀 모습

TIP!

1. 블랙홀

블랙홀은 말 그대로 어마어마한 크기의 중력에 의해 빛조차도 빠져 나올 수 없어서 '시커멓게 보이는 천체'를 말한다. 말 그대로 '검은 구멍black hole'인 것이다. 블랙홀은 태양보다 질량이, 수십 배에서 수천 배 무거운 별(항성)이 내부폭발을 멈추고 수축하면서 생기는 현상이다. 이렇게 되면 질량밀도가 극도로 높아지면서 중력이 어마어마하게 강해져서 시공간을 파괴하는 상태가 된다.

2. 웜홀

영화에서 남녀 주인공 쿠퍼, 아멜리아와 우주 비행사 몇 명이 우주 탐사를 갈 때 토성 근처의 웜홀을 통하여 다른 은하계로 이동한다. 웜홀은 우주공간 사이의 구멍이라고 생각하면 된다. 웜홀의 구멍으로 들어가면 빠르게 이동할 수 있다. 예를 들어 설명하면 사과 표면에 있는 벌레 한 마리가 사과의 정 반대편으로 가려면 가장 빠른 이동 방법은 표면으로 기어가기 보다는 바로 사과에 구멍을 파서 사과의 중심으로 뚫고 지나가는 방법이다. 이때 사과에는 중심을 관통하는 벌레 구멍이 생기는데 이 구멍을 웜홀worm hole이라고 한다. 만일 어느 블랙홀이 다른 우주에 있는 블랙홀과 이어질 수만 있다면 영화에서처럼 우주여행을 하는 데 지름길(웜홀)이 될 것이다.

3. 시공간 왜곡

아인슈타인의 일반상대성 이론이 전통적으로 내려오던 뉴턴의 중력 이론과 가장 크게 다른 점은, 질량이 시공간을 휘게 만들어 중력장이 형성된다고 보는 시각이다. 뉴턴의 중력

이론에서는 물체가 중력에 이끌려서 천체를 향해 떨어진다고 해석했다. 일반상대성 이론에서는 물체가 천체의 중력이 휘어 놓은 시공간 안에서 운동한 결과로 떨어진다고 풀이한다. 일반상대성 이론은 중력을 휘어진 시공간으로 설명한다. 질량이 큰 물체가 시공간을 휘게 만들어 중력이 생긴다는 것이다.

4. 기조력

기조력은 조석(해수면이 오르내리는 현상)의 간만의 차이를 일으키는 힘으로 달의 인력, 태양의 인력, 원심력이 합해진 것을 말한다. 태양에 의한 기조력은 달에 의한 기조력의 약 45%다. 지구에서는 지구의 자전에 의해 하루에 두 번 정도의 밀물과 썰물 현상이 나타난다.

5. 사건 지평

블랙홀에서 볼 수 있는 특별한 경계 구역을 지칭하는 말이다. 물질과 빛을 포함한 그 어떤 것도 사건의 지평선에서 나오지 못하기 때문에 관측 정보를 일체 얻을 수 없다. 따라서 사건의 지평선 너머의 일은 아직 알 수 없다. 예를 들어 어떤 물체가 블랙홀로 떨어진다고 가정한다면, 물체가 사건의 지평선에 무한히 가까워지는 것을 볼 수 있을 뿐 사건의 지평선을 넘는 모습을 절대로 볼 수 없다.

6. 드림웍스

드림웍스는 스티븐 스필버그와 제프리 카젠버그Jeffrey Katzenberg, 데이비드 게펜David Geffen이 1994년 공동 설립한 회사다. 드림웍스가 2001년에 만든 〈슈렉Shrek〉은 2002년 아카데미 시상식에서 디즈니를 제치고 애니메이션 부문 작품상을 받았다. 그 외에 제작한 영화로는 〈이집트 왕자The Prince Of Egypt〉, 〈마다가스카르Madagascar〉, 〈쿵푸팬더Kung Fu Panda〉 등의 애니메이션을 비롯하여 〈딥 임팩트Deep Impact〉(1998), 〈라이언 일병 구하기 Saving Private Ryan〉, 〈헌팅Hunting〉, 〈갤럭시 퀘스트Galaxy Quest〉, 〈아메리칸 뷰티American Beauty〉, 〈A.I〉, 〈터미널The Terminal〉 등이 있다.

7. 에드윈 허블

미주리 주 마시필드Marshfield에서 출생했다. 1910년 시카고대학교 법학과를 졸업하고 변호사로 일하였으나 천문학에 흥미를 느껴 1914년부터 여키스Yerkes 천문대에서 천체 관측에 몰두하였고, 제1차 세계대전 후에는 윌슨산 천문대의 연구원이 되었다. 1925년 우리은하(은하수) 밖의 은하들에 대한 연구를 시작하면서 '허블의 법칙'을 발견하여 우주팽창설을 제기했다.

8. 조르주 르메트르

조르주 르메트르는 벨기에의 로마 가톨릭교회 신부이자 천문학자였다. 에드윈 허블 이전에 우주의 팽창과 대폭발 이론을 발표하였다. 르메트르는 우주 전체가 '태초의 원자primordial atom'로부터 시작되었다고 추측하였다. 아인슈타인도 이 논문을 읽었으나 우주가 팽창한다는 사실을 인정하지 않았다. 그는 1966년 6월 20일에 사망하였다. 이는 대폭발 이론의 결정적인 증거인 우주 마이크로파 배경이 발견되고 며칠 뒤였다.

9. 조지 가모프

조지 가모프는 러시아 출신의 미국 우주물리학자다. 그는 우주팽창론을 발전시켜 우주가 수십억 년 전에 한 점에서 폭발하여 팽창하기 시작했다는 대폭발 이론을 주장했다. 대폭발 이론의 근거로 우주 마이크로파 배경의 존재를 예견했다. 그는 DNA 구조를 밝히는 데 큰 공헌을 하기도 했다. 이와 같이 그는 과학분야 전반에 걸쳐 두루 해박한 지식을 가지고 있기도 했다.

〈패튼 대전차 군단〉

전쟁의 달인이자 트러블 메이커 패튼

I. 영화 〈패튼 대전차 군단〉

원제: Patton
감독: 프랭클린 J. 샤프너
원작: 라디슬라스 파라고
각본: 프랜시스 포드 코폴라, 에드먼드 노스
음악: 제리 골드스미스
출연: 조지 C. 스콧, 칼 말덴, 스티븐 영, 마이클 스트롱, 캐리 로핀, 알버트 더모티어
제작 연도: 1970년
상영시간: 171분
제작비: 1,200만 달러
수익: 1억 2,300만 달러

승부욕이 강하고 괴팍한 성격의 장군 패튼, 그는 전투에 승리하기 위하여 상부의 명령을 거부하기도 하고 심지어 병사를 때리는 사건까지 저지르기도 했다. 그러나 투철한 군인정신과 강인한 무인 기질로 2차 세계대전을 승리로 이끄는 데 혁혁한 공헌을 세웠다는 점은 결코 무시할 수 없는 사실이다. 이런 저런 호오가 극심하게 갈리는 그를 재평가

하는 데 영화 〈패튼 대전차 군단〉이 크게 일조했다는 평이 있다. 영화는 현대의 인물이었지만 머릿속은 온통 스스로가 로마시대의 장군이나 중세시대의 기사였다고 철두철미 믿는 어처구니없는 시대 착오자, 한편으로는 탁월한 지휘관이기도 했던 조지 패튼의 파란만장했던 후반기 삶을 그리고 있다.

전쟁이야말로 그에게 있어서 삶의 전부였다. 전쟁터에서 죽어가는 병사들의 죽음도 눈 하나 깜박하지 않고 보면서 차라리 짜릿함을 느끼는 전쟁광 패튼, 그는 2차 세계대전의 여러 번의 큰 전투를 승리로 이끌어 가며 찬사를 받았지만 거침없는 입담과 직선적인 성격으로 수차례 구설수에 오르기도 했던 인물이었다.

조지 패튼의 삶이 여러 번 영화화될 뻔했지만 이런 이유 때문인지 부인의 반대로 좌절되곤 했다. 병사 구타 사건 등의 불미스러운 사건이 조명될 수도 있고, 마치 그가 전쟁에 미친 사람으로 그려지지 않을까 하는 두려움 때문이었다고 한다. 결국 부인이 타계한 후 겨우 만들어진 영화 〈패튼 대전차 군단〉은 이런 우려를 극복하고 주연 배우 조지 스콧George Scott의 신들린 연기를 통하여 걸작으로 탄생했다. 영화는 잘 알려진 패튼의 에피소드들을 실감나게 그려내고 있으며 드넓은 대지와 눈밭에서 펼쳐지는 전차들의 장엄한 전투 장면을 삽입했다. 가까이서 봤을 땐 참혹하지만 멀리서 봤을 땐 비장미가 흐르는 전투를 군더더기 없이 깔끔하게 묘사했다.

또한 독일의 롬멜, 영국의 몽고메리를 비롯한 2차 세계대전 영웅들의 등장으로 다큐멘터리적인 리얼함을 살리는 데도 성공했다. 이는 라디슬라스 파라고Ladislas Faragó의 패튼 전기와 오마 브래들리Omar Bradley[1] 장군의 회고록을 기초로, 〈대부〉 시리즈와 〈지옥의 묵시록〉을 감독한 프란시스 포드 코폴라Francis Ford Coppola와 에드먼드 H. 노스Edmund H. North의 탁월한 각본이 뒷받침되었기에 가능한 일이었다. 영화는 주로 스페인에서 현지 군의 지원을 받으면서 촬영되었다. 고대 카르타고Carthago의 도시로 등장하는 장면은 모로코의 고대 로마 도시인 볼루빌리스Volubilis가 촬영지이며, 모로코의 군대와 국왕의 환영장면은 라바트Rabat의 왕궁에서 촬영되었다.

메시나를 점령하고 몽고메리를 맞고 있는 패튼

아카데미 시상식에서 작품상 등 10개 부문에 노미네이트되었고 남우주연상, 감독상, 작품상, 각본상, 편집상, 음향상, 미술상 등 7개 부문에 걸쳐 수상하였다. 그러나 남우주연상을 수상한 스콧은 "할리우드 영화계의 상층부와 트로피를 가슴에 끌어안고 질질 짜는 배우들이 꼴보기 싫다."라며 수상을 거부했다. 참고로 그 상은 현재 패튼 장군 기념관에 보존되어 있다. 그는 이전에 〈허슬러The Hustler〉로 후보 지명이 되었을 때

유럽전선에서 브래들리와 얘기를 나누고 있는 패튼

도 이를 거부한 이력이 있다. 스콧은 아카데미상 수상을 거부한 최초의 배우였으며, 나중에 말론 브랜도Marlon Brando도 그의 뒤를 이어 〈대부〉(1972)로 남우주연상 수상자로 결정되었을 때 수상을 거부한 적이 있다.

TV 연출가 출신인 프랭클린 샤프너Franklin Schaffner 감독은 이 영화로 아카데미 감독상을 수상했다. 그는 1967년 율 브리너Yul Brynner 주연의 〈더블맨The Double Man〉으로 47세에 늦깎이로 영화감독으로 데뷔했다. 이 영화를 찍은 직후 〈혹성탈출Planet of the Apes〉, 〈패튼 대전차군단〉, 〈빠삐용Papillon〉 등의 명작을 남기며 짧고 굵은 전성기를 누렸다. 패튼의 유족들은 이 영화에 대해 이렇다 할 언급을 하지 않았으나, 패튼의 손자는 "이 영화를 통해서 할아버지를 알게 되었다."라고 하고, 외손자는 "내가 어릴 적 뵈었던 외조부의 모습과 똑같다."라고 말했다.

Ⅱ. 전쟁의 달인이자 트러블 메이커, 패튼

조지 패튼은 1885년 미국 캘리포니아주 레이크 비니어드Lake Vineyard에서 태어났다. 스코틀랜드에서 이주해 온 그의 가문은 대대로 무인武人 집안이었고 그의 탄생을 누구보다도 기뻐했던 할아버지 스미스 패튼Smith Patton은 남북 전쟁 당시 남군 기병대의 대령으로 활약한 인물이었다. 따라서 그는 태어나는 순간부터 할아버지의 옛 부하인 퇴역 기병장교들 사이에서 성장했고, 또한 남부의 전설적인 장군이었던 로버트 리Robert Lee나 스톤월 잭슨Stonewall Jackson의 무용담을 들으며 자랐다. 그래서 남들이 사관학교에 들어가서야 배우게 되는 동서양의 전쟁사를 들으면서 일찌감치 무인의 길로 나갈 수 있는 토대를 마련했다. 아울러 어린 시절, 가족 소유의 방대한 목장에서 자라면서 노처녀 고모가 읽어주는 『아이반호』, 『모히칸족의 최후』, 『로빈슨 크루소』, 『삼총사』 등의 모험소설을 들으면서 호연지기를 키웠다. 그는 전 미군 내에서 쌍욕의 대가로 소문났었는데 이 쌍욕들은 당시 목장의 카우보이들한테 주워들었다고 한다.

잘 나가던 사업가였던 그의 아버지는 패튼을 틀에 박힌 학교 교육이 아닌 상류사회의 우아한 교양과 품위를 먼저 체득하게 했다. 비록 욕을 입에 달고 살았지만 어린 시절 교육을 통하여 체득한 교양과 지성은 훗날 연합군 수뇌들이 그가 유럽의 진짜 귀족보다 더 귀족적인 인물이라고 수군거리기도 했다. 유복한 집안에서 평생 군인을 꿈꾸며 자란 그는 바라고 바라던 육사에 입학 했다. 1학년 시절 수학에서 낙제를 하는 바람에 1년 유급을 하는 등의 시련도 있었다. 그러나 만능 스포츠맨인 그는 여러 분야에서 두각을 나타내면서 난관을 이기고 졸업하는 해에는 생도대장을 맡기도 했다. 소위 임관 직후 터진 미-멕시코

전쟁을 끔찍이 좋아했던 패튼

전쟁에서 토벌군 사령관 조지프 퍼싱Joseph Pershing[2]의 부관으로 참전했다. 반란군 지휘소를 기습하여 두목 하나를 권총으로 사살한 뒤 자동차 본네트 위에 떡 얹어서 복귀하는 기행을 벌여 일약 유명해졌다. 1차 세계대전에 참전한 그는 전쟁 막판에 큰 부상을 입었으나 다행히 회복한다. 그는 이 전쟁에서 미래에는 말(馬) 대신 전차가 기동전의 주력이 될 것이라는 중요한 교훈을 얻었다.

1차 세계대전이 끝난 후 그를 총애하던 퍼싱 장군(홀애비 퍼싱은 패튼의 누이동생 니타Nita와 몹시 결혼하고 싶어 했으나 실패했다)이 퇴역한 뒤 2차 세계대전이 일어나기 전까지 패튼은 군대 내에서는 버린 자식 취급을 받았다. 불같은 성격에 안하무인격인 태도는 주변사람들과의 마찰을 빚곤 했다. 거기에 여러 차례 음주사고에다가 불륜 소동을 일으키는 등 군부 수뇌부들의 골치깨나 썩였다. 사생활에 있어서도 승마나 요트를 즐길 정도로 귀족 취향이었는데, 모두들 생활이 어렵던 대공황 시기에도 여전히 이런 고급 취미생활을 지속했다. 그쯤 되자 상관이든 동료든 부하든 누구나 그에 대한 시선이 고울 리가 없었다. 전투복 하의 대신에 쭉 빠진 승마복 바지를 입고, 손에는 승마용 채찍을 들고 꺼떡거리고 다녔으니 구설수에 오를 만도 했다.

이런 패튼이 진면모를 보이기 시작한 것은2차 세계대전이 발발한 이후 제2군단장으로서 북아프리카 전선에 모습을 나타내면서부터였다. 그 이후 시칠리아 전투와 제3군사령관으로서 유럽 본토 전선에서의 활약은 그를 단숨에 미국의 영웅으로 부상시키기에 이르렀다. 그는 미국이 참전하게 되자 2기갑사단장으로 북아프리카 전선으로 향한다. 카세린 협로 전투에서 미군이 독일군에게 굴욕적인 대패를 당해 안팎으로 조롱을 받게 되자 미군 지휘부는 싸움꾼인 그를 중장으로 진급시켜 2군단의 지휘를 맡겼다. 패튼은 "이제부터 누구든 각반, 철모, 타이가 없거나, 군화가 광나지 않고 복장을 단속하지 않는 놈이 보이면, 가죽을 벗겨버리겠다."라고 엄포를 놓으면서 이 오합지졸들을 닦달하며 군기를 바짝 세우고 카세린의 치욕에서 벗어나게 했다. 이후 그는 부하들을 그야말로 머리끝부터 발끝까지 완전히 탈바꿈시키면서 독일의 아프리카 군단에 대한 반격에서 주목할 만한 성과들을 거두었다. 그러나 그는 그토록 몽매에도 원하던 롬멜과의 1:1 대결이 무산된 것을 아쉬워했다.

그는 시칠리아 전투 당시 혁혁한 공을 세웠지만 치명적인 실수를 하는 바람에 군복을 벗게 될 위기에까지 몰린 적이 있었다. 그는 항상 최전방 시찰에서 돌아오는 길에 야전병원에 들러 부상당한 병사들을 위로하곤 하였다. 시칠리아 전투가 한창이던 1943년 8월 3일, 제15후송병원을 방문하여 부상병들의 침대를 일일이 돌던 패튼의 눈에 붕대도 감지 않았고 수술 자국도 없는 멀쩡한 몰골의 병사가 침상에

앙숙인 몽고메리와 악수하는 패튼

버젓이 누워있는 것을 보았다. 부상당해 누워있는 병사들을 위로하며 걸어오던 패튼은 그 병사에게 어디가 아프냐고 물었다. 문제의 찰스 쿨Charles Kuhl 이등병은 패튼에게 전쟁공포증을 호소하며 "전장에 있으면 도저히 견디지 못할 것 같습니다."라고 무기력하게 대답했다. 순간적으로 열받은 패튼은 "뭐 어쩌구 어째?" 하면서 즉각 장갑 낀 손으로 그의 빰을 후려갈긴 다음에 그를 겁쟁이 새끼라고 욕하면서 발로 엉덩이를 차서 병동 밖으로 쫓아냈다. 다행히 이 사건은 언론에 새어나가지 않았다.

그러나 두 번째 사건은 결국 기자들에게 포착되었다. 일주일 후 8월 10일, 제93후송병원을 방문한 패튼은 항상 하던 대로 침대를 돌면서 환자들과 이것저것을 묻고 있었다. 네 번째로 부닥친 폴 베넷Paul Bennett 이라는 이병이 말짱한 채로 앉아 있는 것을 보고 어디가 아프냐고 불쾌한 표정으로 물었다. 베넷은 "저는 신경과민증에 걸려 있습니다." 라고 답했다. 그 말이 끝나자마자 "뭐라구 어째?" 하면서 패튼은 베넷에게 권총을 들이대고 이런 겁쟁이는 당장 쏘아 죽여야 한다고 소리를 질렀다. 그리고 베넷의 얼굴을 후려 갈겼다. 그리고 옆에 있던 군의관에게 "저놈을 당장 끄집어 내. 다른 용감한 젊은이들하고 같이 있게 할 수는 없어!"라고 버럭 소리를 질렀다. 그러고는 병동을 나가려다가 베넷이 침대에 앉아 훌쩍거리는 모습이 또 눈에 들어왔다. 그는 베넷에게 한달음에 쫓아가 철모가 벗겨질 정도로 세게 후려쳤다. 이때 다른 막사에 있던 간호병들과 연락병들도 우당탕탕하는 소리에 쫓아와서 이 광경을 보게 되었다.

이 소식은 종군 기자들을 통하여 미국 전역에 알려지게 되었다. 거기에다가 이전의 폭행사건도 합쳐져서 모두 까발려져 버렸다. 당연히 미국 내 여론은 급속도로 악화되었고, 그를 퇴역시키라는 압력이 쏟아져 들어오기 시작했다. 미국의 매스컴들이 연일 떠들어대면서 그의 군인 인생은 거의 끝나가는 것처럼 보였다. 이렇게 되자 상관인 아이젠하워도 이제는 육사 선배이자 혁혁한 승리를 거두고 있는 패튼을 마냥 감싸 돌고 있을 수만은 없었다. 그는 패튼에게 두 병사에게 직접 사과할 것을 명령했다. 패튼은 문제의 병사들은 물론, 임시병원의 의료진 전원을 포함한 사단 병력 전체가 모인 연병장에 나가서 사과해야 했다. 그는 이 자리에서 장병들에게 실컷 승리의 치하를 한 다음에 연설 끄트머리에 살짝 사과하는 시늉만 했지만 그래도 죽을 맛이었다. 한편 적장의 일거수일투족을 계속 주시하던 독일군 수뇌부에서는 패튼이 이와 같은 일 때문에 코너에 몰리고 있는 것이 도저히 이해가 안 되었다. 별 셋의 장군이 일개 병사의 따귀를 갈긴 게 뭐가 그렇게 난리 칠 일이냐는 것이었다. 그들은 민주주의 나라인 미국인들의 정서를 모르고 있었다.

시칠리아 전투가 끝난 후 아이젠하워는 패튼의 옷을 벗기는 대신 직책을 주지 않고 그를 독일군을 기만하는 데 써먹는다. 즉 그를 이름뿐인 제3군 사령관으로 임명하면서 영국에서 여기저기를 어슬렁거리게 하였다. 마치 대륙침공의 선봉부대 사령관인양 독일군을 기만했는데 여기에 독일군은 이 기만책에 완전히 속아 넘어가 버렸다. 연합군의 노르망디 상륙이 성공적으로 끝난 이후에도 독일군은 패튼이 이끄는 미 제3군이 도버 해협Strait of Dover을 건너 칼레Calais 근처로 반드시 상륙할 것이라고 철석같이 믿고 있었던 것이다.

전설을 남긴 유럽 전선

1944년 6월 6일의 노르망디 상륙작전은 성공적으로 끝났으나 그 이후 독일군의 격렬한 저항으로 연합군은 간신히 두 달에 걸친 격전 후에야 본격적으로 프랑스 깊숙이 진격할 차비를 하고 있었다. 이때 패튼이 이끄는 가짜가 아닌 진짜 제3군이 전설적인 위력을 발휘하기 시작하였다. 유럽 땅에 상륙한 후 연합군 주력의 남쪽을 담당한 패튼의 제3군은 그야말로 질풍노도처럼 독일군을 유린하고 독일국경을 향하여 전광석화처럼 달리기 시작했다. 전차부대가 너무 적진 깊숙이 달려감에 따라 보급선이 길게 연장되면서 측면의 위협이 걱정된 부하들이 구시렁대면 패튼의 대답은 한결같았다. "측면? 측면 같은 소리하고 있네. 그건 빌어먹을 개자식들이나 하는 소리야. 귀관

패튼과 휘하 장군들, 오른편은 한국 전쟁에서 낙동강 전선을 사수한 워커장군

들은 기름이 떨어질 때까지 무조건 앞만 보고 달려가기만 하면 돼." 패튼의 머릿속에는 오로지 전진밖에 없었다. 그는 부하들에게 쉴 새 없이 신속하고도 무자비하게 진격할 것을 주문했다. 물론 그 자신도 선두에서 그들과 함께 했지만 말이다. 그러나 패튼은 무조건 "전진!"만 외치는 무데뽀는 아니었다. 그는 매일매일 울트라 암호 해독반에서 보내오는 정보에 입각해서 철저한 계획을 세웠고 또한 공군의 적절한 지원도 항상 준비해 두고 있었다.

질풍노도와 같이 치고 나가는 패튼과 제3군의 활약상은 전 연합군의 사기를 드높였다. 지난 몇 달간에 걸쳐 겨우 수 킬로미터를 간신히 돌파하는 지긋지긋한 전투를 겪었던 연합군 병사들에게는 하루에도 수십 킬로를 진격하는 패튼의 전차대는 그야말로 지켜보는 것만으로도 신바람이 나는 일이었다. 전쟁이 신바람 나는 축제나 흥미진진한 스포츠처럼 변해버렸다. 병사들 사이에 승리의 분위기가 퍼지고 이제 곧 이 지겨운 전쟁도 끝나 고향으로 곧 돌아갈 수 있을 것이라는 낙관적인 생각을 불러일으켰다. 바로 얼마 전까지만 해도 노르망디 반도 한 구석에서 며칠씩이나 틀어박혀서 악전고투를 했던 것을 생각하면 모두들 어떤 게 진짜 전쟁의 모습인지 도무지 어리둥절할 뿐이었다. 아래

유럽전선에서 패튼

는 패튼의 제3군이 유럽대륙으로 진공하기 전날, 패튼이 연병장의 병사들 앞에서 한 연설의 일부분이다. 그의 성격과 스타일이 잘 나타나 있다.

"제군들! 자고로 어떤 자식이든 간에 전쟁에서 조국을 위해 죽은 놈은 없다. 누가 조국을 위해 죽었겠는가? 조국을 위해 죽겠다는 새끼 치고 전쟁에서 승리한 놈 없다는 걸 명심하기 바란다. 전쟁에서 이기려면 그 멍청한 상대 놈이 그 놈 조국을 위해 죽게 해야 한다. 그리고 미국이 싸우고 싶지 않은데 할 수 없이 싸운다는 말도 순전히 개소리다. 미국인들은 전통적으로 싸움질을 좋아한다. 싸움의 열기를 사랑하는 것이다. 제군들은 어렸을 때 구슬놀이 승자, 가장 빠른 육상 선수, 유명한 야구 선수, 그리고 강인한 권투 선수들을 우러러 보았을 것이다. 미국인들은 승자를 좋아하고 패자를 받아들이지 못한다. 지고도 웃는 놈은 형편없이 웃기는 자식이다. 그래서 미국인들은 도통 져본 일이 없으며 이 전쟁에서도 이길 거다. 왜냐하면 진다는 생각 자체를 참지 못하기 때문이다. (중략) 30년 후쯤 제군들의 손자 녀석들이 할아버지는 2차 대전에서 뭘 했냐고 물으면 루이지애나에서 똥이나 푸고 있었다고 해야 되겠는가? 패튼이라는 빌어먹을 놈하고 나치를 때려 부수면서 유럽대륙을 함께 누비고 다녔다고 하면 얼마나 자랑스럽겠는가? 나는 제군들이 한없이 자랑스럽다. 전쟁터에서 제군들과 생사고락을 함께 하는 것이…."

패튼의 활약이 돋보인 발지 전투

전쟁 말기에 히틀러는 최후의 도박이라고 일컬어지는 '발지 전투'를 벌였다. 이 전투는 히틀러가 아르덴느 산림지대의 전선을 뚫고 다시 한 번 전쟁의 주도권을 잡아 보겠다는 맹랑한 생각에서 벌인 전투였다. 독일군의 공격은 1944년 12월 16일 아침 5시 30분에 시작되었다. 12월 16일과 17일, 양일간 미 제8군단은 눈이 쌓인 전나무 숲 사이에서 밀물처럼 쏟아져 나오는 25만의 독일군의 전진을 필사적으로 막고 있었다. 이때 연합군 최고 사령부의 지휘관들은 아이젠하워를 포함해서 모두 충격에 휩싸인 상태였다. 다만 패튼만이 혼자 자신감을 갖고 있었다. 사실 패튼은 독일군의 공격을 어느 정도 눈치 채고 있었다. 그는 무조건 "돌격 앞으로!" 스타일만은 아니었다. 항상 적정을 면밀하게 살피는 용의주도한 면모를 갖추고 있었다. 패튼의 자신감에 아이젠하워는 그에게 당장 강력한 반격 작전을 실행하라고 명령했다. 하지만 패튼이 장담한 대로 쉬운 일만은 아니었다. 왜냐하면 우선 진행 중인 전투를 중지하고 전군을 직각 방향으로 좌선회해서 독일군의 저항을 무릅쓰고, 게다가 몇 천 대의 차량을 눈보라 속에서 이동시켜야만 했다.

때마침 바스토뉴Bastogne에서 독일군에 포위되어 사투를 벌이고 있는 제101공수사단을 시급히 구원해야 할 상황이 벌어졌다. 그는 휘하 제4기갑사단에게 바스토뉴까지 무조건 진격하라는 명령을 내렸다. 바스토뉴까지 진격하는 동안 제4기갑사단은 상당한 피해를 입었으나 12월 26일 오후 4시, 바스토뉴에서 버티고 있던 미 제101 공수부대를 독일군에서 구출하면서 다시 한 번 패튼은 명성을 떨치게 된다. 패튼이 제3군을 자아르강의 교두보에서 눈 덮인 바스토뉴까지의 폭설에 묻힌 길을 3만 3천여 대의 전차와 차량을 단숨에 이동시키는 불가능한 임무를 부하 장병에게 시킬 수 있었던 것은 오로지 패튼 특유의 대담함과 실행력 그리고 뛰어난 지휘력이었다고 볼 수 있다.

전쟁이 끝나고

공격적인 성격에다가 정치적인 처신에서 무척이나 서툴렀던 패튼은 종전이 가까워짐에 따라 점점 더 같은 연합군인 소련군과 끊임없이 문제를 야기했다. 그는 원래 공산주의를 지독하게 싫어했고 공공연히 이런 자기의 속마음을 구태여 감추려고 하지도 않았다. 이런 패튼의 스타일을 잘 알고 있는 상부에서는 소련군과 마찰을 빚지 않도록 각별히 주의하라고 신신당부를 하곤 했다. 이에 대해 그는 이런 극언도 서슴치 않았다. "소련놈들이 정히 그렇게 무서우면 소련을 점령해 버리면 될 게 아닌가? 나에게 2개 군만 주면 깔끔하게 정리해 보이겠다."

마침내 1945년 5월 독일이 항복하자 전쟁을 끔찍이 사랑하는 이 군인은 갑자기 세상사는 맛이 없어졌다. 전쟁이라는 목표가 사라지자 맥이 탁 풀리면서 허탈감에 사로 잡혔다. 그러다가 결국은 사고를 쳤다. 독일 남부의 바바리아Bavaria지구 군정 사령관을 지내면서 치명적인 실언을 하고야 만 것이다. "전후 혼란스러운 독일의 질서 확립과 신속한 재건을 위해서는 행정 경험이 풍부한 나치 관료들을 다시 기용하는 것도 괜찮은 방법이 될 수 있을 것이다."라고 운운했다.

패튼이 툭하고 내뱉은 이런 무신경한 말은 나치의 가공스러운 악행과 유태인 수용소의 홀로코스트(대학살) 관련 증거를 보고 치를 떨었던 전 유럽인들과 미국인들을 경악시키기에 충분했다. 또한 전직 나치 당원을 관청의 요직에 임명한 것에 대해서 비난이 빗발치자 "독일 공무원의 태반이 나치 당원이다. 그러면 모든 행정업무를 개무지렁이들한테 맡기란 말이냐?"라고 투덜거렸다. 심지어 자신의 관할지역으로 소련군을 피해 항복해온 독일 국방군 2개 사단과 친위대 1개 사단을 해산하지도 않았다. 더구나 이들 중 훈장을 받은 독일 장교들을 모조리 불러다가 이들과 함께 질펀하게 먹고 마시기까지 했다. 이를 알고 열 받은 소련군이 아이젠하워에게 항의하자 아이젠하워는 브래들리에게 패튼을 좀 타일러서 독일 패잔병 놈들을 해산하라고 지시했다. 그래서 전화를 걸어온 브래들리에게 패튼은 "난 이 독일 나치 놈들이 좋아. 그래도 그 놈들은 전쟁의 달인들이야. 이 놈들과 함께 손을 잡고 징징거리는 소련 놈들을 당장 박살내 버리겠어! 이제 우리의 적은 바로 소련이니까."라고 말했다. 전화를 받고 있던 브래들리는 소련군이 도청을 하고 있을까봐 등골에서 식은땀이 줄줄 흘렀다.

죽음

이처럼 거듭되는 실언으로 인해 그를 아끼던 아이젠하워 장군도 더 이상 패튼을 감싸주는 데 손사래를 치고 있었다. 그리고 마침내 군정 사령관직을 박탈당하고 사냥으로 우울한 심경을 달래고 있던 이 전쟁 영웅의 최후는 의외로 빨리 다가왔다. 60세의 생일을 맞은 1945년 12월 9일, 그는 운전병과 부관을 데리고 독일 도시 만하임Mannheim으로 사냥을 떠났다. 그날 아침, 고속도로에서 그가 탄 캐딜락이 트럭과 충돌한 것이다. 사고가 난 날은 마침 그가 미국으로 귀국하기 하루 전날이었다. 운전수와 게이 대령은 찰과상만 입었지만 패튼은 뒤로 튕기면서 머리가 뒤의 유리창과 부딪힌 탓에 목뼈가 부러졌고 두개골이 갈라졌다. 12일 뒤 하이델베르크Heidelberg 군병원에서 혼수상태로 향년 60세를 일기로 눈을 감았다. 전쟁이 끝난 지 고작 7달 만이었다. 사망 후 그의 유언대로 룩셈부르크Luxembourg에 있는 발지 전투에서 전사한 제3군 미군묘지에 병사들과 함께 묻혔다.

평생 카이사르를 존경하고 본인 스스로 전생에 고대 로마의 장군이었으며 환생을 믿는다고 떠벌리고 다닌 별스런 인간, 2차 세계대전 기간 내내 독일의 명장 롬멜과 중세기 기사들처럼 각자 전차에 타고 일대일로 맞장 한 번 뜨기를 고대했던 엉뚱한 발상의 사내, 나대기 좋아하고 거들먹거리면서도 지독한 승부근성을 간직한 인물, 전쟁을 끔찍이 사랑했던 전쟁광 등등. 이와 같은 여러 가지 인간적인 약점들 때문에 적도 많았던 패튼. 한편으로는 미국 역사를 통틀어 가장 위대한 군인 중의 한 사람, 미국이 낳은 최고의 정복자, 총탄이 빗발치는 최전선을 누비며 병사들과 고락을 함께 하는 그를 위해 목숨을 바치겠다는 부하들도 적지 않았던 이 복잡한 인물이 바로 미 육군사를 통틀어 가장 위대했던 장군 중 한사람인 조지 S. 패튼이었다.

Ⅲ. 신화를 남긴 패튼

그는 전형적인 야전형 스타일의 지휘관이었다. 그것도 최전방을 휘젓고 다니는 저돌적인 맹장이자 용장이었다. 그는 이렇게 말했다. “나는 정말 전쟁이 이루 말할 수 없도록 좋다. 전쟁에 비한다면 인간들의 일상적인 일은 자질구레하고 소소한 일에 불과하다.” 전사자가 가득한 전쟁터에서는 “하느님 용서하십시오. 저는 이렇게 피와 살이 튀는 전쟁이 너무 좋습니다.”라고 말했다.

패튼의 신화는 지휘관으로서 그가 보여준 여러 가지 장점에서 비롯되고 있다. 그 첫 번째는 솔선수범이다. 그는 전투가 벌어지고 있을 때 한시도 안전한 후방의 지휘소에 머무른 적이 없었고, 항상 최전방에서 직접 부대를 지휘했다. 어떤 경우에는 최전방에서 병사들과 함께 군수품들을 옮기기도 했고 진흙탕에 빠진 트럭을 병사들과 함께 밀어 올리기도 하고 심지어는 전쟁터에서 부상당한 병사에게 직접 주사를 놓기도 했다. 패튼의 이런 행동에 대해 최고 지휘관으로서는 무모하고 무책임한 만용이라고 비판하는 사람들도 있었다. 하여튼 여태껏 모든 연합군 지휘관 중에서 그런 사람은 하나도 없었다. 그는 이런 행동을 병사들의 활기를 불러일으키기 위한 것이었다고 얘기했다.

두 번째는 대담무쌍함이다. 패튼은 쉴 새 없이 전선의 이곳저곳을 휘젓고 돌아다니며 특유의 상소리를 섞은 걸쭉한 입담으로 부하들을 독려하고 몰아세웠다. 최전방에서 병사 하나가 패튼에게 "장군님! 어디 가십니까?"라고 하자 "베를린으로 가서 온 사방에 얼굴이 도배된 그 개새끼(히틀러)를 직접 쏴죽일 거다!"라고 했다는 일화도 있다. 3성 장군(나중에 그는 4성 장군이 된다)이 지휘봉을 휘둘러대며 몸소 전선을 뛰어다니는 패튼의 이런 지휘방식은 부하들의 사기를 크게 고무시켰다는 점과 몇 가지 실질적인 장점도 있었다. 최전방에서 적의 동태를 살피다가 기회가 생겼을 때에는 결코 이를 놓치지 않았다. 또한 시시각각 변하는 상황에 맞게 유효 적절히 대처했다. 휘하의 부대장들에게도 뒤에서 뭉그적거리지만 말고 최전방으로 나가라고 다그쳤다. 이래서 "강장 밑에 약졸 없다."라는 말이 있듯이 패튼 휘하의 장군들도 하나 같이 용맹스러웠다. 그 중에서 한국 전쟁 당시 낙동강 전선을 사수한 '불독'이라는 별명의 워커Walton Walker 장군도 있었다.

세 번째, 패튼은 부하 지휘관들이 개별적인 리더십을 발휘하길 원했다. 그래서 그는 시시콜콜한 내용까지 지시하는 명령서보다는 이른바 '임무형 지휘mission command'[3]를 좋아했다. "부하들에게 절대 이래라 저래라 잔소리 하지 마라. 무엇을 해야 하는지만 알려주면 그들은 자신들의 창의력으로 우리를 놀라게 할 것이다." 패튼은 목적이 분명하고, 상부의 동의만 얻으면 나머지는 걱정할 필요가 없다고 생각했다. 그는 예하 부대장들이 앞으로 진격하기만 한다면 어떤 전술적 선택도 간섭하지 않았다.

네 번째, 그는 부하들의 충성심을 이끌어 내기 위하여 일상적으로 병원을 방문했다. 그는 전투 중에 부상당한 부하들이 입원한 야전병원에 직접 병문안을 가서 일일이 살펴보면서 격려했다. 군 사령관이 직접 말이다. 군의관과 헌병들이야 죽어나겠지만, 자연스럽게 부하들은 이 괴짜 사령관을 마음속 깊이 존경하게 되었고, 결국 제3군은 천하무적의 부대가 되었다. 마지막으로 그는 아이젠하워와 더불어 흑인으로만 이루어진 부대를 차별하지 않았던, 당시 미군 장성 중에서 인종차별의 개념이 없는 몇 안 되는 인물이기도 했다. 그것도 서부(캘리포니아)의 상류집안 출신인 것을 감안하면 의외라고 생각할 수도 있다. 그러나 패튼은 어쨌든 결과만 좋으면 흑인이든 누구든 인종에 관계없이 전혀 상관 안 하는 인물이었다.

TIP!

1. 오마 브래들리

1915년 뉴욕 주 웨스트포인트 소재 미국 육군사관학교를 졸업했다. 2차 세계대전 초에 조지아 주 포트베닝Fort Benning 소재 보병학교 교장으로 재직했다. 2차 세계대전이 발발하자 북아프리카 전선과 시칠리아 침공 작전에 참가했다. 1944년 6월 노르망디 상륙작전에서 미군을 지휘했다. 그는 미국 제12집단군 사령관으로 재임하면서 독일의 항복까지 전투를 지휘했다. 한국 전쟁 당시 미 합참의장이었으며, 1950년 9월 트루먼 대통령이 별 다섯 개를 달아주면서, 2016년 현재까지는 미 육군 역사상으로 다섯 번째이자 원수로 승진한 마지막 장군이 되었다. 조용하고 화를 잘 내지 않는 성격에, 눈에 잘 띄지 않는 복장으로 인해 '병사장군G.I. General'이라는 별명으로도 불렸다. 온화한 인품으로 부하들의 신망도 굉장히 높아서 브래들리 장군 밑에 있다가 다른 사람한테 가면 군 생활을 하기가 힘들다고 할 정도였다. 부하들을 너무 양순하게 다스린다는 것을 빗댄 말일 것이다.

2. 존 조지프 퍼싱

1886년 웨스트포인트 육군사관학교를 졸업한 후 애리조나의 아파치 토벌, 필리핀 점령 등에 종군하였고, 일본 주재 대사관부 무관으로 있으면서 러일 전쟁을 관전하였다. 후에 멕시코 원정군을 지휘하였고, 제1차 세계대전 때는 프랑스에서 유럽 원정군 사령관을 역임했다. 원수로 진급하고 육군참모총장을 역임한 후 퇴역하였다.

3. 임무형 지휘

임무형 지휘란 예측이 불확실한 전장에서 일선 지휘관에게 수단을 위임하고 자율권을 부여하여 알아서 자유롭고 창의적인 전술 행동을 하도록 하는 것을 말한다. 19세기 중기와 후반기를 전후해서 독일군에서 처음으로 정립된 특유의 군대 지휘방법이다.

〈산〉

등산의 효시-몽블랑 등정, 알프스 등반의 시대적 구분

I. 영화 〈산〉

원제: The Mountain
감독: 에드워드 드미트릭
제작: 에드워드 드미트릭
원작: 헨리 트로얏
각본: 래널드 맥두갈
음악: 다니엘 암피데마트로프
출연: 스펜서 트레이시, 로버트 와그너, 안나 카쉬피
상영시간: 105분
제작 연도: 1956년
같은 소재의 영화: 〈K2〉(1991), 〈클리프 행어〉(1993), 〈에베레스트〉(2015)

1956년 에드워드 드미트릭Edward Dmytryk 감독이 연출한 이 산악영화는 동생을 끔찍이 아끼는 아버지와 같은 형 재커리(스펜서 트레이시Spencer Tracy 분)와 나이 든 형을 미워하는 탐욕스런 동생 크리스(로버트 와그너Robert Wagner 분)의 이야기를 그린 작품이다. 이 영화는 제작 당시 실제 리얼타임의 등반 장면을 연출하여 화제를 모은 작품이기도 하다.

추락한 비행기에서 죽은 시체들의 재물을 훔치려는 동생 크리스와 함께 어쩔 수 없이 산을 오르게 된 재커리가 인도 여인을 구조하게 되는데, 이 모든 공로를 실족사한 동생에게 돌리는 마지막 장면이 인상적이다. 인생사 부질없음을 스펜서 트레이시의 노련한 연기를 통해 가슴을 울리게 하고 있다.

에드워드 드미트릭 감독은 1954년에 연출한 〈부러진 창Broken Lance〉에 이어서 또다시 스펜서 트레이시와 로버트 와그너를 기용하여 형제간의 갈등을 무난하게 그려내고 있다. 나중에 비행기에서 구조되는 인도 여인 역을 맡은 여배우는 당시 말론 브랜도의 첫 번째 아내인 안나 카쉬피Anna Kashfi였다. 이 영화는 제작한 그 이듬해인 1957년에 수입되어 그해 5월 29일 종로3가에 있던 단관 단성사에서 개봉되어 올드팬들로부터 많은 사랑을 받았다.

20여 살의 차이가 나는 형제인 재커리와 크리스, 두 사람은 조상이 물려준 스위스 알프스 산자락의 낡은 오두막집에서 함께 살아가고 있다. 뛰어난 등산가이드였던 재커리는 과거에 등반 중 인명사고에 대한 피해 강박 때문에 산이 자기를 원치 않는다고 생각하여 10년이나 등반을 그만두고 조용히 살고 있었다. 반면, 동생인 크리스는 이런 가난을 증오하고 탐

산을 오르고 있는 형제

욕에 눈이 어두운 철부지 청년이다.

두 사람이 뜻하지 않게 목숨을 건 등반을 하게 된 원인은 산에 비행기가 추락했기 때문이었다. 탐욕스런 크리스는 비행기에 탑승했다가 죽은 돈 많은 승객들의 재물을 훔쳐서 부자가 될 욕심으로 형의 만류에도 불구하고 등산장비를 지고 나선다. 보다 못한 형은 내키지 않은 마음으로 등반에 나서게 된다. 베테랑과 신진이라는 두 배우의 조합과 호흡이 잘 어우러졌다. 두 형제가 마의 절벽을 오르는 과정은 오랜 시간을 할애하여 험난한 등반과정을 실감나게 보여주고 있다.

선두에서 클라이밍을 하고 있는 형

등장인물이 그다지 많지 않지만 두 베테랑 배우들만이 이끌어가는 것으로도 충분한 재미가 있으며, 적막하고 칼바람이 부는 절벽에서의 등반 장면은 배경음악을 꽤 많이 사용하여 등반의 긴박감을 적절히 표현해 준다. 인간이 지닌 선과 악의 양면성이 이렇게 한 형제의 사이에서 너무나 극명하게 대조를 이룬다는 것이 특이하게 느껴진다. 프랑스 쪽 알프스에서 촬영한 장대한 풍광도 절로 탄성을 자아내게 한다.

Ⅱ. 등산의 효시-몽블랑 등정

지금으로부터 233년 전, 두 사나이가 몽블랑에 오르기 전까지는 '등산'이란 말은 아예 없었다. 산이란 나무를 베고 버섯을 채취하고 양을 키우고 사냥을 하는 곳일 뿐, 목숨을 걸고 올라야 할 이유가 전혀 없었던 것이다. 1760년은 알프스 산맥에서 제일 높은 봉우리인 몽블랑 MontBlanc(4,807미터)에 올라가 보려는 생각을 인간이 처음 가졌던 해였다. 1760년 어느 날, 알프스 기슭의 가난한 마을 샤모니Chamonix에서 스위스 제네바Geneva 태생의 자연과학자인 스무 살의 오라스 소쉬르 Horace Saussure가 몽블랑을 가리키며 "저기에 오르는 사람에게 많은 상금을 내리겠노라."라고 마을의 게시판에 방을 써 붙였다. 그는 과학자의 입장에서 아무도 올라가 보지 못한 흰 산('몽'은 산, '블랑'은 흰 빛)이라고 불리는 저 웅장한 산의 정체를 밝히고 싶었던 것이다.

그때까지 알프스의 산마을 사람들은 산꼭대기마다 무서운 악마가 산다고 믿고 있었다. 그리고 그 악마가 얼음덩어리를 시도 때도 없이 굴리면서 낙빙과 눈사태를 일으켜 사람들을 해치면서 못살게 군다고 믿었다. 이래서 많은 상금이 걸렸지만 사람들은 선뜻 나서려고 하지 않았다. 물론 지구 위에 히말라야나 안데스 산맥 같은 엄청난 산이 있다는 것은 아직 알려지지 않았던 호랑이 담배 피우던 시대였다. 소쉬르가 상금을 내건 지 26년이 지났건만 아무도 몽블랑에 오르는 사람이 없이 하염없이 세월만 흘렀다. 1783년 마침내 부우리라는 사나이가 나름대로 등반대를 짜서 몽블랑에 도전했다. 그러나 이 첫 시도는 험악한 날씨 탓에 실패했고, 1785년에 있었던 두 번째 시도도 물거품으로 돌아갔다. 그렇다고 이 두 번의 시도가 헛된 것만은 아니었다. 등반대원 중에 끼어 있던 의사 미셸 파까르Michel Paccard가 이때 겪은 일들을 토대로 하여 이듬해 몽블랑 등반에 성공할 수 있었기 때문이었다. 샤모니 마을에는 파까르 말고도 쟈끄 발마Jacques Balmat라는 사나이가 몽블랑에 오르는 생각을 갖고 있었다. 그는 여기저기 험한 바위산을 오르내리면서 수정을 캐며 입에 풀칠을 하며 살고 있었는데 이번에는 상금이 걸린 몽블랑에 올라 단번에 돈을 벌 생각을 하고 있었다. 실제로 그는 몇 년간 근처의 산들에 올라 망원경으로 몽블랑을 요리조리 살피며 준비를 해왔다. 드디어 1786년 8월 7월 오후 3시. 의기투합한 파까르와 발마 두 사람은 샤모니 계곡을 거슬러 올라가 몽블랑으로 향했다. 두 사람이 몽블랑에 오르는 것은 당시로써는 그야말로 목숨을 건 대단한

몽블랑 산봉

모험이었다. 그들은 밤 9시쯤, 2,392미터 높이에 올라 비박bivouac[1]을 했다. 다음날은 새벽 4시 30분부터 등반을 시작해 다섯 시간 만에 얼음이 흘러내리는 보송Bossons 빙하의 끝자락을 지났다.

자일도 없이 크레바스를 건너고, 8월의 뜨거운 햇빛에 녹아 언제 무너져 내릴지 모르는 눈덩이 위를 아슬아슬하게 지났다. 뒤이어 눈이 쌓여 있는 벌판으로 연결되는 가파른 언덕이 나타났다. 그들은 그 곳을 두 시간 만에 용케도 빠져 나갔다. 오늘날처럼 아이젠eisen[2]도 없이 어떻게 미끄러지지도 않고 그 높은 눈 언덕을 지나갔는지, 도무지 상상이 안 되는 일이었다. 그들은 언덕을 올라 매서운 세찬 바람이 몸을 날려 버릴 듯이 몰아치는 눈벌판을 헤치며 1킬로미터쯤 걸어갔다. 이제 그들이 도달한 곳의 높이는 3,900미터였다. 그때 고산병 징후가 안 나타났는지 기록이 없어 알 수가 없다. 무릎까지 눈이 푹푹 빠지는 곳을 러셀russell[3]을 하며 한 발 한 발 떼어 놓는 그야말로 천신만고의 고난의 길이었다. 앞장섰던 발마가 후들거리며 지쳐 쓰러지자 파까르가 그의 짐을 넘겨받아 앞장을 섰다. 오후 3시가 되어서야 그들은 길고 긴 눈벌판을 벗어났다. 그 다음은 능선을 따라 길게 이어진 바위 마루터기 사이를 뚫고 지나 몽블랑의 북동쪽으로 가는 길을 지나야 했다. 이 길은 눈벌판에서 몽블랑 꼭대기에 이르는 루트 가운데 가장 험난한 곳이었다. 이곳은 1년 내내 볕이 안 들어 완전히 얼음으로 꽁꽁 뒤덮여 있는 곳이지만 이들은 자일과 아이젠 없이 꾸역꾸역 기면서 넘어갔다. 이들이 대망의 4,807미터의 몽블랑 산 정상을 밟은 것은, 1786년 8월 8일 오후 6시 32분이었다. 맨 처음 비박했던 곳을 떠난 지 14시간 30분이 지난 뒤였다. 파까르가 스틱 대용으로 쓰던 긴 막대기를 세우고 거기에 빨간 천을 매달았다. 산꼭대기에 올라왔다는 신호였을 것이다. 아무런 산에 대한 지식이나 장비도 없이, 그리고 등산 기술도 전혀 없는 사람들이 눈을 헤치고 바위와 얼음을 기어오르면서 거대한 산봉인 몽블랑 꼭대기에 우뚝 선 것은 참으로 대단한 일이었다. 물론 여기에는 꽤 좋았던 날씨도 한몫 거들었다.

이제 두 사람은 내려가야만 했다. 먹을 것도 떨어지고 비박하느라고 자는 둥 마는 둥해서 잠도 모자란 데다 동상과 고산병까지 겹치면서 이루 말할 수 없는 어려움을 겪으면서 하산길을 재촉했다. 이들은 달빛 속을 4시간 30분이나 헤매면서 그래도 무사히 마을로 돌아왔다. 세계 최초로 몽블랑 등정에 성공하고 돌아온 것이다. 그러나 하산 후 얼마 지나지 않아 발마가 몽블랑 초등의 영예를 독차지하기 위해 "파까르는 설맹雪盲과 동상으로 간신히 올라가는 바람에 모든 일은 내가 다 했다. 정상에도 내가 먼저 발을 디뎠다. 나중에 기진맥진해진 파까르를 정상으로 끌어올리기 위해 거꾸로 내려가 그를 데리고 올라오기까지 했다."라고 잔뜩 거짓이 섞인 나발을 불어대기 시작했다. 과학적 호기심과 지적 열망으로 몽블랑에 오르기를 꿈꾸었던 파까르는 짐꾼 겸 가이드로 고용했던 발마에게 소쉬르의 상금 전액을 양보하는 관용을 베풀기도 했던 터였다. 선량하고 착한 그에 대한 대가는 중상모략으로 돌아왔다. 발마는 배은망덕한 인간이었다. 탁월한 용기와 모험심에 비해 발마의 성품은 비열했다. 목숨을 걸고 함께 산을 오른 동지의 뒤통수를 친 것이다. 어제의 동지가 오늘의 적이 되는 일은 신의가 사라진 오늘의 세태인 줄로만 여겼는데 면면히 이어오는 전통을 가진 터였다. 누가 먼저 올랐느냐에 대한 들끓는 논쟁에 기름을 들이부은 건 '몽테 크리스토 백작'을 써서 프랑스에서 이름을 날리던 당대의 대문호 알렉상드르 뒤마Alexandre Dumas[4]였다. 그는 발마의 이야기를 주워들은 다음 이 등반의 모험담에 온갖 추문을 과대 포장한 소설을 써서 세상에 발표했다. 당대의 대작가가 쓴 글이라 당연히 대중은 그 이야기를 사실로 받아들였다. 그렇게 발마의 중상모략으로 인해 파까르는 마음의 상처와 한을 안은 채 세상을 떠났다. 그의 사망 후에도 이 사건은 미제로 남으면서 등반사상 가장 큰 논쟁거리의 하나로 남았다. 샤모니 광장에 동상이 세워지기까지만 해도 몽블랑 등정은 발마만의 성공으로 여겨지고 있었다. 결국 파까르는 제외된 채 소쉬르와 발마의 동상만 세워졌다. 이 사건은 100여 년의 세월이 흘러 드디어 그 진상이 세상에 드러나게 되었다.

두 사람이 등정할 때 마침 바론 폰 겐스도르프라는 독일인이 이들의 모습을 망원경으로 보고 있다가 나중에 스케치했는데 이 자료가 후에 이 사건의 중요한 증거가 된다.

샤모니의 소쉬르와 발마의 동상

마침내 파까르의 등정 의혹을 둘러싼 논쟁이 마침표를 찍게 된 것은 1895년 영국의 산악인 더글라스 프레시필드Douglas Freshfield 덕분이었다. 진실 규명을 위한 집요하고도 끈질긴 추적을 멈추지 않던 그는 소쉬르의 증손자가 보관해 온 일기를 찾아냈다. 이 일기에는 소쉬르가 파까르에게 들은 생생한 이야기가 실려 있는데 여기에는 파까르가 발마보다 정상에 먼저 올랐음이 기록되어 있었던 것이다. 이 일기장이 공개됨으로써 마침내 발마의 등정 의혹이 말끔하게 밝혀졌다. 이후 프레시필드는 소쉬르와 발마의 동상 옆에 오랫동안 멸시를 받아온 진정한 몽블랑 초등자인 파까르의 동상을 세울 것을 강력하게 주장했다. 결국 그의 주장이 받아들여져 파까르의 동상이 샤모니 광장에 들어섰다.

이와 같이 파까르와 발마에 의해 몽블랑이 초등된 이후에도 19세기 중반까지 몽블랑을 오르는 일은 대단한 고통과 위험이 따르는 등산이었다. 실제로 두 번째로 몽블랑을 오른 소쉬르는 무게가 68킬로그램이나 나가는 이불과 땔나무, 짐꾼들이 잘 수 있는 대형 천막, 크레바스를 건널 때 사용하는 사다리 등을 20명의 짐꾼들에게 지게 하는 대규모의 원정대를 꾸려서야 등정에 성공했다. 초등 이후 100여 년간 여전히 몽블랑 등반은 죽음을 담보로 한 모험이었다. 등반대가 떴다는 소문이

파까르의 동상

들리면 그들을 보기 위해 광장에 마을 사람들이 모였다. 그리고 그들이 등반길에 나서면 성공 가능성을 점치며 등반대의 귀환을 손꼽아 기다렸다. 등반이 성공해서 대원들이 돌아올 때는 축포를 쏘아댔다. 물론 등반대원들이 머물던 호텔에서도 축포를 쏘아 올리면서 자축했다. 그리고 손님의 계산서에 기념으로 그들의 등정기록을 첨부하기도 했다. 등반가들이 마을로 돌아오면 꽃다발과 환영 인파에 묻혀 샴페인으로 축배를 들었고 마을은 축제의 분위기에 휩싸이곤 했다. 이와 같이 미지의 세계와 모험 찬 등산에 대한 관심이 높아지면서 융프라우(4,165미터), 아이거(3,970미터), 그랑조라스(4,208미터) 등의 고봉들이 연이어 정복되었다. 1865년에는 가장 험난하다고 알려진 에드워드 윔퍼 Edward Whymper[5] 등산대에 의해 마터호른Matterhorn(4,505미터)마저 정복되었다.

Ⅲ. 알프스 등반의 시대적 구분

알프스 황금시대 – 초등시대

몽블랑 등정은 사람들에게 등산에 대한 성취욕을 자극하여 알프스 미답봉들이 하나둘씩 등정되어 갔다. 이 무렵의 등반방식은 비교적 등반이 쉬운 산 능선을 따라 정상에 오르는 것이었다. 이를 피크 헌팅 peak hunting 또는 등정주의登頂主義 방식이라고 하며, 1865년 알프스

에드워드 윔퍼

4,000미터급 마지막 산인 마터호른이 에드워드 윔퍼에 의해 초등될 때까지 이어진다. 이 시기를 편의상 등산사에서는 '등반의 황금시대'라고 한다. 이 시기에 활동한 산악인들 중 많은 이가 윔퍼를 비롯한 영국의 지식층이었다. 그래서 오죽하면 당시 알프스를 영국의 식민지라고까지 불렀다. 황금시대는 가이드들이 두드러지게 활약했던 시기였다. 알프스의 수많은 4,000미터급 고봉들의 초등은 이들의 도움이 없이는 불가능했다. 이 시기에 직업적인 가이드들이 급증하면서 등산의 기술과 장비도 조금씩 향상되기 시작했다.

알프스의 은시대 – 보다 어려운 루트를 찾아 가이드 없이 등정하는 시대

영국의 등산은 전통적이고 보수적인 부유층이 전유물이었기 때문에 이들은 돈으로 쉽게 가이드들을 고용하면서 알프스 초등을 이루어냈다. 반면에 당시 독일, 이탈리아, 오스트리아, 프랑스 등 알프스를 끼고 있는 국가들에서는 중산층과 학생들이 등산의 주축이 되어 있었다. 그래서 이들은 가이드들을 고용할 돈이 없어서 스스로 등산에 나서게 되면서 결국 단독 등반이 성행하게 된다. 이렇게 가이드 없이 등반하는 시대를 '등반의 은시대'라고 부른다. 이 시기는 1865년 마터호른 초등

이후부터 1882년 당 뒤 제앙Dent du Geant(4,013미터)이 초등될 때까지 17년 동안을 말하며, 황금시대와 다음에 도래할 '철시대' 사이에서 가교 역할을 했다. 이 시대에는 비교적 쉬운 능선 코스가 아닌 보다 힘들고 어려운 길로 등반하는 본격적인 암벽등반이 시작되었으며 가이드의 안내 없는 이른바 가이드리스guideless 등반이 성행했다. 이 두 가지를 모두 실천한 사람은 이른바 머메리즘mummerism[6]을 탄생시킨 영국인 등반가 알버트 머메리Albert Mummery였다. 머메리는 당시 "등산의 가장 중요한 요체는 정상에 오르는 것이 아니라 고난과 싸우고 그것을 극복하는 데 있다."라고 말했다. 에드워드 윔퍼가 '황금시대'의 스타였다면 머메리는 '은시대'의 주인공이었다. 두 사람 모두 영국인이다.

알버트 머메리

알프스의 철시대 – 능선 등반이 아닌 직등直登시대, 북벽 등정의 시대가 열리다

철의 시대는 머메리즘 탄생 이후부터 1938년 알프스 3대 북벽의 하나인 아이거가 초등되는 시점으로 볼 수 있다. 머메리즘이 극대화되어 암벽과 빙벽에서 직등과 인공등반이 이루어지고 암벽등반 기술과 장비가 개발되어 암벽등반이 한층 더 활기를 띠며 발전했다. 또한 난이도의 극대화로 대변되는 '북벽시대'를 알리는 시기이기도 했다. 1904년

구스타프 하슬러Gustav Hasler와 프리츠 아마터Fritz Amatter가 두 번의 비박을 감행한 끝에 핀스터아오호른Finsteraarhorn(4,275미터) 북벽을 오름으로써 알프스에서 북벽시대가 개막되었고, 1931년 마터호른 북벽이 독일의 슈미트Schmidt 형제에 의해 초등되자, 그랑드 조라스Grandes Jorasses와 아이거Eiger 북벽은 줄기찬 도전을 받게 되었다. 1938년 7월, 마침내 아이거 북벽이 프리츠 카스파레크Fritz Kasparek, 하인리히 하러Heinrich Harrer, 안데를 헤크마이어Anderl Heckmair, 루트비히 푀르크Ludwig Vörg 등의 독일과 오스트리아 합동대에 의해 초등되었다. 이후 그랑드 조라스 북벽이 마저 초등되면서 알프스 3대 북벽(마터호른, 아이거, 그랑드 조라스)은 모두 초등이 이루어졌다. 이제 철의 시대는 막을 내리고 유럽의 산악인들은 본격적으로 코카서스Caucasus, 안데스, 히말라야 등지로 눈을 돌리게 되었다.

TIP!

1. 비박

등산 도중 예상치 못한 사태가 일어났을 때 노출 상태에서 밤을 지새는 것을 말한다. 비박은 암벽 위나 눈 위에서도 하게 되는데, 마땅한 장소가 없을 경우 험난한 밤을 지새우기도 한다. 전문 산악인들은 이런 경우에 대비해 비박 장비를 챙기고 다닌다.

2. 아이젠

등산화 바닥에 부착하여 미끄러짐을 방지하는 등산 용구를 말한다. 빙벽을 오르내리거나 빙판, 혹은 눈 위를 걸을 때 사용하는데 독일어로는 슈타이크아이젠steigeisen, 영어로는 크램폰crampons이라고도 한다.

3. 러셀

눈 덮인 산에서 앞선 사람이 눈을 파헤치고 단단히 다져 길을 만들며 나아가는 것을 말한다.

4. 알렉상드르 뒤마

19세기 프랑스의 극작가·소설가로 『삼총사』, 『몬테크리스토 백작』 소설이 세계적으로 유명하다. 그의 작품 수는 무려 250편이 넘었으며, 천변만화하는 장면전환과 등장인물들의 활기찬 성격묘사 등 천부적인 수완을 가진 작가였다.

5. 에드워드 윔퍼

윔퍼는 1840년 영국 런던에서 출생했다. 그는 1860년에 알프스를 처음 본 뒤 불과 5년 만에 25세의 젊은 나이로 마터호른(4,478미터)에 처음 올랐다. 이 산봉은 수많은 이들이 도전장을 던졌던 알프스에서 마지막 남은 그야말로 난공불락의 산봉우리였다. 하지만 그는 등정을 하고 하산하는 도중에 4명의 동료가 추락사하는 아픔을 겪었다. 이후 그는 알프스를 떠나 남미 안데스산맥과 캐나다 로키산맥 등으로 등반의 영역을 넓혀갔다. 그는 산악문학가로서도 뛰어났다. 그의 저작인 『알프스 등반기』는 최고의 산악 문학작품의 하나로 손꼽히고 있다. 이 책에는 그가 1860년부터 1865년까지 알프스 산봉들을 등정한 이야기와 마터호른 초등기가 담겨 있다. 나이를 먹고 그는 다시 알프스로 돌아와 1911년 향년 71세로 샤모니에서 숨을 거두었다.

6. 머메리즘

영국의 등반가 알버트 머메리가 1880년 주창한 등반 정신으로, 등로주의登路主義라고도 한다. 가이드가 이끌면서 가장 쉬운 코스를 골라 어떻게든 정상에만 오르면 된다는 전통적인 등정주의登頂主義와 반대되는 개념이다. 쉬운 능선을 따라 정상에 오르기보다는 암벽이나 빙벽 등 어려운 루트를 직접 개척해 가며 오르는 것을 목적으로 한다. 1931년 마터호른의 북벽이 정복되고, 1960년대에는 히말라야산맥의 8,000미터급 봉우리 14개가 모두 등정되면서 현대의 등반 사조로 정착되었다. 오늘날 행해지는 알파인 스타일이나 무산소 등반 역시 머메리즘의 한 형태로 볼 수 있다.

제창자인 머메리는 '근대 등산의 아버지', '등반사의 반역아'로 불리는 인물이다. 1855년 잉글랜드의 켄트Kent 주에서 태어났다. 16세 때부터 암벽 등반을 시작해 1879년 마터호른의 츠무트능선Zmuttgrat을, 이듬해에는 푸르겐능선Furggengrat을 처음으로 등반하였고, 1895년 히말라야의 낭가파르바트Nanga-Parbat를 오르는 도중에 행방불명되었다.

〈타이타닉〉

타이타닉호의 침몰과 진실, 뒷얘기

I. 영화 〈타이타닉〉

원제: Titanic
감독: 제임스 카메론
각본: 제임스 카메론
음악: 제임스 호너
출연: 레오나르도 디카프리오, 케이트 윈슬렛, 빌리 제인, 캐시 베이츠, 프랜시스 피셔, 글로리아 스튜어트
제작 연도: 1997년
상영시간: 194분
같은 소재의 영화: 〈타이타닉〉(1953)
제작비: 2억 달러
수익: 21억 8,500만 달러

이 영화는 〈바람과 함께 사라지다〉, 〈벤허〉, 〈아라비아의 로렌스〉 등에 비견될 만한 영화사에 길이 남을 불후의 명작이다. 역사상 최고의 제작비 2억 8,000만 달러에, 최대 세트 제작, 그리고 자료 준비 기간 5년과 제작 기간 2년 등, '20세기 마지막을 장식하는 대작'으로 평가받

았다. 무려 아카데미상 14개 부문에 노미네이트되었는데, 이는 1950년 〈이브의 모든 것All About Eve〉 이래 70년 오스카상 역사에 타이기록을 세우기도 했으며, 이 중 11개 부문 수상 역시 59년 대작 〈벤허〉와 동일한 기록이다. 이 작품은 전 세계를 놀라게 한 실제사건을 바탕으로 창조된 낭만적인 서사극이다. 그동안 이 비극적 사건을 소재로 한 영화나 TV물은 많았지만 그 어떤 것도 이렇게 아름다운 러브스토리를 엮어서 관객의 심금을 울린 영화는 없었다.

제임스 카메론James Cameron 감독[1]은 단순한 멜로드라마도 잘 만들면 이처럼 큰 감동을 줄 수 있다는 것을 유감없이 보여 주었다. 영화의 스토리는 젊은 로즈(케이트 윈슬렛Kate Winslet[2] 분)의 시점에서 그려지는데 그녀가 평생 가슴속에 묻어둔 잭 도슨(레오나르도 디카프리오Leonardo DiCaprio[3] 분)과의 러브스토리는 어떤 것이었을지, 그녀는 어떻게 생존했으며 '침몰할 수 없는 배'는 과연 어떻게 침몰했을지 등등을 보여준다.

영화사에서는 처음에 잭 역을 매튜 매커너히Mattew McConaughey로 점찍었는데 카메론 감독이 디카프리오를 강력히 추천했다는 후문이다. 케이트 윈슬렛은 로즈 역을 따내려고 끈질기게 카메론 감독에게 졸라댔다. 런던의 자택에서 카메론 감독에게 매일같이 이메일을 보냈고 LA로

잭과 로즈

와서는 매일 전화를 해댔다. 마침내 로즈 역을 거머쥔 케이트는 카메론 감독에게 장미(로즈) 한 다발을 보내며 진정한 로즈를 보여주겠다고 기염을 토했다. 스미스 선장 역에는 로버트 드 니로가 하기로 되어 있었는데 갑자기 위장에 탈이 나는 바람에 포기했다. 이 영화 촬영이 끝난 후 디카프리오와 케이트는 친남매처럼 가깝게 지내오고 있다. 2015년 88회 아카데미 시상식에서 〈레버넌트Revenent-죽음에서 돌아온 자〉로 남우주연상을 따낸 디카프리오에게 눈물을 글썽이며 가장 환호했던 케이트였다.

처음에 제작사 관계자들은 이미 타이타닉호를 주제로 한 영화들이 여러 편 있어 흥행을 부정적으로 보고 이 영화의 제작을 별로 내키지 않아 했다. 지금이야 최고의 흥행사인 제임스 카메론을 누가 의심하겠냐고 하겠지만 그 당시에는 분위기가 썩 좋지 않았다. 더구나 이 영화에 대한 부정적인 시각은 바로 이전에 개봉했던 〈컷스로트 아일랜드Cutthroat Island〉나 〈워터월드Waterworld〉와 같은 물을 주제로 한 영화는 폭망한다고 생각했기 때문이었다. 여하튼 〈타이타닉〉은 카메론 감독이 밀어붙이다시피 해서 만들기 시작했다. 그러나 제작비가 무지막지하게 늘어나면서 제작사인 폭스와 파라마운트의 관계자들의 마음은 점점 시커멓게 타들어갔다.

침몰하는 타이타닉호

제작비가 예상(1억 달러)을 훌쩍 넘어 2억 달러를 넘어가기 시작했던 것이다.

유일하게 성공의 확신을 가진 카메론 감독은 자신의 개런티(800만 달러)를 모두 포기하면서까지 이 영화를 찍었다. 그러나 막상 뚜껑을 열어본 결과는 예상을 뛰어넘는 전대미문前代未聞의 초대박이었다. 제작비 2억 달러의 10배가 넘는 약 22억 달러를 챙긴 것이다. 나중에 흥행이 대성공으로 끝나자 제작사들은 카메론 감독에게 개런티의 10배가 넘는 1억 달러를 지급했다.

II. 타이타닉호의 침몰과 진실

1912년 4월 10일, 세계 최신이며 최대 규모를 자랑하는 초호화 여객선인 타이타닉호가 영국의 사우스햄프턴Southampton 항을 떠나 뉴욕을 향해 처녀항해에 오르고 있었다. 배의 규모나 시설로 보나 이 여객선은 그야말로 천하무적으로 보였다. 이 배는 당시의 어떤 군함보다 두 배나 컸다. 그야말로 불침선이었다. 검은 빛깔로 도색된 반짝이는 선체엔 엷은 황색의 굴뚝 4개, 총톤수 4만 6,328톤을 자랑하고 있었다. 길이는 약 2.7 킬로미터로 두꺼운 강철판을 사용한 2중 바닥이었고, 갑판 밑은 만약을 대비하여 16개의 방수 구획실이 설치되어 있었다.

또한 브리지bridge(선교)에서 단추를 누르면 자동적으로 각 구획실의

문이 닫히도록 설계되어 있었다. 이 배에는 당시 사람들의 기대에 부응하는 모든 시설이 갖추어져 있었다.

4월 14일 일요일. 별이 빛나는 추운 밤, 타이타닉호는 캐나다 뉴펀들랜드Newfoundland섬 남동해역을 20노트를 약간 웃도는 속도로 미끄러지듯 나아가고 있었다. 달빛도 없는 칠흑 같은 고요한 밤이었다. 2,224명의 승객과 승무원들은 이 호화 여객선의 첫 번째 항해라는 축제 기분으로 한껏 들떠 있었다. 승객 명부에는 당시 내로라하는 부호들과 기라성 같은 명사들의 이름이 올라 있었다.

타이타닉호

그 가운데는 대부호인 존 제이콥 애스터John Jacob Astor, 미국 메이시Macy's 백화점의 소유자인 이시도어 스트라우스Isidor Straus, 여러 명의 영국 귀족, 또한 이 배의 설계자인 토마스 앤드류스Thomas Andrews 등이 있었다. 앤드류스는 이 배야말로 20세기 기술을 몽땅 응축한 것이라고 자부하고 있었다. 승무원들 역시 이 배를 자랑스럽게 여기고 있었다. "하느님이라도 이 배를 가라앉힐 수는 없을 것이야." 어느 승무원은 배가 사우스햄프턴항을 출항할 때 이렇게 말하기도 했다.

타이타닉호가 첫 항해를 떠난 그해, 그린란드Greenland와 북부 지역은 30년 만에 가장 따뜻한 겨울이 찾아왔다. 그래서 빙산과 얼음들은 래

브라도Labrador 해류의 영향을 받아 남쪽으로 움직이고 있었다. 자연의 기후 조건마저도 사고를 유발하기에 딱 좋은 조건이었다. 그래서 동북쪽으로 따뜻한 걸프Gulf 해류에 떠밀려 빙산은 국제적으로 통용되던 대서양 횡단 해상 통로로 여기저기 밀려 들어와 있었다. 밤이 깊어지면서 타이타닉호는 근처에 빙산이 떠 있다는 첫 번째 전문을 받았다. 이 최초의 빙산 경고는 카로니아Caronia호에서 온 것이었다. "타이타닉호 선장께 알림, 서쪽으로 향하는 여러 선박들이 북위 42도, 서경 49~51도 사이에 빙산과 얼음덩이들이 떠 있다고 경고하고 있음."

통신실에서는 잭 필립스Jack Phillips와 해롤드 브라이드Harold Bride 두 무선사가 그 지역에 있는 다른 배들로부터도 빙산에 대한 경고 메시지를 거듭 받고 있었다. 그러나 이들 무선사들은 그 전문을 무시해 버렸다. 이들은 "어떤 경우에도 이 배는 절대로 침몰할 수 없다."라는 주위에서 하는 말을 귀에 못이 박히도록 들었기 때문이다. 몇 시간 후에 다시 한 번 같은 내용의 전문이 들어왔다. 이제는 그 전문을 아예 받아 적지도 않았다. 세 번째 전문이 들어오자 이번에는 그 통신내용을 적어서 에드워드 스미스Edward Smith 선장에게 전했다. 스미스 선장은 그 전문을 읽어 보고는 아무 말 없이 타이타닉호의 소유 회사인 '화이트 스타 라인White Star Line' 사장에게 건네주었다. 그는 그 전문을 보고 쓰레기통에 휙

스미스 선장

던져 버렸다. 한 시간쯤 후에, 다시 네 번째 경고가 들어왔다. 그러자 이번에는 선장이 말했다. "승객들에게 떠다니는 빙산을 조심하도록 일러줘라." 그것이 전부였다. 승객들이 빙산을 어떻게 조심해야 하는지, 그것은 참으로 웃기는 지시였다. 타이타닉호는 여전히 전속력으로 어둠을 가르며 항해했다. 그날 밤 9시 30분에 다섯 번째 전문이 들어왔다. 다섯 시간 동안 계속 들어오는 빙산 경고는 모두 무시되었다. 그래서 배는 전속력으로 달리고 있었다.

타이타닉호가 얼음덩어리 천지인 북대서양 지역에서 전속력으로 항해한 이유는 자매호인 올림픽Olympic호의 최고 횡단 기록을 깨고 싶었기 때문이었다. 욕심이 화를 부르게 된 것이다. 이제 타이타닉호는 뉴펀들랜드섬 최남단 지점인 케이프 레이스Cape Race에 가까워졌다. 이때에는 친구들과 친척들 그리고 사업상 계약 등 승객들의 일상 무전들로 통신실은 북새통을 이루었다. 열 단어에 3달러를 받는 당시로서는 엄청난 폭리를 취하는 무선 요금에도 불구하고 1등석의 승객들은 경쟁적으로 타이타닉호에서 무선 연락을 보냈다. 외부로 나가는 무선 송신기는 고장이 나서 불통이 되기까지 했다. 아마 세계 최고의 여객선을 타고 있다고 여기저기 지인들에게 자랑을 하고 싶었을 것이다. 이와 같이 호기를 부리며 메시지를 보내는 일은 긴 항해 동안 즐길 수 있는 기분 전환 방법 중의 하나였다. 증기선인 메사바Mesaba호가 급전을 보내 타이타닉호가 진행하고 있는 방향에 거대한 빙산이 떠 있다고 또 한 번 전해 주었지만, 이 전보도 끝내 묵살되고 말았다.

밤 11시, 캘리포니안호의 스탠리 로드Stanley Lord 선장은 전속력으로 항해하는 타이타닉호를 보고 기겁을 했다. 그는 곧 무선사 시릴 에반스Cyril Evans에게 타이타닉호에 빨리 경고 메시지를 보내라고 지시했다. 에반스는 곧바로 "우리 캘리포니안호가 빙산에 둘러싸여 오도 가도 못하고 있다. 귀 선박도 주의하시오."라는 무전을 보냈다. 그러나 이를 수신한 타이타닉호의 필립스는 "끼어들지 마시오. 당신은 지금 우리 무선교신을 방해하고 있단 말이오."하고 핀잔을 줬다. 폼 잡고 싶어 하는 1등석 승객들의 전보보내기에 바쁜 필립스가 땍땍거린 것이다. 애써 조심하라고 보낸 무전에 거꾸로 면박을 당하자 화딱지가 난 에반스는 식식거리며 11시 30분경 잠을 청했다. 승객들의 폭주하는 무선 처리를 위하여 이렇게 중요한 무선 내용을 깔아뭉갠 처사는 곧바로 커다란 비극을 불러왔다.

밤 11시 40분, 마스트 꼭대기의 망대에서는 승무원 프레데릭 플리트Frederick Fleet가 어둠을 응시하고 있었다. 그때, 그는 배 항로 바로 앞에 검은 물체가 떠있음을 발견했다. 그것은 빙산이었다! 빙산도 보통 빙산이 아니었다. 빙산은 유령처럼 어둠 속에서 어슴푸레하게 그 모습을 나타냈다. 그는 급히 망대의 종을 세 번 크게 울렸다. 종을 세 번 친다는 것은 바로 앞쪽에 물체가 있다는 신호였다. 선교에 전화를 걸었다. 고함소리가 터져 나왔다. 난리가 났다. "전방에 빙산이다!" 이 빙산은 높이 25미터, 길이 약 20미터로, 추정 배수량은 20만 톤급으로 타이타닉호의 4배나 되는 거대한 규모였다. 선교에 있던 1등 항해사 윌리엄 머독William Murdoch은 '전속력으로 후진'할 것과 '좌측으로 급히 선회'할 것을 명령했다. 그러자 배는 왼쪽으로 천천히 돌기 시작했고, 빙산을 피할 수 있을 것처럼 보였다. 항해사의 행동은 민첩했지만, 그러나 이미 때가 늦었다.

귀에 거슬리는 긁히는 소리가 들려오고, 머독은 배가 빙산에 부딪쳤음을 깨달았다. 감시원으로부터 보고를 접수한 지 30초가 조금 지났을까 말까한 시간에 당직 항해사는 트드드득 하는 기분 나쁜 소리를 들었다. 거대한 빙산이 배의 우현을 긁고 지나갔다. 야구공만한 얼음 조각에서 농구공 크기의 얼음에 이르기까지 많은 얼음이 우현의 갑판 위에 폭포처럼 쏟아져 내렸다. 배와 빙산은 길어야 10초 동안 접촉했으나 약 90미터 길이의 이곳저곳에 큰 손상을 입혔다. 머독은 즉시 모든 방수용 문들을 닫는 레버를 가동시켰다. 16개의 방수 구획실이 즉각 닫혀졌으며, 승무원들은 안심했다. 갑판 위의 승객들은 얼음 조각들을 주워서 깨뜨리면서 장난까지 치고 있었다. 카드놀이에 정신이 팔려 있던 사람들은 테이블에서 눈을 돌려 밖을 보았으나, 창문 밖으로 빙산이 휙 지나가는 것을 본 뒤 무심하게 다시 놀이에 몰두했다.

그때 34년간의 항해 경력을 지닌 베테랑인 스미스 선장은 배 설계자인 토마스 앤드류스와 함께 배를 막 순시하려던 참이었다. 바로 그 순간 선장의 상상을 초월한 끔찍한 사건이 벌어진 것이었다. 빙산은 이미 선체의 리벳rivet(철판을 이어 고정시키는 큰 대가리 못)을 쥐어뜯고, 강철판에 구멍을 뚫어 놓았던 것이다. 후에 수거한 강철을 실험해 본 결과 타이타닉호에 사용된 강철 종류는 영하의 수온에서 부서지기 쉽다는 점이 발견되었다. 10분 사이에 16개 방수 구획실 가운데 3개 구획실이 물로 꽉 찼고, 뱃머리(이물)가 아래로 기울기 시작했다. 토마스 앤드류스는 스미스 선장에게 타이타닉호가 이미 파국을 맞이했음을 침통하게 알려 주었다. 방수 구획실이 3개나 파손된 이상 배의 침몰은 불가피하다는 것이었다.

4월 15일 자정이 약간 지난 시각, 스미스 선장은 조난 신호를 발신하도록 지시했다. 불과 20킬로미터 정도의 거리에 화물선 캘리포니안Californian호가 있었지만 무선사 에반스는 이미 잠에 골아 떨어져 있었다. 당시는 교대 근무제도가 없어 한 사람이 24시간씩 꼬박 근무하곤 했다. 한심한 것은 캘리포니안호의 한 수습 승무원이 하늘에서 터지는 구조 신호탄을 보고 선장을 깨우러 갔다가 막상 선장님을 깨우려다가 도저히 겁이 나서 그만두었다. 그때는 그런 시절이었다. 하늘같은 선장을 깨운다는 게 보통 용기가 필요한 게 아니었다. 90킬로미터 떨어져 있던 여객선 카르파티아Carpathia호가 황급히 달려왔지만 현장에 도착한 시간은 오전 4시였다. 타이타닉호가 완전 침몰된 지 1시간 40분이 지난 시각이었다. 스미스 선장은 타이타닉에서 구명보트를 내리고 하선할 것을 명령했다. 그러나 승객들은 구명보트를

타이타닉호의 침몰 상상화

타라는 지시가 있었지만, 상당수는 그 지시에 따르지 않았다. 그때까지도 승객들은 타이타닉호가 결코 침몰하지 않을 것이라고 생각하고 있었기 때문이다. 그래서 처음에는 승객 대부분은 구명보트에 탈 생각조차 안 했다. 시커먼 북대서양 한복판에서 나무로 만든 조그마한 보트보다는 길이 270미터의 강철로 만들어진 최신형 여객선이 훨씬 안전해 보이는 건 어쩌면 당연한 일일지도 몰랐다. 배에서 가장 부호였던 존 제이컵 애스터도 아내에게 "여기가 저 조그만 보트보다 안전해."라고까지 말했다. 스미스 선장은 탈출 명령을 내리되, 혼란 방지를 위해 대놓고 승객들에게 침몰이 임박하다고 알리지도 않았다.

이 배에는 구명보트 14척, 비상용 소형 돛배 2척, 공기 구명정 4척으로 총 20척이 탑재되어 있었고, 공식 수용인원은 1,178명으로 승선 인원의 약 3분의 2에 해당되었다. 나중에야 밝혀진 일이지만, 최초 배 설계 시에는 구명보트가 64척이 계획되어 있었다. 그러나 그것은 어느새 40척으로 줄어들었고, 그 다음엔 다시 23척으로 점점 더 줄다가 선박 제작팀과 소유주 사이의 절충 끝에 결국 20척으로 확 줄어들어 버렸다. 선박 소유주는 구명보트가 차지하는 공간을 산책로로 사용하길 바랐던 것이다. 점차 배가 서서히 기울어짐에 따라 대다수의 승객들은 상황이 훨씬 심각함을 깨닫기 시작했다. 그때서야 너도 나도 구명보트를 향해 필사적으로 달려가기 시작했다. 혼란 속에서 구명보트에 옮겨 탈 수 있었던 사람들은 타이타닉에 타고 있던 2,200여 명 중에서 전체의 3분의 1에도 미치지 못하는 불과 711명의 승객에 불과했다. 12시 45

분쯤 우현에서 정원 65명의 구명보트 7호가 겨우 28명을 태우고 처음으로 내려졌다. 곧이어 55분에 좌현에서 구명보트 6호가 7호와 마찬가지로 28명을 태우고 내려졌다. 이와 같이 정원수를 채우지 않고 구명보트를 내린 것은 2등 항해사 찰스 라이톨러Charles Lightoller가 스미스 선장이 지시한 "여자와 어린이 먼저"란 말을 "여자와 어린이만"으로 해석했기 때문이었다. 이것이 문제를 더욱 악화시켰다. 정원이 덜 찼음에도 성인 남자라는 이유로 탑승이 거부된 것이다. 구명보트는 좌현과 우현 양쪽에서 하나둘씩 내려지기 시작했는데 대부분 정원을 제대로 채우지 않고 내려졌다. 구명보트 5호는 41명이 탔고 3호는 32명이, 8호는 39명이 탔고 1호는 겨우 12명(정원 40명)밖에 타고 있지 않았다. 모든 구명보트에는 최소한 500명이 더 탈 수 있었다는 사실이 나중에야 확인되었다.

1시 30분쯤에는 배의 앞머리가 잠기기 시작하고 혼란은 점점 더 심해져 갔다. 구명보트도 이제 어느 정도 정원을 채우면서 태우기 시작했다. 그 사이에 배는 심하게 기울어져 차디찬 바다 속으로 조금씩 가라앉고 있었다. 오전 2시 15분, 빙산과 충돌한 지 대략 2시간 반 후 드디어 선미(고물)를 공중에 높이 들어 올리면서 배가 순간적으로 수직으로 섰다.

그러자 엔진과 승강기, 비품류와 식료품, 유리 식기와 석탄 등 배에 고정되어 있지 않은 모든 것들이 튀어 나와 굉장한 소리를 내면서 굴러 떨어졌다. 그리고는 잠시 후 음산한 정적만이 남았다. 이렇게 호화 여객선은 1,513명을 태운 채 바다 속으로 사라지고 말았다. 오전 2시 20분, 배가 완전 침몰하자 배에 남아있던 사람들은 차가운 북대서양 한복판에 버려졌다. 당시 바닷물의 온도는 영하 2도였다. 바닷물에 빠졌다가 나온 2등 항해사 라이톨러의 회상에 따르면 "천 자루의 칼로 몸을 찌르는 느낌"이었다고 한다. 사람들의 비명소리는 침몰로부터 20분이 지나면서 점차 동사하거나 익사하면서 잠잠해지기 시작했다. 영하 2도의 차가운 바닷물 속에 있던 사람들은 '저체온증'으로 대부분이 30분 안에 사망했으며 4명만이 그곳에서 겨우 살아남았다.

구조신호를 받은 여객선인 카르파티아호는 뉴욕에서 출발해 상당수 미국에서 여행을 가거나 유럽으로 돌아가려는 승객들을 싣고 타이타닉호의 정반대 방향으로 가고 있었다. 4월 14일 자정 무렵, 아서 로스트론Arthur Rostron 선장은 자고 있던 중 통신사로부터 타이타닉호가 침몰하고 있음을 보고받았다. 그는 즉시 사고 현장을 향해 전속력으로 달려갈 것을 지시했다.

바다의 파도는 점점 거칠어지고 있었다. 카르파티아호의 불빛은 오전 3시 30분에 볼 수 있어서 생존자들이 환호했지만, 모든 생존자를 구조하는 데는 몇 시간이 더 걸렸다. 오전 4시쯤 구명보트 4호를 최초로 발견하여 구조했고 약 4시간 30분 동안 20개의 구명보트에 타고 있는 생존자들을 인양했다. 이 무렵 카르파티아호의 선원들과 승객들은 바다에 20개가 넘는 거대한 빙산들과 타이타닉호의 잔해들이 떠 있는 것을 보았다고 한다. 오전 8시 30분에 마지막 생존자를 구조하고 나서

45분 후 다른 배들도 구조를 위해 달려왔지만 추가 생존자는 발견할 수 없었다. 그리고 뒤늦게 달려온 화물선 캘리포니안호에게 잔해를 더 뒤져보라고 지시하고 오전 8시 50분에 미합중국 해군의 정찰 순양함 체스터Chester호의 호위를 받으며 뉴욕으로 향했다. 카르파티아호의 뉴욕행 항해도 빙산, 안개, 폭풍, 거친 파도 등 악천후의 연속이었지만, 4일 후인 4월 18일 뉴욕항에 도착했다. 항구는 사고 소식을 들으려는 수만 명의 사람들로 북새통을 이루었다. 로스트론 선장은 영웅으로 칭송받았고, 1912년 미국 의회 명예 황금 훈장을 받았다. 이후 그는 제1차 세계대전에 참전해 활약했고, 1926년 그동안의 공을 인정받아 2등급 대영제국 훈장을 받았고 이때 경Sir의 칭호도 함께 받았다.

침몰 및 참사 원인

첫째, 빙산과 스치듯 충돌할 때 찢겨진 배의 철판이 너무도 강도가 약했다는 것이다. 이런 경우 요즘 같으면 찢기지 않고 그냥 움푹 파이면서 구부러지기만 했을 것이다. 그러나 황화물이 많이 함유된 당시 배의 철판은 차가운 바닷물 속에 오래 잠겨 있으면 가벼운 충격에도 그냥 부서져 버리는 성질이 있었다. 오늘날의 야금학에서는 철강에 유황의 함량이 높을 경우 특정한 조건에서는 그냥 부서져버리는 현상을 잘 알고 있다. 그러나 당시에는 그런 지식이 전혀 없었다. 결국 황화물이 많이 들어간 철판을 쓴 타이타닉호의 외벽이 그냥 부서진 것이다.

둘째, 불량 리벳(철판을 서로 연결하는 데 쓰이는 대형 못)의 사용도 원인으로 작용했다. 당시는 선박용 리벳의 소재가 일반 철에서 훨씬 탄탄한 강철로 한창 바뀌는 때였다. 그러나 타이타닉호의 조선소에서는 리벳난으로 인해 하중이 많이 걸리는 선체 중앙에만 강철 리벳을 사용하고 나머지 부분에는 일반철 리벳을 썼다. 빙산과 스친 선박 표면에 있던 일반철 리벳들이 부서지면서 이 틈으로 바닷물이 밀려 들어왔던 것이다.

셋째, 대서양을 여러 번 횡단한 경험이 있던 다른 선박들과 먼저 대서양을 횡단한 선박들의 무선사들이 타이타닉호 무선사들에게 여러 차례 빙산 충돌의 위험 경고를 보냈으나 타이타닉호의 무선사들은 이러한 경고들을 무시하거나 선장에게 전달이 되었어도 그는 크게 개의치 않았다.

넷째, 쌍안경을 보관하는 상자의 열쇠를 항구에 두고 오는 어처구니없는 일이 생기는 바람에 쌍안경 사용이 불가능했다. 더구나 당일 밤에는 달빛도 없는 칠흑 같은 어둠 때문에 맨눈으로는 먼 거리를 식별하기 매우 어려웠다.

다섯째, 가장 가까웠던 배인 캘리포니안호의 유일한 무선사인 에반스는 초과 근무로 피곤해서 침몰 당시 깊은 잠을 자고 있었다. 캘리포니안호가 제 시간에 도착해 구조 활동을 하였다면 대형 인명사고는 피할 수 있었을 것이다. 당시에는 통신사 1인이 24시간 근무를 하고 있는 것이 일상적이었다. 이 사고 이후 통신사들의 교대 근무제가 실시되었다.

여섯째, 사고에 대처한 승무원들의 구조 훈련이 전혀 안 되어 있었다. 일례로 3등객 승객들이 탈출하는데 여러 가지 어려움을 겪었다. 일단 나중에는 대부분 어떻게든 나오긴 했지만 이미 상당수의 구명보트가 내려진 상태였다. 이 밖에 구명보트에 승객을 태우고 내리는 일도 훈련이 안 되어 있어 대형 참사로 이어졌다.

일곱째, 구명보트의 수가 최초 계획보다 현저히 부족했다. 처음에는 64척이 계획되어 있었으나 나중에는 20척으로 1/3 이하로 줄어들었다. 그나마도 많은 구명보트가 꽉 채우지 않은 상태로 내려졌다. 20척의 보트에 꽉꽉 채워 탑승시켰다면 이론적으로 1,500명 정도는 살릴 수 있었을 것이다.

여덟째, 아이러니하게도 해면 감시원들이 임무에 충실했기 때문이라는 얘기도 있다. 감시원 플리트가 선교에 비상 연락을 하지 않았더라면 타이타닉호는 정면충돌을 했을 것이고, 이렇게 되면 피해는 방수구획실 2개 정도로 부서지는 것으로 끝났을 것이라는 추정이다. 일부 부상자와 사망자가 발생했겠지만 대형사고로 이어지지는 않았을 것이다. 그렇지만 버젓이 눈앞에 빙산이 나타날 경우 대부분은 이를 회피하려고 하지 정면으로 들이받는다는 것은 상식에 어긋나는 가설이기도 하다.

Ⅲ. 뒷얘기

에드워드 스미스 선장은 끝까지 배에 남았다. 그가 마지막으로 목격된 이후에 무엇을 했는지는 알려져 있지 않다. 배의 설계자인 토머스 앤드류스는 승객들의 구명보트를 내리는 것을 돕다가 1등실 흡연실에서 배와 함께 최후를 맞이했다. 이때 흡연실에서 고귀하게 남기로 한 사람은 앤드류스뿐 만이 아니라 다른 1등실 승객들도 있었다. 어떤 승객들은 카드 게임을 계속했으며 당대 저명한 언론인이었던 윌리엄 스티드William Stead는 차분하게 앉아서 책을 읽고 있었다.

기관장인 조지프 벨Joseph Bell을 포함한 많은 기관사들과 화부들이 배가 완전히 침몰하기 전까지 자리를 계속 지키면서 배의 전기를 작동시키는 작업을 하며 배와 함께 최후를 맞이했다. 이런 이유로 기관사들은 항해사들과는 달리 전원 순직했다. 이들은 최후의 순간까지 고군분투했는데 이는 전속 항해 중이던 타이타닉호의 기관이 바짝 달아올라 있어서 차가운 바닷물이 닿으면 폭발할 위험이 있었기 때문이었다. 월리스 하틀리Wallace Hartley가 지휘를 한 8명의 악단은 배가 침몰하기 불과 10분 전까지 찬송가를 연주하고 서로에게 행운을 빈 후 헤어졌다. 2등실 승객이었던 가톨릭 사제 토머스 바일스Thomas Byles 신부는 구명보트 승선을 거절하고 사람들의 구명보트 승선을 도왔고, 구명보트를 타지 못하고 죽을 운명만을 기다리는 사람들을 위하여 갑판 위에서 미사를 드리다가 선종했다.

추리소설가 자크 푸트렐Jacques Futrelle도 1등석 승객으로 이 배에 탔다가 37세의 나이로 요절했다. 탐정 〈밴 두젠Van Dusen 시리즈〉[4]를 내며 인기를 끌던 때였는데 미발표된 원고 6편을 가지고 있었으나 이것도 영원히 사라지고 말았다. 아내였던 릴리 메이Lilly May를 구명보트에 태우고 자신은 배에 남는 것을 선택했다. 백만장자인 철강업자 벤저민 구겐하임Benjamin Guggenheim은 부인과 하녀를 보트에 태우고 선원의 구명조끼를 거절하고 턱시도로 갈아입은 뒤 자신을 따르는 하인과 함께 "우리는 가장 어울리는 의복을 입고 신사답게 갈 것이다."라고 말하며 마지막까지 시가와 브랜디를 마시며 배와 함께 최후를 맞이했다. 그의 딸 페기 구겐하임Peggy Guggenheim[5]은 유산으로 물려받은 예술 작품들로 나중에 베네치아 구겐하임 미술관을 세웠다.

뉴욕에서 유명한 메이시 백화점을 소유하고 있는 스트라우스 노부부는 금슬이 좋았다. 남편인 이시도어 스트라우스가 구명보트 승선을 거절하자 그의 아내인 아이다 스트라우스Ida Straus도 선원의 구명보트 승선 제안을 정중하게 거절한 다음 하녀 엘렌 버드Ellen Bird에게 모피코트를 건네주었다. 그리고 그녀를 자기 대신 구명보트에 태운 뒤 남편과 함께 운명을 맞이했다. 이시도어 스트라우스 부부가 승선을 거부한 건 노블레스 오블리주noblesse oblige[6]라는 게 바로 이런 거라는 걸 보여주는 보기 드문 사례로 두고두고 칭송을 받았다. 옆에 있던 지인이 노부부가 승선하는 것에 대해서 누구라도 시비를 걸지 않을 거라면서 승선을 권유했지만, 이시도어는 "나는 죽는 순간까지 특권을 누리고 싶지 않네."라고 말하며 승선을 거부했다. 영화 〈타이타닉〉에서는 물이 들어오는 선실 침대에 둘이 함께 껴안고 누워 있는 장면으로 등장한다. 현재 뉴욕 브롱크스Bronx에 스트라우스 부부를 기리는 기념비에는 이런 글귀가 적혀 있다. "바닷물로도 침몰시킬 수 없었던 사랑."

남편이 금광을 발견해 하루아침에 부자가 된 1등실 승객 여장부 몰리 브라운Molly Brown은 구명보트에서 가장 앞장서서 노를 저었으며 생존자를 구조하자고 요청했다. 하지만 조타수 로버트 히친스Robert Hichens가 자꾸 뭐라고 지껄이자 계속 그렇게 구시렁대면 바닷물 속에 처넣어 버리겠다고 말했다. 명배우 케시 베이츠Kathy Bates가 영화에서 몰리 브라운 역으로 나온다. 3등실 승무원 존 에드워드 허트John Edward Hurt는 배 구석구석을 돌아다니며 길을 잃어 헤매는 3등실 승객들을 보트로 안내했다. 허트는 다행히 생존자 중 한 사람이 되었다. 5등 항해사 헤럴드 로우Harold Lowe는 침몰 직후 물 위에 떠 있는 승객들을 구조하러 간 항해사였다. 서열은 생존 항해사들 중 막내였으나, 괄괄한 성격답게 자신이 지휘하는 보트 3척을 모아 2척에 승객들을 전부 옮기고, 선원 3명과 구조작업을 지원한 남성 승객 1명과 함께 침몰 현장으로 나머지 보트를 몰고 갔다.

당시 세계 최고 부자 중 한 사람이었던 존 제이콥 애스터는 임신 5개월 된 아내를 구명보트에 태워 보내며 갑판 위에 앉아, 한 손에는 강아지를 안고 다른 한 손에는 시가를 피우면서 멀리 가는 보트를 향해 "사랑해요. 여보!"라고 외쳤다. 승객들을 대피시키던 선원 한 명이 애스터 씨에게 보트에 타라고 하자, 애스터 씨는 일언지하에 거절했다. "사람이 최소한의 양심은 있어야 하지 않겠습니까?" 그런 다음에 마지막으로 남은 한 자리를 곁에 있던 한 아일랜드 여성에게 양보했다. 그리고 며칠 후, 배의 파편들에 의해 찢겨진 애스터 씨의 시신을 생존자 수색 중이던 승무원이 발견했다. 그는 타아타닉호 10척도 만들 수 있는 재산을 가진 부호였지만 살아남을 수 있는 모든 기회를 사양했다. 목숨으로 양심을 지킨 위대한 사나이의 선택이었다.

희생자 중에는 억만장자 애스터를 비롯하여 저명한 언론인, 사업가, 군인, 엔지니어 등 사회적 저명인사가 많았지만, 이들 모두는 곁에 있던 가난한 농촌 부녀들에게 자리를 양보했다. 그러나 예외도 있었다. 일본 철도원 차장인 호소노 마사부미細野 正文는 여성과 어린이들로 채워진 10번 구명보트에 여장을 하고 살그머니 올라탔다. 구조 후 미국에 도착했을 때 그는 '행운의 일본인'으로 알려졌다. 얼마 후 도쿄에서 발행된 잡지에 그의 이야기가 실리면서 그는 졸지에 나락으로 떨어졌다. 잡지에는 영국의 윤리학 교수 로렌스 비슬리Lawrence Beasley가 "사람들을 밀쳐내고 보트에 탄 비열한 일본인이 있었다."라는 증언이 실려 있었다. '부끄러운 일본인'이라는 비난과 함께 그는 직장을 잃었고 언론에 의해 오랫동안 겁쟁이로 비난받았다. 그는 후회와 수치 속에서 남은 생을 보냈다.

찰스 조긴Charles Joughin은 타이타닉호의 요리사였다. 배가 빙산에 충돌했을 때 취침 중이던 조긴은 급히 잠에서 깨어났다. 그는 자리에서 일어나자마자 구명정을 내리는 작업에 임했고 공포에 빠진 승객들을 진정시켰다. 또한 수십 개의 의자를 바다로 집어던져 사람들이 잡고 떠 있을 수 있게 하기도 하였다. 그는 이런 헌신적인 행동 덕에 구명정에 탑승하라는 권유를 받았다. 하지만 더 많은 사람을 구한다면서 그 기회를 사양했다. 죽음을 직감한 그는 "술이나 실컷 마시자."라고 굳게 마음을 먹고는 술을 꺼내 들이키기 시작했다. 마지막 구명정이 떠나고 결국 타이타닉호는 침몰했다. 조긴은 거의 두 시간 동안 차가운 바닷물 속에 몸을 담그고 있었다. 그의 주장에 따르면 술 덕분에 거의 추위를 느끼지 않았다고 한다. 그는 물 위에 떠 있는 생존한 승객들을 구하기 위해 돌아온 구명보트에 의해 구조되었다. 그는 끝까지 "술이 나를 구했다."라고 주장했다.

TIP!

1. 제임스 카메론

세계 영화사상 최고 수준의 블록버스터 2편(아바타, 타이타닉)을 만든 감독이 바로 제임스 카메론이다. 〈터미네이터〉, 〈에이리언Alien〉 등으로 짜임새 있는 스토리와 풍성한 장면과 함께 스토리 텔러로서의 재능과 영상에 대한 뛰어난 감각을 자랑해 왔다. 〈타이타닉〉 이후 12년 만에 돌아온 제임스 카메론 감독은 지난 2008년, 지금껏 그 누구도 상상조차 못했을 작품 〈아바타〉로 자신의 기록(최고의 수익)을 깨고 말았다. 캐나다 온타리오에서 태어난 카메론의 아버지는 전기기술자, 어머니는 화가였다. 〈고질라Godzilla〉 시리즈를 좋아했던 카메론은 어린 시절부터 로켓, 비행기, 탱크 등을 만들면서 미니어처 제작의 습작을 거쳤다. 카메론은 공상과학소설의 열렬한 애독자여서 이 소설들의 이야기들을 시각적으로 표현하는 데 큰 관심을 갖고 있었다.

2. 케이트 윈슬렛

영국에서 태어난 케이트 윈슬렛은 어린 시절부터 드라마를 공부했고, 1991년에 영국의 텔레비전 광고로 경력을 쌓았다. 1994년 영화 〈천상의 피조물Heavenly Creatures〉로 스크린 데뷔를 한 이후, 1997년 개봉한 영화 〈타이타닉〉의 엄청난 흥행 성공으로 국제적인 명성을 얻었다. 이후 케이트는 2008년 영화 〈더 리더: 책 읽어주는 남자The Reader〉로 미국 아카데미, 영국 아카데미, 골든 글로브에서 여우주연상을 수상했다. 2012년, 케이트는 배우로서의 공로를 인정받아 명예 세자르상Cesar Awards(프랑스 아카데미상)을 받았다.

3. 레오나르도 디카프리오

광고 출연으로 경력을 쌓았으며, 1993년 로버트 드 니로와 같이 연기한 〈이 소년의 삶This Boy's Life〉으로 주목받기 시작했다. 1997년에는 전 세계적으로 가장 높은 수익을 낸 제임스 캐머런 감독의 〈타이타닉〉에 출연하여 전 세계적인 명성을 얻었다. 2000년대에 들어서면서, 디카프리오는 다양한 장르의 영화에 출연하며 관객들의 찬사를 받았다. 〈캐치 미 이프 유 캔Catch Me If You Can〉, 〈갱스 오브 뉴욕Gangs Of New York〉을 시작으로 〈블러드 다이아몬드Blood Diamond〉, 〈셔터 아일랜드Shutter Island〉, 〈인셉션Inception〉, 〈장고: 분노의 추적자Django Unchained〉, 〈위대한 개츠비The Great Gatsby〉 등에 출연하며 평단의 호평과 상업적 성공을 모두 거두었다. 2015년에는 〈레버넌트: 죽음에서 돌아온 자The Revenant〉로 미국 아카데미상 남우주연상을 수상하였다.

그는 한편으로는 제작자로서 활동하면서 환경 보호 운동에도 적극적으로 참여하고 있다. 어머니 이멀린Irmelin이 디카프리오를 임신했을 때 이탈리아의 미술관에 갔는데 레오나르도 다빈치의 초상화를 보는 중에 태아가 발로 차는 듯한 태동이 느껴져 레오나르도라는 이름으로 지었다고 한다. 디카프리오의 말에 의하면 그의 아버지는 이것을 우주의 신호라고 생각했다고 한다.

4. 벤 두젠 시리즈

벤 두젠은 작가 잭 푸트렐(1876~1912)이 쓴 추리소설에 등장하는 탐정 이름이다. 1905년 단편 13호 「독방의 문제The Problem of Cell」에서 처음 등장했다.

5. 페기 구겐하임

1898년 미국 뉴욕에서 태어났다. 타이타닉호의 침몰로 사망한 벤자민 구겐하임의 둘째 딸이고 뉴욕 구겐하임 미술관을 설립한 솔로몬 구겐하임Solomon Guggenheim의 조카다. 스물한 살에 재산을 상속받은 페기는 예술에 대한 탁월한 안목과 재력을 바탕으로 미술품을 수집하고 예술가들을 후원했다. 금세기 미술 화랑을 경영하며 유럽의 모더니즘을 미국에 도입하였다.

6. 노블레스 오블리주

사회적 상류계층이 자신의 계급에 따르는 도덕적 책무를 말한다. 로마시대로부터 내려온다. 이는 로마시대 당시 귀족들이 보여준 높은 도덕적 자세와 투철한 공공의식에서 비롯되었는데 이후 이와 같은 정신은 지금까지도 서구인들의 유구한 전통이 되어 내려오고 있다.

참고문헌

강준만. 2010. 『미국사 산책』. 인물과사상사.

권주혁. 2001. 『헨더슨 비행장』. 지식산업사.

그레고리 토지안. 2005. 『카스트로의 쿠바』. 홍민표 옮김. 황매.

김경묵. 2006. 『이야기 러시아사』. 청아출판사.

김준봉. 2002. 『이야기 남북 전쟁』. 동북아공동체연구소.

김학준. 1979. 『러시아 혁명사』. 문학과지성사.

김현종. 2002. 『유럽인물열전』. 마음산책.

남도현. 2009. 『히틀러의 장군들』. 플래닛미디어.

______. 2015. 『전쟁사』. 네이버캐스트.

노무라 아쓰시. 2002. 『고흐가 되어 고흐의 길을 가다』. 김소운 옮김. 마주.

니콜라우스 슈뢰더. 2001. 『클라시커 50 영화』. 남완식 옮김. 해냄.

다다 쇼. 2014. 『유쾌한 우주 강의』. 조민정 옮김. 그린북.

데이비드 아이허. 2017. 『뉴 코스모스』. 최가영 옮김. 예문아카이브.

도리스 컨스 굿윈. 2007. 『권력의 조건』. 이수연 옮김. 21세기북스.

레지널드 존스턴. 2008. 『자금성의 황혼』. 김성배 옮김. 돌베개.

로버트 로젠스톤. 2002. 『영화, 역사』. 김지혜 옮김. 소나무.

로버트 크런든. 1996. 『미국문화의 이해』. 정상준·황혜성·전수용 옮김. 대한교과서.

리더스 다이제스트. 1977. 『20세기 대사건들』. 동아출판.

리처드 오버리. 2003. 『스탈린과 히틀러의 전쟁』. 류한수 옮김. 지식의 풍경.

린더 카니. 2012. 『잡스처럼 일한다는 것』. 안진환·박아람 옮김. 북섬.

마우리치 필립 레미. 2003. 『롬멜』. 박원영 옮김. 생각의 나무.

마이클 코다. 2014. 『영국 전투』. 이동훈 옮김. 열린책들.

마크 할리. 2008. 『미드웨이 1942』. 김홍래 옮김. 플래닛미디어.
맥스 부트. 2007. 『전쟁이 만든 신세계』. 송대범·한태영 옮김. 플래닛미디어.
바바라 터크먼. 2006. 『바보들의 행진』. 조석현 옮김. 추수밭.
바바라 터크먼. 2008. 『8월의 포성』. 이원근 옮김. 평민사.
박보균. 2005. 『살아 숨쉬는 미국역사』. 랜덤하우스중앙.
박정기. 2002. 『남북 전쟁』. 삶과꿈.
박홍규. 1999. 『내 친구 빈센트』. 소나무.
박홍진. 1993. 『시네마, 시네마의 세계』. 둥지.
배리 스트라우스. 2011. 『스파르타쿠스 전쟁』. 최파일 옮김. 글항아리.
배은숙. 2013. 『로마 검투사의 일생』. 글항아리
버나드 로 몽고메리. 1995. 『전쟁의 역사』. 승영조 옮김. 책세상.
브래들리, 제임스·파워스, 론. 2007. 『아버지의 깃발』. 이동훈 옮김. 황금가지.
브레이턴 해리스. 2012. 『니미츠』. 김홍래 옮김. 플래닛미디어.
빌 브라이슨. 2014. 『여름, 1927, 미국』. 오성환 옮김. 까치.
솔즈베리·해리슨 E. 1993. 『새로운 황제들』. 박월라·박병덕 옮김. 다섯수레.
스콧 앤더슨. 2017. 『아라비아의 로렌스』. 정태영 옮김. 글항아리.
스티븐 슈나이더. 2005. 『죽기 전에 꼭 봐야 할 영화 1001』. 정지인 옮김. 마로니에북스.
스티븐 잴로거. 2007. 『벌지 전투 1944』. 강경수 옮김. 플래닛 미디어.
시오노 나나미. 1995. 『로마인 이야기』. 김석희 옮김. 한길사.
______. 2011. 『십자군 이야기』. 송태욱 옮김. 문학동네.
신문수. 2010. 『시간의 노상에서』. 솔.
심킨스, 피터·주크스, 제프리·히키, 마이클. 2008. 『모든 전쟁을 끝내기 위한 전쟁』. 강민수 옮김. 플래닛미디어.
안토니 비버. 2004. 『스탈린그라드 전투』. 안종철 옮김. 서해출판.
______. 2009. 『스페인 내전』. 김원중 옮김.
알리스테어 쿠크. 1995. 『도큐멘터리 미국사』. 윤종혁 옮김.
알베르트 슈페어. 2007. 『기억』. 김기영 옮김. 마티.

앙드레 모로아. 1988. 『영국사』. 신용석 옮김. 기린원.

______. 1991. 『프랑스사』. 신용석 옮김. 기린원.

______. 1994. 『미국사』. 신용석 옮김.

앙리 샤리에르. 2017. 『빠삐용』. 문신원 옮김. 황소자리.

앤터니 비버. 2017. 『제2차 세계대전』. 김규태·박리라 옮김. 글항아리.

앨리슨 위어. 2007. 『헨리 8세와 여인들』. 박미영 옮김. 1~2권. 루비박스.

______. 2008. 『헨리 8세의 후예들』. 박미영 옮김. 루비박스.

양욱. 2012. 〈세계의 특수작전 I〉 플래닛 미디어.

어니스트 헤밍웨이. 2012. 『누구를 위하여 종은 울리나』. 안은주 옮김. 시공사.

어빙 스톤. 1981. 『빈센트 반 고흐』. 최승자 옮김. 까치.

에덤 호크실드. 2017. 『스페인 내전』. 이순호 옮김. 갈라파고스.

왕중추. 2012. 『중국사 재발견』. 김영진 옮김. 서교출판사.

월터 아이작슨. 2011. 『스티브 잡스』. 안진환 옮김. 민음사.

______. 2013. 『이노베이터』. 정영목, 신지영 옮김.

윌리엄 위어. 2005. 『세상을 바꾼 전쟁』. 이덕열 옮김. 시아출판사.

유시민. 1988. 『거꾸로 읽는 세계사』. 푸른나무.

이강혁. 2003. 『스페인 역사 100장면』. 가람기획.

이길주·한종만·한남수. 2003. 『러시아』 도서출판리수.

이병철. 1997. 『탐험사 100장면』. 가람 기획.

이언 커쇼. 2009. 『히틀러 』 I, II. 이희재 옮김. 교양.

이일범. 2004. 『세계 명작 영화 100선』. 신아사.

이종호. 2013. 『미스터리와 진실』. 북카라반.

전리군. 2012. 『모택동시대와 포스트 모택동 시대 1949~2009』. 연광석 옮김. 한울아카데미.

정종화. 2006. 『영화에 미친 남자』. 맑은소리.

제임스 레스턴. 2003.『신의 전사들』. 이현주 옮김. 민음사.

조르주 보르도노브. 2008. 『나폴레옹 평전』. 나은주 옮김. 열대림.

조셉 커민스. 2008. 『만들어진 역사』. 김수진·송설희 옮김. 말글빛냄.

조재익. 2004. 『굿모닝 러시아』. 지호출판사.

존 키건. 2007. 『2차세계대전사』. 류한수 옮김. 청아람미디어.

진순신. 2011. 『이야기 중국사』. 박현석 옮김. 살림.

찰스 디킨스. 2014. 『영국사 산책』. 민청기·김희주 옮김. 옥당.

최웅·김봉중. 1992. 『미국의 역사』. 소나무.

칼 세이건. 2004. 『코스모스』. 홍승수 옮김. 사이언스북스.

칼 하인츠 프리저. 2007. 『전격전의 전설』. 진중근 옮김. 일조각.

크리스토프 갈파르. 2017. 『우주, 시간, 그 너머』. 김승욱 옮김. RHK.

킵 손. 2011. 『인터스텔라의 과학』. 전대호 옮김. 까치.

토머스 매튼. 2005. 『십자군』. 권영주 옮김. 루비박스.

토머스 크로웰. 2010. 『2차대전의 숨은 영웅들』. 플래닛미디어.

프란시스 휘트니. 2004. 〈미국의 역사〉. 이경식 옮김. 주미대사관 공보과.

프랭크 매클린. 2016. 『나폴레옹』. 조행복 옮김. 교양인.

프랭클린 데이비스. 1981. 『(라이프)제2차 세계대전』. 타임-라이프 북스 편집부옮김. 한국일보 타임-라이프.

프리몬-반즈, 그레고리·피셔, 토드. 2009. 『나폴레옹 전쟁』. 박근형 옮김. 플래닛미디어.

필립 M.H.벨. 2012. 〈12 전환점으로 읽는 제2차 세계대전〉. 황의방 옮김. 까치.

휴 앰브로스. 2010. 『퍼시픽』. 김홍래·이영래 옮김. 플래닛 미디어.

Anderson, Scott. 2017. Lawrence in Arabia. Geulhangari Publishers.

Barnett, Correlli. 1989. Hitler's Generals. PhoenixGiants.

Boot, Max. 2006. War made new: Technology,Warfare. Penguin Books.

Churchill, Winston. 1959. Memories of the Second World War. Houghton Mifflin.

Cronin, Vincent. 1990. Napoleon. Harper Collins.

D'este, Carlo. 1996. A Genius for War, Patton. Harper Collins.

David J. Eicher, 2016. New Cosmos. Yeamoon Archive Co.,Ltd.

Fraser, David. 1993. Knight's Cross, Erwin Rommel. Harper Collins.

Gilbert, Martin. 1994. The First World War. Harry Holt & Company.

Hansen, Harry. 1961. The Civil War. Penguin Books.

Herold, Christopher. 1987. The Age of Napoleon. Houghton Mifflin.

Hickey, Michael. 1995. Gallipoli. John Murray Publishers.

Hodges, Andrew. 2014. Alan Turing: The Enigma. Vintage.

Isaacson, Walter. 2014. Innnovators. Openhouse for Publishers Co.,Ltd.

James Bradley and Ron Powers, 2000. Flags of our Fathers. Goldenbough.

Keegan, John. 1989. The Second World War. Penguin Books.

Korda, Michael. 2002. With Wings like Eagles. Happer Perennial.

Maurois, Andre. 1937. Hstoire de le Royaum-Uni. Maison Francaise Inc.

______. 1943. Histoire de l'E'ats-Uni. Maison Francaise Inc.

______. 1947. Histoire de la France. Maison Francaise Inc.

McLynn, Frank. 1997. Napoleon. Jonathan Cape.

Overy, Richard. 1997. Russia's War. Vista Books.

Sagan, Carl. 1980. Cosmos. Science Books.

Salisbury, Harrison. 1969. The 900 Days, The Siege of Leningrad. Salisbury: Da Capo Press.

______. 1992. The New Emperors. Salisbury: Avon Books.

Schom, Alan. 1997. Napoleon Bonaparte. Harper Collins.

Shaara, Michael. 1975. The Killer Angels. The Random House Publishing Group.

Thorn, Kip. 2015. The Science of Interstellar. W.W. Norton & Company.